21世纪高等院校国际经济与贸易专业精品教材

教育部人才培养模式创新实验区系列教材

International Trade Carriage & Insurance of Goods

3rd Edition

U0656808

国际贸易运输 与保险

（第三版）

潘永 李宝奕 廖佳 编著

东北财经大学出版社
Dongbei University of Finance & Economics Press

大连

图书在版编目（CIP）数据

国际贸易运输与保险 / 潘永，李宝奕，廖佳编著 . —3版 . —大连：东北财经
大学出版社，2020.12

（21世纪高等院校国际经济与贸易专业精品教材）

ISBN 978-7-5654-3994-0

Ⅰ.国…　Ⅱ.①潘…②李…③廖…　Ⅲ.①国际运输–货物运输–高等学校–教材
②国际运输–货物运输–运输保险–国际保险–高等学校–教材　Ⅳ.①F511.41
②F840.685

中国版本图书馆CIP数据核字（2020）第195439号

东北财经大学出版社出版

（大连市黑石礁尖山街217号　邮政编码　116025）

网　　址：http://www.dufep.cn

读者信箱：dufep@dufe.edu.cn

大连东泰彩印技术开发有限公司印刷　　东北财经大学出版社发行

幅面尺寸：185mm×260mm　　字数：465千字　　印张：20.25

2020年12月第3版　　　　　2020年12月第1次印刷

责任编辑：孙　平　吴　奂　　　　　责任校对：菲　比

封面设计：冀贵收　　　　　　　　　版式设计：钟福建

定价：38.00元

教学支持　售后服务　联系电话：（0411）84710309

版权所有　侵权必究　举报电话：（0411）84710523

如有印装质量问题，请联系营销部：（0411）84710711

总 序

目前，我国高校本科专业人才培养过程中普遍存在三大问题：一是在大众化教育背景下如何搞好个性化人才培养的问题。许多本科专业由于扩招而难以实施因材施教，在人才培养过程中搞"一刀切"，按同一标准培养具有完全不同个性、特长和综合素质的学生。若此，如果按照低标准进行人才培养，则难以发掘优秀学生的创新精神；如果按照高标准培养，大多数学生又无法顺利完成学业。因而，提高人才培养质量成为我们必须认真面对的重大课题。二是如何解决学生的学习动力问题。不少大学生的学习心理状态是"要我学"，而不是"我要学"，还有一些学生不知道"应该学什么"和"如何学"，大学生的学习质量难以提高。三是没有解决好"人才培养要求与实践脱节"的问题，学校培养的人才不能迅速适应用人单位的工作岗位需要。

为了解决上述三大问题，江西财经大学国际经贸学院近年来在国际经济与贸易本科专业积极探索"以职业特质为导向的'三三制'人才培养模式"，并成功获批为教育部人才培养模式创新实验区建设项目。该项目的核心是两个"三三制"：第一个是核心课程考核的"三三制"，即在核心课程考核中第一次面试成绩占1/3，课堂教学和方案设计内容考核成绩占1/3，第二次面试成绩占1/3，从而达到科学测评学生的知识掌握能力和职业适应能力的目的；第二个是人才培养总效果检验的"三三制"，即在人才培养总效果检验的"三次"实践活动中，职业岗位模拟成绩占1/3，职业综合能力测评成绩占1/3，岗位实战演练成绩占1/3，从而使学生的实践能力得以大幅提高，克服学生"高分低能"现象。

目前，该项目进展顺利，改革效果逐渐凸显。作为项目的核心内容之一，江西财经大学国际经贸学院组织编写了本套教材。该套教材的特色在于突出"职业特质导向"、"创新性"和"启发性"。其中，"职业特质导向"主要体现在教材顺应"以职业为导向、以能力为本位、以学生为中心"的发展趋势，以国际经贸职业特质和岗位素质要求为先导，确定每本教材各章节名称与知识点。"创新性"主要体现在教材的体例、行文风格等方面追求灵活、生动和实用。"启发性"主要体现在教材力求通过情景设定、案例分析、专栏、思考题等内容设计给学生提供足够的思考空间。

教材的正式出版得益于教育部人才培养模式创新实验区建设项目的资助，得益于东北财经大学出版社的大力支持。本套教材汇聚了全院教师的智慧，是各位参编教师在创新创业型国际经贸人才培养过程中长期积淀的结晶，也是对学院多年来国际经济与贸易专业人才培养能力的一次检阅。由于时间有限，各参编教师教学科研任务较为繁重，同时也是第一次突破常规教材编写模式并较大规模地编写系列教材，因而编写质量肯定难以尽如人意。然而，作为一种尝试，我们已走出了第一步，期冀在同行们的批评指正之中，我院能在今后更长的时间里不断进步，争取以更好的成果以飨读者。

袁红林

第三版前言

2019年9月10日，国际商会正式发布《Incoterms®2020》。作为国际商会的百年诞辰（1919—2019）的生日礼物，《Incoterms®2020》于2020年1月1日全球正式生效。作为指导并保障全球贸易有序进行的通用准则，《Incoterms®2020》在《Incoterms®2010》的基础上进一步明确了国际贸易体系下买卖双方的责任，其生效后对国际贸易运输和保险等方面都将产生重要的影响。

本书第三版是在第二版的基础上修订而成的，上海海事大学李宝奕老师和上海对外经贸大学廖佳副教授编写修订了国际贸易运输部分（前六章），江西财经大学潘永副教授编写修订了国际贸易保险部分（后六章）。

运输与保险是国际贸易中两个相辅相成的重要环节。本书介绍了运输与保险的基本原理，而且注重从实际工作的需要出发，对运输与保险的业务流程以及各种单据的填写制作都进行了阐述，凸显实务性和适用性。全书共十二章，前六章从抽象到具体、从理论到实务，全面介绍了国际贸易运输的基本原理和运作机制；后六章着重介绍了国际贸易保险的运行机制及主要险种。相对于第一版和第二版而言，第三版全面更新了数据、案例等相关资料，更好地满足了新形势下"国际贸易运输与保险"课程教学的需要。

本书的出版得到了东北财经大学出版社的大力支持与帮助，在此表示衷心感谢！本书的再版也得到了江西财经大学教师发展计划专项资金的资助。

由于时间仓促，编著者水平有限，书中难免会有不足之处，望多提宝贵意见，以期不断修订完善。

编著者
2020年6月

目 录

第一章

国际贸易运输概论

学习目标

✓ 了解运输业与其他物质生产部门的异同；

✓ 掌握国际贸易运输的基本特性；

✓ 熟悉国际贸易运输的任务、要求及其组织和运输方式。

导读材料

国际物流与国际贸易的关系

国际物流是随着国际贸易的发展而产生和发展起来的，并已成为影响和制约国际贸易进一步发展的重要因素，国际贸易与国际物流之间存在着非常紧密的联系，二者在推动经济发展方面都发挥着重要作用。

1.商流和物流的关系

商流是产成品从生产者所有转变为用户所有的过程，解决的是产成品所有权的更迭问题，商流活动一般称为贸易或交易，贯穿商品交换的全过程；物流是对象物从生产地转移到使用地以实现其使用价值的过程，解决的是对象物的流转问题。这种转移既要通过运输或搬运来解决空间位置的变化，又要通过储存和保管来调节供需双方在时间节奏方面的差别，即物流创造了空间价值和时间价值。商流和物流都是流通的组成部分，前者由国际交易机构按照国际惯例进行，后者由物流企业按各个国家的生产和市场结构完成，二者结合才能有效地实现商品由供方向需方的转移过程。一般在商流发生之后，即所有权的转移达成交易之后，货物必然要根据新货主的需要进行转移，这就导致相应的物流活动出现。只有在有物流需求的情况下，才能有发生商流的契机，也就是说有购物需求的情况下才能发生交易行为。因此，物流是产生商流的物质基础，在交易实施的步骤上商流是物流的先导。二者相辅相成，密切配合，缺一不可。一般而言，从全局来看商流和物流总是相伴发生的。

2.国际贸易和国际物流的关系

（1）国际贸易是国际物流产生和发展的基础和条件

最初，国际物流只是国际贸易业务的一部分，但是生产的国际化趋势以及国际分工的深化，加速了国际贸易的快速发展，也促使国际物流从国际贸易业务中分离出来，以专业化物流经营的姿态出现在国际贸易之中。第二次世界大战后，出于恢复、重建工作的需要，各国积极研究和应用新技术、新方法，世界经济呈现繁荣兴旺的景象，国际贸易发展得极为迅速。经济发达国家和地区的资本积累达到一定程度后，本国或本地的市场已不能满足其进一步发展的需要，加之交通运输、信息处理及经营管理水平的提高，出现了为数众多的跨国公司。跨国经营与国际贸易的发展，促进了实物和信息在世界范围的大量流动和广泛交流，物流国际化成为国际贸易和世界经济发展的必然趋势。

（2）国际物流的高效运作是国际贸易发展的必要条件

在开放经济条件下，转运费用在国际贸易和国际分工中起着十分重要的作用。不同区域或国家之间的生产要素价格有均等化的趋势。但转运费用的差异使世界各国之间的生产要素和商品价格差距扩大。运输劳务在价格体系中占有与其他劳务和商品同样重要的位置。它对基本贸易单位的形成、生产要素和商品价格的差异以及生产布局均产生重要的影响。

在全球经济一体化和贸易自由化背景下，以电子商务、供应链软件集成和第三方物流为特征的物流业的发展，将大大降低国家间的运输费用并加速国家间生产要素和商品的移动，改变现有的区域资源禀赋状况并缩小区域间资源禀赋差异，从而影响整个国际分工和国际贸易的格局并提高资源的全球配置效率。专业化、高效率的国际物流运作是国际贸易发展的一项非常重要的保障。开展与国际贸易相适应的国际物流，能将国外客户需要的商品适时、适地、按质、按量、低成本地送到，从而提高本国商品在国际市场上的竞争能力，扩大对外贸易。

第一节　运输概述

一、运输的概念

运输（Transportation）是利用各种交通工具（载具）和交通设施，将人或物从一个地方运送到另一个地方的活动。根据《中华人民共和国国家标准物流术语》的解释，运输是指"用设备和工具，将物品从一地点向另一地点运送的物流活动。其中包括集货、分配、搬运、中转、装入、卸下、分散等一系列操作"。

运输是随着商品生产和商品交换而产生的，是物流系统中最主要和最基本的要素，马克思将运输称为"第四个物质生产部门"。在生产劳动过程中，它表现为生产过程在流通过程中的继续，运输虽不创造产品、不增加社会产品的数量和使用价值，但它通过实现产品的空间位置移动，连接了生产与消费，也连接了不同的生产单位、不同的市场、不同的国家或地区，从而使生产不断地进行和延续，创造空间效应。

按运送对象的不同，运输分为货物运输和旅客运输两大类；而货物运输又可按运送地域的不同划分为国内货物运输和国际货物运输两大类。运输体系的构成如图1-1所示。

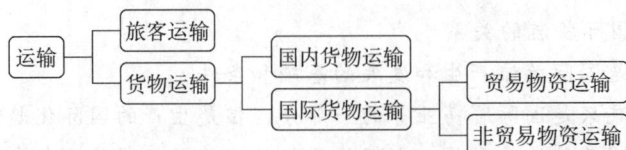

图1-1　运输体系的构成

◈ 资料卡

运输业的产生与发展，与人类社会生产力发展的过程是相适应的。随着社会生产力的不断发展和社会分工的逐步完善，商品生产和商品交换规模不断扩大，促使运输量不断增加，运输业务迅速发展。

在资本主义社会产生以前相当长的历史时期内，由于生产力水平较低，人们只能依靠驮畜、畜力车、人力车等运输工具进行运输。在公元9世纪到10世纪间，航海业发展迅速，各种帆船大量涌现。到12世纪，宋代中国开始在海船上使用指南针进行导航，12世纪后半叶，指南针导航技术经阿拉伯人传入欧洲并得到广泛应用，大大地推动了航海技术的进步，这是中华民族对世界航海技术的重大贡献。从13世纪起，海洋上已经出现了各式各样的航速较快的大型帆船。

15世纪初，明代中国庞大的商船队已航行在太平洋和印度洋上，到达过亚洲、非洲的30多个国家和地区，最远到达非洲东岸（今索马里和肯尼亚一带）。在15世纪到16世纪间，欧洲某些国家资本主义生产关系开始形成，新兴的资产阶级为了在欧洲以外寻找市场和黄金产地，大规模地开展海上探险活动，随着地理知识和航海经验日益丰富，航海技术又有了很大的发展。

18世纪末至19世纪初的产业革命导致了运输工具的革命，出现了火车和轮船等近代运输工具。随着商品生产的发展和商品交换范围的扩大，以及近代运输工具的出现，专门从事运输的企业逐渐涌现，运输工具所有者从商品所有者（工业主和商人）中分离出来，出现了专门从事运输的企业家，交通运输部门便成为运输业主特殊的投资领域。20世纪初以来，生产技术不断革新，运输的合理化被提到议事日程上来，运输商品要求速度快、破损少、费用低，运输业将货物集成更大的单位，以适合装卸机械化，于是出现了集装箱运输方式和托船运输方式。

运输业的发展历程，可分为以下几个阶段：古代的运输业处于手工业阶段；自15世纪末起，特别是17世纪至18世纪，运输业处于工场生产阶段；从18世纪末到19世纪初，出现火车、轮船等近代运输工具，运输业进入机械生产阶段，这时的运输业已发展为除开采业、农业和工业以外的第四个独立的物质生产部门；进入20世纪30年代，汽车运输、航空运输和管道运输又相继崛起，迅猛发展，形成了包括水、陆、空等多种运输方式的现代化运输体系；第二次世界大战以后，世界科学技术日新月异，突飞猛进，进一步推动了运输业的发展，人类发明并使用了许多新的运输工具，其特点是向大型化、可调整化、专门化和自动化方向发展。特别是集装箱运输的出现和应用，促进了各种运输方式的发展，多式联运"门到门"（Door to Door）运输日渐取代"港到港"（Port to Port）和"站到站"（Station to Station）运输。由于出现了以集装箱为媒介的海陆空联运方式，充分发挥了各种不同运输方式的优点，使运输业进入新的阶段。

二、运输的性质和特点

运输，就其性质来说，是一种特殊的生产。运输业是一个独立的物质生产部门。

（一）运输具有生产的本质属性

运输业作为一个独立的物质生产部门，与其他物质生产部门具有共同特征，即具有生产的本质属性。

（1）运输和一般生产一样，也必须具备劳动者（运输者）、劳动手段（运输工具和通路）和劳动对象（运输对象即货物或人）三个基本条件。运输是产品生产过程的继续，离开它，社会生产过程便无法完成。

（2）运输的过程（货物或人的位移）和一般生产的过程一样，是借助于活劳动（运输者的劳动）和物化劳动（运输工具设备与燃料的消耗）的结合而实现的。

（3）运输的结果使运输对象发生了位移，在转移旧价值的同时，改变了运输对象的位置，这也和一般生产的结果制造出新产品一样，是创造了新价值。商品经过一段运输后，可按高于原产地的价格出售。

（4）运输也和一般生产一样，始终处在变化和发展的状态中。运输的变化和发展与一般生产的变化和发展紧密地结合在一起并经历了几个相同的阶段。现代工业和现代运输之间的关系是密不可分的。

（二）运输自身的特点

运输业作为一个独立的物质生产部门，具有自身的特点：

（1）运输的生产是物质性的生产，是生产过程在流通领域内的继续。如果没有运输业社会产品送至消费地点，产品的使用价值就不能实现，产品的生产过程就无法最终完成。

（2）运输的产品就是"位移"。运输业的生产不能改变劳动对象的性质和形状，不能生产出任何独立的新物质形态的产品，它只能使产品的位置发生移动。因此，运输业生产的"产品"是无形的，它随着运输的终止而消耗，不能像一般生产产品那样加以储备。

（3）运输使投入流通领域的产品发生位置移动，从而将生产和消费（包括生产消费和生活消费）联结起来，使产品的使用价值得以实现。

（4）在运输费用中，没有原料费用，固定资产（运输设备）的折旧和工资是运输的主要费用。运输的流动资产则主要是燃料和辅助材料，没有原料和成品。

（三）现代运输手段四要素

1.运输工具（Vehicle）

运输工具是指载人、载物运行的设备，如轮船、火车、汽车、航空器和管道等。

2.运输动力（Motive Power）

运输动力指推动运输工具前进的力量，包括自然动力（风力、水力、人力和畜力等）和人工动力（蒸汽力、石油燃烧爆发力、气体燃烧力、压缩空气力、电力、原子能和核能等）。

3.运输通路（Way or Passage Way）

运输通路指运输工具借以运行的媒介，如河流、湖泊、海洋、铁路、公路、空间和地道等。运输通路与运输工具、动力相配合，才能发挥效用。

4.电信设备（Telecommunication Installation）

电信设备包括传递信息的设备，如有线电、无线电、雷达、广播、卫星电视和计算机等。现代运输由于效率高、运量大、范围大，因而风险也大，迫切需要电信设备的配合。运输工具与电信设备相互配合，才能充分保证现代运输的安全和高效。

◈ 讨论题

运输作为一个特殊的物质资料生产部门具有哪些特点?

第二节　国际贸易运输概述

一、国际贸易运输的含义

国际货物运输,就是货物在国家与国家、国家与地区之间的运输。国际货物运输是实现进出口商品、暂时进出口商品、转运物资、过境物资、邮件、国际捐赠和援助物资、加工装配所需物料、部件以及退货等从一国(或地区)向另一国(或地区)运送的物流活动。国际货物运输可分为贸易物资运输和非贸易物资(如展览品、个人行李、办公用品和援外物资等)运输两种。由于国际货物运输主要是贸易物资的运输,非贸易物资的运输往往只是贸易物资运输部门的附带业务,所以,国际货物运输也通常被称为国际贸易运输,从一国来说,就是对外贸易运输。

二、国际贸易运输的特点

(一)国际贸易运输涉及国际关系问题,政策性强

国际贸易运输是国际贸易的重要组成部分,在组织货物运输的过程中,需要经常同国外发生直接或间接的广泛的业务联系,这种联系不仅是经济上的,也常常会涉及国际政治问题,是一项政策性很强的涉外活动。因此,国际货物运输既是一项经济活动,也是一项重要的外事活动,这就要求从业人员不仅要有经济意识,而且要有政策观念,应当严格按照对外政策要求来从事国际运输业务。

(二)国际贸易运输路线长、环节多

国际贸易运输,是国家与国家、国家与地区之间的运输,一般来说,运输的距离都比较长,往往需要使用多种运输工具,通过多次装卸搬运,要经过许多中间环节,如换船、变换运输方式等,且经由不同的地区和国家,要适应各种不同的法规和规定。如果其中任何一个环节发生问题,就会影响整个的运输过程,这就要求从业者必须做好运输的组织工作,环环紧扣,避免在某环节上出现脱节现象,给运输带来损失。

(三)国际贸易运输涉及面广,情况复杂

国际货物运输涉及国内外许多部门,如不同国家和地区的货主、交通运输部门、港口管理部门、海关、商检机构、保险公司、银行或其他金融机构以及各种中间代理商等。同时,由于各个国家和地区的法律、政策、规定不一,金融货币制度不同,贸易、运输习惯和经营做法也有差别。另外,国际贸易运输易受政治、经济形势变化和自然条件的影响,情况十分复杂,可变因素很多,一旦某一方面出现问题,就有可能对国际货物运输产生较大的影响。因此,从业者必须了解和掌握国内外各种信息和知识。

(四)国际贸易运输的时间性强

在当前国际商品市场竞争十分激烈的情况下,需要贸易商和承运人加快运输,抢行应市,以快取胜。因此,按时装运进出口货物,及时将货物运至目的地,是履行进出口贸易合同、满足商品市场竞争的需要,同时对提高市场竞争能力、及时结汇有着重大意义。否则,就会影响贸易的开展,造成销路不畅或被市场淘汰。尤其是一些鲜活易腐商品、季节

性商品，更要求迅速运输，不失时机地组织供应，才有利于提高出口商品的竞争能力，有利于巩固和扩大销售市场。

（五）国际贸易运输的风险较大

由于在国际货物运输中环节多、运输距离长、涉及面广、情况复杂多变，加之时间性很强，在运输沿途国际形势的变化、社会的动荡、各种自然灾害和意外事故的发生，以及战乱、封锁禁运或海盗活动等，都可能直接或间接地影响到国际贸易运输，甚至造成严重后果。因此，国际贸易运输的风险较大。为了转嫁运输过程中的风险，各种进出口货物和运输工具，都需要办理运输保险。

三、国际贸易运输的任务

国际贸易运输的基本任务是根据对外开放政策的要求，在国家有关方针政策指导下，合理利用各种运输方式和运输工具，顺利地完成进出口运输任务，为开展国际经贸活动、国家外交活动以及经济建设提供优质服务。其具体包括如下内容：

（一）贯彻国家的对外方针和政策，保证平等外交

国际贸易运输是国家涉外活动的一个重要组成部分，它的另一个任务就是在平等互利的基础上，密切配合外交活动，在实际工作中切实贯彻国家各项对外方针和政策。

（二）按时、按质、按量完成进出口运输任务

国际贸易合同签订后，只有通过运输，及时将进口货物运进来，将出口货物运出去，商品的流通才能实现，贸易合同才能履行。"按时"就是根据贸易合同的装运期和交货期条款的规定履行合同；"按质"就是按照贸易合同质量条款的要求履行合同；"按量"就是尽可能地减少货损货差，保证贸易合同中货物数量条款的履行。

如果违反了贸易合同条款，就构成了违约，有可能导致赔偿、罚款等严重的法律后果。因此，国际货物运输部门必须重合同、守信用，保证按时、按质、按量完成国际货物运输任务，保证国际贸易合同的履行。

（三）节省运杂费用，降低运输成本，提高经济效益

由于国际贸易运输距离较长、环节较多，各项运杂费用开支较大、成本较高，故节省运杂费用的空间也比较大。因此，从事国际货物运输的企业和部门，应该不断地改善经营管理，节省运杂费用，降低运输成本，提高企业的经济效益和社会效益。

（四）节约外汇支出，增加外汇收入

国际贸易运输，作为一种无形的国际贸易，是国家外汇收入的重要来源之一。国际货物贸易一般采用CIF、FOB等价格条款成交，按照CIF条款，商品价格包括商品成本、运费、保险费，由卖方派船将货物运至目的港；按照FOB条款，商品价格则不包括运费和保险费，由买方派船到装货港装运货物。所以，出口货物应多争取以CIF价格条款成交，进口货物则应多争取以FOB价格条款成交，以此节省外汇支出，增加外汇收入。

四、国际贸易运输的要求

从事国际贸易运输的企业和部门，要树立为货主服务的观念，必须达到"安全、迅速、准确、节省"的要求。

（一）安全

安全就是要求在运输过程中保证货物完好无损和各种运输工具的安全。国际贸易运输

距离长、环节多、风险大，要尽量避免在运输中发生重大事故，防止车毁船沉，确保货物能够安全地运达目的地。

（二）迅速

迅速就是要严格按照贸易合同的要求，把进出口货物及时地运进来或运出去。国际货物运输时间性强，按约定时间装运进出口货物，要求加快装卸和运输速度，缩短商品在途时间，以满足国内外市场的需求，巩固出口货物的市场地位。

（三）准确

国际贸易运输既涉及货物本身的运送，又涉及国际贸易的各种单据办理，因此，对运输部门的要求较高。准确就是要准确无误地完成国际货物运输任务，包括准确地办理各种货运单证手续，做到单货相符；准确地计收、计付各项运杂费，避免错收、错付和漏收、漏付；防止发生错交、错发、错运货物以及单货不符、单证不符等事故。

（四）节省

降低国际贸易货物流通费用的主要途径之一是节省运杂费用。因此，在国际贸易运输中，组织各种方式的合理运输，节约人力、物力和财力以降低运输成本和节省运杂费用也是承运人提高自身竞争力的基本要求。

◈讨论题

国际货物运输的任务和要求都有哪些？

第三节　国际贸易运输组织与方式

一、国际贸易运输的组织体系

（一）国际货物运输的三方当事人

国际上从事外贸运输的机构繁多，但是，基本上可以归纳为三个方面：交通运输部门；对外经贸部门或进出口商；货运代理人。三方当事人的业务构成了对外贸易运输工作的主体，三者虽然工作性质有别，但业务上是紧密联系在一起的。

1.交通运输部门

交通运输部门（Carrier），是国际货物运输工作的承运人，是专门从事水上、陆地、空中等货物运输的机构，例如轮船公司、铁路或公路运输公司、航空公司等，这些公司一般都拥有大量的运输工具，为社会提供专门的运输服务。

2.对外经贸部门或进出口商

对外经贸部门或进出口商（Cargo Owner），是货物运输工作中的托运人或收货人。它们是专门经营进出口商品业务的，统称货主。为履行外贸合同，货主必须办理进出口商品的运输业务，或者委托交通运输部门托运货物。

3.货运代理人

货运代理人（Freight Forwarder），是指根据委托人的要求，代办货物运输的机构。它们有的代理承运人向货主揽取货物，有的代理货主向承运人办理托运，有的兼营两方面的代理业务。货运代理人属于运输中间人的性质，在承运人和托运人之间起着桥梁或媒介作用。

除了以上三个方面的当事人之外，国际货物运输还与海关、商检、保险、银行以及包装、仓储等部门有着极为密切的关系。

（二）我国国际贸易货物运输的组织机构

我国办理国际贸易货物运输的组织机构，也是由交通运输部门、对外经贸部门和工农贸易公司和货运代理人这三个主要的方面构成的。这三个方面的主要管理体制结构如下：

1.交通运输部门

交通运输部门主要包括交通部门、铁路部门、民航部门、邮电部门等，以及它们下属的各专业运输机构。

（1）交通部门。

交通部门主要包括水运方面的中国远洋运输集团公司、地方轮船公司、长江航运公司等；以及中外合资经营、合作经营和外商独资经营的轮船公司等；公路方面主要由各地公路局和运输公司组成。

（2）铁路部门。铁路部门主要从事铁路运输，由国家铁路局和各地分局组成。

（3）民航部门。民航部门主要从事航空运输，包括中国民航公司及其分公司、地方民航公司，以及中外合资经营、中外合作经营的航空公司。

（4）邮政部门。邮政部门主要进行数量不大的邮政包裹的运输，包括国家邮政局和各地分局。

2.对外经贸部门和工农贸易公司

其主要包括：

（1）对外经贸部门所属的各专业总公司及地方外经贸专业公司。

（2）国家各部委所属的工业品、农产品贸易公司。

（3）集体性质的企业、公司和生产厂家。

（4）中外合资经营、中外合作经营以及外商独资经营的企业。

3.货运代理人

其主要包括：

（1）中国对外贸易运输（集团）总公司及各地分公司。

（2）中国租船公司。

（3）交通部所属中国外轮代理公司，及各港口分公司。

（4）中外合资经营、中外合作经营以及外商独资经营的货运代理公司。

（5）其他种类的货运代理公司。

从广义上说，国际货物运输的范畴包括交通运输业，以及进出口商为履行进出口合同所从事的所有工作，这些部门共同工作的结果便是对外贸易货物的空间位移，也就是对外贸易的具体目的得以实现的整个过程。

但是，我们通常所说的"对外贸易运输"是一个特殊的概念，它专指国际货物运输代理所从事的工作。

国际货物运输代理是整个对外贸易运输的设计师和组织者，它是在社会分工日趋细化的基础上从国际货运业分离出来的一个具有独立特征的专门行业。货物运输代理在承运人和交通运输部门之间起着桥梁和媒介作用。货物运输代理的主要职责是为委托人降低成本、简化手续，把进出口货物安全、迅速、准确、节省、方便地运往目的地。

国际货物运输代理业在欧洲已有五百多年的历史。目前，国际货运代理已经有了自己的行业组织——国际货运代理协会联合会（FIATA），其会员已从欧洲扩展到了全世界。中国对外贸易运输（集团）总公司于1985年正式加入该协会。

综上所述，我国国际贸易运输的组织机构见表1-1。

表1-1 我国国际贸易运输的组织机构

货主 （托运人、收货人）	各外贸专业总公司，各工、农、技贸公司
	地方外贸专业公司
	从事外贸业务的其他国有企业和集体企业
货运代理人	中国对外贸易运输总公司及其分支机构
	商务部批准的其他货运代理公司
	铁道部所属铁路服务公司
	交通部所属中国外轮代理公司及各港口分公司
	中外合资经营、中外合作经营以及外商独资经营的货运代理公司
交通运输部门 （承运人）	水上运输：中国远洋运输公司、中国经贸船务公司、地方轮船公司、长江航运公司、珠江航运公司及中外合资经营、中外合作经营轮船公司
	铁路运输：铁路管理总局和各地分局
	公路运输：公路局和运输公司
	航空运输：中国民航总局所属各航空公司及地方民航公司
	邮政运输：国家邮政局和各地分局

二、国际贸易运输代理

（一）国际贸易运输代理的概念

国际贸易运输代理是国际贸易运输市场发展到一定阶段，从国际贸易运输领域分离出来的一个专门行业。

20世纪50年代以来，随着世界经济一体化进程的加速，国际经贸往来日益频繁，国际贸易运输代理行业在世界范围内迅速发展，国际贸易运输代理公司不断壮大，已经成为促进国际经贸发展、繁荣运输经济、满足国际贸易服务需求的一支重要力量，并成为现代第三方物流的主要形式。

国际贸易运输代理公司一般都从事过多年的国际贸易运输业务，经验比较丰富，而且熟悉各种运输手续和规章制度，与交通运输、贸易、银行、保险、海关等部门有着广泛的联系和密切的关系。有时委托运输代理去完成一项运输业务，比货主亲自去处理更为有利，如订舱、洽谈运费，由运输代理办理在时间和费用等方面往往会更趋合理。另外，运输代理是货主的顾问，能就运费、包装，以及进出口业务必要的单证、海关、领事要求、金融等方面提供咨询，还能对商品国际市场销售的可行性提出建议。

（二）国际贸易运输代理的种类

按照代理业务的性质和范围的不同，可将国际货运代理分为租船代理、船务代理、咨询代理和货运代理四大类。

1. 租船代理

租船代理又称租船经纪人（Ship Broker），它是以船舶为商业活动对象而进行船舶租赁业务的代理人，其主要业务活动是在市场上为租船人（Charter）寻找合适的运输船舶或为船东（Ship Owner）寻找合适的货运对象，它以中间人身份使船租双方达成租赁交易，从中赚取佣金。因此，根据租船代理所代表的委托人身份的不同，租船人又分为两种：

（1）船东代理人（Owner's Agent），为船东寻找运输对象。

（2）租船代理人（Charterer's Agent），为货主寻找合适的运输船舶。

有的租船代理人还兼办船舶买卖、船务代理业务。租船代理人主要办理以下业务：

（1）按照委托人（船东或货主）的指示，为其提供最合适的对象和最有利的条件并促成租赁交易的成交。

（2）根据双方洽谈确认的条件制成租船合同（Charter Party）并按委托人的授权代签合同。

（3）向委托人提供航运市场行情、国际航运动态以及有关资料信息等。

（4）发生纠纷时，为当事人双方斡旋调节，以期取得公平合理的解决。

租船代理佣金按照惯例是由运费或租金收入方支付的，即由船东支付，佣金一般按照租金的1%～2.5%在租船租约中加以规定。

中国租船公司是我国对外贸易公司的总代理人，是我国最大的租船代理。该公司根据货主的委托，统一通过我国最大的租船代理向国际租船市场洽租所需船位。中国租船公司在世界主要租船市场（如伦敦、纽约）都有自己的代表或代理关系，在对外租船订舱工作中，中国租船公司是以代理身份出现的。

2. 船务代理

船务代理（Shipping Agent）是指接受承运人的委托，代办与船舶有关的一切业务的人。其业务范围很广，主要包括以下几个方面：

（1）船舶进出港业务，包括拖轮、靠泊、报关、船舶检验、修理、洗舱、熏舱等。

（2）货运业务，包括安排组织货物装卸、检验、储存、转运、订舱等。

（3）供应工作，代办船用燃料、淡水、物料、食品等的供应。

（4）其他服务业务，包括办理船员登岸、出境手续，安排船员医疗、住宿、交通、参观等。

船务代理一般按规定的收费标准向委托人收取船舶和货物的代理费。船舶代理费一般按船舶登记净吨计收，如我国外轮代理公司按船舶登记净吨每吨计收船舶代理费人民币0.2元，进出港各收一次。船舶来港如不装卸货物，进出港合并为一次计收。货物代理费一般规定按船舶装卸货物吨数和货物大类计收。

根据委托方式不同，船务代理一般分为以下两种：

（1）航次代理（Agent on Trip Basis），指逐船逐航次代理，每船一次为限。船东在船舶到港前一定时间内以书信、电报或E-mail等形式提出委托，当船务代理复电同意接受代理后，航次代理关系即告成立。在船务代理按照委托人指示办妥该船在港一切业务并在该船驶离该港时，航次代理关系即告终止。该船在该港的费用和代理费均由船务代理依据航次结算单与委托人一次结清。当船舶去往不是经常挂靠的港口时，船方往往采取航次代理方式进行委托。

（2）长期代理（Agent on Long-term Basis），指船东和船务代理之间签订有长期（15年或更长时间）的代理协议。班轮公司与某些港口的船务代理之间多数签订有长期的代理协议，有的长期代理不签订协议，而是根据长期业务合作形成的代理关系。例如，我国港口的船坞代理工作主要是由中国外轮代理公司（即船务代理）负责，凡出入我国港口的本国远洋船和外国籍船舶的港口代理业务，均由中国外轮代理公司设在各港口的分公司办理并按照规定的收费规则收取一切费用。它与大多数外国轮船公司的长期代理关系一般都不签订代理协议。

多数班轮公司和拥有船舶较多的船东，在船舶经常挂靠的港口，往往采用签订长期代理协议的方式。

3.咨询代理

咨询代理（Consulting Agent）是指专门从事咨询工作，按委托人的需要，提供有关咨询情况、情报、资料、数据和信息服务并收取一定报酬的代理人。咨询代理不仅拥有研究人员和机构，而且与世界各贸易运输研究中心有广泛的联系，所以消息十分灵通，对于设计经营方案，选择合理、经济的运输方式和路线，核算运输成本，调查有关企业的财务信誉等，都可以提供专项报告和资料情报。

4.货运代理

货运代理（Freight Forwarder，以下简称"货代"）是指接受货主的委托，代表货主进行有关货物报关、交接、仓储、调拨、检验、包装、转运、订舱等业务的代理人。它与货主是委托和被委托的关系，在办理代理业务的过程中，它是以货主代理人的身份对货主负责并按代理的业务项目和提供的劳务向货主收取代理费。

（1）订舱揽货代理。这类代理与国内外货主和海陆空运输企业有广泛的联系，或代表货主向承运人办理订舱，或代表承运人向货主揽货。订舱揽货代理是承运人和托运人之间构成承（运）托（运）关系的媒介。

（2）货物装卸代理。

（3）货物报关代理。某些国家对这种代理的资质要求很高，如美国规定，必须是美国公民，向有关部门申请登记，经过考试合格并持有执照后才能营业。

（4）转运代理。

（5）理货代理。

（6）储存代理。其主要办理货物保管、整理、包装以及保险等业务。

（7）集装箱代理。其主要办理装箱、拆箱、分拨、转运以及集装箱租赁、维修等业务。

上述各项代理类别仅仅是从各自业务的侧重面加以区别，实际上，它们之间的业务往往相互交错，业务范围划分得并不很清楚。例如，不少船务代理也兼营货运代理，有些货运代理也兼营船务代理等。

（三）国际贸易代理的发展概况

公元10世纪，货运代理就已经出现，随着海上贸易的扩大，货运代理业逐渐发展起来。到了16世纪，已有相当数量的货运代理公司签发自己的提单。18世纪以后，货运代理逐步发展成为现在我们所熟悉的中间性质的独立行业。在长期的业务发展过程中，各国货运代理业的经营者都意识到了加强彼此合作的重要性。早在1880年，第一次国际货运代理代表大会就在德国莱比锡召开，进入20世纪后，行业内的国际合作有了更大的发展。

1926年5月31日，国际货运代理协会联合会（International Federation of Freight Forwarders Association，FIATA）简称"菲亚塔"，在奥地利维也纳成立，总部设在瑞士苏黎世，负责研究、指导、协调和解决国际货运代理业务中所发生的问题。菲亚塔是国际货运代理行业在世界范围内最具权威性的组织，也是世界贸易运输领域内最大的非政府和非营利性组织，现有160多个国家和地区的40 000多家国际货运代理企业加入。我国最大的权威性的货运代理公司——中国对外贸易运输集团公司也于1985年加入FIATA，并且成为其正式会员。

中国国际货运代理协会是经国家主管部门批准从事货运代理业务，在中华人民共和国境内注册的国际货运代理企业，同时也是从事与国际货运代理业务有关的单位、团体、个人自愿结成的非营利性的具有法人资格的全国性行业组织、中介组织，于2000年9月6日在北京成立。该协会于2001年年初代表中国国际货运代理行业加入了国际货运代理协会联合会。

中国国际货运代理协会与国际货运代理协会联合会联系密切。其宗旨是，维护我国国际货运代理行业的利益，保护会员企业的正当权益，促进我国货运代理行业健康发展，更好地为我国对外经济贸易事业服务。它的业务范围是协助政府主管部门依法规范国际货运代理企业经营行为，整顿行业秩序；开展行业市场调研，编制行业统计；组织行业培训及行业发展研究；为会员企业提供信息咨询服务；代表全行业加入国际货运代理协会联合会，开展同业国际交流。

三、国际贸易运输方式

现代运输手段一般由四要素构成，即运输工具（Vehicle）——载人、载物运行的设备；运输动力（Motive Power）——推动运输工具前进的力量；运输通路或媒介（Way or Passage Way）——运输工具借以运行的媒介；电信设备（Telecommunication Installation）——传递信息的设备，四要素的有效结合才能发挥出现代运输的最佳的效益。根据运输通路和运输工具的不同，国际贸易运输主要可分为如下几种方式（见图1-2）。

（一）水上运输（Water Transport）

水上运输是以江河、湖泊、海洋等水上通路为媒介，以船舶为运输工具的运输方式。水上运输可以分为内河货物运输（Inland Water Transportation）和海上货物运输（Ocean Transport），海上货物运输根据运距的远近和航海习惯，还可以细分为沿海、近洋和远洋运输。在国际贸易运输中，运用最广泛的是海上货物运输，据联合国贸发会（UNCATD）秘书处数据，超过80%以上的国际贸易货物都是通过海上运输完成的。海洋运输之所以被如此广泛采用，是因为它与其他运输方式相比，有通过能力大、运量大、运费低等明显

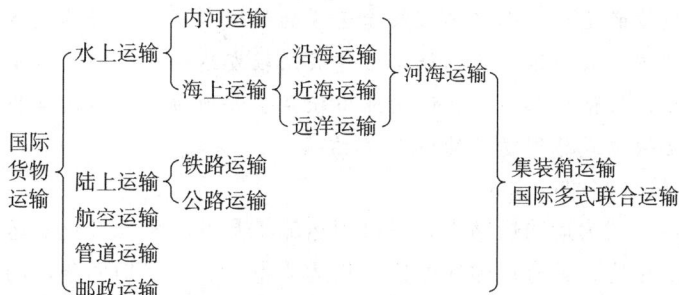

图 1-2　国际货物运输的方式

优点；内河运输是水上运输的重要组成部分，它是连接内陆腹地与沿海地区的纽带，在运输和集散进出口货物中起着重要的作用。

（二）陆上运输（Land Transport）

陆上运输是以陆上铁路路轨和公路为运输媒介，以铁路机车、铁路车辆和汽车为运输工具的运输方式。陆上运输可以分为铁路运输（Railway Transport）和公路运输（Road Transport）。在国际贸易运输中，铁路运输是仅次于海上运输的主要运输方式，海洋运输的进出口货物，也大多是靠铁路运输进行货物的集中和分拨的。铁路运输有许多优点：一般不受气候条件的影响，可保障全年的正常运输，运量较大，速度较快，有高度的连续性，运转过程中遭受风险的可能性也较小。办理铁路货运手续比海洋运输简单，而且发货人和收货人可以在就近的发站和到站办理托运和提货手续；公路运输是一种基础性的运输方式，它不仅可以直接运进或运出进出口货物，而且其他运输方式基本上离不开公路运输的配合，是集散进出口货物的重要手段。

◎资料卡

铁路货物运输只有160多年的历史。希腊是第一个拥有路轨运输的国家，2000年前古希腊有马拉的车沿着轨道运行。19世纪20年代，英格兰的史托顿至达灵顿铁路成为第一条成功的蒸汽火车铁路。后来的利物浦至曼彻斯特铁路更显示了铁路的巨大发展潜力。很快，铁路便在英国乃至世界各地通行起来，发展非常迅速，成为世界交通近一个世纪的领导者。

第一次世界大战前夕，世界铁路总里程已增加到110万千米，20世纪20年代，增加到127万千米。第二次世界大战后，以柴油和电力驱动的火车逐渐取代蒸汽火车。20世纪60年代起，多个国家均建设高速铁路。货运铁路也连接至港口，并与船运合作，以货柜运送大量货物以降低成本。

铁路运输发展的主要趋势已转变为运输设备现代化、运输管理自动化。这个趋势突出表现为，电力机车和内燃机车逐步代替蒸汽机车，实现了牵引动力的电气化和内燃化。与此同时，各国加快了复线、无缝铁路和重型钢轨的铺设，并采用了现代化通信设备，特别是电子计算机的应用使铁路营运管理工作逐步走上了自动化的道路。

◎资料卡

公路运输是19世纪末随着现代汽车的诞生而产生的。初期主要承担短途运输业务。第一次世界大战后，基于汽车工业的发展和公路里程的增加，公路运输走向快速发展的阶段，不仅是短途运输的主力，而且进入长途运输的领域。第二次世界大战后，公路运输发展迅速。许多欧洲国家和美国、日本等国已建成比较发达的公路网，汽车工业又为其提供了雄厚的物质基础，促使公路运输在运输业中跃至主导地位。发达国家公路运输完成的客货周转量占各种运输方式总周转量的90%左右。

（三）航空运输（Air Transport）

航空运输是以空域为运输通路，以飞机为运输工具的一种现代化的运输方式。它与海洋运输、铁路运输相比，具有运输速度快、货运质量高、不受地面条件的限制等优点。因此，它最适宜运送急需物资、鲜活商品、精密仪器和贵重物品。

◈ 资料卡

航空运输始于1871年。普法战争中，法国人用气球把政府官员和物资、邮件等运出被普军围困的巴黎。1918年5月5日，飞机运输首次出现，航线为纽约—华盛顿—芝加哥。同年6月8日，伦敦与巴黎之间开始定期邮政航班飞行。20世纪30年代有了民用运输机，各种技术性能不断改进，航空工业的发展促进航空运输的发展。第二次世界大战结束后，在世界范围内逐渐建立了航线网，以各国主要城市为起始点的世界航线网遍及各大洲。

（四）管道运输（Pipeline Transport）

管道运输是以铺设的管道作为运输工具和运输通路的一种长距离输送液体和气体物资的运输方式，其特殊性体现在运输通路和运输工具的合二为一。管道运输不仅运输量大、连续、迅速、经济、安全、可靠、平稳而且投资少、占地少、费用低，并可实现自动控制。管道运输除广泛用于石油、天然气的长距离运输外，还可运输矿石、煤炭等粉状、颗粒状固体。

◈ 资料卡

管道运输始于19世纪中叶，1859年美国宾夕法尼亚州建成了第一条原油输送管道。伴随着第二次世界大战后石油工业的发展，管道建设进入了一个新的阶段。各产油国竞相兴建大量油气管道。从20世纪60年代开始，输油管道的发展趋于采用大管径、长距离管道，并逐渐建成成品油输送的管网系统。同时，开始了用管道输送煤浆的尝试。

目前，在全球能源产品的运输中，管道运输占有较大的比重。近年来，管道运输也被进一步研究开发用于散状物料、成件货物、集装物料运输，并发展了容器式管道输送系统。管道运输是国民经济综合运输的重要组成部分之一，也是衡量一个国家的能源业与运输业是否发达的一个特征。目前，长距离、大管径的油气管道均由独立的运营管理企业负责经营和管理。

（五）邮政运输（Post Transport）

各国邮政部门根据相互签订的协定或在国际邮政组织的框架下，利用遍布全球的邮政网点，开展邮件包裹国际间的相互传递业务，从而形成国际邮包运输网络，邮政部门类似于国际多式联运中的经营人，对邮包的递送负责。由于手续简便，服务周到，发货人只需将邮包到邮局交寄，付清邮费并取得邮政收据，然后将邮政收据交给收货人即完成了交货任务，故其成为国际贸易中常采用的运输方式之一，特别是在小批量货物、样品的运送上具有优势。

❀ 资料卡

国际邮政运输分为普通邮包和航空邮包两种，对每件邮包的重量和体积都有一定的限制。例如，一般规定每件长度不得超过 1 米，重量不得超过 20 千克，但各国规定也不完全相同，可随时向邮局查问。邮政运输一般适合于量轻体小的货物，如精密仪器、机械零配件、药品、样品和各种生产上急需的物品。

在上述运输方式的基础上，随着运输包装工具的改良、运输组织方式的创新或者是这两种因素的组合，又可衍生出各具特点的组合运输方式，主要有：

（一）集装箱运输（Container Transport）

集装箱运输是以集装箱这种新型的运输包装作为运输单元，与水上、陆上、航空等运输方式有机结合的一种现代化的、先进的运输方式。

❀ 资料卡

集装箱标准化

为促进集装箱运输业的发展，国际标准化组织制定了集装箱国际标准。联合国也组织有关机构起草了《国际集装箱海关公约》和《国际集装箱安全公约》，对国际集装箱的试验、检查、认可、结构、安全条件、海关手续等进行规定，并于 1972 年通过了这两个公约。

目前，国际上通用的标准集装箱主要有两种：一种是 20 英尺的，另一种是 40 英尺的。20 英尺集装箱的设计总重为 24 吨，箱子自重约为 2 吨，净载货重 22 吨，但一般船公司将其限制在 18~20 吨之间，容积约为 36 立方米。40 英尺集装箱设计总重约为 30.5 吨，净载货重 26 吨，一般限制在 20~22 吨之间，容积约为 72 立方米，适用于积载因素较大的货物。集装箱类型见表 1-2。

表 1-2　　　　　　　　　　　　　　　　集装箱类型

箱类中文名称	箱类英文缩写	装载货物类型
普柜	GP	普货
高柜/超高柜	HC/HQ	体积大的货物
框架集装箱	FR	重型机械等
开顶集装箱	OT	重型机械等大型货，特别适合平板玻璃
保温冷冻集装箱	RF	需要温度控制的货物
罐式集装箱	TK	酒类、油类等液体货物

（二）国际多式联运（International Multimodal Transport）

国际多式联运是在集装箱运输的基础上产生和发展起来的一种综合性的连贯运输方式，它一般是以集装箱为媒介，将海、陆、空各种传统的单一运输方式有机地结合起来，组成一种国际间的连贯运输。

❀ 资料卡

《联合国国际货物多式联运公约》是 1980 年 5 月 24 日在日内瓦举行的联合国国际联运

会议第二次会议上，经与会的84个联合国贸易与发展会议成员国一致通过的。

《联合国国际货物多式联运公约》全文共40条和一个附件。该公约在结构上分为总则、单据、联运人的赔偿责任、发货人的赔偿责任、索赔和诉讼、补充规定、海关事项和最后条款8个部分。该公约的主要内容如下：

（1）国际多式联运合同双方当事人的法律地位。国际多式联运合同的双方当事人分别为联运经营人和发货人。根据《联合国国际货物多式联运公约》第1条的规定，联运经营人是以"本人"的身份同发货人签订国际多式联运合同的当事人，并不是发货人的代理人或代表，也不是参与国际多式联运的承运人的代理人或代表。联运经营人负有履行整个联运合同的责任，并以"本人"的身份对联运的全过程负责。因此，在发货人将货物交由联运经营人收管后，不论货物在运输过程中的哪个阶段发生灭失或损坏，联运经营人均须以"本人"的身份直接赔偿责任。

（2）国际多式联运合同和国际多式联运单证。按照《联合国国际货物多式联运公约》的有关规定，国际多式联运合同是指国际多式联运经营人凭以收取运费、负责完成或组织完成国际多式联运的合同。国际多式联运单证是指证明国际多式联运合同以及证明国际多式联运经营人接管货物并负责按照合同条款交付货物的单证。根据《联合国国际货物多式联运公约》第5条的规定，联运经营人在接管货物时，应签发国际多式联运单证。依照发货人的选择，可以是可转让的，也可以是不可转让的。国际多式联运单证中应当包括15项内容，其中包括货物的品类、标志、包数或件数、货物的毛重、危险货物的性质、货物的外表状况、联运人的名称和地址、发货人的名称、收货人的名称、联运经营人接管货物的地点和日期、交货地点、国际多式联运单证的签发地点和日期、联运经营人或其授权人的签字等。不过，国际多式联运单证中若缺少上述内容中的一项或数项，并不影响其作为国际多式联运单证的法律性质。

（3）国际多式联运经营人的赔偿责任。《联合国国际货物多式联运公约》的第三部分是关于联运经营人赔偿责任的规定。联运经营人对国际多式联运单证项下货物的责任期间，是从其接管该货物之时起至交付货物时为止。该公约对联运经营人的赔偿责任采取了"推定过失原则"，即除非联运人能证明他和他的受雇人或代理人为避免损害事故的发生及其后果已经采取了一切所能合理要求的措施，否则就推定联运经营人对事故的发生是有过失的，因此，应对货物在其掌管期间所发生的灭失、损坏或延迟交货，负赔偿责任。

（4）发货人的赔偿责任。《联合国国际货物多式联运公约》的第四部分是关于发货人赔偿责任的规定。如果国际多式联运经营人遭受的损失是由于发货人的过失或疏忽，或者其受雇人或代理人在其受雇范围内行事时的过失或疏忽造成的，发货人对这种损失应负赔偿责任。如果损失是由于发货人的受雇人或代理人本身的过失或疏忽所造成的，该受雇人或代理人对这种损失应负赔偿责任。

（5）索赔与诉讼。《联合国国际货物多式联运公约》的第五部分是关于索赔和诉讼的规定。该部分规定的内容由灭失、损坏或延迟交货的通知，诉讼时效，管辖和仲裁等4个方面构成。

（6）海关事项。对于多式联运货物的过境，《联合国国际货物多式联运公约》规定缔约国海关对运输途中的货物一般不作检查，以方便多式联运业务的顺利进行。

各种运输方式各有其特点。在实际运输工作中，我们应根据进出口货物的性质、运量的大小、路程的远近、需要的缓急、成本的高低、装卸地的条件、法令制度与惯例、气候与自然条件以及国际社会与政治状态等因素来合理选择运输方式，以便高效、顺利地完成国际贸易运输任务（见表1-3）。

表1-3 　　　　　　　　　五大运输方式的特点及适用范围

运输方式	优点	缺点	主要运输对象
水运	1.运量大 2.成本低 3.适于超长、超宽、笨重的货物运输	1.运输速度慢 2.港口装卸费用较高 3.受天气影响较大 4.运输的准确性和安全性较差	长途的低价值大宗货物，比如，矿产品、大宗散装货、化工产品、远洋集装箱等
铁路	1.运量较大 2.运费负担较小 3.轨道运输，事故相对少 4.铁路运输网完善，可运达各地 5.受自然和天气影响小，运输准确性较高	1.近距离运输费用高 2.不适合紧急运输要求 3.由于需要配车编组，中途停留时间较长 4.非沿线目的地需汽车转运 5.装卸次数多，货损率较高	长途、大量、低价商品，比如，重工业产品及原料、制造业产品及原料、农产品等
航空	1.运输速度快 2.安全性高	1.运费高 2.重量和体积受限 3.可达性差 4.受气候条件限制	通常适用于高价、易腐烂或急需的商品
公路	1.可以进行门到门运输 2.适合于近距离运输，较经济 3.使用灵活，可以满足多种需要 4.输送时包装简单、经济	1.装载量小，不适合大量运输 2.长距离运输运费较高 3.环境污染较严重 4.燃料消耗大	短距离具有高价值的加工制造产品和日用消费品，比如，纺织和皮革制品、橡胶制品、通信产品、零部件等
管道	1.运量大 2.运输安全可靠 3.连续性强	1.灵活性差 2.仅适用于特定货物	石油、天然气

选择运输方式时需要考虑以下因素：

（1）运输方式的速度问题；

（2）运输费用问题；

（3）各种可选运输方式的合理组合问题。

运输方式或运输工具的选择，应该是在综合考虑上述各种因素后，寻求运输费用与保管费用最低的运输方式或运输工具。

就运输成本而言，航空运输的成本最高，公路次之，海上运输成本最低。就运输速度而言，航空最高，时速最高可达1 400千米；其次是汽车运输，时速为40～60千米；铁路机车，时速为32～46千米；海船，时速为18～28千米；内河机动船最低，时速为7～20千米。

在选择运输方式上，除考虑运输成本和运行速度外，还要考虑商品的性质、数量、运输距离、客户的具体要求、风险程度等多方面因素。比如，鲜货商品要求争取时间，贵重物品体积小但需要保险系数高，所以，采取航空运输最为适宜；对中转环节多的可利用集装箱以加速中转并避免货物的损坏；对样品和宣传品可利用航邮；对大宗货物可租赁整条船舶。当然，如果单纯是为客户提供服务，一切应依客户的要求来安排。我国过去在选择运输方式和运输工具方面已积累了一些经验，如从东欧进口货物，利用陆运较海运既节省时间又节省运费；而对东欧出口的大宗货物，如大米、水泥等，以海运出口较为便宜。

◇讨论题

1.国际货物运输的三方当事人都有哪些？各自工作性质如何？

2.我国国际贸易货物运输的组织机构由哪三方面构成？

3.现代运输手段构成四要素都有哪些？

本章小结

作为一种特殊性质的生产，运输具有在产品的流通领域内进行，不改变劳动对象的性质和形状，仅使其位移而增值，主要成本费用是固定资产折旧和工资等特点。国际贸易运输是国际货物运输的主要内容，具有中间环节多、涉及面广、情况复杂多变、时间性强、风险较大、涉及国际关系等特点，也有其任务和要求。货主、承运人和运输代理人是参与国际贸易运输的主体，特别是国际货运代理人，在国际贸易运输中起着桥梁和纽带的作用。国际贸易运输有水上、陆上、航空、管道等不同运输通路的基础性运输方式以及由其组合、衍生出来的集装箱运输、国际多式联运、邮政运输等方式。

关键词汇

运输（Transportation）

国际贸易运输（International Trade Carriage of Goods）

国际物流（International Logistics）

运输方式（Mode of Transportation）　　　承运人（Carrier）

货运代理（Freight Forwarder）　　　货主（Cargo Owner）

复习思考

1.现代运输手段四要素都有哪些？

2.国际贸易运输的特点都有哪些？

3.国际贸易运输代理的种类有哪些？各发挥什么作用？

4.当今的国际贸易运输有哪些运输方式？各自的优缺点是什么？

章后阅读

国际贸易运输代理损失案

浙江省国际贸易有限公司（以下简称国贸公司）与浙江集运有限公司（以下简称集运公司）于20××年5月3日签订了委托代理合同，约定国贸公司委托集运公司在宁波口岸出口货物，对代理的业务范围、分工、费用结算等做了明确约定。而后，国贸公司委托集运公司出运一只20英尺集装箱（内装货物为真丝夹克衫，货值60 300美元）。5月14日，中国宁波外轮代理公司（以下简称宁波外代公司）签发了已装船提单，托运人为国贸公司。5月21日集运公司未经国贸公司授权，超越代理合同规定的权限，擅自传真提单签发人宁波外代公司，称："该票正本提单在寄香港途中，请给予担保提货。"5月24日，根据宁波外代公司的要求，集运公司又传真该公司，称："因客户寄香港正本提单尚未收到，请传真招商局能否以正本提单传真件，银行担保提货，由此产生的一切责任由我公司承担。"最终，由于客户未赎单提货，中国银行浙江省分行将用于办理结汇手续的全套单证退还浙江国贸公司，造成国贸公司损失60 300美元，包括利息损失10万元人民币。

问题：本案中应由谁来承担货款及利息损失？

要点提示：这是一起货运代理纠纷的典型案例。根据国贸公司与集运公司签订的代理合同，集运公司作为国贸公司的货代，应当在代理合同规定的权限内行使代理权。但是集运公司未经国贸公司的授权，擅自传真宁波外代公司，称："该票正本提单在寄香港途中，请给予担保提货"。集运公司的这种行为，在双方的代理合同中没有被授权，国贸公司也没有另行特别授权，在得知集运公司实施该行为后，国贸公司也没有追认。因此，这是越权代理。由于集运公司的擅自指令行为，最终造成国贸公司损失严重。《中华人民共和国民法典》（以下简称《民法典》）规定："没有代理权，超越代理权或者代理权终止后的行为，只有经被代理人的追认，被代理人才承担民事责任，未经追认的行为，由行为人承担民事责任。"

因此，从这个角度分析事实和法律依据，集运公司也可以成为国贸公司的诉讼对象，即被告人，由其承担货款及利息损失。

第二章

国际海洋货物运输

学习目标

✓ 掌握国际海上货物运输的基本特点；

✓ 了解与国际海上货物运输相关的船舶、港口、航线和货物的基本知识；

✓ 熟悉班轮运费的计算方法；

✓ 理解租船运输的经营方式及其特点，了解租船合同的主要条款。

导读材料

国际干散货运输市场总体平稳恢复，回升力度减弱①

2018年国际干散货运输市场运价回升力度减弱，预估全年海运贸易增速将低于运力增速。截至2018年12月21日，2018年BDI指数均值为1 353点，较2017年全年均值1 145点增长18.08%。

1.干散货船队运力小幅增长，海岬型运力增长步伐明显加快

截至2018年12月初，全球干散货船运运力达11 337艘，8.39亿载重吨。其中海岬型船运力达1 726艘，3 346万载重吨；巴拿马型船运力达2 566艘，2 065万载重吨；大灵便型船运力达36 22艘，2 005万载重吨；灵便型船运力达3 423艘，981万载重吨。国际干散货船总运力增速达2.82%，海岬型船舶运力增长步伐加快，增速达3.43%。

新船订单量逐步减少，海岬型船订单居高不下。

截至2018年12月初，国际干散货船新船订单达248艘，5 585万载重吨，同比下降14.64%。其中海岬型干散货船新船订单量达75艘，1 562万载重吨，新船订单运力与2017年持平。手持订单中海岬型船占比已达56.8%。海岬型船手持订单占现有运力比重攀升至14.51%，远高于灵便型船的4.11%。

海岬型船新船订单中Newcastlemax（200 000-209 000DWT）达34艘，708万载重吨；Guaibamax（325 000DWT）达12艘，且船东多为与淡水河谷签订长期租约的Pan Ocean，SK Shipping，H-Line Shipping等。

2.全年海运量需求增速减慢，煤炭需求上涨

2018年全球干散货海运预估量约52.1亿吨，同比增幅2.25%，增速较2017年大幅下

---

① 数据来源于上海国际航运研究中心发布的《国际航运市场分析快报（2018年回顾与2019年展望）》。

降。其中，铁矿石海运贸易量为14.7亿吨，同比稍降0.20%，煤炭海运贸易量为12.4亿吨，同比增长3.33%，粮食海运贸易量为4.86亿吨，同比增长1.67%，小宗散货海运贸易量为20亿吨，同比增长3.61%。

2018年中国铁矿石海运进口量为10.53亿吨，较2017年小幅下降1%，动力煤进口量为1.90亿吨，增幅为9%。印度铁矿石海运进口量大幅增长至1 500万吨，增幅高达117%，动力煤进口1.61亿吨，同比增长7%。东南亚动力煤进口大幅提升，其中越南动力煤海运进口量为1 370万吨，增幅达35%，菲律宾动力煤进口量为2 540万吨，增幅为18%。

3.大豆贸易受中美贸易摩擦影响较大，中国铝土矿进口增长加速

2018年6月开始美国出口至中国大豆数量大幅下降，9月出口量下降至6.74万吨，较上年同期的287万吨，大幅下跌97.65%。同时美国农业部12月供需报告预测2018/19年度（2018年10月至2019年9月）美国出口大豆5 171万吨，同比下降12.29%。中国11月大豆进口量为538.4万吨，较上年同期的868万吨骤降38%。中国1—11月大豆进口量为8 231万吨，同比减少4.3%。同时美国出口至欧盟、印度尼西亚、中国台湾、泰国等国家和地区市场的大豆数量大幅提升。

2018年1—10月中国铝土矿进口量累计6 784万吨左右，同比增加21.7%。

4.海岬型船市场集中度不断提升，联盟合作形式趋于常态

截至2018年12月初，海岬型散货船市场仅自有运力统计的CR8（8家最大的干散货船航运企业的市场份额总和）就已达23.62%（以载重吨计算），表明海岬型船已进入低集中竞争型市场。

为稳定承租双方成本和收益，船东与大货主间长期协议逐步加强，目前淡水河谷共使用约300艘船舶运输铁矿石，其中通过长协合同运输的铁矿石贸易量占比高达70%。此外，航运企业为提高船舶运营效率，稳定公司收益，联营池和长期租约占比不断提升，传统即期市场中的船舶数量比例大幅下降。

第一节　国际海洋货物运输概述

一、海洋运输的含义

海洋运输（Ocean Transport）又称"国际海洋货物运输"，是国际贸易中最主要的运输方式。海洋运输简称"海运"，是指使用船舶通过海上航道在不同国家和地区的港口之间运送货物和旅客的一种运输方式。由于海洋运输具有运量大、通过能力强、不受道路和轨道的限制、运费低廉等优点，许多国家，特别是沿海国家和地区普遍采用海洋运输作为主要的运输手段。目前，国际贸易总运量的70%以上是通过海洋运输的。

中国海岸线较长，沿海有许多优良的不冻港，具备发展海运的有利条件。在中国港口与世界各国主要港口之间已开辟了许多定期的或不定期的海上航线，海洋运输在中国对外经济贸易中起着重要的作用。

中华人民共和国成立以来，随着国民经济和对外贸易的发展，我国海洋运输业发生了巨大的变化，运输体制也发生了相应的变革。1955年8月，我国成立了中国对外贸易运输总公司（China National Foreign Trade Transportation Corporation），作为经营国际贸易运输

的专业公司，同时仍然保留中国租船公司（China National Chartering Corporation），以适应对外开展租船业务的需要。为了发展我国的远洋运输事业，1961年我国成立了中国远洋运输公司（China Ocean Shipping Company，COSCO，以下简称中远集团），并建立了远洋船队，担负进出口货物运输任务。改革开放以后，为了适应形势的发展，1993年又成立了中国远洋运输（集团）总公司。经过50余年的发展，中远集团已经成为以航运、物流码头、修造船为主业的跨国企业集团。1997年7月1日，以上海、广州、大连三大海运公司为基础组建了中国海运（集团）总公司（China Shipping，以下简称中国海运），这是以航运为主业的跨行业、跨地区、跨所有制、跨国运营的特大型综合性企业集团，也是中国远洋运输的一支新的生力军。

中国加入世贸组织以后，全面开放了海运市场。目前，世界主要航运公司均在中国设有分支机构，开展国际贸易运输业务。

二、海洋运输的特点

国际贸易和国际货物运输是在全世界范围内进行产品交换，海洋运输是最主要的国际贸易运输方式，这是由海洋的性质和海洋运输本身的特点所决定的。与其他运输方式相比，海洋运输具有以下特点：

（1）天然航道。海洋运输借助天然航道进行，通过能力强，不像火车、汽车受轨道和道路的限制。如果国际政治、经济、贸易环境等发生变化，可随时调整和改变航线完成运输任务。

（2）运输量大。随着造船技术、航海设备的进步，目前世界上用于货物运输的船舶向大型化方向发展，出现了载货量达50万~70万吨的巨型油轮、40万吨的散货船，以及21 000TEU[1][2]以上的集装箱船。

（3）运费低廉。海洋航道天然形成，港口设备一般均为政府修建，同时，由于海运的运量大、航程远，分摊于每运费吨中的费用成本较低，充分发挥了规模经济效益，因此，海运运费相对较低，为低值大宗货物提供了有利的运输条件。据统计，海运运价仅相当于铁路运价的1/5、公路运价的1/10、航空运价的1/30。

（4）对货物的适应性强。船舶的运量大、种类多，适合各种货物的运输。火车、汽车等其他运载工具无法装运的特种货物，例如石油井架、机车等均可利用海洋运输。

（5）速度较慢。与其他运输方式相比，海洋运输速度较慢，班轮的航行速度只有22节[3]（海里/小时）左右，其他商船速度则更慢，因而不宜用来运输易腐烂货物。

（6）风险较大。海洋运输易受气候等自然条件影响，遭受自然灾害的风险较大；船舶在海上航行或挂靠他国港口时，战争、海盗、罢工、社会动乱、贸易禁运等社会事件也会对船、货带来风险。

◈ **讨论题**

国际海上货物运输的基本特点都有哪些？

---

① TEU是英文Twenty-foot Equivalent Unit的缩写，是以长度为20英尺的集装箱为国际计量单位，也称国际标准箱单位。通常用来表示船舶装载集装箱的能力，也是集装箱和港口吞吐量的重要统计、换算单位。

② 佚名. 中远海运集团第三艘21 000TEU超大型集装箱船"中远海运银河"轮在上海命名［N/OL］.［2019-04-18］. http://www.coscoshipping.com/art/2019/4/18/art_6864_97891.html.

③ 节是表示船舶航速的专用单位，1节等于每小时1海里，也就是每小时行驶1.852千米。

第二节　海洋货物运输的对象——货物

经由运输企业承运的一切原料、材料、工农业产品、商品以及其他产品或物品都称为货物（Cargo或Goods）。海运货物则是特指经由海上运输企业承运的货物。

一、货物的分类

为了方便运输，可以从不同的角度对货物进行分类。货物分类的目的是使租船订舱更加便利，因为不同类型的货物往往需要不同类型的船舶完成运输，托运人或货主需要根据货物的种类租用或洽订适宜的船舶。

（一）按货物含水量划分

（1）干货（Dry Cargo），指基本上不含水分或含水很少的货物。有包装的件杂货物大都属于此类。

（2）湿货（Wet Cargo），指散装液体货（Liquid Cargo），如石油及其制品、植物油、化学品等。金属桶或塑料桶装运的流质、半流质货物，如肠衣等也都属于此类。

（二）按包装形式划分

（1）包装货（Packed Cargo），如件杂货物。

（2）裸装货（Non-Packed Cargo），如钢板、钢材等。

（3）散装货（Bulk Cargo），如粮食、矿石、煤炭等。

（三）按货物是否能分件划分

（1）件杂货（General Cargo），指有包装的、可分件的、数量较小的货物。

（2）大宗货（Bulk Cargo），一般指数量较多、规格较统一且价值较低的初级产品。在运输时，它们大多是散装，故又称散装货。

（四）按货物的理化性质划分

（1）普通货（Normal Cargo），通常指除特殊货以外的对运输无特殊要求的货物。

（2）特殊货（Special Cargo），指危险品等性质特殊、在运输过程中易影响其他货物或易被其他货物及环境所影响的货物，如有气味的货物、重大件货物、食品类货物、易碎货物、清洁类货物、扬尘污染货物、冷藏货物和吸湿货物等。

区分普通货物和特殊货物并无严格界限，在一定条件下为特殊货物，而在另外条件下则可能是普通货物。

（五）按货物价值划分

（1）高值货物（High-Valued Cargo），指高价、贵重货物，如金、银、古董、艺术品和精密仪器等。

（2）低值货物（Low-Valued Cargo），指价值较低的货物。大宗货物多数属于此类。区分高值货物和低值货物并无严格界限，主要是根据货物运费率的高低决定，一般以班轮费率8级为标准，1~8级为低值货物，9~20级为高值货物。

（六）按货物的重量和体积比率划分

（1）重量货物（Weight Cargo），简称"重货"。按照国际航运惯例，凡货物积载因素（因数）小于1.1328立方米/吨或40立方英尺/吨的货物，称为重货，即指重量1公（长）

吨的货物，其体积小于1.1328立方米（约40立方英尺）。

（2）轻泡货物（Measurement Cargo），简称"轻货"，或称体积货物、尺码货物。

按照国际航运惯例，凡货物积载因素（因数）大于1.1328立方米/吨或40立方英尺/吨的货物，称为轻货，即指重量1公（长）吨的货物，其体积大于1.1328立方米（约40立方英尺）。

中国航运习惯是，凡1公吨的货物其体积大于1立方米则为轻货，按货物体积计收运费；凡1公吨的货物其体积小于1立方米则为重货，按货物重量计收运费。

货物的重量与其体积之间的比率称为货物的积载因素（因数）（Stowage Factor）。

货物积载因素（因数）可从下列公式求得：

$$货物积载因素（因数）= \frac{英尺^3}{长吨} 或 \frac{米^3}{公吨}$$

货物积载因素（因数）的大小可表明货物的轻重程度，反映一定重量的货物须占据船舶的舱容、集装箱箱容或库容的数量。积载因素（因数）的测量方法是，将1公吨（长吨）的货物堆积成正方体形状，测量出该货堆的最大外形尺度，求出其体积即为积载因素（因数）。若货件较重时，通常将货件堆积3层，每层9件（共27件），测量出27件货堆的最大外形尺度，并计算出该27件货物的总重量，即可计算出该货物的积载因素（因数）。散装货物的积载因素（因数）可采用计算单位重量的容积的方法求出。应特别注意，即使相同的货物，若包装规格不同或品质等级不同，其积载因素（因数）也是不同的。

（七）按货物长度和重量划分

（1）超长货物（Lengthy Cargo），一般指长度超过9米或11米的货物。

（2）超重货物（Heavy Lift），一般指重量超过3公吨或5公吨的货物。

（3）超重、超长货物（Heavy Lift and Lengthy Cargo），一般指长度和重量都超过规定的货物。超长、超重货物并无严格界限，但货物超长、超重则需加收附加运费且费率分级递增。

（八）按集装箱划分

（1）整箱货（Full Container Load，FCL），是指托运货物能够装满一个整箱（体积达到85%，重量达到95%），并由托运人或货主自行装箱、加锁和铅封。

（2）拼箱货（Less than Container Load，LCL），是指托运货物不能装满一个集装箱，须与其他货主的货物拼装于一个集装箱中。这类货物通常由承运人或其代理装箱、加锁和铅封。

（九）危险货物（Dangerous Cargoor Goods）

危险货物是指具有燃烧、爆炸、腐蚀、毒害、放射性、感染性等性质，且在运输过程中可能会引起人身伤害和财产损失的货物。凡运输危险货物，必须严格遵照国际海上危险货物运输规则，即《国际海运危险品规则》（简称《国际危规》）（International Maritime Dangerous Goods Code，IMDG），谨慎办理运输事宜。

二、货物的计量、包装及其标志

为了方便装运、积载和交付，从而确保运输质量和数量，国际贸易运输的货物必须予以计量，件杂货物必须具有良好的包装和清晰的运输标志。

（一）货物的计量

货物的计量是指以一定的度量衡所表示的货物重量、数量、体积或容积等的量度。

在海洋货物运输中，重量是最常用的计量单位。按重量计量时，通常按毛重（Gross Weight）计量，即商品本身的重量加包装的重量。常用的重量单位有公吨（Metric Ton，M/T）、千克（Kilogram，kg）、长吨（Long Ton，L/T）、短吨（Short Ton，S/T）等。体积或容积也是最常用的货物计量单位。测量货物的外形尺度并计算其体积一般称之为货物的丈量或量尺，是指货物的外形最大的长、宽、高的乘积。常用的体积单位有立方米（Cubic Meter）、立方英尺（Cubic Foot）、立方码（Cubic Yard）等。货物还可以使用数量计量，常用的数量单位有件（Piece，pc；Package，pkg）、箱（Case，Carton）等。

（二）货物的包装

货物的包装在国际贸易运输中具有重要意义。货物包装（指外包装）的目的是保护货物本身质量和数量上的完整无损；便于装卸、搬运、堆放、运输和理货；对危险品货物包装还有防止其危害性发生的作用。海洋运输的货物包装除保护货物、防止变质外，还必须坚固结实，具有承受一定的压力、碰撞和震动的能力。在不影响货物质量保护的情况下，应力求减少包装的重量和体积，以减少运费支出。

（三）货物的标志

货物标志（Shipping Marks），即运输标志（唛头），是在货物或其包装上，用印刷或烙印的方法，书写一定的图案和文字，其目的是便于辨认识别，以利货物交换、装卸、分票、清点、核查，避免错装、错卸、错收和错交。货物标志一般包括下列内容：

1.主标志（Main Mark）

主标志是货主的代号，一般以图案或文字表示，其内容是收货人名称的缩写、贸易合同的编号等。标志通常印刷在箱装货物的端面，俗称"唛头"（如图2-1所示）。

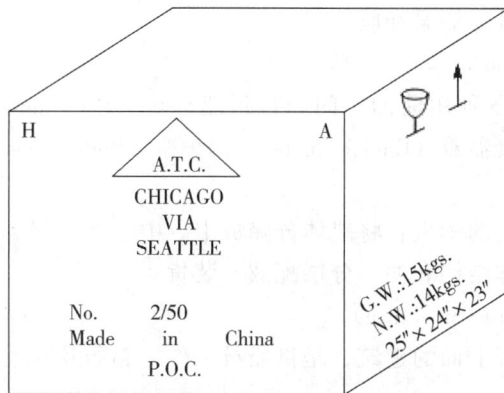

图2-1　货物标志（唛头）

2.副标志（Counter Mark）

副标志是主标志的补充，其内容有目的港、发货港、货物品名、规格、编号、货物尺码和重量等。

3.注意标志（Care Mark）

注意标志以图形或文字表示在储运过程中应注意的事项。在远洋运输中常见的注意标志有：（1）"禁用手钩"（Use no Hook）；（2）"切勿倒置"（Don't Turn Over）等。

4.危险货物标志（Dangerous Cargo Mark）

危险货物标志表明货物的危险性质。国际上对危险品要求用统一规定图案和文字表示，这种标志必须设在醒目位置，警示工作人员需安全操作，确保人身、货物和船舶的安全。

如果由于包装不良、标志不清或不当而引起的货物损坏或灭失，按有关规定承运人对此不负赔偿责任，由货主自担责任。

❖讨论题

国际海洋货物的标志都有哪些？

第三节 海洋货物运输的工具——船舶

一、船舶的定义

船舶是水上运输的工具，它的种类繁多，结构和形式多样。

远洋运输中使用的船舶又称商船（Merchant Ship），是指以商业行为为目的，在海上和与海相通的水域或水中航行使用的船舶，是作为国际贸易商品的主要运载工具的船舶。

二、船舶的构造

船舶主要由以下几个部分组成：

（一）船壳（Shell）

船壳是指船的外壳，包括龙骨翼板、弯曲外板及上舷外板三部分。

（二）船架（Frame）

船架是指支撑船壳所用各种材料的总称，分为纵材和横材两部分。纵材包括龙骨、底骨和边骨；横材包括肋骨、船梁和舱壁。

（三）船舱（Holds and Tanks）

船舱是指甲板下的各种用途的空间，包括船首舱（Fore Tank）与船尾舱（After Peak Tank）、货舱（Holds）、机器舱（Engine Room）、锅炉舱（Boiler Room）等。

（四）甲板（Deck）

甲板是指铺在船梁上的钢板，将船体分隔成上、中、下三层。大型船甲板数可多至六七层，其作用是加固船体结构和便于分层配载、装货。

（五）船面建筑（Super Structure）

船面建筑是指主甲板上面的建筑，是供船员工作、起居及存放船具的场所，包括船首房、船尾房及船桥（Bridge）。

三、船舶的种类

按照用途不同，商船可以分为客船、货船和客货船。客船（Passenger Ship）以载运旅客为其主要任务，并兼营邮件运输，多数以定期租船方式经营。货船（Cargo Ship）以载运货物为其主要任务，其特点是经济、实用。客货船（Passenger and Cargo Ship）在运送旅客的同时，还载运相当数量的货物，并以载客为主，载货为辅，一般有2~3个货舱，通常设计为"两舱不沉制"，并为定期定线航行，其结构与安全设备均应按客船标准要求配备。

货船按照不同用途分为干货船和液货船两大类。

(一)干货船

干货船可以分为件杂货船、干散货船、滚装船、冷藏船、多用途船和集装箱船等许多不同类型。

1.件杂货船(General Cargo Vessel)

件杂货船,也称普通杂货船、杂货船,主要用于运输各种包装和裸装的普通货物。杂货船通常设有双层底,并采用多层甲板以防止货物因堆装过高而被压损;一般设置3~6个货舱,每个货舱设有货舱口,货舱口两端备有吊杆或起重机,吊杆起重量相对较小(通常在2~20吨之间),若配置塔形吊机,则可起吊重件。国际海上货运中,杂货船的吨位一般在5 000~20 000吨之间。

2.干散货船(Dry Bulk Carrier)

干散货船是运输粉末状、颗粒状、块状等无包装大宗货物的船舶。由于其所运输货物的种类较少,对隔舱要求不高,所以仅设单层甲板,但船体结构较强。为提高装卸效率,货舱口很大。按所载运的货物种类不同,干散货船又可分为运煤船(Coal Carrier)、散粮船(Bulk Grain Carrier)、矿石船(Ore Carrier)以及其他专用散装船。

3.滚装船(Roll On/Roll Off Ship, Ro/Ro Ship)

滚装船是采用将装有集装箱或其他件杂货的半挂车或装有货物的带轮的托盘作为货运单元,由牵引车或叉车直接在船岸之间进行装卸作业形式的船舶。其主要特点是将船舶装卸作业由垂直方向改为水平方向。滚装船上甲板平整全通,下面的多层甲板之间用斜坡道或升降平台连通,以便车辆通行;有的滚装船甲板可以移动,以便于装运大件货物。滚装船的开口一般设在船尾,有较大的铰接式跳板,跳板可以35°~40°斜搭到岸上,船舶航行时,跳板可折起矗立。滚装船的吨位大多在3 000~26 000吨之间。

4.冷藏船(Refrigerated Ship)

冷藏船是将货物置于冷藏状态下进行载运的专用船舶。其货舱为冷藏舱,并有若干个舱室。每个舱室都是一个独立、封闭的装货空间,舱门、舱壁均为气密,并用隔热材料使相邻舱室可以装运不同温度的货物。冷藏船上有制冷装置,制冷温度一般为-25℃~15℃。冷藏船的吨位较小,通常为数百吨到几千吨。

5.多用途船(Multi-Purpose Ship)

多用途船是具有多种装运功能的船舶。多用途船按货物对船舶性能和设备等的不同要求分为载运集装箱为主的多用途船、载运重大件为主的多用途船、兼运集装箱和重大件的多用途船以及兼运集装箱、重大件和滚装货的泛多用途船四种。

6.集装箱船(Container Ship)

集装箱船又可分为部分集装箱船、全集装箱船和可变换集装箱船三种。人们通常所说的集装箱船是指吊装式全集装箱船,或称集装箱专用船。吊装式集装箱船是指利用船上或岸上的起重机将集装箱进行垂直装卸的船舶。全集装箱船(Full Container Ship)是一种专用于装载集装箱以便在海上运输时能安全、有效地大量运输集装箱而建造的专用船舶。全集装箱船的结构特点是,一般为大开口、单甲板船,且常为双船壳,以利于集装箱的装载和卸载。船舱内设置格栅结构,以固定集装箱,防止集装箱在运输途中发生前、后、左、右方向的移动，从而保证航行安全和货运质量。舷侧设有边舱，可供载燃料或作压载用。甲板上设置了能装载多层集装箱的特殊结构，多采用尾机型。因为在舱内设有永久性的格栅结构，所以只能装运集装箱而无法装载杂货。

个别全集装箱船带有船用装卸桥，用于装卸集装箱，但目前大多数全集装箱船都依靠港内的装卸桥装卸。全集装箱船如图2-2所示。

图2-2　2007年沪东中华造船厂建造的"新亚洲"号8 530TEU集装箱船

随着集装箱船舶大型化的发展，集装箱船的尺度越来越大，各大班轮运输企业都争相投入大型集装箱船进行营运，目前已有21 000TEU船舶投入营运（如图2-3所示）。

图2-3　2019年4月29日，巨轮"中远海运银河"轮首靠厦门远海码头15#泊位

现代集装箱船的尺度还可根据船宽能否通过巴拿马运河分成三类：

第一类（巴拿马型船，Panama）：这类船舶的船宽在巴拿马运河尺度32.21m限制范围内，在分代中的第一代、第二代和第三代集装箱船，都属于这一类船型。

第二类（巴拿马极限型船，Panamax）：这类船舶载箱量在3 000～4 000TEU之间，船宽32.2m。

第三类（超巴拿马型船，Post-Panamax）：这类船舶载箱量大于4 000TEU，船宽大于32.2m。

也有人将超巴拿马型船中载箱量在6 000TEU以上的船舶进一步划分为第四类，即特超巴拿马型船（或称超级超巴拿马型船，Super Post-Panamax/Extra Post Panamax）。

（二）液货船

液货船是指载运散装液态货物的船舶，主要有油船、液化气船和液体化学品船三种。

1. 油船（Tanker）

油船是专门载运石油及成品油的船舶。油船有严格的防火要求，在货舱、机舱、泵舱之间设有隔离舱。油舱设有纵舱壁和横舱壁，以减轻自由液面对船舶稳性的不利影响。有专门的油泵和油管用于装卸石油及成品油，还有扫舱管系和加热管系。甲板上一般不设起货设备和大的舱口，但设有桥楼。油轮的载重吨位是各类船舶中最大的。世界上最大的油轮达60多万载重吨，一般油轮的载重吨在2万～20万吨之间，通常将载重吨在20万～30万吨之间的油轮称为VLCC（Very Large Crudeoil Carrier），将载重吨在30万吨以上的油轮称为ULCC（Ultra Large Crudeoil Carrier）。

2. 液化气船（Liquefied Gas Carrier）

液化气船是专门装运液化气的船舶，可分为液化天然气船和液化石油气船。

液化天然气船（Liquefied Natural Gas Carrier，LNG Carrier）按液货舱的结构又可分为独立储罐式和膜式两种。独立储罐式液化天然气船是将柱形、筒形、球形等形状的储罐置于船内，液化气装载于储罐中进行运输。膜式液化天然气船采用双层壳结构，内壳就是液货舱的承载体，并衬有一层由镍合金钢制成的膜，可起到阻止液货泄漏的屏蔽作用。液化石油气船（Liquefied Petroleum Gas Carrier，LPG Carrier）按液化的方法又可分为压力式、半低温半压力式和低温式三种。压力式液化石油气船是将几个压力储罐装在船上，在高压下维持液化石油气的液态。半低温半压力式和低温式的液化石油气船采用双层壳结构，液货舱用耐低温的合金钢制造并衬以绝热材料，船上设有气体再液化装置。

液化气船的吨位通常用货舱容积来表示，一般在6万～13万米^{3}之间。

3. 液体化学品船（Chemical Tanker）

液体化学品船是载运各种液体化学品（如醚、苯、醇、酸等）的专用液货船。液体化学品大多具有剧毒、易燃、易挥发、易腐蚀等特点，因此，其对防火、防爆、防毒、防腐蚀有很高的要求，所以，液体化学品船上分隔舱多、货泵多。船舶有双层底和双层舷侧，翼舱宽度不小于船宽的五分之一。载运腐蚀性强的酸类液货时，货舱内壁和管系多采用不锈钢或辅以橡胶等耐腐蚀材料。液体化学品船的吨位多在3 000～10 000吨之间。

四、船舶规范

（一）船舶吨位

船舶吨位（Ship's Tonnage）也叫船舶指标，是衡量船舶载重能力和容积大小的计量单位，可以分为重量吨位和容积吨位两种。其中，重量吨位包括排水量吨位和载重吨位；容积吨位包括容积总吨（注册总吨）和容积净吨（注册净吨）。

1. 重量吨位（Weight Tonnage）

重量吨位是表示船舶重量的一种计量单位，目前国际上多采用公制，以1 000千克为1公吨。重量吨位又可分为排水量吨位和载重（量）吨位两种。

（1）排水量吨位。

排水量吨位（Displacement Tonnage）是指船体在水中所排出水的吨位，也就是船舶自身重量的吨位。排水量分为重排水量、轻排水量、实际排水量三种。

重排水量又称满载排水量，是船舶满载时的最大载重量；轻排水量又称空船排水量，是船舶本身、船员和必要给养品（不包括燃料）三者重量之和，是船舶最小限度载重量；实际排水量，是船舶每个航次载货后的实际排水量。排水量吨位的计算公式为：

$$排水量（公吨）= \frac{船长×宽×吃水×方模系数（立方米）}{0.9756（海水）或1（淡水）}$$

$$排水量（长吨）= \frac{船长×宽×吃水×方模系数（立方英尺）}{35（海水）或36（淡水）}$$

式中，吃水（Draft）是指船体浸入水中的深浅程度，即从龙骨最低部至满载水平线之间的距离；方模系数（Coefficient of Fineness）是指船舶入水部分的体积与同等长宽深的长方形体积的比例。

◈ 计算题

假设一海上船舶长500英尺，宽70英尺，自甲板至龙骨深为34英尺，空船吃水水深为8英尺，满载吃水水深为30英尺，方模系数为0.7。那么：

$$空船排水量 = \frac{500×70×8×0.7}{35（海水）} = 5\,600（长吨）$$

$$满载排水量 = \frac{500×70×30×0.7}{35（海水）} = 21\,000（长吨）$$

为便于计算实际排水量，船上一般都备有载重表，如已知船的吃水深度，从表上即可查出当时的实际排水量和总载重吨。

（2）载重（量）吨位。

载重（量）吨位（Dead Weight Tonnage）表示船舶在营运中能够使用的载重能力。载重吨位又分为总载重吨和净载重吨。总载重吨又称积载能力，是指船舶根据载重线标记规定所能装载的最大重量，是船舶满载排水量（重排水量）与空船排水量（轻排水量）之差。净载重吨又称载货重吨，是指船舶所能装运货物的最大限度重量，是船舶的总载重吨减去船舶航行期间所储备的燃料、淡水及其他储备物资的重量之差。

载重吨位是船舶可能装载的货物的重量，可用以表示船舶载运能力的大小，或作为计算期租船月租金的依据，也可作为新船造价、旧船售价、造船进度、运价协定、货运量分配等的计算单位。

2. 容积吨位（Registered Tonnage）

容积吨位，又称注册吨，表示船舶容积的单位，是各海运国家为船舶注册而规定的一种以吨位计算和丈量的单位，以100立方英尺或2.83立方米为1注册吨。容积吨位分为容积总吨（注册总吨）和容积净吨（注册净吨）。

（1）注册总吨（Gross Registered Tonnage，GRT），又称容积总吨或总吨，是指船舶内以及甲板上所有关闭的场所的内部空间或体积的总和，是以100立方英尺或2.83立方米去除所得的商数。注册总吨是供统计用的，可用于国家对商船队的统计、船舶的注册登记、政府确定对航运业补贴或造舰津贴以及计算船舶保险费用、造船费用以及船舶的赔偿等。

（2）注册净吨（Net Registered Tonnage，NRT），又称容积净吨或净吨，是指从注册总吨中减去不能直接用于装载货物的空间之差，即船舶可以用来装载货物的船舱容量折合成的吨数。注册净吨主要用于船舶的报关、结关，作为船舶向港口缴纳的各种税费的依据，也是船舶通过运河时缴纳运河费的依据，还可以作为船务代理人收取船务代理费的依据。

（二）船舶载重线

船舶载重线（Ship's Load Line），是指船舶满载时的最大吃水线。它绘制在船舶左右两侧船舷的中央部位，用来规定船体入水部分的限度。其目的是限制超载，保障船舶、船上所载货物及船员的安全。船舶载重线标志，是由船级社根据船舶的用材结构、船型、适航性和抗沉性，以及船舶航行区域及季节变化等各方面因素而制定的，在国际上得到各国政府的认可。

船舶载重线标志，如图2-4所示，又称为普利姆索尔标志（Plimsoll Mark），由甲板线、载重线圆盘和与圆盘有关的各条载重线标志三部分构成。

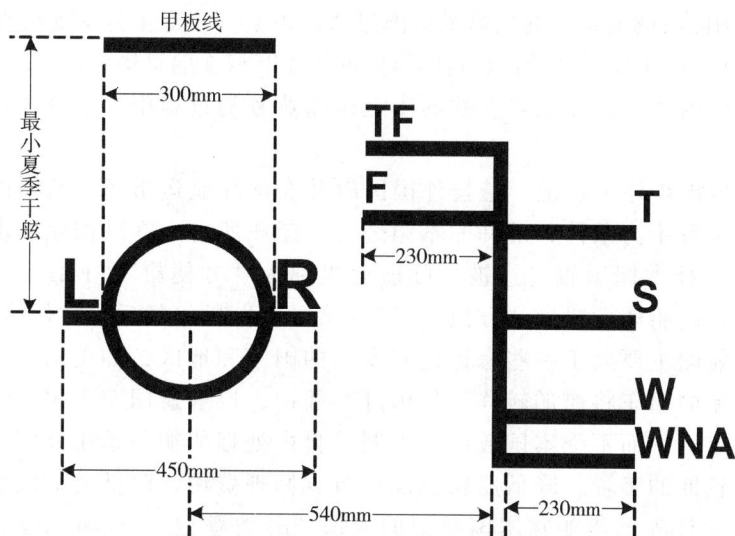

国际标记	中国标记	表示意义
S	X	夏季海水载重线
W	D	冬季海水载重线
WNA	BDD	北大西洋冬季载重线
T	R	热带海水载重线
F	Q	淡水载重线
TF	RQ	热带淡水载重线

图2-4 船舶载重线标志

各条载重线的含义如下：

TF（Tropical Fresh Water）：表示热带淡水载重线，即船舶航行于热带地区淡水中最大吃水不得超过此线

　　F（Fresh Water）：表示淡水载重线

　　T（Tropical Sea Water）：表示热带海水载重线

　　WNA（Winter North Atlantic）：表示冬季北大西洋载重线

　　W（Winter Sea Water）：表示冬季海水载重线

　　S（Summer Sea Water）：表示夏季海水载重线，它与载重线圆盘上的水平直线处于同一高度

　　（三）船舶的船籍、船级、证书和文件

　　1.船籍和船旗

　　船籍（Ship's Nationality）是指船舶的国籍。船籍由船主向本国或外国船舶管理部门办理所有权登记，取得本国或者登记国国籍的证书后获得。

　　船旗（Ship's Flag）是指商船在航行中，悬挂的其所属国籍的国旗。船旗是船舶国籍的标志。按照国际法的规定，商船是船籍国浮动的领土，无论在公海或在他国海域航行，均需要悬挂船籍国的国旗。凡悬挂船籍国国旗的船舶有权在船籍国领海、内水和公海上航行，适用船籍国的法律，在从事合法的海上运输业务的过程中受船籍国法律的保护和管辖。

　　方便旗船是指在外国登记、悬挂外国国旗并在国际航运市场上营运的船舶。有些国家以收取一定费用为条件，准许非本国公民的船舶所有人在其国家的港口办理船舶注册登记，并悬挂本国国旗，这被国际航运界称为"方便旗"（Flag of Convenience）。悬挂这种方便旗的船舶就叫做"方便旗船"。第二次世界大战后，方便旗船迅速增加，悬挂方便旗的船舶主要属于一些海运比较发达的国家和地区，如美国、希腊、日本和韩国。这些船舶的船东将船舶转移到外国进行登记，以逃避国家重税和军事征用。船东可以自由制定运价而不受本国政府的管制，自由处理船舶与运用外汇，自由雇佣外国船员以支付较低的工资，降低船舶标准以节省修理费用，降低营运成本以增强竞争力等。而公开允许外国船舶在本国登记的所谓"开放登记"（Open Register）的国家，主要有利比里亚、巴拿马、塞浦路斯、新加坡等，通过这种登记可为登记国增加一定的外汇、税收收入。

　　2.船级与船级社

　　（1）船级（Ship's Classification）是表示船舶技术状态的一种指标。

　　在国际航运界，凡注册总吨在100吨以上的海运船舶，必须在某船级社或船舶检验机构监督之下进行监造。在船舶开始建造之前，船舶各部分的规格须经船级社或船舶检验机构批准。

　　每艘船建造完毕，由船级社或船舶检验局对船体、船上机器设备、吃水标志等项目和性能进行鉴定，发给船级证书（Certificate of Classification）。证书有效期一般为4年，期满后须重新予以鉴定。

　　船舶入级可保证船舶航行安全，有利于国家对船舶进行技术监督，便于租船人和托运人选择适当的船只以满足进出口货物运输的需要，同时也便于保险公司决定船、货的保险费用。

　　（2）船级社（Register of Shipping 或 Bureau of Shipping）是办理船舶检验和入级的机

构。世界上比较著名的船级社有：

①英国劳埃德船级社（Lloyd's Register of Shipping）。

②德国劳埃德船级社（Germanischer Lloyd）。

③挪威船级社（Norske Veritas）。

④法国船级局（Bureau Veritas）。

⑤日本海事协会（Nippon Kaiji Kyokai）。

⑥美国航运局（American Bureau of Shipping）。

⑦中国船级社（China Classification Society）。

中国船级社是我国交通部所属的船舶检验局，中国船级社的船级符号为CCS。

3.船舶证书和文件

船舶文件是证明船舶所有权、性能、技术状况和营运必备条件的各种文件的总称。船舶必须通过法律登记和技术鉴定并获得有关正式证书之后，才能参加营运。国际航行船舶的船舶文件主要有以下几种：

①船舶国籍证书（Certificate of Nationality）。

②船舶所有权证书（Certificate of Owners Ship）。

③船舶船级证书（Certificate of Classification）。

④船舶吨位证书（Tonnage Certificate）。

⑤船舶载重线证书（Certificate of Load Line）。

⑥船舶船员册（Crew List）。

⑦航行日志（Log Book）。

此外，还有根据缔结的国际公约所规定的安全证书及其他证书、轮机日志、卫生日志、无线电日志、航行签证簿、油类记录簿以及主管机关认为需要的其他文件等。根据我国现行规定，进出口船舶必须向港务管理机关呈验上述所有文件。

◈讨论题

讲述船舶的性质、特征、规范及种类。

第四节　海运地理基础知识

一、世界海运重要的通航运河和海峡简介

（一）主要国际通航运河（见表2-1）

表2-1　　　　　　　　　　　　　主要国际运河简况

中文名称	英文名称	位置	沟通的海洋
苏伊士运河	Suez Canal	埃及东北部	红海和地中海
巴拿马运河	Panama Canal	巴拿马中部	太平洋和大西洋
基尔运河	Kiel Canal	德国北部	北海和波罗的海

1.苏伊士运河（Suez Canal）

苏伊士运河位于埃及东北部，是一条具有重要战略意义和经济意义的水道。它沟通了地中海和红海，从而连接了大西洋和印度洋。苏伊士运河的开通，使西欧、北美至印度洋和太平洋西岸的航程比绕行好望角缩短了5 500～8 000千米，因此成为世界上最繁忙的航道之一，每年经苏伊士运河运输的货物占世界海运货物总量的14%。

2.巴拿马运河（Panama Canal）

巴拿马运河位于美洲巴拿马共和国的中部，它是沟通太平洋和大西洋，连接两洋各港口的重要航运要道。巴拿马运河的开通，使太平洋与大西洋之间的航程比原来缩短了5 000～10 000千米，而且比通过麦哲伦海峡的航行要安全得多，国际航运价值很大，是仅次于苏伊士运河的世界第二大运河。每年通过巴拿马运河的货运量约1.8亿吨，占世界海运货物总量的5%左右。

3.基尔运河（Kiel Canal）

基尔运河位于德国东北部，横贯日德兰半岛、沟通波罗的海和北海，是波罗的海通往大西洋的捷径。它比经过丹麦、挪威、瑞典间的斯卡厄海峡缩短685千米航程，年通过8万多艘船舶，是世界通过船只最多的国际运河，年货运量约5 000万吨。基尔运河对所有国籍的船舶日夜开放。

（二）主要国际海峡

1.英吉利-多佛尔海峡

英吉利海峡和多佛尔海峡位于大不列颠岛与欧洲大陆之间，沟通了大西洋与北海，总长约600千米，最宽处为220千米，最窄处为英国多佛尔到法国加来西边灰鼻岬，宽度只有33千米，面积约9万平方千米。该海峡是连接西北欧与北美的主要航线，每年通过海峡的船只达12万艘次，居世界各海峡之首。1973年7月，英法两国达成协议，共同开凿多佛尔海峡的海底隧道。隧道投入运营后，大大缩短了由英国到欧洲大陆的时间，每10多分钟就有一列高速火车往返，乘车只需35分钟就可穿越海峡。

2.马六甲海峡

马六甲海峡位于亚洲东南部马来半岛与苏门答腊岛之间，西北端通安达曼海，东南端连接南海，是沟通太平洋与印度洋的咽喉要道，是亚、非、澳、欧沿岸国家往来的重要海上通道。海峡全长约1 080千米，西北部最宽达370千米，东南部最窄处只有37千米。水深25～113米，每年约有10万艘次船只通过。由于船多拥挤，为避免事故，一般20万吨以上的货轮须绕道龙目—望加锡海峡航行，约增加航程1 000海里。

3.霍尔木兹海峡

霍尔木兹海峡位于亚洲西部阿曼半岛和伊朗之间，海峡呈"人"字形，东西长约150千米，平均水深70米以上。海峡西接波斯湾，东连阿曼湾。波斯湾沿岸产油国家的石油资源绝大部分通过这里输向西欧、日本和美国等地。因此，该海峡有"石油海峡"之称，在国际航运上占有重要地位，进出霍尔木兹海峡的油轮每年有2.4万余艘，每年油运量为6亿～8亿吨。

此外，重要的国际海峡还有直布罗陀海峡、达达尼尔-博斯普鲁斯海峡、曼德海峡、龙目海峡和望加锡海峡等，见表2-2。

表 2-2   主要国际海峡简况

海峡名称	位置	沟通的海洋
英吉利-多佛尔海峡	英国和法国之间	北海和大西洋
马六甲海峡	马来半岛和苏门答腊岛之间	南海和安达曼海
霍尔木兹海峡	伊朗和阿曼之间	波斯湾和阿拉伯海
直布罗陀海峡	西班牙和摩洛哥之间	地中海和大西洋
达达尼尔-博斯普鲁斯海峡	土耳其西北部	地中海和黑海
曼德海峡	也门和吉布提之间	红海和亚丁湾
龙目海峡	龙目岛和巴厘岛之间	印度洋和太平洋
望加锡海峡	加里曼丹岛和苏拉威西岛之间	苏拉威西海和爪哇海

二、海洋货物运输航线的概念和分类

海运航线（Shipping Line）是海洋货物运输航线的简称，是指船舶在两个或多个港口之间从事货物运输的线路。海运航线按其不同的要求分为国际大洋航线、地区性的国际航线和沿海航线；根据船舶营运的形式，可分为定期船航线和不定期船航线。

海洋货物运输航线可以从不同的角度进行分类，通常有以下几种划分方法：

（一）按航行范围划分

1.远洋航线（Cross Ocean-going Shipping Line）

远洋航线是指船舶航行跨越大洋的运输航线，如远东地区各港口至欧洲、美洲和大洋洲各港口的航线。

2.近洋航线（Near-sea Shipping Line）

近洋航线是指本国各港口至邻近国家港口间的海上运输航线，如中国各港口至日本海、马六甲海峡、印度尼西亚沿海、鄂霍次克海各港口间的运输航线。

3.沿海航线（Coastal Shipping Line）

沿海航线是指本国沿海各港口间的海上运输航线，如上海至广州、青岛至大连的运输航线等。

（二）按港口大小和货运量多少划分

1.干线（Trunk Line）

干线是指货运量大而集中的主干航线，如欧洲、地中海、澳大利亚及北美等航线为国际海运干线。

2.支线（Feeder Line）

支线又称补给线，是指小港口与大港口之间的集散航线。

（三）按船舶营运方式划分

1.定期航线（Liner）

定期航线，又称班轮航线，是指使用固定船舶，按固定船期和固定港口航行并以相对固定的运价经营客货运输业务的航线。

2.不定期航线（Tramp Shipping Line）

不定期航线与定期航线相对而言，指使用不定船舶、不定船期、行驶不定港口和不定航线，并使用租船市场运价，经营大宗、低值货物运输业务为主的航线。

三、世界主要大洋航线

（一）太平洋航线

太平洋沿岸有30多个国家和地区，经济比较发达。太平洋航线有以下几组：

远东—北美西海岸各港航线：从中国、韩国、日本和俄罗斯远东海港出发到加拿大、美国、墨西哥等北美西海岸各港。该航线以日本、美国、加拿大贸易量为最大，其次是韩国。目前，我国已与北美西海岸港口之间辟有定期集装箱航线。

远东—加勒比海、北美东海岸各港航线：该航线大多是经夏威夷群岛南北至巴拿马运河后到达。

远东—南美西海岸航线：从我国北方沿海各港出发的船舶多经琉球奄美大岛、硫黄列岛、威克岛、夏威夷群岛之南的莱思群岛附近穿越赤道进入南太平洋至南美西海岸各港。

远东—东南亚航线：这组航线是我国、朝鲜、韩国、日本去东南亚各港，以及过马六甲海峡去波斯湾、地中海、西北欧、东西非、南美东海岸各港常走的航线。东海、台湾海峡、巴士海峡、南海是该航线船舶经常进出的海域。

远东—澳、新航线：由于澳大利亚面积辽阔，远东至新西兰、澳大利亚东西海岸航线有所不同。我国北方沿海各港去澳东海岸和新西兰港口，走琉球、加罗林群岛，进入所罗门海、珊瑚海；日本等国到该地区的航线也基本与我国相同。但中澳之间的集装箱航线则由我国北方港口南下经我国香港加载后经南海、苏拉威西海、班达海、阿拉弗拉海，然后进入珊瑚海、塔斯曼海。中国去澳西海岸航线，多半经菲律宾的民都洛海峡，然后经望加锡海峡、龙目海峡南下。

澳、新—北美东西海岸航线：澳、新至北美西海岸航线大多途经苏瓦、火奴鲁鲁等太平洋上重要航站。澳、新至北美东海岸航线则大多取道社会群岛中的帕皮提，后经巴拿马运河到达。

北美—东南亚航线：这组航线一般要经过夏威夷、关岛、菲律宾等地；到北美东海岸和加勒比海各港，要经巴拿马运河。

（二）大西洋航线

大西洋水域辽阔，海岸线曲折，有许多优良港湾和深入大陆的内海。北大西洋两侧是西欧、北美两个世界经济发达的地区，又有苏伊士运河和巴拿马运河通印度洋和太平洋。

大西洋航线有以下几组：

西北欧—北美东海岸各港航线：这组由北美东海岸经过纽芬兰横渡大西洋进入西北欧的航线历史最悠久，是美国、加拿大与西、北欧各国之间国际贸易的海上大动脉。

西北欧、北美东岸—加勒比海各港航线：该航线大多出英吉利海峡后横渡大西洋。除可达到加勒比海沿岸各港外，还可经巴拿马运河到达美洲太平洋岸西港口。

西北欧、北美东岸—地中海、苏伊士运河去东方航线：这是世界上最繁忙的一条航线，它除与地中海各港间往来外，还与海湾国家往来密切。

西北欧、地中海—南美东海岸航线：该航线一般经过西非大西洋岛屿、加纳利、佛得角群岛上的航站。

西北欧、北美大西洋岸—好望角、东方航线：该航线一般是巨型油船的运输线。西北欧、北美去海湾运油的15万吨级以上巨轮必须经过好望角。西非大西洋上的佛得角群岛、加纳利群岛是它们经常停靠的地方。

南美东海岸—好望角航线：它是南美东海岸去海湾运油或远东国家购买巴西的矿石常走的路线。中国至南美东海岸运油和矿石也走该航线。

（三）印度洋航线

由于印度洋的特殊地理位置，其航线可以将大西洋与太平洋连接起来，因此经过的航线众多。

印度洋航线主要有以下几组：

横贯印度洋东西的航线：这组航线是从亚洲太平洋地区和大洋洲横穿印度洋西行的航线，在这组航线上的港口，如塞得港、苏伊士港、亚丁港、科伦坡港等，因地理位置的特殊性而有着极其重要的地位。

进出印度洋北部国家各港的航线：印度洋北部包括孟加拉湾、阿拉伯海沿岸各国，该航线为进出缅甸、孟加拉国、印度、斯里兰卡、巴基斯坦等国港口的航线。船舶来自东部太平洋地区或欧洲。

进出波斯湾沿岸国家的航线：波斯湾沿岸大多为石油输出国，石油为这组航线的基本货物。其大致又可分三条航线：一条是去曼德海峡和红海，经苏伊士运河、地中海进入大西洋，到达欧洲或继续驶往北美；另一条是南下印度洋，经东非的索马里、肯尼亚、坦桑尼亚附近，绕道好望角通往大西洋，到达西欧或北美；还有一条是由波斯湾东行，经印度洋、马六甲海峡、太平洋到东南亚或日本。

出非洲东岸国家的航线：在这条航线上，货物的运量较其他航线要少，但它仍是印度洋上一组重要的航线。

（四）现代集装箱运输的主要航线

当前，世界上规模最大的三条主要集装箱航线是远东—北美航线，远东—欧洲、地中海航线和北美—欧洲、地中海航线。

远东—北美航线，习惯上也称为（泛）太平洋航线，该航线实际上可以分为两条航线，一条是远东—北美西岸航线，另一条为远东—北美东岸航线。远东—北美西岸航线主要由远东—加利福尼亚航线和远东—西雅图、温哥华航线组成。其涉及的港口主要有亚洲的高雄港、釜山港、上海港、香港港、东京港、神户港、横滨港等和北美西岸的长滩港、洛杉矶港、西雅图港、塔科马港、奥克兰港和温哥华港，涉及亚洲的中国、韩国、日本以及北美的美国和加拿大东部地区。远东—北美东岸的纽约航线涉及的北美东岸港口主要有美东地区的纽约港、新泽西港、查尔斯顿港和新奥尔良港，该航线还包括澳新航线。

远东—欧洲、地中海航线，也被称为欧地线。该航线由远东—欧洲航线和远东—地中海航线组成。远东—欧洲航线是1879年由英国4家船公司开辟的世界最古老的定期航线。欧洲地区涉及的主要港口有：荷兰的鹿特丹港，德国的汉堡港、不来梅港，比利时的安特卫普港和英国的费力克斯托港。远东—地中海航线是1972年10月开始集装箱运输的，其地中海地区主要涉及的港口有位于西班牙南部的阿尔赫西拉斯港、意大利的焦亚陶罗港和位于地中海中央、马耳他岛南端的马尔萨什洛克港。

北美—欧洲、地中海航线，也被称为跨大西洋航线。该航线实际包括三条航线：北美东岸、海湾—欧洲航线；北美东岸、海湾—地中海航线；北美西岸—欧洲、地中海航线。

（五）中国对外贸易主要海运航线

1.近洋航线

（1）中国—朝鲜航线；

（2）中国—日本航线；

（3）中国—越南航线；

（4）内地—香港航线；

（5）中国—俄罗斯航线；

（6）中国—菲律宾航线；

（7）中国—新马航线；

（8）中国—北加里曼丹航线；

（9）中国—泰国湾航线；

（10）中国—印度尼西亚航线；

（11）中国—孟加拉湾航线；

（12）中国—斯里兰卡航线；

（13）中国—波斯湾航线；

（14）中国—澳大利亚、新西兰航线。

2.远洋航线

（1）中国—红海航线；

（2）中国—东非航线；

（3）中国—西非航线；

（4）中国—地中海航线；

（5）中国—西欧航线；

（6）中国—北欧、波罗的海航线；

（7）中国—北美航线；

（8）中国—中南美航线。

四、港口

港口是海洋交通和内陆交通的连接点，一般设在江、湖、海湾沿岸，具备水陆联运设备和条件，是供船舶安全进出和停泊的运输枢纽。港口按用途可分为：商港、渔港、军港及避风港。商港是供商船停靠装卸，补充给养，办理客货运输，尤其是外贸进出口货物运输的出入口。

（一）商港的分类

1.按地理位置分类

（1）海湾港：地处海湾，又据海口，一般有水深、风浪小的特点。有些海湾港位于开敞海面岸边或天然掩护不足，通常须修建相当规模的防波堤，如大连港、青岛港、连云港、基隆港、意大利的热那亚港等；也有完全靠天然掩护的大型海湾港，如东京港、香港港、澳大利亚的悉尼港等。

（2）河口港：位于河流入海口或受潮汐影响的河口段内，可兼为海船和河船服务。河口港一般有大城市作依托，水陆交通便利，内河水道往往深入内地广阔的经济腹地，承担大量的货流量，故世界上许多大港都建在河口附近，如鹿特丹港、伦敦港、纽约港、列宁格勒港、上海港等。

（3）内河港：位于天然河流或人工运河上的港口，如长江沿岸的南通港、马鞍山港等。

2.按商港的功能分类

（1）存储港：一般位于工商业中心，立体交通体系发达，利于货物的存储、分拨、联运，是货物的集散地，如上海港、天津港等。

（2）转运港：一般位于水陆交通衔接处，利于货物在水路和陆路间转运或办理转船业务，如鹿特丹港、香港港、新加坡港等。

（3）经过港：地处航道要冲，是船舶必经之地，可供船舶短暂停留以补充燃料、物料、淡水、食物等给养，如科伦坡港、亚丁港等。

3.按国家政策和贸易角度分类

（1）非通商港：是指专为本国商船经营国内贸易货物出入的港口，对外国商船一般不开放，因此又称为国内港。

（2）通商港：又称为开放港，可经营国际航运业务，外国船舶只要办理相关手续便可自由出入。

（3）自由港：可分为完全自由港和有限自由港，完全自由港不属于海关管制区范围，一切外国商品均可以免税进出；有限自由港则对部分商品征税或实施贸易管制，对其他商品则完全免税。香港港、新加坡港都是世界上著名的有限自由港。

（二）港口组成

港口由水域和陆域组成。

1.水域

水域通常包括进港航道、锚泊地和港池。

（1）进港航道要保证船舶安全、方便地进出港口，必须有足够的深度和宽度、适当的位置、方向和弯道曲率半径，避免强烈的横风、横流和严重淤积，尽量降低航道的开辟和维护费用。当港口位于深水岸段，低潮或低水位时天然水深已能满足船舶航行需要时，无须开挖人工航道，但要标志出船舶出入港口的最安全路线。如果不能满足上述条件，且需要船舶随时都能进出港口，则须开挖人工航道。人工航道分单向航道和双向航道。大型船舶的航道宽度为80~300米，小型船舶的为50~60米。

（2）锚泊地指有天然掩护或人工掩护条件、能抵御强风浪的水域，船舶可在此锚泊、等待靠泊码头或离开港口。如果港口缺乏深水码头泊位，也可在此进行船转船的水上装卸作业。内河驳船船队还可在此进行编、解队和换拖（轮）作业。

（3）港池指直接和港口陆域毗连，供船舶靠离码头、临时停泊和调头的水域。港池按构造形式分，有开敞式港池、封闭式港池和挖入式港池。港池尺度应根据船舶尺度、船舶靠离码头方式、水流和风向的影响及调头水域布置等确定。开敞式港池池内不设闸门或船闸，水面随水位变化而升降。封闭式港池内设有闸门或船闸，用以控制水位，适用于潮差较大的地区。挖入式港池在岸地上开挖而成，多用于岸线长度不足、地形条件适宜的地区。

2.陆域

陆域指港口供货物装卸、堆存、转运和旅客集散之用的陆地面积。陆域上有进港陆上通道（铁路、道路、运输管道等）、码头前方装卸作业区和港口后方区。码头前方装卸作业区用于分配货物，布置码头前沿铁路、道路、装卸机械设备和快速周转货物的仓库或堆场（前方库场）及候船大厅等。港口后方区用于布置港内铁路、道路、较长时间堆存货物的仓库或堆场（后方库场）、港口附属设施（车库、停车场、机具修理车间、工具房、变电站、消防站等）以及行政、服务房屋等。

（三）港口设备

港口设备包括间歇作业的装卸机械设备（门座式、轮胎式、汽车式、桥式及集装箱起重机、卸车机等）、连续作业的装卸机械设备（带式输送机、斗式提升机、压缩空气和水力输送式装置及泵站等）、供电照明设备、通信设备、给水排水设备、防火设备等。港内陆上运输机械设备包括火车、载重汽车、自行式搬运车及管道输送设备等。水上装卸运输机械设备包括起重船、拖轮、驳船及其他港口作业船、水下输送管道等。

（四）港口技术特征

1.港口水深

港口水深是港口的重要技术标志，表明港口条件和可供船舶使用的基本界限。现代港口供大型干货海轮停靠的码头水深为10～15米，大型油轮码头的水深为10～20米。

2.码头泊位数

码头是港口的主体，是船舶停泊靠岸的地方，是装卸货物的场所。码头有浮码头和固定码头两种，固定码头又有长堤型和栈桥型两种。一个港口的码头泊位数是决定港口吞吐能力的重要因素。

◈讨论题

1.查询世界主要海运航线，并在世界地图中展示。
2.简述港口的概念、组成及分类，查询全球前十大港口排名、我国前十大港口排名。

第五节　班轮运输

班轮运输（Liner Transport）是指由班轮运输企业（Liner Shipping Companies）按照事先制定的船期表（Sailing Schedule or Liner Schedule），在特定的航线上，以既定的挂靠港顺序，开展的航线上各港间的货物运输。

一般而言，用于班轮运输的船舶技术性能较好，设备较齐全，船员的技术业务水平也较高，所以既能满足普通货物杂件的运输要求，又能满足危险货物、重大件等特殊货物的运输要求，并且能较好地保证货运质量。传统上班轮运输的对象通常是件杂货，现在则以集装箱为主。经班轮运输的货物，价格相对较高，有一定的批量，这就要求有较快的运送速度和较大的舱容。传统的件杂货班轮承运的货物都是以散件形式存在，在包装、重量、形状方面千差万别，给货物的装卸带来不便，延长了船舶的在港停泊时间，从而降低了船舶的营运效率，增加了船舶的经营成本。随着集装箱运输的开展，集装箱班轮有效地克服了传统件杂货班轮装卸效率低下的缺点，另外，由于集装箱便于开展多式联运，越来越多的货主选择用集装箱来运送货物，集装箱班轮在班轮运输市场上所占有的份额正逐年提高。

一、班轮运输的特点

（1）"四固定"。班轮运输的最基本特征是"四固定"，即固定航线、固定港口、固定船期和相对固定费率。这为贸易双方洽谈价格和装运条件提供了方便。

（2）班轮运价中包括货物在港口的装卸费用。使用班轮运输时，货物在港口的装卸及配载由承运人（班轮公司）负责，承、托双方之间不计滞期费（Demurrage）和速遣费（Dispatch），托运人与收货人不须另行支付装卸费。

（3）承运人的责任期间通常为从货物装上船起，到货物卸下船止，即"钩至钩"（或"船边至船边"、"船舷至船舷"）原则，装卸货物的责任和费用由承运人承担。因此，装前卸后的责任和费用一般由货主承担。

（4）承运人与托运人之间并不签订书面运输合同，而是以签订装货单（Shipping Order，S/O）的方式订舱，并以提单（B/L）作为承、托双方权利、义务和豁免的依据。该提单通常受统一的国际公约或国内法的制约。因此，班轮运输又称提单运输。

（5）班轮运价属于垄断性价格。但随着中国海运市场的开放，这种垄断性大大减弱。

二、班轮运输的作用

由于班轮运输具有上述特点，采用这种运输经营方式极大地方便了货主，有力地促进了国际贸易的发展。

（1）有利于一般杂货和不足整船货的小额贸易货物的运输。班轮只要有舱位，不论数量大小、挂港多少、直运或转运都可接受承运。

（2）由于"四固定"的特点，时间有保证，运价相对固定，为贸易双方洽谈价格和装运条件提供了方便，有利于开展国际贸易。

（3）班轮运输长期在固定航线上航行，有固定设备和人员，能够提供专门的、优质的服务。

（4）由于事先公布船期、运价费率，有利于贸易双方快速达成交易，减少磋商内容。

（5）手续简单，货主方便。班轮运输不需签订复杂的运输合同，承、托之间仅以提单为依据，加之承运人负责装卸和理舱，托运人只要将货物交给承运人即可，省心省力。

三、班轮运费

班轮运费（Liner Freight）是班轮公司运输货物而向货主收取的费用，包括基本运费和附加费两部分。基本运费：是班轮航线内基本港之间对每种货物规定的必须收取的运费。附加费：是对一些需要特殊处理的货物或由于客观情况的变化等使运输费用大幅度增加，班轮公司为弥补损失而额外加收的费用。附加费的种类很多，并且随着客观情况的变化而变动，各种附加费是对基本运价的调整和补充。

（一）班轮运价

计算运费的单价（或费率）就称为班轮运价。班轮运价是按照班轮运价表的规定计算的，是垄断性价格。不同的班轮公司或不同的轮船公司开列有不同的班轮运价表。班轮运价表可以分为等级运价表和单项费率运价表两种。班轮运价表包含的内容主要有以下几个方面：（1）货物分级表。表中列明各种货物所属的运价和计费标准。（2）航线等级费率表。表中列明不同等级货物的基本运费率。（3）附加费率表。表中列明各种附加费按基本运费的一定百分比（相对数）或按每运费吨若干元（绝对数）计收，如货币贬值附加费、直航附加费、燃油附加费等。（4）冷藏货费率表及活牲畜费率表。（5）说明及有关规定。主要是该运价表的适用范围、计价货币、计价单位以及其他有关规定。（6）港口规定及条款，主要是将一些国家或地区的港口规定列入运价表。

1. 基本费率的计算标准

基本费率（Basic Rate）是指每一计费单位货物收取的基本运费，即航线内基本港之间对每种货物规定的必须收取的费率，也是其他一些按百分比收取附加费的计算基础。其计算标准主要有以下几种：

（1）按货物的毛重计收，在运价表中以"W"表示，一般以公吨为计费单位，也有按长吨或短吨计费的，称为重量吨（Weight Ton）。

（2）按货物的体积计收，在运价表中以"M"表示，一般以1立方米为计费单位，也有按40立方英尺计费的，称为"尺码吨"。尺码吨与重量吨统称运费吨（Freight Ton）。

（3）按货物的价格计收，又称从价运费。在运价表中以"AV"或"Ad Valorem"表示，一般按FOB货价的一定百分比收费。

（4）按货物的毛重或体积从高计收，在运价表中以"W/M"表示。即凡一重量吨货物的体积超过1立方米或40立方英尺者按尺码吨计收；不足1立方米或40立方英尺者按重量吨计收。运价表上还有注明"W/M or AV"及"W/M plus AV"的，前者表示运费按照货物重量、体积或从价三者中较高的一种计收；后者表示先按货物毛重或体积从高计收后，再加一定百分比的从价运费。

（5）按货物的件数计收。例如，汽车按辆（Unit）计收，活牲畜按头（Head）计收。

（6）临时议定（Open Rate）。该计费标准适用于粮食、豆类、煤炭、矿砂等运量较大、货价较低、装卸速度快的农副产品及矿产品，由货主与船公司临时议定。

（7）起码费率（Minimum Rate）。其指按每一提单上所列的重量或体积计算的运费。如果未达到运价表中规定的最低运费金额，按最低运费计收。

应当注意的是，如果不同的商品混装在一个包装内（集装箱除外），则全部货物都须按其中收费最高的商品计收运费。同一种货物因包装不同而计费标准不同，但托运时如未申明具体包装形式，全部货物均要按运价最高的包装计收运费。同一提单内有两种以上不同计价标准的货物，托运时如未分列货名和数量，计价标准和运价全部要按高者计算。这是在包装和托运时应该注意的。此外，对无商业价值的样品，凡体积不超过0.2立方米，重量不超过50千克，可要求船方免费运送。

2. 附加费种类

附加费是对基本运价的调节和补充，可以比较灵活地对各种外部不测因素的变化作出反应，所以班轮附加费是班轮运价的重要组成部分。以下是几种常见的附加费：

（1）燃油附加费（Burner Surcharge or Bunker Adjustment Factor，BAF）：在燃油价格突

然上涨时加收，按每一运费吨加收一绝对值或按基本运价的一定百分比加收。

（2）货币贬值附加费（Devaluation Surcharge or Currency Adjustment Factor，CAF）：指在货币贬值时，船方为保持实际收入不减少，按基本运价的一定百分比加收的附加费。

（3）转船附加费（Transshipment Surcharge）：指凡运往基本港的货物，需转船运往目的港时，船方收取的附加费，包括转船费和二程运费。但有的船公司不收此项附加费，而是分别收转船费和二程运费，这种收取一、二程运费加转船费的做法，即通常所称的"三道价"。

（4）直航附加费（Direct Additional）：指当运往基本港的货物达到一定的货量（500～1 000运费吨）时，船公司可安排直航该港而不转船时所加收的附加费。一般来说，直航附加费较转船附加费低。

（5）超重附加费（Heavy Lift Additional）。

（6）超长附加费（Long Length Additional）。

（7）港口附加费（Port Additional or Surcharge）：指有些港口由于设备条件差或装卸交叉率低及其他原因，船公司加收的附加费，一般按基本运价的一定百分比收取。

（8）港口拥挤附加费（Port Congestion Surcharge）：指有些港口由于拥挤导致船舶停泊时间增加而加收附加费。这种附加费随港口条件的改善或恶化而变化，一般按基本运价的一定百分比计收。

（9）选港附加费（Optional Surcharge）：指货运托运时不能确定具体卸货港，要求在两个或两个以上港口中选择一港卸货，船方加收的附加费。所选港口限定为该船次规定的转港，并按所选港中收费最高者计收运费及各种附加费，货主必须在船舶到达第一卸港前的规定时间内（一般规定为24小时或48小时前）通知船方最后选定的卸货港。

（10）绕航附加费（Deviation Surcharge）：苏伊士运河1967年因战争关闭，欧亚间往来船舶均须绕道好望角，当时班轮运价规定加收10%的绕航附加费，1975年6月5日苏伊士运河重新开放时，该附加费取消。由于正常航道受阻不能通行，船舶必须绕道才能将货物运至目的港时，加收附加费。

除以上10种附加费外，还有一些需船货双方临时议定的附加费：洗船费、熏蒸费、破冰费、加温费等，各种附加费是对基本运价的调节、补充。

（二）班轮运费的计算

1.班轮运费的计算公式

班轮运费的计算公式为：

$F = Fb + \sum S$

式中，F表示运费总额；Fb表示基本运费，是所运货物的数量（重量或体积）与规定的基本费率的乘积，即$Fb = f \times Q$，f表示基本费率，Q表示货运量（运费吨）；S表示某一项附加费。

• 附加费按基本费率的百分比收取的情况下：

$$\sum S = (S_1 + S_2 + \cdots + S_n) \times Fb$$
$$= (S_1 + S_2 + \cdots + S_n) \times f \times Q$$

$F = Fb + \sum S$

$\quad = f \times (1 + S_1 + S_2 + \cdots + S_n) \times Q$

式中，S_1，S_2，$\cdots$，S_n 为各项按基本费率计收附加费的百分比。

• 附加费按绝对数收取的情况下：

$\sum S = (S_1 + S_2 + \cdots + S_n) \times Q$

$F = Fb + \sum S$

$\quad = (f + S_1 + S_2 + \cdots + S_n) \times Q$

式中，S_1，S_2，$\cdots$，S_n 为各项附加费的绝对数。

2.班轮运费的计算步骤

第一步，审查托运人提供的货物名称、重量、尺码（是否超重、超长）、装卸港口、是否需要转船以及卸货港的选择等；

第二步，根据货物名称，从有关运价表中查出该货物的计费标准及运价等级；

第三步，查找所属航线的等级费率表，找出该等级货物的基本费率；

第四步，查出各附加费的费率及计算方法；

第五步，将各项数据代入班轮运费计算公式予以计算。

◈ 计算题

我方某公司出口200箱洗衣粉到西非某港口。内包装：塑料袋，每袋一磅；外包装：纸箱，每箱100袋；箱的尺寸为47cm×39cm×36cm。试计算该批货物的班轮运费。

解：先按洗衣粉英文名称（Detergents）的字母顺序在运价表中查出出口洗衣粉为M5级货；然后再查出中国至西非航线M5级货每尺码吨的基本运费为387港元，另加转船费15%，燃油费33%，港口拥挤费5%，最后代入公式计算总运费为：

运费 = 计费吨×基本运价 + 附加费总和

$\quad$ = 计费吨×基本运价×（1 + 各种附加费率）×商品数量

$\quad$ = 0.47×0.39×0.36×387×[1 + (15% + 33% + 5%)]×200

$\quad$ = 7 814.43（港元）

◈ 计算题

我方出口商品共100箱，每箱的体积为30cm×60cm×50cm，毛重为40千克，查运费表得知该货为9级，计费标准为W/M，基本运费为每运费吨109港元，另收燃油附加费20%，港口附加费20%，货币贬值附加费10%。试计算：该批货物的运费是多少港元？

解：30cm×60cm×50cm = 0.09m³，

因为 0.09 > 0.04，故：

基本运费的计收方法是W/M，所以应选择0.09米³来计算运费。代入公式：

运费 = 计费吨×基本运价 + 附加费总和

$\quad$ = 计费吨×基本运价×（1 + 各种附加费率）×商品数量

$\quad$ = 0.09×109×（1 + 20% + 20% + 10%）×100

$\quad$ = 1 471.5（港元）

◈ 计算题

中国某港运往克罗地亚里耶港的货物，需在马赛或热那亚转船，除去一程运费需加收13%的燃油附加费以外，所加收的转船附加费（基本运价的50%）还要加上13%的燃油附加费。如果这批货重2公吨，尺码为4立方米，计算标准为M，等级为8级，一程运价为

213.50港元，求全程运费。

解：

全程运费 = $4 \times 213.50 \times (1 + 13\% + 50\% + 50\% \times 13\%) = 1\,447.53$（港元）

◈讨论题

1.简述班轮运费的构成。

2.班轮附加运费都有哪些？

第六节　租船运输

18世纪末至19世纪初，欧洲实现了工业革命，商品生产得到了极大的发展，贸易规模不断扩大，同时，船舶技术设备和航海技术也达到了一个新的水平，于是海上运输逐渐从航海贸易中分离出来，成为独立的经济部门，这时的海上运输以租船运输为主。

一、租船运输概述

（一）租船运输的定义

租船运输（Shipping by Chartering）又被称为不定期船运输（Tramp Shipping），是一种既没有固定的船舶班期，也没有固定的航线和挂靠港，而是按照货源的要求和货主对货物运输的要求，安排船舶航行计划，组织货物运输的船舶营运方式。

在租船运输过程中，首先，承租人（Charterer）通过某些方式将运输需求公开；之后，船舶所有人，即船东（Ship Owner）与承租人就租船业务涉及的运输条件及相应的条款进行商定。许多情况下，这种业务谈判是通过租船经纪人（Chartering Broker），并参考某一个标准的租船合同范本（Standard Charter Party Form）进行的。当双方就相关的问题洽商一致时，船舶所有人与承租人之间通常要签订包括船期、挂靠港、租金以及双方的责任与义务在内的租约（Charter Party），即租船合同。船舶所有人与承租人所签订的租船合同，具有民事法律所规定的约束效力，是双方处理合同执行过程中所出现问题的依据。

（二）租船运输的特点

与班轮运输相比，租船运输具有以下特点：

1.航线、挂靠港、船期和费率具有不固定性

租船运输没有固定的船舶班期，也没有固定的航线和挂靠港，是按照货源的要求和货主对货物运输的要求，安排船舶航行计划、组织货物运输。

2.租船运输根据租船合同组织运输

船舶所有人与承租人之间要签订租船合同，对航线、船期、挂靠港、租金等进行约定，并明确双方的责任、义务和权利。租船合同是解决双方在履行合同中发生争议的依据。

3.租船运输中的提单不是一个独立的文件

对于承租人和船舶所有人而言，租船提单仅相当于货物收据，这种提单要受租船合同的约束，银行一般不愿意接受这种提单，除非信用证另有规定。当承租人将提单转让给第三人时，提单起着物权凭证的作用。

4.船舶营运中有关费用的支出依据不同的租船方式，由租约约定

运输中的运费或租金水平受航运市场行情波动的影响，相对班轮运输而言，费率较低。

5.租船运输适合于大宗散货的运输

散货的特点是批量大、价值低、无包装，如谷物、矿石、化肥、石油及油类产品，它们一般都是整船装运的。

（三）租船市场

租船业务是通过租船市场（Chartering Market）进行的。

租船市场又称海运交易市场，是需要船舶的承租人与提供船舶运力的船舶所有人洽谈租船业务，协商租船合同内容并签订合同的场所。

租船市场为船舶所有人和承租人提供开展各种租船业务的交易机会。租船市场是船租双方进行集中交易的场所，双方都可以根据自己的需求选择洽租人，以取得有利的经济效益，满足各自不同的需要。

租船市场拥有分布在世界各地的船舶所有人、承租人、租船经纪人，组成了庞大的业务网络，加强了信息沟通，为承租人和船舶所有人积累、搜集、整理了大量的租船市场信息，掌握着市场的行情动态和发展趋势。由于分布在世界各地的运力与需求并不平衡，租船市场为实现整个世界航运市场的平衡发挥着调节作用。

目前，世界上主要租船市场有以下几个：

1.英国伦敦租船市场

英国伦敦的波罗的海商业航运交易所（The Baltic Mercantile and Shipping Exchange）是公认的世界上历史最悠久、租船业务最多的散杂货租船市场。它有一个固定的集中场所，供船舶所有人、租船经纪人和租船代理人聚集、面谈租船业务，其成交量约占世界租船总成交量的30%以上。它是世界上其他租船市场的关注和参考对象。

由于希腊是世界上最大的经营不定期船的国家，因此，希腊在伦敦市场供应的船舶最多，向该市场供应的船舶主要是希腊船舶所有人的船舶或受其控制的方便旗船，还有美国船舶所有人控制的方便旗船。该市场租船行情的变化对世界上其他地区的租船市场有着决定性的影响。因此，这里的交易动态受到世界各地的船舶所有人和承租人的密切关注。

2.美国纽约租船市场

纽约租船市场在第二次世界大战前只是一个地区性交易市场。战后，美国的经济发展速度较快，进出口货物增多，美国作为重要的货主国家，对租船及航运市场产生了重要的影响。该市场现已发展成为仅次于伦敦租船市场的世界第二大租船市场。纽约租船市场主要地点虽然设在纽约，并命名为航运交易所，但是，它没有提供专门的交易场所，而是需要通过电话、电传、传真、计算机通信等方式进行租船业务洽谈。这个交易所采用会员制度，以船舶所有人、货主、租船经纪人和各种有关人员为会员。

3.北欧租船市场

北欧租船市场包括挪威的奥斯陆、瑞典的斯德哥尔摩、德国的汉堡、荷兰的鹿特丹等专业化的船舶租船市场，均属于地区性租船市场。该市场以租赁特殊用途的高技术船舶为主，如冷藏船、液化石油气船、滚装船和吊装船等。在租船方式上，船舶所有人以长期的

定期租船为主。

4.亚洲租船市场

亚洲租船市场包括日本东京，我国的香港、上海和东南亚的新加坡等租船市场，也属于地区性租船市场。该租船市场上成交的主要是短期近洋运输船舶的租赁。随着亚洲经济的发展和区域性贸易的繁荣，以及亚洲航运业的日益壮大，这些租船市场发展较快，规模不断扩大。

二、租船方式及其特点

如前所述，租船运输是根据承租人对运输的要求而安排船舶的营运方式。根据承租人对运输的不同营运要求，租船运输的经营方式可以分为航次租船、定期租船、光船租船和包运租船4种。其中，最基本的租船运输的经营方式是具有运输承揽性质的航次租船。

（一）航次租船方式

1.航次租船的概念

航次租船（Voyage Charter，Trip Charter）又称"航程租船"或"程租船"，是指由船舶所有人向承租人提供船舶，在指定的港口之间进行一个航次或几个航次的指定货物运输的租船运输方式。

航次租船是租船市场上最活跃、最普遍的一种租船方式，对运费水平的波动最为敏感。在国际现货市场上成交的绝大多数货物（主要有液体散货和干散货两大类）通常是通过航次租船方式运输的。

2.航次租船的形式

在航次租船中，根据承租人对货物运输的需求，采取不同的航次数来约定航次租船合同。航次租船有下列三种形式：

（1）单航次租船（Single Trip Charter），是指船舶所有人与承租人双方约定，提供船舶完成一个单程航次货物运输的租船方式。船舶所有人负责将指定的货物从起运港运往目的港，货物运抵目的港卸船后，船舶所有人的运输合同义务即告完成。

（2）往返航次租船（Return Trip Charter），是指船舶所有人与承租人双方约定，提供船舶完成一个往返航次的租船方式。但是，返航航次的出发港及到达港并不一定与往航航次相同，即同一船舶在完成一个单航次后，会根据货物运输需要在原卸货港或其附近港口装货，返回原装货港或其附近港口。卸货后，往返航次租船结束，船舶所有人的合同义务完成。

（3）连续航次租船（Consecutive Voyage Charter），是指船舶所有人与承租人约定，提供船舶连续完成几个单航次或几个往返航次的租船运输方式。被租船舶在相同两港之间连续完成两个以上的单航次或两个以上往返航次运输后，航次租船合同结束，船舶所有人的合同义务完成。

3.航次租船的特点

（1）船舶所有人配备和管理船员，负责船舶的营运调度。

（2）船舶所有人负责船舶营运所需支付的费用。这些费用包括船舶资本费用，如船舶成本、船舶资本借贷偿还、资本金利息；固定营运费用，如船员工资和伙食费、船舶物料、船舶保养费用、船舶保险费用、润滑油费、企业事务费用等；可变营运费用，如燃料费、港口使费、引水费、合同规定的装卸费、其他费用等。

（3）航次租船的租金通常称为运费，按实际装船的货物数量或整船舱位包干计收运费。

（4）在航次租船合同中需要订明货物的装船费和卸货费是由船舶所有人还是由承租人负担。

（5）在航次租船合同中需要订明货物的装卸时间及其计算办法，并规定滞期和速遣条款。

（6）航次租船的租期长短取决于完成一个航次或几个航次所花费的时间。

因此，航次租船具有运输承揽性质，而没有明显的租赁性质。

（二）定期租船方式

1.定期租船的概念

定期租船（Time Charter, Period Charter）又称"期租"，是指由船舶所有人将特定的船舶，按照租船合同的约定，在约定的期间内租给承租人使用的一种租船方式。这种租船方式以约定的使用期限为船舶租期，而不以完成航次数多少来计算。在租期内，承租人利用租赁的船舶既可以进行不定期货物运输，也可以投入班轮运输，还可以在租期内将船舶转租，以取得运费收入或谋取租金差额。

2. 定期租船的特点

（1）船舶所有人负责配备船员，并承担其工资和伙食费，但承租人拥有对包括船长在内的船员的指挥权。

（2）承租人负责船舶的营运调度，并负担船舶营运中的可变费用，包括燃料费、港口使费、货物装卸费、运河通行费等。

（3）船舶所有人负担船舶营运的固定费用，包括船舶资本的有关费用、船用物料费、润滑油费、船舶保险费、船舶维修保养费等。

（4）租金按船舶的载重吨、租期以及合同中商定的租金率计收。船舶所有人为避免租期内因部分费用上涨而使其盈利减少或发生亏损，在较长期的定期租船合同中加入"自动递增条款"（Escalation Clause），可以在规定的费用上涨时，按合同约定的相应比例提高租金。

（5）租期的长短完全由船舶所有人和承租人根据实际需要而约定。短则几个月，长则几年，甚至更长的时间。

（6）在定期租船合同中需要订明交船、还船及停租的条款。航次租船与定期租船的主要区别见表2-3。

表2-3 　　　　　　　　　　　　　　航次租船与定期租船的主要区别

	航次租船	定期租船
租赁标准	按航程租用船舶	按期限租用船舶
经营管理	船方负责船舶的经营管理	租船方负责调度和运营
租金计收	租金或运费一般按装运货物的数量计算，也有按航次包租总金额计算	租金按租期内每月每吨若干金额计算或整船每天若干金额计算
滞期速遣	计算滞期和速遣费	不计算滞期和速遣费

（三）光船租船方式

1.光船租船的概念

光船租船（Bare Boat Charter, Demise Charter）又称船壳租船，是指在租期内，船舶所有人提供一艘空船给承租人使用，船舶的船员配备、营运管理、供应，以及一切固定或变动的营运费用都由承租人负担。船舶所有人在租期内除了收取租金外，对船舶和经营不再承担任何责任和费用。

2.光船租船的特点

（1）船舶所有人提供一艘空船，不负责船舶的营运及费用。

（2）承租人配备船员，并承担相关费用。

（3）承租人负责船舶的营运调度，并承担除船舶的资本费用外的全部固定成本及变动成本。

（4）租金按船舶的载重吨、租期及合同中事先商定的租金率计算。

（5）光船租船的租期一般都比较长。

由此可见，光船租船实质上是一种财产租赁方式，船舶所有人没有承揽运输的责任。

国际上在办理光船租船业务时，通常附有某些财务优惠条件，最常见的是购买选择权租赁条件，即承租人在租期届满时，有购买该船舶的选择权。如果双方当事人同意以这种附带条件办理光船租船，通常都事先确定届时的船舶价格，并将船价按租期平均分摊，承租人除按期支付租金外，还应支付这部分平均分摊的船价，因此，实际上是分期购买。这可以为那些没有足够资金投资建造船舶或一次付款买船的承租人，提供通过租船购买船舶的机会，使其从原来的承租人的地位随着船舶所有权的转移而成为船舶所有人。

（四）包运租船方式

1.包运租船的概念

以包运租船（Contract of Affreightment, COA）方式所签订的租船合同称为"包运租船合同"，或称"运量合同"（Quantity Contract, Volume Contract）。包运租船是指船舶所有人向承租人提供一定吨位的运力，在确定的港口之间，按事先约定的时间、航次周期和每航次较为均等的运量，完成合同规定的全部货运量的租船方式。

2.包运租船的特点

（1）包运租船合同中一般不确定某一船舶，仅规定租用船舶的船级、船龄和其技术规范等。

（2）租期的长短取决于运输货物的总运量及船舶的航次周期所需的时间。

（3）货物主要是运量较大的干散货或液体散装货物。承租人通常是货物贸易量较大的工矿企业、贸易机构、生产加工集团或大型国际石油公司。

（4）航次中所产生的航行时间延误风险由船舶出租人承担，而对于船舶在港内装、卸货物期间所产生的延误，与航次租船相同，一般是通过合同中的"滞期条款"来处理，通常是由承租人承担船舶在港的时间损失。

（5）运费按船舶实际装运货物的数量及约定的运费费率计收，通常采用航次结算。

（6）装卸费用的负担责任划分一般与航次租船方式相同。

三、航次租船合同

尽管世界上存在多种标准航次租船合同格式，但由于国际航运立法的基本统一性，所涉及的内容大同小异。航次租船合同不同于公共运输的海上货物运输合同，它属于船舶租用合同，合同内容由出租人与承租人在平等的基础上具体商定。航次租船合同属合同法调整范畴，一些国家制定专门的部门法，如海商法、海上货物运输法等来调整租船合同的法律关系。现行的有关海上货物运输公约均排除了对租船合同的使用，但各国有关租船合同的法律中一般都借鉴了相关国际公约中关于承运人和托运人基本义务的规定，并强制性规定这些基本义务适用于租船合同。

（一）航次租船合同的标准格式

1.通用航次租船合同的标准格式

（1）统一杂货租船合同（Uniform General Charter），简称为"金康"（GENCON），由波罗的海国际航运公会于1922年制定。合同几经修订，目前租船市场上选用的是其1994年修订后的版本。统一杂货租船合同范本是20世纪20年代为适应当时国际贸易急剧发展、货物种类大量增加的需要而制定的，是一个不分货种和航线、适用范围比较广泛的航次租船合同的标准格式。

（2）斯堪的纳维亚航次租船合同（Scandinavian Voyage Charter），简称"斯堪康"（SCANCON），是波罗的海国际航运公会于1956年制定，1962年修订，适用于斯堪的纳维亚地区的杂货航次租船合同。

2.煤炭运输租船合同的标准格式

（1）威尔士煤炭租船合同（Chamber of Shipping Walsh Coal Charter Party），是波罗的海—白海航运公会于1896年制定，1924年最后一次修订，专用于煤炭运输的租船合同标准格式。

（2）美国威尔士煤炭合同（Americanized Walsh Coal Charter），是美国船舶经纪人和代理人协会于1953年制定，专用于煤炭运输的航次租船合同标准格式。

（3）普尔煤炭航次租船合同（Coal Voyage Charter），简称"普尔"（POLCOALVOY），是波罗的海国际航运公会于1971年制定，1978年4月修订，用于煤炭运输航次租船合同的标准格式。

3.谷物运输租船合同的标准格式

（1）谷物泊位租船合同（Berth Grain Charter Party），简称为"巴尔的摩C式"（Baltimore Form C），由北美粮食出口协会、北美托运人协会以及纽约农产品交易联合会制定，目前普遍使用的是1974年的修正本，广泛应用于从美国和加拿大出口谷物的海上运输租船业务。

（2）北美谷物航次租船合同（1989）（North American Grain Charter Party, 1989），该合同格式由北美粮食出口协会、波罗的海国际航运公会、联合王国航运委员会、英国船舶经纪人和代理人全国联盟制定，专用于从美国和加拿大出口谷物的海上运输航次租船业务。

此外，常用的谷物运输租船合同格式还包括澳大利亚谷物租船合同（Australia Grain Charter Party，AUSTWHEAT）和太平洋沿岸谷物租船合同（Pacific Coast Grain Charter

Party）。

4.液体货物运输租船合同的标准格式

（1）油轮航次租船合同（1977）（Tanker Voyage Charter Party，1977），由美国船舶经纪人和代理人协会于1977年制定，专门适用于油轮航次租船。

（2）油船航次租船合同（1976）（INTERTANKVOY，1976），由波罗的海国际航运公会、英国船舶经纪人和代理人全国联盟和日本海运集会所联合采用，也称国际独立油轮船东协会油轮航次租船合同。

（3）气体航次租船合同（1972）（GASVOY，1972），由波罗的海国际航运公会为除液化天然气以外的其他气体的运输租船而制定的航次租船合同标准格式。

（4）化学品船航次租船合同（For Transportation of Chemicals in Tank Vessels），由波罗的海国际航运公会为化学品船航次租船合同而制定的标准格式。

除此之外，还有适用于其他货物的航次租船合同，如"古巴食糖租船合同"（Cuba Sugar Charter Party）、"北美化肥航次租船合同"（North American Fertilizer Charter Party，1978）、"波罗的海木材船租船合同"（NVBALTWOOD，1973）。

（二）航次租船合同内容

航次租船运输因货物种类、航线、贸易习惯等不同而各异，且各有其特点，但其所共同涉及的主要内容有以下几个方面：

1.双方当事人

在航次租船合同中，首先要说明作为合同当事人的船方和租船人的名称和地址。当事人是合同的主体，是有权起诉或被诉的人。如果被授权的代理人为公开身份的委托人订约，并以代理人的身份签署合同，则委托人是合同的当事人，代理人没有责任；若代理人没有公开委托人的身份，通常要对合同负责。

2.船舶的名称

由什么样的船舶完成租船合同所规定的运输任务，是双方当事人，特别是租船人极其关心的问题。目前，对于程租中船舶的确定，通常有两种办法可供当事人选择。

（1）指定船舶。

所谓"指定船舶"，是指在航次租船合同中明确规定了船名。一旦在合同中确定了船名，就必须由该船舶执行合同规定的航次运输任务，因而，对船舶所有人而言，在履行合同时，只能派遣合同中指定船名的这艘船舶，绝不能派遣其他船舶，这是船舶所有人的一项合同义务，否则即被认为是违约行为。如发生违约，租船人有权取消合同并要求赔偿可能造成的一切损失。另一方面，如果当合同中指定的船舶因为发生意外事故而无法执行运输任务时，租船人因种种原因，如租船市场行情上涨、买卖合同规定的装运期已到等急需船舶，而要求船舶所有人另派其他船舶的情况下，船舶所有人没有义务提供合同以外的船舶。当然，具体要视"意外事故"发生的原因是否属于合同规定的船舶所有人免责范围而定。

在实际业务中，为了能顺利地履行合同及避免因原指定船舶一旦发生意外事故而解除合同，通常在指定船名的情况下，在航次租船合同中订明一项"代替船条款"。订立这项条款的意义在于当原指定船舶不能前往执行航次运输任务时，船舶所有人可指派其他的船舶来代替原指定的船舶完成运输任务。因此，除非合同中另有明确的相反规定，否则该项

"代替船条款"是有利于船舶所有人的一项"选择权"。

（2）船舶待指定。

通常，在缔结程租船合同时"指定船舶"的情况较多，但有时因某些原因致使无法在租船合同中确定船名，双方当事人同意在开始执行合同前的适当时间里，由船舶所有人指定具体船舶并将船名通知租船人，这便是所谓的"船舶待指定"。这实质上也是船舶所有人的一种选择船舶的权利。为防止船舶所有人利用这种权利任意地选择和派遣不符合租船人要求的船舶，双方当事人必须在合同中明确规定"待指定船舶"的具体标准、性能及技术规范。这样，如果船舶所有人日后选择的"待指定的船舶"不符合合同的要求，租船人便有权拒绝接受，并可因船舶所有人违约而解除合同和要求赔偿。

在"船舶待指定"的情况下，租船合同中不订立"代替船条款"。因为法律所承认的给予当事人的选择权只能行使一次，只要船舶所有人在开始执行合同时指定了船舶并将船名通知租船人，则被认为该船舶所有人业已行使了"选择船舶的权利"。因而即使当指定后的船舶因某种原因，如前往装货港途中发生意外事故，不能执行航次租船运输任务时，船舶所有人也不可以另派"代替船"。

3.船舶的载货能力

船舶的载货能力是指实际可装载货物的最大数量，一般用"载重量"或"立方容积"来表示。船舶装载货物的实际数量是计算航次租船运输的依据。

由于在洽谈租船业务或缔结租船合同时，船舶所有人很难对船舶在航次过程中所需的燃料、淡水和其他供应品的消耗量作出准确估计，因此不能在合同中盲目地规定船舶所能装载货物的确切数量，最好是规定一个大概数量。国际上最常见的航次租船，通常规定船舶能够装载"大约若干吨货，增减数量由船长或船舶所有人选择"。这是航次租船合同中有关船舶装载货物的"数量增减条款"，增减的幅度一般在5%～10%之间，由双方当事人根据不同种类的货物在合同中予以约定。在合同中确定了增减的百分比，船舶所有人完全有权在该百分比范围内选择船舶能够装载货物的实际数量。

实际业务中，通常在船舶正式开始装货之前，由船长根据船舶本航次所需燃料、淡水、食品等实际消耗量及扣除船舶常数，通过具体计算后，以书面的形式向租船人宣布船舶能装载货物的实际数量，即"宣载"。为避免可能引起的纠纷，一般采用书面形式"宣载"。

4.船舶的位置、合理速遣及绕航

（1）船舶的位置。

在洽谈程租船业务或订立程租船合同时，船舶所有人应提供船舱目前的位置及状况，如船舶在某个港口卸货、船舶正在履行前一项租船合同或在营运中、船舶正在某个修船厂维修或在某个船厂建造等。提供船舶位置的准确情况是船舶所有人的一项义务，以便租船人根据船舶所有人所提供的情况，进行备货和安排货物装船出运的准备工作。因此，如果船舶所有人所提供的船舶位置不准确，致使船舶发生延误，不能在合同规定的预期抵港时间内抵达装货港装货，不论是故意行为还是过失行为，都构成了违约。对此，租船人有权要求船舶所有人赔偿由此造成的损失。

（2）船舶合理速遣驶往装货港。

程租船运输在合同开始履行，即"预备航次"阶段就开始了，船舶所有人应合理速遣船舶，指示船长将船舶开往合同指定或租船人选择的装货港。船舶所有人的这项义务，在租船合同中通常都有明确的规定，如"船舶必须尽速驶往装货港"。因此，除非合同中另有明确规定或属于船舶所有人免责的范围，如船舶在开往装货港的预备途中发生碰撞或因驾驶疏忽造成船舶搁浅等，否则，因船舶所有人没有合理速遣船舶，致使船舶发生延误不能在合同规定的时间抵达装货港，该船舶所有人则被认为是违反了合同中承诺的保证性义务，据此租船人有权提出损失赔偿。

（3）船舶的绕航。

船舶绕航是指船舶改道航行或偏离约定的或习惯上的航线。如果船舶是为了救助或企图救助海上人命、财产或避免海上危险、天灾、火灾等原因而发生绕航，则属于合理绕航。除此之外，其他原因导致的绕航均属于不合理绕航。船舶不得进行不合理绕航的时间从"预备航次"开始，直至整个航次在卸货港结束。

船舶进行不合理绕航是船方的根本违约，可能导致租船人解除合同，船方要承担由此造成的租船人的一切损失；不适用合同或法律规定的免责条款及赔偿责任限制；船东保赔协会也将中止其保险责任等。

此外，船舶国籍、船旗、船舶建造日期和船级等也是程租船运输中的重要内容。在履行合同期间，船东不得擅自变更船舶国籍或船旗，否则属于违约。但合同中载明的船级，只是订立合同时船舶的船级，船东没有义务在整个合同期内保持这一船级。

5.装货港和卸货港

在程租船运输中，一般由租船人指定或选择装卸港口。装卸港口的确定一般采用下列3种方法之一：

（1）指名港（列名港）。在合同中明确规定具体的装货港和卸货港，一般不能改变。

（2）未指名港（未列名港）。在合同中没有具体指出装卸港名称，只是笼统规定某一区域的港口，如中国港口。

（3）选择港。在合同中列出几个港口名称，将来由租船人选择其中之一或之二，如上海港、大连港、黄埔港。

无论以何种方法确定港口，都必须为安全港。所谓"安全港"，是指船舶能够安全往返、停靠、保持浮泊的港口或泊位。

6.船舶受载期和解约日

受载期和解约日是租船合同的要件之一。受载日是租船人可以接受船舶最早装货的日期；解约日是指租船人可以接受船舶最晚装货的日期。从受载日至解约日称为船舶受载期。在这个期限内，船东必须准备好船舶装货，租船人也必须按时装货。船舶未如期到港受载，租船人有权解除租船合同。

通常受载期与解约日有特定的期限，目前国际惯例一般为10～15天。船舶所有人必须在约定的受载期内，将船舶开到装货港并做好一切装货准备工作。如果船舶不能在规定的解约日前抵达装货港，租船人享有解除合同的选择权。

如果船舶在受载期之前就到达了装货港并已备妥待装，或者船舶在解约日未能到达装货港，或到达了但没有准备好装货。在前一种情况下，租船人可以拒绝装货，一直等到最早受载日才开始装货，若货已备好，租船人可与船东商量在互利的情况下提前装货，此时装货时间一般只算一半；在后一种情况下，租船人有解除租船合同的选择权，既可以解约，也可以保留。

7.船舶所有人的责任

在程租船合同中，船东的责任基本上与提单的规定相似，主要有以下3点：

（1）提供适航船舶。在开航前和开航时应恪尽职责使船舶适航，配备适当船员，装备船舶和供应品并使所有货舱适于装载约定的货物（即适货）。

（2）对货物安全负责。对装卸不善、管货失职所造成的货物灭失和损坏负责。

（3）及时把货物运到目的地交给收货人。

但有些船东往往以"契约自由"为借口，在租船合同中加上免责条款以减免自己的责任。例如，有些程租船合同规定，由交货人／租船人或雇佣人进行操作而导致的货物积载不当或疏忽引起的货物损失，船东不予负责等。因此，在订立租船合同时，租船人对此应特别注意。

8.货物

在程租船合同中都须规定承运货物的具体名称，指名货物或规定承运几种货物，即选择货物。指名货物是指在程租船合同中具体规定承运货物的名称、货类、性质、包装、重量、尺码、积载系数等，以便船东考虑所需船舶的结构和设备是否能保证安全运输货物。

同时，不同种类、不同包装的货物，其装卸、运价也有所不同。因此，船东十分关心货物的这些情况。如果租船人所提供的货物与合同不符，船东有权拒绝装货。选择货物是指在程租船合同中规定几种货物，到时选择其中一种或几种承运，选择权在租船人，在合同中用"和/或（and/or）"连接，如"小麦和/或大豆和/或高粱"。但这种方式运价较高，船东须准备以上几种货物的装货设备。

如前所述，在程租船运输情况下，对船舶装运的货物一般规定大约数量或最多、最少数量。租船人有义务按合同规定的数量范围，对船舶提供"满载货物"。

9.装卸责任和费用

程租船运输所涉及的货物装卸责任及其费用（包括雇用装卸工人和支付装卸费用）由谁承担的问题，由双方当事人在合同中加以具体规定。常见的规定有以下几种：

（1）船方负责装卸和负担费用（Gross Terms，Berth Terms）。

在这种条件下，租船人把货物交到船边吊钩所能到达的地方，船方负责把货物装进舱内并整理好货物；卸货时，船方负责把货物从舱卸到船边，再由租方或收货人提货。所以，责任和费用的划分界线为船边，这种方法只能适用装卸包装货或木材等，而不适用于散货。

（2）船方不负责装卸和负担费用（Free In and Out，FIO）。

在这种条件下，船方不管装卸，也不负担其费用。采用这种方法是由于散货的装卸使用岸上机械化和自动化的工具，货物可以从岸上仓库直接装船或从船舱直接入库，不再需要船边倒手，散货租船多数采用这种方法。

采用FIO条件，还必须明确货物进舱后的理舱（包装货）、平舱（散装货）责任和费用由谁承担。一般在FIO条件下，都规定由租船人负担，即FIOST（Free in and out，

Stowed，Trimmed）。

（3）船方管装不管卸（Free Out，FO）。

在这种条件下，船方只负责装货及其费用，但不负担卸货及其费用，有时又称FO。

（4）船方管卸不管装（Free In，FI）。

在这种条件下，船方只负责卸货及其费用，但不负责装货及其费用，有时又称FI。此外，租船人与船方洽商货物装卸责任和费用时应注意与其买卖合同中所使用的贸易术语相衔接。

10.许可装卸时间

对船东来说，一个货运航程需要多少时间，直接关系到他的经营效益。就程租船而言，运输全过程包括装卸时间和船舶航行时间，而航行时间由船方负责，与租船人无关，但若装卸由租船人负责，船东无法控制时间。为了及时装卸货物，船方在合同中都规定了在一定时间内必须完成装卸作业，这个时间称为许可装卸时间。

程租船合同中对装卸时间的确定，最为常见的有两种方法：一是分别确定装卸时间，即对装货确定一个"允许装货时间"，对卸货确定一个"允许卸货时间"；二是确定总的装卸时间。总的装卸时间又称为"装卸公用时间"，即对装货和卸货确定一个"允许使用的总时间"。

双方当事人确定装卸时间长短的主要因素，是依据货物种类、货物数量及船舶所到港日常装卸率。装卸时间一旦在合同中确定，对双方当事人均有约束力。

（1）许可装卸时间的规定方法。

许可装卸时间可以用"日"（或小时）表示，如"许可装卸时间共20天"，也可用装卸率表示，如"每天装或卸1 000吨"。许可装卸时间中"日"如何计算，应在合同中明确规定，常见的规定方法有下列几种：

①连续日，指按时钟连续走过24小时为一天，即按自然日计算，其中没有任何扣除，有一天算一天，一般用于运输矿石、石油等少数几种不受天气影响的货物的租船合同。这种规定对船东有利。

②工作日，指按港口习惯规定，属于正常工作的日子，因此星期日及假日不算工作日。由于世界各港口工作日时间不同，因此这种概念不确切，容易产生争议，租船合同中很少使用。

③累计8小时工作日，指不论各港口工作日时间如何规定，均累计8小时才作为一个工作日计算。

④累计24小时工作日，即港口工作时间累计达到24小时才算一个工作日。如果港口规定8小时工作制，则三个港口工作日才等于租船合同规定的一个工作日。这种规定对于船东极为不利，现在很少采用。

⑤好天气工作日，指既是工作日，又是好天气才算一个工作日。如果天气不好，虽然是工作日，但不能进行装卸作业，也不能算作工作日。天气好坏不是绝对的，必须根据承运能否装卸而定，有时双方意见不一致，应在当时由双方和港方一起共同作出协商记录，日后凭以计算。

⑥连续24小时好天气工作日，连续与累计不同，连续指昼夜作业，时钟走过24小时

才算一天。例如，周一是好天气，从9时开始计算许可时间，则到周二（如果仍是好天气）9时才是一个工作日，如果在此期间有3个小时因坏天气无法作业，则到周二12时才算作一个工作日。这种规定比较合理，双方都愿意接受，所以在租船市场上采用较多。中国租船公司的租船合同基本上也采用这种条款。

（2）许可装卸时间的计算方法。

租船合同中除规定许可时间外，还要具体规定计算办法，明确哪些时间该算，哪些时间不算，以免日后产生纠纷。常见的有以下几种订法：

①工作日通常订明"星期日，假日除外"。如果实际上进行了作业，时间是否要计算，应事先作出规定。

②明确星期六和假日前一天的时间如何计算。一般规定星期六及假日前一天只算到中午12时；对星期一和假日后的工作，一般规定自上午8时起算。

③有些港口星期六不作业，这是否算工作日要有特殊规定。一般规定，如果星期六没有装卸工人或装卸的机具不作业，或者可以作业但须付高额加班费，则星期六不算时间。

④对许可装卸时间的起算和止算要作出规定。较为普遍的规定是：如船长递交装/卸准备就绪通知书在上午8~12时送达，则从下午2时起算；如在下午办公时间2~6时送达，则从次日上午8时起算。终止时间则以最后一件货物装上或卸下船为准。船舶抵港后，应在当地的办公时间内递交N/R。

⑤在许可时间开始前，如果实际已进行了装卸作业，这部分时间一般规定折半计算。

⑥明确规定装卸时间是分别计算还是合并计算。从目前国际上广泛使用的程租船合同看，对装卸时间的计算方法有以下两种：

其一，按装货港和卸货港实际使用的装卸时间分开计算。采用这种方法，一般在合同中分别规定了装货港和卸货港所允许使用的装卸时间。因此，对装货港和卸货港的装卸时间分开单独计算，计算结果分别得出"滞期"或"速遣"时间。

其二，按可调剂方法计算装卸时间。一般情况下，合同中规定一个总的允许装卸时间（即装卸货共用时间），有的合同对装货港分别规定装卸货允许使用的时间。在实际计算装卸时间时，可将装货港所节省的时间或超过的时间与卸货港所超过的时间或节省的时间相调剂。也就是说，装货完毕时不具体计算"滞期"或"速遣"时间，而是在有关货运单证上记录装货港所节省的或超过的时间。装货港所节省的时间可用于卸货，所超过的时间应从总的允许装卸时间中或允许卸货时间中减去，即装货多用了时间意味着卸货时间的减少。待船舶在卸货港卸货完毕时，再根据合同规定的允许使用时间和两港实际使用时间计算"滞期"或"速遣"时间。

11.滞期与速遣

在程租船运输中规定许可装卸时间，主要是对租船人的限制。如果租船人所使用的实际装卸时间超过了合同规定的允许使用时间，则超过的时间为滞期时间。此时船舶称之为"滞期船舶"。为了补偿船方因船舶延期所产生的损失，由租船人向船方支付"超时罚金"，此项罚金称为"滞期费"。

计算滞期时间，如租船合同无相反规定，一般遵循"一旦滞期，始终滞期"的原则来处理，一般称之为"滞期时间连续计算"，即在装卸许可时间截止到实际装卸完毕的这段时间内，如果按租船合同规定本来应当扣除的星期日、假日等不再扣除，仍作为滞期时间处理。但有些租船合同规定，按可供装卸作业的日数计算滞期时间，一般称之为"滞期时间非连续计算"，即一旦发生滞期，按可供装卸作业的时间计算滞期时间，星期日、假日和无法作业的时间扣除。

速遣是指合同规定的许可装卸期限终止前，租船人提前完成货物装卸作业，即实际装卸时间比许可装卸时间短，节省了船期。船方为了鼓励而付给租船人一定金额作为报酬，称为速遣费。速遣费通常规定为滞期费的一半，如"滞期费每日1 000美元，速遣费每日500美元，不足一天按比例计算"（Demurrage/Despatch US1000/500 Per Day or Pro Rata）。

计算速遣费时，有两种方法计算节省的时间：一是把到截止日为止的许可时间减去实际完成装卸时间，即为节省的全部时间；二是把节省的全部时间减去其中星期日、假日等非工作日，剩下的时间就称为节省的工作时间。

有些程租合同中只有滞期费的规定，而没有速遣费的规定，如油轮租船等。这就是说，如果租船人节约了时间，船东不给速遣费。这往往是因为租船合同规定的装卸时间十分充足，只要不发生特殊情况，装卸作业肯定能在规定时间内完成。

12.运费

收取运费是船舶所有人的权利。在程租船运输中，双方在租船合同中要明确规定运费的费率、计算标准、支付方式和支付时间等。

运费的表现形式有运费率和包干运费两种。运费率是指每运费吨若干金额，如每长吨10美元或每立方米35美元；包干运费是指按提供的船舶定一笔整船运费，不论实际装货多少，一律照付，但船东必须保证船舶的载重量和装货容积。

当按运费率计算运费时，在合同中应确定计费吨标准。特别是以重量作为标准时，首先确定按什么货量。一般货量有装货数量和卸货数量两种。"装货数量"，是指由发货人在装货港提供并记入提单，经船方核定后签字的提单货量。通常租船合同规定的载货量都是提单货量。提单货量又分毛提单货量和净提单货量，装运包装货的租船合同多用毛提单货量。"卸货数量"是指由收货人在卸货港对货物称重后确定的货量。由于这种计量方式下收货人或租船人负担称重费用和时间费用，因此租船合同一般规定租方选择按卸货量计付运费或按装货量减1%～2%计付运费。

如果合同规定运费应在货物运抵目的港时支付，习惯上称作"运费到付"。在程租船运输中，常见的运费到付的规定方法有以下3种：运费在交货时支付、运费在卸货前支付、运费在交货后支付。

在到付运费的情况下，船舶所有人必须将货物运送到合同规定或租船人选择的卸货港后，才有权取得该项运费。如果在运输途中船舶和／或货物灭失，船舶所有人就丧失了取得该项运费的权利。如果船舶因为发生海损事故在中途卸下货物，除非由船舶所有人将货物继续运抵目的港，否则同样不能取得该项运费。如果在承运过程中部分货物发生灭失，运费应按比例扣除。

鉴于这些原因，"到付运费"对船舶所有人不利，运费的风险始终是由船舶所有人承担。因此，到付运费情况下，通常由船舶所有人向保险公司投保"运费险"。

如果合同规定运费在船舶到达目的港之前支付，习惯上称作"运费预付"。在程租船运输中，常见的运费预付的规定方法有以下3种：运费在签发提单时全部预付；运费在签发提单时预付90%，在目的港卸货时支付10%；运费在签发提单7天内全部预付。

"运费支付"对船舶所有人有利，特别是当合同中订有"无论船舶和/或货物是否灭失，运费不予退还"的条款时，更是如此。对租船人来说，由于货物还未运抵目的港就已预付了运费，存着一定风险和利息损失。因此，在"运费预付"的情况下，运费的风险由租船人承担，租船人通常向保险公司投保"运费险"。

支付运费是租船人的一项义务，若租船人没有按约支付应该支付的运费，船东可对货物行使留置权。

13. 提单

提单是国际贸易中的重要单据。为了适应贸易的需要，程租船合同中一般都规定船舶所有人或船长有及时签发提单的义务。例如，"金康"合同规定：船长应签发租船人所提供的无碍于本合同的提单。所谓"租船人所提供的提单"，意味着只要是租船人提供的提单，无论其格式如何及提单条款下船方的责任是否比租船合同中规定的重要，船长都无权拒绝签发这样的提单，否则属违约行为。所谓"无碍于本合同的提单"，意味着只有在提单内容属于欺诈性的或与租船合同有实质性冲突的情况下，才会被认为是"有碍于"本合同。例如，提单记载内容与事实不符，如货物数量不符、外表有缺陷的货物要求签发清洁提单等，船长可以拒签；或者提单载明的卸货港与租船合同不符，船长也可拒签。总之，若租船合同中载明须签发租船人所提供的提单，则船方可选择的余地非常有限。若租船合同中附有预定格式的提单，则租船人就不能任意命令船方签发提单。此外，如船方错签了提单，或船长授权租船人签发提单，而提单内容有误，如货物装于甲板上而提单内没有加注，则船方对收货人也须承担第一责任。

程租船合同项下的提单持有人不同，则该提单的法律性质和作用也不同。若提单的持有人是租船人，则该提单在租船人与船方之间的作用仅为船方收到货物的初步证据，而不论提单有无背面条款及该条款如何规定，租船人与船方之间的权利义务和免责关系以租船合同为准；若提单的持有人为其他任何善意取得的第三方，则该持有人与船方之间的关系就以提单的规定为依据。但此时，船方与租船人之间的关系仍以租船合同为依据。

在上述提单持有人为善意的第三方的情况下，提单背面条款的规定如何就显得尤为重要，它可能涉及船方、租船人及提单持有人三方的权利、义务问题。如提单背面有详细的条款，这些条款的有关内容则有可能与租船合同的内容不一致，从而有可能导致租船人和船东面临一定的风险和麻烦。

除了上述主要内容外，在程租船运输中还可能涉及共同海损、佣金、罢工、战争、冰冻、留置权和仲裁等问题，船租双方可以就这些问题在租船合同中加以约定。

四、定期租船合同

各种定期租船格式合同条款虽有差异，但主要内容大体相同。《中华人民共和国海商法》（以下简称《海商法》）第130条规定："定期租船合同的内容，主要包括出租人和承租人的名称、船名、船籍、船级、吨位、容积、船速、燃料消耗、航区、用途、租用期间、交船还船时间和地点以及条件、租金及其支付，以及其他有关各项。"但此规定是任意性的，合同中缺少某项或某几项的，不影响合同的效力。

（一）定期租船合同范本

目前，国际上常用的定期租船合同范本主要有以下三种：

1.纽约土产交易所定期租船合同

纽约土产交易所定期租船合同，简称"土产格式"（NYPE），是美国纽约土产交易所（New York Produce Exchange）制定的定期租船合同标准格式。该格式最初是由美国纽约土产交易所于1913年制定的，并先后于1921年、1931年、1946年、1981年和1993年进行了修订。"土产格式"是目前使用最为广泛的定期租船标准合同。

2.波尔的姆统一定期租船合同

波尔的姆统一定期租船合同，简称"波尔的姆"（BALTIME），是由波罗的海国际航运公会（BIMCO）1909年制定的，并先后于1939年、1974年和2001年进行了修订。

3.中租期租船合同

中租期租船合同（SINOTIME1980）是由中国租船公司1980年制定的，专门用于中国租船公司从国外期租船使用的定期租船合同标准格式。

（二）定期租船合同内容

定期租船合同的内容一般应包括：船舶说明、租期和租金、交船和还船、航行区域、费用负担、租金支付和撤船、停租、转租等。

1.船舶说明

定期租船情况下，出租人的主要义务是提供船舶并交给承租人使用，船舶的燃油费、港口费等费用由承租人承担。因此，承担人非常关心船舶航速和燃油消耗等性能，因为这些与租船期内船舶营运效益直接相关。定期租船合同的标的是符合要求的船舶，在合同中必须详细写明船舶情况。船舶说明主要内容有：船名、船籍、总吨位、净吨位、船级、指示马力、载重吨、载货容积、满载航速、燃油消耗、船舶吃水等。这些内容是承租人经营船舶、计算营运效益的重要依据，出租人有义务提供准确信息。如果船舶实际情况与合同中记载情况不符，承租人有权向出租人提出赔偿要求，甚至取消合同。例如，船舶实际耗油量大于合同规定数值，对于多耗油料造成的损失，承租人可向出租人索赔。

2.租期和租金

租期是指租船人租用船舶的期限。一般起租时间是固定的，但租用结束时间有一定灵活性，因为最后一个航次时间不能事先确定，因此合同中指定租期都有一定的伸缩性。例如，"约9个月"或者"约9个月，20天伸缩，由租船人选择"。

定期租船合同规定的租船费用称为租金。它与航次租船不同，不是按所装运货物的重量和体积计算，也不按航程远近计算，而是按使用时间和约定的租金率计算。船舶一经交由租船人使用，租船人必须按照定期租船合同规定的条件和时间支付"租金"，通常以"日租金率"或"月租金率"，每15天或30天或日历月进行预付。一般情况下，一旦在合同中确定了租金率和租金支付的时间，则整个租期内固定不变，但合同另有明文规定的除外。

3.交船和还船

交船是指出租人按合同约定时间及地点，将合同中指定的船舶交给承租人。还船是指承租人在合同规定的租期届满时，将船舶还给出租人。定期租船的租期从交船开始至还船结束。定期租船中，出租人将船舶交给承租人管理，因此就存在船舶交接问题。出租人应该按照合同约定的时间交付船舶，否则承租人有权解除合同。定期租船合同一般规定一个"解约日"作为出租人交付船舶的最后期限。承租人解除合同的权利是绝对的，无须考虑没有及时交船是出租人的过失还是其他原因造成的。但是如果不是出租人的过失造成的迟延交付，承租人只能解除合同，而不能索赔由此造成的损失。如果是出租人的过失造成的，则承租人不仅可以解除合同，还可以索赔所造成的损失。

有的情况下，出租人已经明知不能按时交船，而且驶过去也只能得到承租人解除合同的结果，但是只要承租人不作出解除合同的决定，他仍然必须驾驶船舶到交船港。这就会给出租人造成不必要的浪费，也会给承租人造成投机机会。如果租船市场的租价上升，用原来的租金不能租到同类型的船舶，则租船人可能会选择履行合同——继续租船。但是，如果租价下跌，用更少的钱就可以租到同类型的船舶，则承租人就可能解除合同重新租船。也就是说，从延误那天起至承租人作出是否解除合同决定的期间内，出租人完全听任承租人的控制。为了避免这种情况，租船合同中通常会规定在此种情况下，承租人必须在一定期限内作出选择。例如，如果发生了延误，出租人应将延误和预期到港的时间通知承租人，承租人必须在接到通知起48小时内将解除或者继续履行合同的决定通知出租人。

定期租船合同有关交船和还船的主要内容有：交船和还船地点、时间、通知，以及交、还船时船舶状态、船上现存燃油、淡水的转让办法。

交船时船舶应处于"适于载运普通货物"状态，如船舶适航、货舱清洁、装卸设备能正常工作。还船时，除正常磨损外，船舶应保持与交船时同样的良好状态。

交船和还船时船上一般都有剩余的燃油和淡水，应由出租人或承运人作价卖给对方。由于各地油价不一样，以及油价可能随时间变化，出租人或承租人实际购买燃油的价格和后来出卖的价格不一样，这样就存在变相卖油牟利的可能性。为了避免这种情况，租船合同一般都会规定，确定燃油价格的方法及剩余燃油的最高量和最低量。

4.航行区域

航行区域是指合同中规定的、本船可以航行的限定范围。在合同中限制船舶航行区域的原因如下：

（1）船舶往往都是由出租人投保的。保险公司根据船舶实际技术性能确定保险金额和保险费率，并在保险单上对船舶航行区域作出限制。如果船舶在航行区域之外发生事故，保险公司不负赔偿责任。

（2）由于地理原因，如有的船舶不适合在冰区航行，承租人就不能派船前往冰区。航行区域应在合法、安全港口之间，承租人应严格按照合同中规定的航行区域安排营运。如果超出合同规定的航行区域营运，应先取得出租人的同意，并承担由此可能造成的船舶损坏及其他损失责任。

5.费用负担

定期租船方式下船舶所有人应承担的费用如下：

（1）资本费用，包括：利息、造船或买船的借贷偿还、船舶折旧费。

（2）固定营运费用，包括：船员工资、船员伙食费、船用物料费、船舶维修保养费、船舶保险费、润滑油费、企业行政管理费、淡水费（船员用水、合同中规定由其负责的锅炉用水）。

租船人应承担的费用主要是：航次费用／可变性费用，包括：燃料费、港口使用费、引水费、运河费、货物装卸费、合同规定由其负责的锅炉用淡水费和其他费用。

6.租金支付和撤船

定期租船合同中不仅规定租金率，而且应规定租金支付时间和地点，通常合同规定每月或每半月预付租金。如果最后一次预付了一个月或半个月租金，而实际使用船舶时间不足一个月，则出租人应将超付的部分按比例退还给承租人。

按合同支付租金是承租人的义务，如果承租人不能按期如数支付租金，出租人有权撤回船舶。在行使这项权利时，并不需要提前发出警告，而且不影响本合同规定的对承租人的其他索赔权利。为了确保租金收回，出租人甚至可以行使对船舶所载货物的留置权。

在租金上涨的情况下，有的出租人可能会利用撤船权提高租金。只要承租人有轻微的违约，出租人就会发出撤船通知，并要求按当时航运市场最高租价支付租金。为了防止出租人滥用撤船权，租船合同中往往规定"反技巧条款"。"反技巧条款"规定，出租人因承租人未付租金行使撤船权时，必须首先通知承租人，明确表示如果在规定时间内未收到租金，出租人将撤船。

7.停租

定期租船合同中，按期支付租金是承运人的义务。但是，由于某些原因，如主机故障或者船舶要进行定期维修，承租的船必须中断营运，在这种情况下，承租人是否还要支付租金呢？

在租船期间因约定的原因妨碍承租人使用本船时，承租人享有停付租金或者扣除停止使用期内已付租金的权利，称为停租。停租只是停付租金的时间，该段时间仍要计入租期，停租期不能从租期内减扣。

定期租船合同中的约定停租原因大致有：

①船员和物料不足；

②船体和设备出故障；

③船舶定期维修；

④发生海损事故；

⑤船员罢工；

⑥非承租人原因导致船舶被扣押。

只要不是因为承租人的责任造成的妨碍船舶使用，都可以构成停租条件。但是，因天气恶劣，为避免发生事故需要进港避难、停航等情况，不构成停租条件。另外，如果出现故障但不影响船舶工作，也不能构成停租条件。例如，船舶在港口装卸货物时，轮机发生故障，但不妨碍装卸工作。

8.转租

前面提过，在租船市场上有的船舶出租人不是实际的船东，而是"二船东"，即已经租用其他船东船舶的承租人。定期租船合同一般允许承租人将租用的船舶转租给另一个承租人，甚至另一个承租人还可以再转租出去。承租人转租船舶不需要取得出租人的同意，但应通知出租人。向实际船东租船和向"二船东"租船的风险是不一样的，选择向"二船东"租船要特别小心。例如，如果"二船东"没有付清实际船东租金，实际船东就有权撤船，这将会给第二个承租人造成损失。

当承租人将租用船舶租给另一承租人时，他们之间也必须签订租船合同（转租合同）。这个转租合同不能与最初合同有抵触的条款。如果转租合同规定的出租人的义务超出原来租船合同规定的范围，出租人只限于承担原租船合同规定的义务。

◈讨论题

1.航次租船和定期租船的主要区别有哪些？

2.定期租船合同范本主要有哪三种？

3.定期租船合同都包括哪些内容？

本章小结

国际海上货物运输是国际贸易运输中最主要的运输方式，具有运量大、运费低廉、通过能力强、运输速度慢、风险较大等特点。了解船舶、海运地理等知识是学习海上货物运输的基础。海上货物运输有班轮运输和租船运输两种主要经营方式。班轮运输具有"四固定"、承运人管装管卸、提单是运输合同的证明等特点，其运费包括基本运费和附加费两部分，适合一般件杂货和小额贸易货物的运输。租船运输具有"四不固定"等特点，出租方和承租方的权利、义务、责任、租金等事项由租船合同约定，适合大宗散货的运输。

关键词汇

海上运输（Ocean/Maritime Transport）　　商船（Merchant Ship）

货船（Cargo Ship）　　海运航线（Shipping Line）

班轮运输（Liner Transport）　　班轮运费（Liner Freight）

租船运输（Chartering Transportation）　　租船市场（Chartering Market）

航次租船（Voyage Charter）　　定期租船（Time Charter）

复习思考

1.与其他运输方式相比，国际海上货物运输有什么特别？

2.简述班轮运输的特点和作用。

3.班轮运输基本运费的计费标准有哪些？如何计算班轮运费？计算步骤都有哪些？

4.与班轮运输相比，租船运输有哪些特点？

5.租船运输有哪些租船方式？各自有哪些特点？

6.世界上主要集装箱的运输干线都有哪些？

7.计算题：

（1）某商品每箱毛重30千克，体积0.05立方米，共出口40箱。原报价每箱30美元FOB上海。现客户要求改报CFRxx港。经查该商品计费标准为W/M，每运费吨费率为200美元，港口附加费10%。我方现应如何报价？

（2）以CFR价格向加拿大温哥华出售一批罐头水果汁，重量为8公吨，尺码为10立方米。求该批货物的总运价。

（3）上海运往肯尼亚蒙巴萨港口"门锁"（小五金）一批计100箱。每箱体积为

20cm×30cm×40cm。每箱重量为25千克。当时燃油附加费为40%，蒙巴萨港口拥挤附加费为10%，试计算该货物的运费。

（4）某贸易公司出口一批商品到日本神户，共800件，每件重0.3千克，体积为0.5立方米，每件CIF价为100USD，班轮公司要求接从价计算运费，其从价费率为5%。试求该批货的从价运费。

章后阅读

2019新华·波罗的海国际航运中心发展指数发布[①]

2019新华·波罗的海国际航运中心发展指数2019年7月11日在沪发布，新加坡、香港、伦敦位列全球国际航运中心三甲，上海继续位列第四。

新华·波罗的海国际航运中心发展指数从港口条件、航运服务和综合环境三个维度，全面反映国际航运中心城市的综合发展水平。2019年，位列全球航运中心城市综合实力前10位的分别为新加坡、香港、伦敦、上海、迪拜、鹿特丹、汉堡、纽约—新泽西、休斯敦、雅典。

中国沿海城市在全球航运中心评价体系中表现较为突出。除了上海，进入综合实力前30位的城市还有宁波舟山（第13位）、广州（第16位）、青岛（第17位）、大连（第20位）、深圳（第22位）、天津（第24位）、高雄（第25位）、厦门（第30位）。

新华社中国经济信息社副总裁曹文忠表示，尽管国际海运贸易增速有所放缓，2018年上海国际航运中心建设仍成绩斐然。全球规模最大的自动化集装箱码头正式运行，航运基础设施不断升级；国际邮轮市场管理逐步完善，并向全产业链发展迈进，上海航运中心的国际地位在稳步提升。

2019年指数评价结果显示，亚太新兴经济体航运中心继续保持上升趋势：新加坡仍然保持领先水平；香港与伦敦航运发展水平差距逐步缩小；上海和迪拜作为新兴经济体的重要城市，凭借快速发展的现代航运集疏运体系，不断提升的航运服务能力，自贸区的驱动效应和持续改善的营商环境，航运发展水平紧追伦敦，分列第四和第五位。

新华·波罗的海国际航运中心发展指数自2014年起，已连续发布6年。综合对比2014年至2019年评价结果，全球航运中心发展总体较为稳定。但同时，全球航运中心东移趋势也较为明显。

当前，全球航运业正在发生着深刻变化。中国沿海主要港口特别是国际航运枢纽港口，正深入拓展与"一带一路"沿线国家（地区）互利共赢合作，持续优化开放高效的口岸营商环境，在货物吞吐量、集装箱吞吐量、智慧港口建设、航运服务能力等方面逐步跻身世界一流港口之列。

中国港口现状及未来走势[②]
蓬勃发展的中国港口

中华人民共和国成立初期，中国港口货物吞吐量仅有1 000万吨。到2018年，中国港

① 王子涛. 2019新华·波罗的海国际航运中心发展指数发布［J/OL］.［2019-7-11］. http://www.chinanews.com/cj/2019/07-11/8891782.shtml.
② 陈英明（中国港口协会常务副会长）. 中国港口现状及未来走势［J］. 中国远洋海运，2019（6）：32-33.

口完成货物吞吐量143.51亿吨，7大港口跻身全球前10大货物吞吐量港口之列，其中前5名中中国港口占据4席。中国港口拥有生产用码头泊位23 919个。中国万吨级以上深水泊位从无到有，截至2018年已多达2 444个。2018年，中国港口完成集装箱吞吐量2.51亿TEU。中国港口行业正经历着追赶式发展、跨越式发展。

经过多年的建设和发展，当前中国港口已经具备较好的发展基础，港口码头呈现专业化、大型化、深水化趋势。中国沿海港口发展也已经形成了环渤海、长江三角洲、东南沿海、珠江三角洲和西南沿海5大港口群，形成了煤炭、石油、铁矿石、集装箱、粮食、商品汽车、陆岛滚装和旅客运输等8个运输系统的布局。内河形成了长江干线、西江航运干线、京杭运河、长江三角洲高等级航道网、珠江三角洲高等级航道网、18条主要干支流高等级航道和28个主要港口布局。此外，汽车滚装、散粮、邮轮各类专业化码头建设加快，为适应经济社会发展做出贡献。

接下来，中国港口发展要继续强化战略引领，推动港口高质量发展，把港口改革发展作为交通强国建设的重要内容，加强顶层设计和系统谋划。

港口科技支撑强港梦

港口科技进步日新月异。中国改革开放40多年来，中国港口始终坚持以科技创新为驱动力促进行业发展，走过了自主研发和引进、消化、吸收、再创新的艰辛发展之路，建立起一支专业化港口科技人才队伍，一些港口重大关键技术取得突破。

建港技术和航道治理水平提升。经过多年的积累，中国筑港技术解决了各种复杂条件建港难题。离岸深水筑港技术非常成熟。长江干线航道整治持续提升长江航道通航能力，打造了以黄金水道为依托的综合立体交通走廊，增强了对沿江经济的辐射支撑作用。其中，长江口深水航道治理工程为巨型复杂河口航道治理提供了成功经验。

智慧港口建设加快。港口技术装备水平逐渐现代化。码头自动化、智能化装备水平不断提升，港口正由劳动密集型产业向技术密集型产业转型。中国港口实现了从人拉肩扛到信息化、智能化、自动化的嬗变，现代信息技术已全面融入港口生产营运、精细化管理以及对外服务的全过程，港口已全面进入"互联网+"时代。自2016年以来，先后有厦门远海、青岛前湾、上海洋山四期三个全自动化集装箱码头建成投产。在建设者的不断努力下，中国全自动化集装箱码头建设及营运日臻成熟，成为中国港口行业的一张靓丽的新名片，为世界港口提供中国方案，贡献中国智慧。

绿色发展理念成为共识。既要装卸生产，又要碧水蓝天。早在20世纪80年代，中国港口行业就提出了资源节约和环境友好的发展理念。如今，绿色发展已成为港口共识。

接下来，中国港口将继续改革创新，积极推动智慧、绿色港口建设，完善集疏运体系，推动运输结构调整，加快港口资源整合与区域一体化发展，创新港口发展新模式，加快国际航运中心建设，优化服务，推进"单一窗口"建设，改善海运贸易便利化条件，创建世界一流的国际强港。

全球集装箱港口市场环境分析①

近两年全球经贸体系正在经历规则重塑和动荡调整，全球经贸增长动能放缓且不确

---

① 邱力强. 全球集装箱港口发展的六大趋势 [J]. 中国远洋海运，2019 (9)：64-65.

定、不稳定因素增多。从全球经济环境看，国际货币基金组织分析2019年70%的全球经济体经济增速会下降，预计全球经济增速将进一步降至3.3%，为近10年最低水平；从全球贸易环境看，WTO在半年内两次下调全球贸易增速预期，将2019年全球贸易增速预期从之前的3.7%下调至2.6%，调低1.1个百分点，为近3年最低水平。2019年5月WTO全球贸易景气指数降至96.3，为近9年来最低水平。

据Drewry统计，2018年全球集装箱港口完成吞吐量7.81亿TEU，同比增长4.7%，增速回落1.3个百分点。据我国交通运输部统计，2018年中国港口完成集装箱吞吐量2.51亿TEU，同比增长5.3%，增速回落3个百分点。据Alphaliner统计，2018年全球前20大集装箱港口完成集装箱吞吐量3.4亿TEU，同比增长3.8%，增速回落1.8个百分点。综合全球、中国和主要集装箱港口的情况看，港口吞吐量增速普遍放缓。

从需求端看，上游集运市场方面，马士基预计2019年集运市场需求增速只有1%~3%。赫伯罗特相对乐观，预计2019年集运市场市场需求增速为4.1%~4.7%；集装箱港口市场方面，Alphaliner和Drewry分别将全球集装箱吞吐量增速由3.6%、3.9%下调至2.5%、2.9%，与2018年4.7%的增速相比明显回落，预计全球集装箱港口需求增速将继续放缓。

从供给端看，据Drewry预计，2018年至2023年全球集装箱港口吞吐能力年均增速为1.9%，远低于年均4.4%的吞吐量增速。由此可以推测，虽然集运市场需求下行将导致集装箱港口吞吐量增速减慢，但由于投资放缓、供给端增速处于更低水平，全球集装箱港口产能利用率将有所提升，供需关系趋于改善。据Drewry预计，2023年全球集装箱港口产能利用率将由目前的69.8%提升至79%。从风险看，2019年5月8日美国贸易代表办公室发布声明后，第十一轮中美贸易磋商未能取得预期的成果，美方于5月10日将2 000亿美元中国输美商品的关税从10%上调至25%。作为回应，中方于5月13日宣布对已加征关税的600亿美元清单的部分美国商品，分别加征25%、20%或10%的关税；8月1日，美方宣布从9月起对3 000亿美元的中国商品加征10%关税。8月23日，中方发布公告决定对原产于美国的5 078个税目、约750亿美元商品，加征10%和5%不等的关税，分别从9月初和12月中旬起生效。美方则宣布将加大对中国3 000亿美元商品的征税力度。中美贸易战不断升级，世界经济形势"晴雨不定"，全球航运及港口市场将受到一定冲击，面临着较大的挑战。

从机遇看，六年来我国与"一带一路"沿线国家的贸易继续保持着较快增长态势，据我国商务部统计，2018年中国与"一带一路"沿线国家货物贸易进出口总额达到1.3万亿美元，同比增长16.3%，高于同期中国外贸增速3.7个百分点，占外贸总值的27.4%。其中，对俄罗斯、沙特阿拉伯和希腊进出口增速高达24%、23.2%和33%。2013年至2018年，我国与"一带一路"沿线国家货物贸易总额超过6万亿美元。我国与"一带一路"沿线国家的贸易合作潜力正在持续释放，给全球贸易、特别是沿线港口带来了新的机遇和增长点。

航次租船合同条款

第一部分

1.船舶经纪人

波罗的海国际航运公司推荐统一件杂货租船合同（经1922年和1976年修订）包括

"FIO" 选择等（仅用于未施行认可格式的贸易）代号："金康"。

2.地点和日期

3.船舶所有人营业所在地（第1条）

4.承租人/营业所在地（第1条）

5.船名（第1条）

6.总登记吨/纯登记吨（第1条）

7.货物载重吨数（大约）（第1条）

8.现在动态（第1条）

9.预计做好装货准备的日期（大约）（第1条）

10.装货港口地点（第1条）

11.卸货港口地点（第1条）

12.货物（同时载明数量和约定的船舶所有人可选择的范围，如未约定满舱满载货物，载明"部分货物"）（第1条）

13.运费率（同时载明是按货物交付数量还是装船数量支付）（第1条）还是装船数量支付）（第1条）

14.运费的支付（载明货币名称与支付方式，以及受益人和银行账号）（第4条）

15.装卸费用（载明选择第5条中（a）或（b）；同时指明船舶是否无装卸设备）

16.装卸时间（如约定装货各自的时间，填入（a）或（b）；如按装货和卸货的合计时间，填入（c））（第6条）

（a）装货时间

（b）卸货时间

（c）装货和卸货的合计时间

17.托运人（载明名称与地址）（第6条）

18.滞期费率（装货和卸货）（第7条）

19.解约日（第10条）

20.经纪人佣金及向何人支付（第14条）

21.有关约定特别规定的附加条款

兹相互同意应按租船合同第一部分和第二部分中所订条件，履行本合同，当条件发生抵触时，第一部分中的规定优先于第二部分，但以所抵触的范围为限。

第二部分

1.兹由第3栏所列的下述船舶的所有人与第4栏所指的承租人，双方协议如下：蒸汽机船或内燃机船舶名见第5栏，总/净登记吨见第6栏，货物载重量大约吨见第7栏，现在动态见第8栏，根据本租船合同做好装货准备的大约时间见第9栏。

2.船舶所有人责任条款

3.绕航条款

4.运费支付

5.装卸费用

（a）班轮条款

（b）船舶所有人不负责装卸费以及积载和平舱费用

6.装卸时间

（a）装货和卸货分别计算时间

（b）装货和卸货混合计算时间

（c）装卸时间的起算

7.滞期费

8.留置权条款

9.提单

10.解约条款

11.共同海损

12.赔偿

13.代理

14.经纪人费用

15.普通罢工条款

16.战争风险

17.普通冰冻条款

（a）装货港

（b）卸货港

第三章

海运提单和海运实务

学习目标

✔ 熟悉提单的性质、种类；

✔ 掌握提单的制作内容和签发要求；

✔ 了解关于提单的国际公约及其主要内容和区别。

导读材料

以保函换清洁提单可取吗？

某年4月，我国T公司向荷兰M公司出售一批纸箱装货物，以FOB条件成交，目的港为鹿特丹港，由M公司租用H远洋运输公司的货轮承运该批货物。同年5月15日，该合同项下货物在青岛港装船。当船方接收货物时，发现其中有28箱货包装外表有不同程度的破碎，于是大副在收货单上批注"该货有28箱货外表破碎"。当船方签发提单，欲将该批注转提单时，卖方T公司反复向船方解释，说买方是老客户，不会因一点包装问题提出索赔，要求船方不要转注收货单上的批注，同时向船方出具了下列保函："若收货人以包装破碎、货物受损为由向承运人索赔时，由我方承担责任。"船方接受了上述保函，签发了清洁提单。该货船起航后不久，承运人接到买方M公司的指示，要求其将卸货港改为法国的马赛港，收货人变更为法国的F公司。经过一个多月的航行载货船到达马赛港，船舶卸货时法国收货人F公司发现该批货物有40多箱包装严重破碎，内部货物不同程度受损，于是以货物与清洁提单不符为由，向承运人提出索赔。后经裁定，承运人向法国收货人赔偿20多万美元。此后，承运人凭保函向卖方T公司要求偿还20多万美元的损失，但T公司以装船时仅有28箱包装破碎为由，拒绝偿还其他的十几箱的损失。于是承运人与卖方之间又发生了争执。

这是一起典型的托运人与承运人一起隐瞒装船货物不清洁事实，承运人凭保函签发清洁提单的案件。承运人提单上对货物的不良包装未加以批注，从而导致其丧失了公约或法律赋予的可能免除责任的权利；承运人也没有履行其应尽的义务，对货物的破损情况做真实记录。这不仅造成了对收货人的损害，使受蒙蔽的买方赎回不清洁货物，同时也给承运人自己带来了利益和信誉风险。

卖方在货物装船时就清楚一部分货物包装存在破碎现象，这本身就是一种违约行为；

不仅如此，卖方还同承运人一起隐瞒事实真相，从而构成对买方的欺骗。买方获悉这一真相后，不仅可以起诉承运人，还可以卖方严重违约甚至以欺诈为由提出撤销买卖合同，要求退回货款，同时要求卖方给予损害赔偿。因此，以保函换清洁提单的做法实不可取。

第一节 提单概述

一、提单的性质和作用

《汉堡规则》给提单下的定义是：Bill of lading means a document which evidences a contract of carriage by sea and the taking over or loading of the goods by the carrier, and by which the carrier undertakes to deliver the goods against surrender of the document.A provision in the document that the goods are to be delivered to the order of a named person, or to order, or to bearer, constitutes such an undertaking.

《中华人民共和国海商法》（1993年7月1日施行）第71条规定："提单，是指用以证明海上货物运输合同和货物已经由承运人接收或者装船，以及承运人保证据以交付货物的单证。提单中载明的向记名人交付货物，或者按照指示人的指示交付货物，或者向提单持有人交付货物的条款，构成承运人据以交付货物的保证。"

提单（Bill of Loading，B/L）是承运人（或其代理）应托运人要求，在收到货物归其掌管后，签发给托运人的一种用以证明货物（或包含海上货物运输合同）已由承运人接管或装船，并由承运人据以保证交付货物的单据。其性质和作用有：

（一）提单是证明承运人已接管货物和货物已装船的货物收据（Receipt for the Goods）

对于将货物交给承运人运输的托运人，提单具有货物收据的功能。不仅对于已装船货物，承运人负有签发提单的义务，而且根据托运人的要求，即使货物尚未装船，只要货物已在承运人掌管之下，承运人也有签发一种被称为"收妥备运（Received for Shipping）提单"的义务。所以，提单一经承运人签发，即表明承运人已将货物装上船舶或已确认接管。提单作为货物收据，不仅证明收到货物的种类、数量、标志、外表状况，而且还证明收到货物的时间，即货物装船的时间。

（二）提单作为物权凭证（Documents of Title）

提单是承运人保证凭以交付货物和可以转让的物权凭证。对于合法取得提单的持有人，提单具有物权凭证的功能。提单的合法持有人有权在目的港以提单相交换来提取货物，而承运人只要出于善意，凭提单发货，即使持有人不是真正货主，承运人也无责任。只要具备一定的条件就可以转让，转让的方式有两种：空白背书和记名背书。

（三）提单是运输合同的证明或运输合同（Evidence of Contract or Contract）

依据《海牙规则》、《汉堡规则》、《鹿特丹规则》和《中华人民共和国海商法》的有关规定，提单是用以证明海上货物运输合同的单据。承、托双方之间为了运输而订立的合同称为运输合同。海洋运输合同一般分为租船合同和班轮运输合同。无论是在租船合同还是班轮运输合同下，托运人与承运人之间的关系一般应以运输合同为准，提单只是运输合同的证明；而承运人与收货人、提单持有人等之间的权利、义务关系应依提单的规定确定，即当提单转让给包括收货人在内的第三方时，提单就成为其与承运人之间的运输合同。

提单除了上述作用外，在业务联系、费用结算、对外索赔等方面都起着重要作用。

二、提单的种类

随着世界经济的发展，国际海上货物运输中所用到的海运提单种类也越来越多。提单可按照不同的要求，从不同的角度进行分类。不同类型的提单，其适用范围也不相同。

（一）根据货物是否装船来划分

（1）已装船提单：指在整票货物全部装船后，由承运人或其代理人签发给托运人的，并载明船名和转船日期的提单。这种提单对收货人按时收货有保障，因此买方在订立合同时，一般都要求卖方必须提供已装船提单。

（2）收货待运提单：简称待装提单或待运提单，指承运人虽已收到货物但尚未装船，应托运人要求而向其签发的提单。这种提单因没有载明装货日期和船名，故买方和银行一般都不愿接受。当货物装船后，承运人在待运提单上加注装运船舶的船名和装船日期，就可以使待运提单成为已装船提单。

（二）根据提单收货人抬头来划分

（1）记名提单：指在提单"收货人"一栏内具体填上指定收货人名称的提单。这种提单只能由指定的收货人提货，不能转让。

（2）不记名提单：指在提单"收货人"一栏内不填写收货人名称而留空或填写"来人"，即指明应向提单持有人交付货物。不记名提单无须背书即可转让。也就是说，不记名提单由出让人将提单交付给受让人即可转让，谁拥有提单，谁就有权提货。

（3）指示提单：指在提单"收货人"一栏内填写"凭指示"或"凭某人指示"字样的提单。这种提单对收货人的规定采用"凭指示"或"凭某人指示"方式，但在"凭某人指示"时，须明确指示人。指示提单常见的收货方式有以下两种：

一种是记名指示提单。此提单在"收货人"一栏填写"To the Order of…"，在这种情况下，由记名的指示人指定收货方或受让人。记名的指示人可以是银行，也可以是贸易商等。例如，凭开证行指示或凭开证申请人指示。前者须经银行背书方可转让给买方，有利于银行在向买方收汇前牢牢掌握物权，在买方破产、倒闭或拒绝付款赎单时，可凭提单提货并通过拍卖或转让来自由处理货物，因而开证银行较乐于接受，但对于议付行的利益不能给予充分保证。后者须经开证申请人背书方可转让，银行难以掌握物权，所以不乐于接受。

另一种是托运人指示提单。此提单在"收货人"一栏内只填写"To Order"或"To the Order of the Shipper"。这种提单由托运人押汇时将提单背书转让给议付行，议付行以提单为担保对托运人支付款项，并将提单转给开证行索偿垫付款，再由开证行转交给收货人。可见，这种提单对议付行有利，且托运人在未背书前，可掌握物权。

（三）根据对货物外表状况有无不良批注来划分

（1）清洁提单：指在装船时，货物外表状况良好，承运人在签发提单时未在提单上加注任何有关货物残损、包装不良或其他妨碍结汇的批注，这种提单称为清洁提单。国际商会《跟单信用证统一惯例》（2007年修订版，简称《UCP600》）第32条规定，除非信用证中明确规定可以接受的条款或批注，银行只接受清洁提单。清洁提单也是提单转让时所必备的条件。

（2）不清洁提单：指承运人在提单上加注有货物及包装状况不良或存在缺陷，如水湿、油渍、污损、锈蚀等批注的提单。承运人通过批注，声明货物是在外表状况不良的情况下装船的，在目的港交付货物时，若发现货物损坏可归因这些批注的范围，从而减轻或免除自己的赔偿责任。在正常情况下，银行将拒绝以不清洁提单办理结汇。

（四）根据运输方式不同来划分

（1）直达提单：指由承运人签发的，货物从装货港装船后，中途不经过转船而直接运抵卸货港的提单。这种提单上通常不得有"转船"或"在某某港转船"字样。在实际业务中，如果信用证规定不得转船，卖方就只能凭直达提单向银行交单议付。

（2）转船提单：指在装运港装货的船舶，不直接驶往目的港，而需中途转船后再驶往目的港，由第一承运人在装运港签发运往最后目的港的提单，称为转船提单。

在实际业务中，转船将增加货物残损的风险，而且中途等候和换装船都容易延误到货时间，因此一般尽量采用直达运输方式。但有些情况下，如遇挂港船舶少、航次少的情形，中转反而可以加快货运，此时可以采用转船运输方式，由第一程船的承运人在全程运单上加注"在某某港转船"的字样即可。

（3）联运提单：这种提单主要适用于海运和其他运输方式所组成的联合运输。它是由承运人或其代理人在货物起运地签发运往货物最终目的地的提单，并收取全程运费。由于联运提单包括全程运输，故第一承运人或其代理人应将货物转交下一程承运人，运输风险则采用分段责任制，有关货物中途转换运输工具和交接工作均不需托运人办理。

（4）多式联运提单：这种提单主要是用于集装箱运输，是指一批货物的运输，需要包括两种以上不同运输方式，由一个承运人负责全程所签发的提单。

多式联运提单与联运提单是两种不同的运输单据，两者的区别主要有以下几点：

①签发人不同。多式联运提单的签发人是多式联运经营人；而联运提单的签发人必须是货物的承运人或其代理人，即由第一承运人作为总承运人，签发包括全程运输的提单。

②责任范围不同。多式联运提单的签发人要对全程运输责任，即不论货物在哪种运输方式下发生属于承运人责任范围内的灭失或损害，都由多式联运提单的签发人负赔偿责任；联运提单的签发人既是第一程承运人，也是总承运人，只承担第一程运输的责任，以后各段的运输责任由各实际承运人或货主自己承担。

③适用的运输方式不同。多式联运提单适用于任何运输方式所组成的联合运输，也就是说，既可用于海运与其他运输方式的联运，也可用于不包括海运与其他运输方式的联运；联运提单仅适用于海运与其他运输方式所组成的联合运输。

（五）根据提单的内容繁简不同来划分

（1）全式提单：主要指在提单上既有正面条款又有背面条款，对承运人的权利、义务有详细规定的提单。由于条款细目比较繁杂，所以又称繁式提单。

（2）简式提单：提单上只有正面的必要记载项而无背面详细条款的提单，多用于租船合同下所签发的提单，并注有"所有条件均根据某年某月某日签订的租船合同"字样。

（六）根据提单使用的有效性来划分

（1）正本提单：有承运人正式签字并注明签发日期的提单，在法律上和商业上是公认的有效单据。正本提单一式多份，若无明文规定，一般是一套两至三份并且必须在提单上注明签发的份数。此外，提单上必须要标明"正本"字样，以区别于副本提单。

（2）副本提单：指与正本提单相对的提单，即提单上没有承运人的签字、盖章，只供工作上参考使用。副本提单上一般都标有"Copy"或"Not Negotiable"字样，以区别于正本提单。

（七）根据运费支付方式不同来划分

（1）运费预付提单：指运费在货物装船后立即支付的提单。

（2）运费到付提单：指运费在货物到达目的港，收货人提取货物前支付的提单。这种提单在收货人没有付清运费及其他有关杂费前，承运人可行使货物留置权。但船公司对下列货物的运费不同意到付：舱面货、冷藏货、散装油、散装胶浆、活牲畜、鲜货、行李、家具和易腐物品等。

（八）根据签发提单的时间划分

（1）倒签提单：指在货物装船完毕后，应托运人的要求，由承运人或其代理人签发的提单。但是该提单上记载的签发日期早于货物实际装船完毕的日期，即托运人为了使提单上记载的签发日期符合信用证关于装运期的规定，以便能顺利结汇，从承运人处得到的以早于货物实际装船完毕的日期作为提单签发日期的提单。承运人签发倒签提单的做法，掩盖了提单签发时的真实情况，承运人和托运人都要承担由此引起的风险责任。

◈ **案例题 1**

我国某公司在租船装运时，因原定货船临时损坏，在国外修理不能在预定时间到达我国口岸装货，临时改派香港某公司期租船装运，但又因连日风雪，迟至2月11日才装货完毕，2月13日开航。我国某公司为了取得符合信用证所规定的装船日期（即上年12月1日至本年1月31日）的提单，要求外轮代理公司按当年1月31日签发提单，并以此提单向我国银行办理议付。货物到达鹿特丹港，经买方聘请律师上船查阅航行日志，查实提单的签发日期是伪造的，立即凭证向当地法院起诉，并由法院发出扣船通知。船由外轮公司以30 000英镑担保放行，我方经四个月的谈判，共赔偿20 600英镑，卖方才撤回上诉而结案。我方既损失了外汇，又对外造成了不良的影响。

要点提示：此例属于"倒签提单"案例。从国际货物买卖合同看，列有"装运日期"的条款为合同要件。因此，违背"要件"的一方不仅会遭到对方索赔，甚至可以废除合同。倒签提单日期就是掩盖了正式的装运日期，实质上掩盖了延迟交货的责任。由于市场价格变化剧烈，延迟交货可使对方在价格下跌时受到损失，如果有下手转卖合同，势必造成买方的违约交货。所以不论从法律上还是从利益上，倒签提单都是不允许的。

◈ **案例题 2**

天堂进出口有限责任公司（以下简称"天堂公司"）购进一批圣诞节用的火鸡，信用证规定于11月30日前装货，由承运人所属"伊丽莎白"号货轮承运上述货物。该轮于12月3日才抵达装货港，承运人接受发货人的保函，授权其代理人签发了11月30日已装船的清洁提单。发货人凭全套单证从开证行取得全部货款。

12月15日，天堂公司持承运人签发的提单到合同指定的港口提货时，发现该提单所记载的船舶还未抵港。直到12月26日提单所记载的货物才运抵目的港。由于销售季节已过，给天堂公司造成巨大的损失，该公司的国内销售商对其提出索赔。

天堂公司认为，承运人未能按信用证规定的装船期限如期装货，却签发了与信用证一致的提单，属于欺诈行为，应对由此造成的一切损失承担责任。承运人认为，货物未能如期运抵目的港交货，是因所属"伊丽莎白"号货轮在某港锚地停泊时遇暴雨和台风，该轮抛锚与另外一艘锚地待泊的油轮相撞，造成该轮及部分集装箱严重受损。该货轮不得不进行紧急修理，于12月11日续航。而提单所载的全部货物最终完好地运抵交货港，并置于天堂公司控制之下，由于不可抗力造成承运人不能如期交货，承运人已恪尽职守，完成了应尽的责任和义务，迟延交货纯属人力不可抗拒原因所致，故承运人不应承担赔偿责任。

问题：

1.承运人签发的提单属于何种提单？其后果如何？

2.承运人可否以不可抗力为由减轻或免除责任？为什么？

案例解析：

1.承运人签发的是倒签提单。承运人应当承担损害赔偿，并且不得援引免责和责任限制条款。

本案主要涉及收货人（天堂公司）与承运人之间的海上货物运输的法律关系。这种运输关系是通过提单这种单证来表现的。依《中华人民共和国海商法》的规定，货物由承运人接收或者装船后，应托运人的要求，承运人应当签发提单。提单签发的日期应为装船的日期。在本案中，信用证规定货物于11月30日前装船。实际上，船舶在12月3日才到达装货港。承运人接受保函，签发了已装船的清洁提单。显然，这属于倒签提单。

2.承运人不可以不可抗力为由免除或减轻责任。

在贸易实践中，提单的签发日期是信用证付款的一个条件。倒签提单是在明知货物未装船的情况下签发的，属于一种欺诈行为。承运人倒签提单的做法掩盖了提单签发时的真实情况，将面临着承担由此而产生的损害赔偿责任，并丧失了免责和责任限制的权利。

（2）顺签提单：指货物装船完毕后，承运人或其代理人应托运人的要求，以晚于该票货物实际装船完毕的日期作为提单签发日期的提单。这是为了符合有关合同关于装运期的规定，应托运人要求而顺填日期签发的提单。承运人签发顺签提单的做法同样掩盖了提单签发时的真实情况，承运人和托运人也将面临着承担由此引起的风险责任。

（3）预借提单：指在信用证所规定的结汇期内，即信用证的有效期即将结束，而货物尚未装船或尚未装船完毕的情况下，托运人为了能及时结汇，要求承运人提前签发的已装船清洁提单，即托运人为了能及时结汇而从承运人那里借用的已装船清洁提单。

当托运人未能及时备妥货物，或者船期延误不能如期到港，托运人估计货物装船完毕的时间可能超过信用证规定的装运期甚至结汇期时，即可能采取从承运人那里借出提单用于结汇。但是，承运人签发预借提单要冒极大风险，因为这种做法掩盖了提单签发的真实情况。许多国家法律的规定表明，一旦货物引起损坏，承运人不但要负责赔偿，而且还会丧失享受责任限制和援用免责条款的权利。

倒签提单、顺签提单和预借提单均侵犯了收货人的合法权益，构成侵权行为。如被发现，托运人和承运人要承担严重后果，故应尽量减少或杜绝使用。

（九）根据船舶经营性质划分

（1）班轮提单：是经营班轮运输的船公司出具的提单。

（2）租船提单：是根据租船合同签发的一种提单。提单上批注有"根据某某租船合同出立"字样，因此这种提单要受租船合同条款的约束。

（十）其他种类提单

（1）过期提单：指由于出口商在取得提单后未能及时到银行议付的提单，也称滞期提单。在信用证支付方式下，根据《跟单信用证统一惯例》第43条的规定，如信用证没有规定交单的特定期限，则要求出口商在货物装船日起21天内到银行交单议付，也不得晚于信用证的有效期。超过这一期限，银行将不予接受。过期提单是遵循商业习惯的一种提单，在运输合同下是有效提单，提单持有人可凭以要求承运人交付货物。

（2）舱面货提单：俗称甲板货提单，是指将货物积载于船舱露天甲板上承运，并在提单上注明"装于舱面"字样的提单。这种提单的托运人，一般均向保险公司加保舱面险，以保障货物运输安全。

（3）并提单：指应托运人要求，承运人将同一船舶装运的相同港口、相同货主的两票或两票以上货物合并而签发的一套提单。托运人为节省运费，会要求承运人将属于最低运费提单的货物与其他提单的货物合在一起签发一套提单，即将不同装货单号下的货物合起来签发相同提单号的一套提单。

（4）分提单：指应托运人要求，承运人将属于同一装货单号下的货物分开，并分别签发的提单。托运人为满足商业上的要求，会要求承运人为同一票多件货物分别签发提单。例如，有三件货物时，分别为每件货物签发提单，这样就会签发三套提单，即将相同装货单号下的货物分开签发不同提单号的提单。

（5）交换提单：指在直达运输的条件下，应托运人要求，承运人同意在约定的中途港凭起运港签发的提单换以该中途港为起运港的提单，并记载有"在中途港收回本提单，另换发以中途港为起运港的提单"。

（6）交接提单：指由于货物转船、联运或其他原因，在不同承运人之间签发的不可转让、不是"物权凭证"的单证。交接提单只具有货物收据和备忘录的作用。

（7）最低运费提单：又称起码提单，指对每一提单上的货物按起码收费标准收取运费所签发的提单。如果托运的货物批量过少，按其数量计算的运费额低于运价表规定的起码收费标准，承运人均按起码收费标准收取运费，为这批货物所签发的提单就是最低运费提单。

◈资料卡

电子提单

正常的商务活动中普遍采用电传、传真、计算机网络等通信方式传送信息。目前大多数运输单证所包含的信息都可以通过电子方式传递，从而使纸质单证的传递量逐渐减少。但是提单的情况比较特殊，因为提单不仅是包含信息的纸质文件，同时它还是一种物权凭证。提单持有人不仅可以了解提单上记载的信息，同时还拥有提单所代表的某些权利，而在传统商务中，这种权利的拥有必须是以物质上占有提单为条件的。电子方式可以传递提单包含的所有信息，但不能传递提单这一物质本身。因此，如何使用现代化技术手段传递提单成为国际航运商务电子化的关键。

随着电子数据交换系统（Electronic Data Interchange，EDI）在国际贸易业务中不断的完善和发展，为了提高国际航运业务效率，电子提单应运而生。所谓电子提单，是指一种利用EDI系统对运输途中的货物支配权进行转让的程序。传统提单将被简化为一组数据保存在承运人的计算机中，承运人告知托运人一个密码，托运人可凭该密码监控在运货物。如果要进行转让，托运人只需将转让的意图和对象通知承运人，并告知自己的密码。承运人核对无误后，设计一个新的密码通知买方，并将托运人手中的密码作废，这样通过密码的改变就实现了提单的转让，最后收货人凭密码提货。该程序有以下三个特点：

①卖方、发货人、银行、买方和收货人均以承运人（或船方）为中心，通过专有计算机密码通告运输途中货物支配权的转移时间和对象。

②在货物运输中，通常情况下不出现纸质或书面文件。

③收货人提货时，只要出示有效证件证明身份，由船代理验明即可。

传统的纸质提单是一张物权凭证，因此对货物权利的转移是通过提单持有人的背书而实现的。而电子提单转移是利用EDI系统，根据特定密码通过计算机进行的，因此它具有许多传统提单无法比拟的优点：

①可快速、准确地实现货物支配权的转移。EDI系统是一种现代化的通信方式，可以利用计算机操纵、监督运输活动，快速、准确实现货物支配权的转移。

②便于航运单证的使用。当海上运输航程较短时，可以避免传统提单因为邮寄而出现的船到但提单尚未寄到的现象。

③可防冒领和避免误交。由于整个过程的高度保密性，它能大大减少提单诈骗案件的发生。承运人可以全程监视提单内容，以防止托运人涂改提单，欺骗收货人和银行。托运人、银行，甚至收货人可以监视承运人行踪，避免船舶"失踪"。承运人对收货人也能加以控制，只有当某收货人付款之后，银行才通告货物支配权的转移。承运人可以准确地将货物交给付款人，可防冒领，避免误交。

电子提单具有高效和安全的优点，极大地降低了运输成本和风险，提高了国际航运效益，是国际航运商务的发展方向。

◈讨论题

提单的种类有哪些？其适用范围都有哪些？

第二节　提单内容

一、提单正面的内容

提单正面通常应记载有关货物和货物运输的事项。这些事项有的是有关提单的国内立法或国际公约规定的，作为运输合同必须记载的事项，如果漏记或错记，就可能影响提单的证明效力；有的则属于为了满足运输业务需要而由承运人自行决定，或经承运人与托运人协议并认定应该在提单正面记载的事项。根据我国《海商法》的规定，提单正面应记载的项目如下：

（一）货物的基本情况

其包括货物名称、标志、数量、重量、体积及船长对货物外表状况的批注等。

（二）当事人

其包括承运人的名称和主营业所、托运人和收货人的名称。

①承运人的名称和主营业所（Name and Principal Place of Business of the Carrier）。

②托运人的名称（Name of the Shipper）。托运人一般为信用证中的受益人。如果开证人为了贸易上的需要，要求第三者提单（THIRDPARTYB/L），也可照办。

③收货人的名称（Name of the Consignee）。如属记名提单，则填上具体的收货公司或收货人名称；如属指示提单，则填为"指示"（ORDER）或"凭指示"（TO ORDER）；如需在提单上列明指示人，则可根据不同要求，做成"凭托运人指示"（TO ORDER OF SHIPPER），"凭收货人指示"（TO ORDER OF CONSIGNEE）或"凭银行指示"。

另外，在提单当事人中，还可能包括被通知人（NOTIFY PARTY），就是船公司在货物到达目的港时发送到货通知的收件人，有时也是进口人。在信用证项下的提单，如信用证上对提单被通知人有权具体规定时，则必须严格按信用证要求填写。如果是记名提单或收货人指示提单，且收货人又有详细地址的，则此栏可以不填。

（三）运输事项

其包括船舶名称、装货港和在装货港接收货物的日期、卸货港和运输路线，多式联运提单增列接收货物地点和交付货物地点。

①船舶名称，通常简称为船名（NAME OF VESSEL），在此项中应填列货物所装的船名及航次。

②装货港和在装货港接收货物的日期（Port of loading and the date on which the good were taken over by the carrier at the port of loading）。填写装货港时应填列实际装船港口的具体名称。

③卸货港（Port of discharge）和运输路线。卸货港项填列货物实际卸下的港口名称。如属转船，第一程提单上的卸货港填转船港，收货人填第二程船公司；第二程提单装货港填上述转船港，卸货港填最后目的港。如由第一程船公司出联运提单（THROUGH B/L），则卸货港即可填最后目的港，提单上列明第一和第二程船名。如经某港转运，要显示"VIAXX"字样。

④多式联运提单增列接收货物地点和交付货物地点（Place where the goods were taken over and the place where the goods are to be delivered in case of a multimodal transport bill of lading）。

（四）提单的签发

其包括：提单的签发日期、地点和份数、提单号码、承运人、船长或者其代理人的签字。

①提单的签发日期、地点和份数（Date and place of issue of the bill of loading and the number of originals issued）。提单份数一般按信用证要求出具，如"FULL SET OF"一般理解成三份正本若干份副本。其中一份正本完成提货任务后，其余各份失效。

②提单号码（B/L NO）。一般列在提单右上角，以便于工作联系和查核。发货人向收

货人发送装船通知（SHIPMENT ADVICE）时，也要列明船名和提单号码。

③承运人或者其代表的签字（Signature of the carrier or of a person acting on his behalf）。提单必须由承运人、船长或他们的代理签发，并应明确表明签发人身份。一般表示方法有：CARRIER，CAPTAIN，或"ASAGENT FOR THE CARRIER：XXX"，"SIGNED BY/ON BEHALF OF THE CARRIER"字样，由承运人或其代表签写。

（五）运费和其他应付给承运人的费用的记载

运费的支付（Payment of freight），一般为预付（FREIGHT PREPAID）或到付（FREIGHT COLLECT）。如为CIF或CFR出口，一般均填上"运费预付"字样，千万不可漏列，否则收货人会因运费问题提不到货，虽可查清情况，但会拖延提货时间，造成损失。如果是FOB出口，则填上"运费到付"字样，除非收货人委托发货人垫付运费。

应当引起注意的是，提单缺少上述提及规定的一项或者几项的，不影响提单的性质和提单的法律地位，但是必须符合海商法关于提单的定义和功能的规定，依照其中具体规定来确定必要记载事项和一般记载事项的填写。读者可参阅《中华人民共和国海商法》（以下简称《海商法》）第七十三条的相关规定，此处不再赘述。

另外，有关提单的国际公约也对提单的必要记载事项作有规定，下面列举《海牙规则》和《汉堡规则》中的规定，读者可以之与《海商法》的规定作参照对比。

根据《海牙规则》第三条第三款的规定：在收到货物之后，承运人、船长或承运人的代理人，应依照托运人的请求签发给托运人提单，其上载有：

①与开始装货前由托运人书面提供者相同，为辨认货物所需的主要标志。

②由托运人书面提供的包数或件数，或者数量，或者重量。

③货物的表面状况。

另外，《海牙规则》第三条第四款还规定："这种提单应当作为承运人依照第三款（1）、（2）、（3）项所述收到该提单中所载货物的表面证据。"

对《海牙规则》作出修改的《维斯比规则》，对《海牙规则》规定的必要记载事项未加以修改，但对这些记载内容的证据效力却作了修订："……但是，当提单已经转让给善意的第三方时，与此相反的证据不予采用。"这段对《海牙规则》规定的证据效力所作出的补充文字，在法律上为承运人规定了一项义务，即对于善意的第三方，承运人应对提单上所记载的有关货物的事项负责，不能以事实上货物未装船来抗辩。这样，提单上有关货物的记载就成为按照提单记载内容收到货物的最终证据了。

《汉堡规则》关于提单必须记载的内容则作出了详细的规定，在第十五条第一款中共列出了15项必须记载的事项：

①货物的品名、标志、包数或件数，或者重量或以其他方式表示的数量，如果是危险货物，对其危险性质的明确说明。这些资料均由托运人提供。

②货物的外表状态。

③承运人名称及其主要营业所所在地。

④托运人名称。

⑤托运人指定收货人时的收货人名称。

⑥海上运输合同规定的装货港，以及货物由承运人在装运港接管的日期。

⑦海上运输合同规定的卸货港。

⑧正本提单超过一份时的份数。

⑨提单签发地点。

⑩承运人及其代表的签字。

收货人应付运费金额，或者应由收货人支付运费的其他说明。

关于货物运输应遵守该规则各项规定，凡是与此相背离的，有损于托运人或收货人的条款均属无效的声明。

货物应在（或可在）舱面装运的声明。

经承运人与托运人明确协议的货物在卸货港的交付日期或期限。

承运人与托运人约定的高于该规则的承运人责任限额。

《汉堡规则》第十五条第三款还规定："提单漏列本条所规定的一项或多项，不影响该单证作为提单的法律性质，但该单证必须符合第一条第七款（提单定义）规定的要求。"

提单正面条款是指以印刷的形式，将以承运人免责和托运人作出的承诺为内容的契约文句列记于提单的正面。常见的有以下条款：

①装船（或收货）条款。如："上列外表状况良好的货物或包装（除另有说明者外）已装在上述指名船只，并应在上列卸货港或该船能安全到达并保持浮泊的附近地点卸货。"

②内容不知悉条款。如："重量、尺码、标志、号数、品质、内容和价值是托运人所提供的，承运人在装船时并未核对。"

③承认接受条款。如："托运人、收货人和本提单持有人兹明确表示接受并同意本提单和它背面所载一切印刷、书写或打印的规定、免责事项条件。"

④签署条款。如："为证明以上各项，承运人或其代理人已签署各份内容和日期一样的正本提单，其中一份如果已完成提货手续，其余各份均告失效。要求发货人特别注意本提单中关于该货物保险效力的免责事项和条件。"

二、提单的背面条款

提单背面条款规定了承运人与货方（Merchants）的权利义务、责任期间、责任限制、责任免除、法律适用等内容，是处理承运人和托运人（或收货人、持单人）之间发生争议的依据。目前大多数提单的背面条款是基于《海牙规则》制定的，一般来说，主要包括：首要条款、定义条款、承运人的责任和豁免、运费条款、转运条款、包装与唛头条款、赔偿条款、留置权条款、特殊货物条款等内容。

提单的背面印有各种条款，一般分为两类：强制性条款和任意性条款。

属于强制性条款的，其内容不能违背有关国家的海商法规、国际公约或港口惯例的规定，违反或不符合这些法规、规定的条款将被视为无效。例如，《中华人民共和国海商法》第四章第四十四条就明确规定："海上货物运输合同和作为合同凭证的提单或者其他运输单证中的条款，违反本章规定的，无效。"《海牙规则》第三条第八款规定："运输契约中的任何条款、约定或协议，凡是解除承运人或船舶由于疏忽、过失或未履行本条规定的责任与义务，因而引起货物的或与货物有关的灭失或损害，或以本规则规定以外的方式减轻这种责任的，都应作废并无效。"上述的规定都是强制适用提单的强制性条款。

属于任意性条款的，即上述法规、国际公约没有明确规定的，允许承运人自行拟定的条款。这些条款适用于某些特定港口或特种货物，或托运人要求加列的条款。

虽然各公司提单背面条款繁简不一，内容不尽相同，但通常都有下列主要条款：

①定义条款（Definition Clause）：各船公司的提单中，一般都订有定义条款，对作为运输合同当事人一方的"货方"（Merchant）的含义和范围作出规定，将"货方"定义为"包括托运人、受货人、收货人、提单持有人和货物所有人"。

②首要条款（Paramount Clause）：是承运人按照自己的意志，印刷于提单条款的上方，通常列为提单条款第一条，用以明确本提单受某一国际公约制约或适用某国法律的条款。当提单其他条款与首要条款中法律规定相冲突时，一般以首要条款中的法律规定为准。

③承运人责任条款（Carrier's Responsibility Clause）：说明签发本提单的承运人对货物运输应承担的责任和义务。此条款基本上是按照首要条款中规定的国内法或国际公约制定。如果首要条款规定《海牙规则》适用于本提单，那么《海牙规则》所规定的承运人责任，也就是签发本提单的承运人对货物运输应承担的责任和义务。

④承运人责任期间条款（Carrier's Period of Responsibility Clause）：一般规定为对于杂货运输，实行"钩至钩"责任制度，即承运人责任从货物装上船时起到货物卸下船时止；对于集装箱运输，承运人的责任期间从收到货物时起到交出货物时止。

⑤免责条款（Exception Clause）：由于提单的首要条款都规定了提单所适用的法规，而有关提单的国际公约或各国的海商法都规定了承运人的免责事项，所以不论提单条款中是否列有免责事项条款的规定，承运人都能按照提单适用法规享受免责权利。

⑥装货、卸货和交货条款（Loading，Discharging and Delivery Clause）：指对托运人在装货港提供货物，以及收货人在卸货港提取货物的义务所作的规定。一般规定货方应以船舶所能装卸的最快速度昼夜无间断地提供或提取货物；否则，货方承担对违反这一规定所引起的一切费用。

⑦索赔条款（Claim Clause）：包括，损失赔偿责任限制（Limit of Liability），指已明确承运人对货物的灭失和损坏负有赔偿责任应支付赔偿金时，承运人对每件或每单位货物支付的最高赔偿金额；索赔通知（Notice of Claim），也称为货物灭失或损害通知（Notice of Loss Damage）；诉讼时效（Timebar），指对索赔案件提起诉讼的最终期限等。

⑧包装与唛头（标志）条款（Packing and Mark Clause）：要求在起运之前，托运人对货物加以妥善包装，货物唛头必须确定明显，并将目的港清楚地标明在货物外表，在交货时仍要保持清楚。

⑨运费和其他费用条款（Freight and Other Charges）：该条款通常规定，托运人或收货人应按提单正面记载的金额、货币名称、计算方法、支付方式和时间支付运费，以及货物装船后至交货期间发生的，并应由货方承担的其他费用，以及运费收取后不再退还等规定。

⑩留置权条款（Lien Clause）：该条款规定了在托运人、收货人未付清运费、滞期费、亏舱费及共同海损分摊时，承运人有权扣押或出售货物以抵付欠款，如仍不足以抵付全部欠款，承运人仍有权向货方收回差额。

转运或转船条款（Transshipment Clause）：该条款一般规定，如有必要，承运人有权将货物转船或改用其他运输方式或间接运至目的地，由此引起的费用由承运人负担，但风险由货方负担。承运人的责任只限于其本身经营船舶所完成的运输。但当承运人行为违反了有关提单的国际公约或国内法规定时，此条款应视为无效。

卸货和交货条款（Discharging and Delivery Clause）：船到卸货港后，收货人应及时提货，否则承运人有权将货物卸到岸上或卸在其他适当场所，一切费用和风险应由货方承担。

甲板货条款（On Deck Cargo Clause）：在《海牙规则》中没有适用于甲板货的规定，故提单中专门订立此条款，规定承运人对甲板货物灭失及损坏免责，但此条规定不免除承运人对甲板货的妥善照料责任。

危险品、违禁品条款（Dangerous、Contraband Cargo Clause）：此条款规定托运人在托运危险品时应向承运人如实声明，并按照国际海事组织的《国际海运危险货物规定》要求，在货物外包装上做好标记，出具商品检验证书及运输说明等。如果托运人未履行上述义务，承运人在发现存在危险时，有权将其变为无害、抛弃或卸船，或以其他方式予以处置，处理产生的全部责任和费用由托运人承担。

除了以上介绍的提单正反面的内容外，需要时承运人还可以在提单上加注一些内容，也就是批注。

三、提单的填制与签发

（一）提单的填制

虽然每家船公司都有自己的海运提单格式，但普通提单的主要栏目、内容基本一致，形式大同小异。出口商缮制提单和银行审核提单的基本要求是"单证相符"。下面介绍海运提单的缮制及审核中的注意事项。

1.Shipper，托运人

托运人也称发货人（Consignor），是指委托运输的当事人。如信用证无特殊规定，应以受益人为托运人。如果受益人是中间商，货物是从产地直接装运的，这时也可以实际卖方为发货人，因为按UCP600规定，如信用证无特殊规定，银行将接受以第三者为发货人的提单。不过此时必须考虑各方面是否可行的问题。

例：某年A进出口公司接到国外开来信用证规定："…Hongkong Shun Tai Feeds Development Co.as shipper on Bill of Lading."（……以香港顺泰饲料发展公司作为提单发货人）。A进出口公司在装运时即按信用证上述规定，以转口商香港顺泰饲料发展公司作为提单的发货人。但在向银行交单时单证人员才发现：该提单系空白抬头，须发货人背书。提单既以香港顺泰饲料发展公司作为发货人，则应由香港该公司盖章进行背书。但该公司在本地并无代表，结果只好往返联系，拖延了三个星期香港才派人来背书。后因信用证过期无法议付，造成损失。

2.Consignee，收货人

这是提单的抬头，是银行审核的重点项目。应与托运单中"收货人"的填写完全一致，并符合信用证的规定。

【例3-1】来证要求"Full set of B/L Consigned to ABC Co."，则提单收货人一栏中填"Consigned to ABC Co."。

【例3-2】来证要求"B/L issued to order of Applicant",查Applicant为"Big A Co.",则提单收货人一栏中填"to order of Big A Co."。

【例3-3】来证要求"Full set of B/L made out to our order",查开证行名称为'Small B Bank',则提单收货人一栏中填"to order of Small B Bank",或填"to Small B Bank's order"。收货人栏的填写必须与信用证要求完全一致。任何粗心大意和贪图省事的填法都可能使单证出现不符点。

不符点的例证:B/L issued to the order of ABC Co.Ltd.Whereas L/C required "to ABC Co. Ltd."。提单开成凭ABC公司指定人指示,而信用证要求凭ABC公司抬头为特定的公司与这一公司的指定人是完全不同的,前者表示只有这一特定的公司可以提货,提单不能转让,后者表示提单经此公司背书便可以转让。又如,假设信用证上规定的地名是简称,而提单上写的是全称,也是不符点。如果是托收方式中的提单,本栏一般填"To order"或填"To order of shipper"均可,然后由发货人背书。一般不能做成收货人指示式,因为这样的话代收行和发货人均无法控制货权;未经代收行同意的话,也不能做成代收行指示式,因为UCP522第10条规定:事先未征得银行的同意,货物不应直接运交给银行或做成银行抬头或银行指示性抬头。

3.Notify party,被通知人

被通知人即买方的代理人,货到目的港时由承运人通知其办理报关提货等手续。

(1)如果信用证中有规定,应严格按信用证规定填写,如详细地址、电话、电传、传真号码等,以保证通知顺利。

(2)如果来证中没有具体说明被通知人,那么就应将开证申请人名称、地址填入提单副本的这一栏中,而正本的这一栏保持空白或填写买方亦可。副本提单必须填写被通知人,这是为了方便目的港代理通知联系收货人提货。

(3)如果来证中规定"Notify…only",意指仅通知某某,则Only一词不能漏掉。

(4)如果信用证没有规定被通知人地址,而托运人在提单被通知人后面加注详细地址,银行可以接受,但无须审核。

4.Pre-carriage by,前段运输;Port of transshipment,转船港

如果货物需转运,则在此两栏分别填写第一程船的船名和中转港口名称。

5.Vessel,船名

如果货物需转运,则在这栏填写第二程的船名;如果货物不需转运,则在这栏填写第一程船的船名。是否填写第二程船名,主要是根据信用证的要求,如果信用证并无要求,即使需转船,也不必填写第二程船名。如来证要求"In case transshipment is effected.Name and sailing date of 2nd ocean vessel calling Rotterdam must be shown on B/L",如果转船,至鹿特丹港的第二程船船名,日期必须在提单上表示,只有在这种条款或类似的明确表示须注明第二程船名的条款下,才应填写第二程船船名。

6.Port of Loading,装运港

(1)应严格按信用证规定填写,装运港之前或之后有行政区的应照加,如"Xingang/Tianjin"。

(2)一些国外开来的信用证笼统规定装运港名称,如仅规定为"中国港口(Chinese

ports）"，"Shipment from China to…"，这种规定对受益人来说比较灵活，如果需要由附近其他港口装运时，可以由受益人自行选择。制单时应根据实际情况填写具体港口名称。若信用证规定"Your port"，受益人只能在本市港口装运，若本市没有港口，则事先须与开证人洽商改证。

（3）如信用证同时列明几个装运港，提单只填写实际装运的那一个港口名称。

（4）托收方式中的提单，本栏可按合同的港口名称填入。

7.Port of Discharge，卸货目的港

8.Final Destination，最终目的地

如果货物的目的地就是目的港，则这一栏为空白。填写目的港或目的地应注意下列问题：

（1）除FOB价格条件外，目的港不能是笼统的名称，如"European main port"，必须是具体的港口名称。如国际上有重名港口，还应加国名。世界上有170多个港口是同名的，例如"Newport"（纽波特港）同名的有5个，爱尔兰和英国各有1个，美国有2个，还有荷属安的列斯1个；"Portsmouth"（普茨茅斯港）也有5个同名的，英国1个，美国4个；"Santa Cruz"（圣克鲁斯港）有7个同名的，其中2个在加那利群岛（Canary Islands），2个在亚速尔群岛（Azores Islands），另外3个分别在阿根廷、菲律宾和美国；而"Victoria"（维多利亚港）有8个同名的，巴西、加拿大、几内亚、喀麦隆、澳大利亚和塞舌尔、马来西亚和格林纳达都有。

（2）如果来证目的港后有"In transit to…"，在CIF或CFR价格条件下，则不能照加，只能在其他空白处或唛头内加注此段文字以表示转入内陆运输的费用由买方自理。

（3）美国一些信用证规定目的港后有"OCP"字样，应照加。OCP即"Overland Common Points"，一般叫做"内陆转运地区"，包括North Dakota，South Dakota，Nebraska，Colorado，及New Mexico州起以东的美国各州都属于OCP地区范围内。如"San Francisco OCP"，意指货到旧金山港后再转运至内陆。"San Francisco OCP Coos Bay"，意指货到旧金山港后再转运至柯斯湾。新加坡一些信用证规定"Singapore PSA"，PSA意指"Port of Singapore Authority"，即要求在新加坡当局码头卸货。该码头费用低廉，但船舶拥挤，一般船只不愿意停泊该码头，除非承运人同意。

（4）有些信用证规定目的港后有"Freeport"（自由港）或"Freezone"（自由区）字样，提单也可照加，例如Aden（亚丁港），Aqaba（阿喀巴港），Colon（科隆港），Beirut（贝鲁特港），Port Said（赛得港），这些目的港后都应加"Free Zone"，买方可凭此享受减免关税的优惠。

（5）如信用证规定目的港为"Kobe/Negoga/Yokohama"，此种表示为卖方选港，提单只打一个即可。如来证规定"Option Kobe/Negoga/Yokohama"，此种表示为买方选港，提单应按次序全部照打。

（6）如信用证规定某港口，同时又规定具体的卸货码头，提单应照打。如到槟城目的港有三种表示："Penang"、"Penang/Butterworth"、"Penang/Georgetown"。后两种表示并不是选港，Butterworth和Georgetown都是槟城港中的一个具体的卸货码头，如果信用证中规定了具体的卸货码头，提单则要照填。

9.No.of Original B/L，正本提单的份数

只有正本提单可流通、交单、议付，副本则不行。提单可以是一套单独一份的正本单据，但如果签发给发货人的正本超过一份，则应该包括全套正本。出口商应按信用证规定来要求承运人签发正副本提单份数。并在交单议付时，提交信用证要求的份数。单据上忘记打上正本份数或某份提单没有"正本"字样，都是不符点。信用证中对份数的各种表示法：

【例3-4】"Full set of B/L"，是指全套提单，按习惯作两份正本解释。

【例3-5】"Full set 3/3 plus 2 N/N copies of original forwarded through bills of lading"，本证要求提交全部制作的三份正本。这里的3/3意为：分子的数字指交银行的份数，分母的数字指应制作的份数。"N/N Non-Negotiable"意为不可议付，即副本。

【例3-6】"Full set less one copy on board marine bills of lading"，指应向议付行提交已装船海运提单，是全套正本；至少一份正本。

【例3-7】"2/3 original clean on board ocean bills of lading"，指制作三份正本提单，其中两份向议付行提交。

10.Mark & No.，标志和号码，俗称唛头

唛头即为了装卸、运输及存储过程中便于识别而刷在外包装上的装运标记，是提单的一项重要内容，是提单与货物的主要联系要素，也是收货人提货的重要依据。提单上的唛头应与发票等其他单据以及实际货物保持一致，否则会给提货和结算带来困难。

（1）如信用证上有具体规定，缮制唛头应以信用证规定的唛头为准。如果信用证上没有具体规定，则以合同为准。如果合同上也没有规定，可按ISO标准或买卖双方私下商订的方案或受益人自定。

（2）唛头内的每一个字母、数字、图形、排列位置等应与信用证规定完全一致，保持原形状，不得随便错位、增减等。

（3）散装货物没有唛头，可以表示为"No mark"或"N/M"。裸装货物常以不同的颜色区别，例如钢材、钢条等刷上红色标志，提单上可以用"Red stripe"表示。

11.Number and kind of packages，件数和包装种类

本栏填写包装数量和包装单位。如果散装货物无件数时，可表示为"In bulk"。包装种类一定要与信用证一致。

◈ 案例题

某A公司出口一批大豆，合同规定以旧的、修补过的麻袋包装。信用证对于包装条件却规定："Packed in gunny bags"（麻袋包装）。A公司按合同规定，货物以旧的、修补过的麻袋包装，提单按信用证规定"麻袋包装"缮制。承运人在签发提单时发现货物包装是旧麻袋且有修补，要求在提单上加注。A公司考虑提单加添批注会造成不清洁提单则无法议付，以为合同既已规定允许货物以旧的、修补过的麻袋包装，买方不会有异议，所以改制单据为货物以旧的、修补过的麻袋包装。单据交议付行议付时，议付行也疏忽未发现问题，单据到开证行却被拒付，其理由为：信用证规定为"Packed in gunny bags."，而发票与提单却表示为"Packed in used and repaired gunny bags."，故单证不符。A公司几经交涉无果，结果以削价处理才结案。

12.Description of goods，商品名称

商品名称应按信用证规定的品名以及其他单据如发票品名来填写，应注意避免不必要的描述，更不能画蛇添足地增加内容。如信用证上商品是"Shoes"，绝不能擅自详细描述成"Men's canvas shoes"或"Ladies' casual shoes"等。如果品名繁多、复杂，则银行接受品名描述用统称表示，但不得与信用证中货物的描述有抵触。如果信用证规定以法语或其他语种表示品名时，亦应按其语种表示。

13.Gross Weight kgs，毛重千克

毛重应与发票或包装单相符。如裸装货物没有毛重只有净重，应先加"Net Weight"或"NW"，再注明具体的净重数量。

14.Measurement，尺码

尺码即货物的体积，以立方米为计量单位（CBM），小数点以后保留三位。FOB价格条件下可免填尺码。

15.Freight clause，运费条款

运费条款应按信用证规定注明。如信用证未明确，可根据价格条件是否包含运费决定如何批注。主要有以下几种情况：

（1）如果是CIF、CFR等价格条件，运费在提单签发之前支付者，提单应注"Freight paid"或"Freight prepaid"。

（2）如果是FOB、FAS等价格条件，运费在目的港支付者，提单应注明"Freight collect"、"Freight to collect"、"Freight to be collected"或注明"Freight payable at destination"。

（3）如信用证规定"Charter party B/L acceptable"（租船契约提单可以接受），提单内可注明"Freight as per charter party"，表示运费按租船契约支付。

（4）如果卖方不知道运费金额或船公司不愿意暴露运费费率，提单可注明"Freight paid asarranged"（运费已照约定付讫），或者运费按照约定的时间或办法支付，提单可注明"Freight as arranged"或者"Freight payable as per arrangement"。

（5）对于货物的装船费和装卸费等负担问题，船方经常要求在提单上注明有关条款，如"FI"即"Free In"（船方不负担装船费）；"FO"即"Free Out"（船方不负担卸船费）；"FIO"即"Free In and Out"（船方不负担装船费和卸船费）；"FIOS"即"Free In，Out and Stowed"（船方不负担装卸费和拖船费）；"FIOST"即"Free In，Out，Stowed and Trimmed"（船方不负担装卸费、拖船费和平舱费）。

◈案例题

我国A外贸公司通过B运输公司将一个40英尺的集装箱货物经上海运到美国长滩，再运抵美国的内陆城市利沃尼亚，双方口头商定，通过美国的大陆桥运输，全程包干运费为4 000美元。可是货到不久，美国客商向A外贸公司发来传真称，提单上注明"运费已付"，为什么船公司又向他收取了港口附加费、燃料附加费和集装箱拖运费共计600美元？

B运输公司答复称，提单上没有注明运费包括港口附加费、燃料附加费，所以另外收取；提单上注明的是CT/CY而不是D/D，而要求把集装箱运到指定地点，需额外收取服务费。

问题：在本案中，托运人应吸取哪些教训？

要点提示：海运提单是托运人和承运人之间的运输契约，所以在签发提单时，承运人为了保障自己的利益，常常要加上一些批注。而托运人在确认提单时，一定要认真审查，如发现某些条款不合理，应及时提出并予以纠正。

16.Special Condition in B/L，特殊条款

特殊条款如下：

【例 3-8】 Bill of lading must specifically state that the merchandise has been shipped or loaded on board a named vessel and /or bill of lading must evidence that merchandise has been shipped or loaded on board a named vessel in the on board notation.

信用证要求在提单上特别注明货物装在一只指定船名的船。虽然在提单上已有一个栏目填船名，但对方仍然坚持用文字证明。这是对方强调装载船的表示。一般托运人会接受，于是在提单的空白处打上"We certify that the merchandise has been shipped on board ship named ×××."

【例 3-9】 Bill of lading should mark freight payable as per charter party, evidencing shipment from Whampoa, China to U.S, Gulf Port.

这是要求强调运费根据租船契约支付，并强调装运由中国的黄埔港至美国的哥尔夫波特港的特殊条款。在填写提单时，不应因这两项内容已注在栏目中填写而放弃重写一次，而应在提单空白处打上"Freight has been payable as per charter party."和"The shipment has been made from Whampoa, China to U.S, Gulf Port."。

【例 3-10】 Terms as intended in relation to name of vessel, port of loading and port of arrival are not acceptable.

这是不允许在有关船名、装运港、目的港表达中出现"预计"字样的条款。在具体制作提单过程中应遵照办理。

【例 3-11】 Issuing company's certificate confirming that the vessel named in B/L is a vessel of a conference line.This document is only to be presented in case of shipment be sea freight.

这是一个限制托运人必须把货物交给班轮公会承运的条款。托运人在收到来证时就应根据实际情况决定是否能做得到。从制作提单的具体方式来看有两种处理办法：其一是由船公司出具一张船籍证，证明装载船是某班轮公会的；其二是由船公司在签发提单时务必在提单上加注证明该船是某班轮公会的。

17.Place and Date of Issue，提单签发地点和日期

签单地址通常是承运人收、受货物或装船的地址，但有时也不一致（例如，收受或装运货物在新港（Xingang），而签单在天津，甚至不在同一国家。提单签发的日期不得晚于信用证规定的装运期，这对出口商能否安全收汇很重要。提单正面条款中已有装上船条款"Shipped on board the vessel named above…"，在这种情况下签单日期即被视为装船日期。

18.Laden on Board the Vessel，已装船批注

有些提单正面没有预先印就的类似已装上船的条款，这种提单便称为备运提单。备运提单转化为已装船提单的方式有两种：

（1）在提单的空白处加"已装船"批注或加盖类似内容的图章。例如"Shipped on

Board"，有的只加"On Board"，然后加装船日期并加提单签发的签字或简签。所谓简签，是指签字人以最简单的签字形式，通常只签本人姓名中的一个单词或一个字母来代替正式签字。

（2）在备运提单下端印有专供填写装船条款的栏目："Laden on Board the Vessel"（已装船标注）。有人称之为"装船备忘录"。装船后，在此栏处加注必要内容，如船名等，并填写装船日并由签字人签字或简签。

19.Signed for the Carrier，提单签发人签字

有权签发提单的是承运人或作为承运人的具名代理或代表，或船长或作为船长的具名代理或代表。如果是代理人签字，代理人的名称和身份与被代理人的名称和身份都应该列明。

（二）提单的签发

签发提单是承运人的重要业务内容之一。提单必须经过签署才能生效。提单是根据货物装船后大副签署的收货单或场站收据签发的。

1.提单签发人

有权签发提单的人包括承运人本人、船长或经承运人授权的代理人，以及租船人等。承运人本人签发提单时，提单的签字显示："××× AS CARRIER"；船长签发提单时，提单的签字显示："CAPTAIN ××× AS MASTER"；代理人签发提单时，提单的签字显示："××× AS AGENT FOR ××× AS CARRIER"。通常由承运人的代理人签发提单。但由承运人的代理人签发提单必须经承运人的委托授权。未经授权，代理人无权签发提单。

2.提单的签发日期

提单的签发日期应与提单上所列货物实际装船完毕的日期，即收货单的签发日期一致。

3.提单的份数

为了防止提单遗失、被窃或在转递过程中发生意外事故造成灭失，各国海商法和航运习惯都允许签发数份正本提单，并且各份正本提单都具有同等效力，但以其中一份提货后，其余各份自动失效。

（三）提单的原始取得

提单的原始取得是指，包括卖方或买方在内的托运人从承运人或其代理处取得提单。由于提单的功能之一是货物收据，承运人向卖方签发提单则证明承运人已收到卖方向其交付的货物。因此，FOB条件下向承运人实际交货的卖方应被视为合法持有提单的托运人，即卖方从承运人那里原始取得并持有提单，属于合法取得和持有提单。这有别于提单签发后的背书转让而取得提单的过程。

（四）提单的更正与补发

1.提单的更正

在实际业务中，提单通常是在办妥托运手续后，货物装船前，由托运人或出口商在缮制有关货运单据的同时缮制的。在货物装船后，这种事先缮制的提单，可能与实际装载情况不符而需要更正或重新缮制。此外，货物装船后，承运人或其代理人签发提单前，也可能因托运人申报材料的错误，或信用证要求的条件有所变更，或其他原因，而由托运人提

出更正提单内容的要求。在这种情况下，承运人或其代理人通常都会同意托运人提出的更正提单内容的合理要求，重新缮制提单。

若货物已经装船，而且已经签发了提单后托运人才提出更正的要求，承运人或其代理人则要在考虑各方面的关系后，才能决定是否同意更改。若更改的内容不涉及主要问题，在不妨碍其他利害关系人利益的前提下，可同意更改。相反，若更改的内容涉及其他关系人的利益，或影响承运人的交货条件，则需要征得有关方的同意，才能更改并收回原签提单。至于因更改提单内容而引起的损失和费用，则应由提出更改要求的托运人负担。

2.提单的补发

若正本提单结汇后，在寄送途中遗失，收货人可在目的港凭副本提单和具有信用的保证人（如银行）出具的保证书提取货物。在这种情况下，除需依照一定的法定程序将提单声明作废外，无须另行补发提单。

若提单在结汇前遗失，应由托运人提供书面担保，经承运人同意后补签新提单并另行编号。同时还要将有关情况转告承运人在目的港的代理人，声明前签提单作废，以免发生意外纠纷。

◈ 讨论题

提单的正面内容和背面条款都有哪些？

第三节　有关提单的国际公约

为了统一规定海洋运输中承运人和托运人（或收货人）的权利和义务，国际上签署了若干公约，其中至今有效的关于提单的国际公约有以下三个：

①1924 年的《统一提单若干法律规定的国际公约》（International Convention for the Unification of Certain Rules of Law Relating to Bill of Lading），简称《海牙规则》（Hague Rules）。

②1968 年的《布鲁塞尔议定书》（The Brussels Protocol，1968），简称《维斯比规则》（Vispy Rules）。

③1978 年的《联合国海上货物运输公约》（United Nations Convention on the Carriage of Goods by Sea，1978），简称《汉堡规则》（Hamburg Rules）。

《海牙规则》目前仍为大多数国家所采用。该规则从 1924 年通过，1931 年 6 月生效以来，世界各国航运公司制定的提单条款大都以《海牙规则》为依据。1968 年通过的《维斯比规则》（已在 32 个国家和地区生效），只是对《海牙规则》作了些枝节性修改和补充，有关承运人的责任基础和免责条款等根本性问题丝毫未加变动。该规则于 1976 年 6 月生效。《汉堡规则》（已在 34 个国家生效）则对《海牙规则》作了较大的实质性的修改，对货方和承运人双方的权益作了比较公平合理的调整。该公约于 1978 年 3 月通过，并于 1992 年 11 月 1 日生效。目前，还有一些国家，如中国，未加入上述任何一个公约，但在制定本国《海商法》时参照和借鉴了三个公约的部分内容。因此，运输规则的不统一给国际贸易带来诸多不便，影响了货物的自由转让，也增加了交易成本。这种现象引起了国际社会的高度重视，在国际海上货物运输领域构筑一个统一规则的呼声日益高涨。

联合国国际贸易法律委员会于2008年7月制定了《联合国全程或部分国际海上货物运输合同公约》（UN Convention on Contract for the International Carriage of Goods Wholly or Partly by Sea），并将该公约命名为《鹿特丹规则》（The Rotterdam Rules），决定于2009年9月23日在荷兰鹿特丹发布签署。《鹿特丹规则》共有18章96条。该规则制定的主要目的，是取代现有的《海牙规则》、《维斯比规则》以及《汉堡规则》，以真正实现海上货物运输规则的国际统一。

一、有关提单的国际公约简介

（一）《海牙规则》（Hague Rules）

《海牙规则》的全称是《统一提单若干法律规定的国际公约》（International Convention for the Unification of Certain Rules of Law Relating to Bill of Lading），1924年8月25日由26个国家在布鲁塞尔签订，1931年6月2日生效。公约草案于1921年在海牙通过，因此命名为"海牙规则"，包括欧美许多国家在内的50多个国家先后加入了这个公约。《海牙规则》使得海上货物运输中有关提单的法律得以统一，在促进海运事业发展、推动国际贸易发展方面发挥了积极作用，是最重要的和目前仍被普遍使用的国际公约。我国于1981年承认该公约。《海牙规则》的缺点是较多地维护了承运人的利益，在风险分担上很不均衡，因而引起了作为主要货主国的第三世界国家的不满，他们纷纷要求修改《海牙规则》，建立航运新秩序。

（二）《维斯比规则》（Visby Rules）

在第三世界国家的强烈要求下，修改《海牙规则》的意见已为北欧国家和英国等航运发达国家所接受，但他们认为不能急于求成，以免引起混乱，主张折中各方意见，只对《海牙规则》中明显不合理或不明确的条款作局部的修订和补充，《维斯比规则》就是在此基础上产生的。所以《维斯比规则》也称为《海牙－维斯比规则》（Hague-Visby Rules），它的全称是《关于修订统一提单若干法律规定的国际公约的议订书》（Protocol to Amend the International Convention for the Unification of Certain Rules of Law Relating to Bill of Lading），或简称为《1968年布鲁塞尔议订书》（The 1968 Brussels Protocol），该规则1968年2月23日在布鲁塞尔通过，于1977年6月23日生效。目前已有英、法、丹麦、挪威、新加坡、瑞典等20多个国家和地区参加了这一公约。

（三）《汉堡规则》（Hamburg Rules）

《汉堡规则》是《联合国海上货物运输公约》（United Nations Convention on the Carriage of Goods by Sea，1978）的简称。该规则是在1978年3月6日至31日召开的由联合国主持的海上货物运输大会上经讨论通过的，并于1992年11月1日生效，会议在德国汉堡举行，有78国代表参加。《汉堡规则》可以说是在第三世界国家的反复斗争下，经过各国代表多次磋商，发达国家在某些方面作出妥协后通过的。《汉堡规则》全面修改了《海牙规则》，其内容在较大程度上增加了承运人的责任，保护了货方的利益，代表了第三世界发展中国家的意愿。但因签字国为埃及、尼日利亚等非主要航运货运国，因此目前《汉堡规则》对国际海运业影响不是很大。

二、目前已生效的三个公约的比较

（一）承运人的责任期间不同

《海牙规则》和《维斯比规则》规定，承运人的责任期间是从装船到卸船，即"钩到钩"；而《汉堡规则》扩大为自接收货物时起到交付货物时为止，包括从港区到港区、堆场到堆场、货运站到货运站。

（二）对货物的定义不同

《海牙规则》规定，活动物和甲板货不属于货物范围，这些货物如被海水冲走，承运人不负责任；而《汉堡规则》将活动物和甲板货列入货物范围。

（三）货损索赔书面通知时间不同

《海牙规则》规定，收货人对货物的不明显损害应在连续3天内提出书面通知；而《汉堡规则》延长为15天。

（四）承运人免责条款不同

《海牙规则》规定，承运人有17项免责条款；而《汉堡规则》取消了这些免责条款，保护了货方的利益。

（五）承运人的责任限制不同

《海牙规则》规定，承运人对每件或每单位货物的灭失或损坏赔偿金额不超过100英镑或相当于100英镑的其他货币；《维斯比规则》规定，把每单位赔偿金额改为不超过10 000金法郎或30金法郎/千克，两者中以数额较高的为准；《汉堡规则》规定为835特别提款权（SDRs）或每千克2.5SDRs，两者中也是以数额较高的为准。

（六）对承运人延迟交货责任的规定不同

《海牙规则》对延迟交货未作规定；而《汉堡规则》规定了承运人若延迟交货则要负3项责任：赔偿行市损失、利息损失、停工停产损失。

（七）公约的适用国家和地区不同

《海牙规则》只适用于缔约国所签发的提单；而《汉堡规则》规定，凡装卸港在缔约国的提单均适用。

（八）诉讼时效不同

《海牙规则》规定，诉讼时效为1年；《维斯比规则》虽也规定为1年，但经船、货双方协议可以延长，在1年期满后如果在受理该案的法院允许的期限内，承运人至少仍有3个月的期限向第三者提出赔偿诉讼；而《汉堡规则》将诉讼时效延长为2年，包括托运人向承运人起诉或承运人向托运人起诉。

由于上述3项公约签署的历史背景不同，内容不一，各国对这些公约的态度也不相同，因此，各国船公司签发的提单背面条款也就互有差异。

三、《鹿特丹规则》简介及与以往公约的对比分析

《鹿特丹规则》共有18章96条，主要是围绕船货双方的权利义务、争议解决及公约的加入与退出等作出一系列规定。与传统的三大公约相比，《鹿特丹规则》作出的变革主要包括：

（一）提出了"批量合同"的概念

自美国《哈特法》发布以来，国际海上货物运输领域公约与法律的起草的根本初衷都是为了防止承运人滥用合同自由及其自身的优势地位逃避责任，但随着国际范围内货主力量的提升，不少大的货主也具有与承运人平等谈判的能力。基于该变化，《鹿特丹规则》首次在国际公约中提出了"批量合同"的概念。根据该公约，批量合同是指在约定期间内分批装运约定货物总量的运输合同。货物总量可以是最低数量、最高数量或者一定范围的数量。针对批量合同，《鹿特丹规则》允许承运人与托运人约定增加或者减少该公约中规定的权利、义务和赔偿责任，并承认上述约定在特定情况的约束力。

（二）提出了"履约方"与"海运履约方"的概念

《鹿特丹规则》没有沿用《汉堡规则》提出的"实际承运人"概念，而是提出了"履约方"及"海运履约方"的概念。根据该公约，"履约方"是指承运人以外的，履行或者承诺履行承运人在运输合同下有关货物接收、装载、操作、积载、运输、照料、卸载或者交付的任何义务的人；"海运履约方"则指凡在货物到达船舶装货港至货物离开船舶卸货港期间履行或者承诺履行承运人任何义务的履约方，内陆承运人仅在履行或者承诺履行其完全在港区范围内的服务时方为海运履约方。可见，《鹿特丹规则》下的"海运履约方"与托运人之间不存在直接的合同关系，而是在承运人直接或间接的要求、监督或者控制下，实际履行或承诺履行承运人在"港至港"运输区段义务的人。这一规定突破了合同相对性原则，海运履约方承担公约规定的承运人应负的义务和赔偿责任，并有权享有相应的抗辩和赔偿责任限制。

（三）明确承认了"电子运输记录"的法律效力

与前述三个公约不同，《鹿特丹规则》明确规定了电子运输记录，确认了其法律效力，并将电子运输记录分为可转让与不可转让两种。该公约明确规定，凡应在运输单证上载明的内容，均可在电子运输记录中加以记载，但电子运输记录的签发和随后的使用须得到承运人和托运人的同意，并且电子运输记录的签发、排他性控制或者转让，与运输单证的签发、占有或者转让具有同等效力。

（四）扩大了承运人的责任期间

与《海牙规则》"钩至钩"或"舷至舷"及《汉堡规则》"港至港"的调整范围不同，为适应国际集装箱货物"门到门"运输方式的变革，《鹿特丹规则》明确规定，承运人的责任期间，自承运人或者履约方为运输而接收货物时开始，至货物交付时终止。

（五）加重了承运人的适航义务

与《海牙规则》明显不同的是，《鹿特丹规则》规定，承运人必须在开航前、开航当时和海上航程中谨慎处理使船舶处于且保持适航状态；妥善配备船员、装备船舶和补给供应品，且在整个航程中保持此种配备、装备和补给；使货舱、船舶所有其他载货处所和由承运人提供的载货集装箱适于且能安全接收、运输和保管货物，并保持此种状态。

（六）进一步明确了承运人的责任

《鹿特丹规则》对承运人的责任基础做出明确的规定，采用了完全过失责任制，废除了目前较为主流的"航行过失"和"火灾过失"免责。同时，《鹿特丹规则》还规定，未在约定时间内在运输合同约定的目的地交付货物，为迟延交付，这一规定删节了《汉堡规则》中"合理时间"的标准。在《鹿特丹规则》中，承运人的责任限制被提高到每件或每单位 875SDRs 或者毛重每千克 3SDRs，以二者中较高限额为准，但货物价值已由托运人申报且在合同事项中载明的，或者承运人与托运人已另行约定高于本条所规定的赔偿责任限额的，不在此列。此外，《鹿特丹规则》还对船货双方的举证责任和顺序做了较为具体的规定。

（七）进一步明确了托运人的义务

《鹿特丹规则》明确规定，除非运输合同另有约定，否则托运人应当交付备妥待运的货物。在任何情况下，托运人交付的货物都应当处于能够承受住预定运输的状态，包括货物的装载、操作、积载、绑扎、加固和卸载，且不会对人身或者财产造成损害。托运人有提供信息、指示和文件的义务。对于承运人遭受的灭失或者损坏，如果承运人证明，此种灭失或者损坏是由于违反本公约规定的托运人义务而造成的，托运人应当负赔偿责任。

此外，《鹿特丹规则》还提出了"单证托运人"的概念，根据该公约，"单证托运人"是指托运人以外的，同意在运输单证或者电子运输记录中记名为"托运人"的人。单证托运人享有托运人的权利，并且应承担其相应的义务。

（八）对货物交付作出了更为全面的规定

《鹿特丹规则》较为细致地就货物交付问题作出了全面规定。根据该公约，当货物到达目的地时，交付货物的收货人应当在运输合同约定的时间或者期限内，在运输合同约定的地点接受交货。无此种约定的，应当在考虑到合同条款和行业习惯、惯例或者做法以及运输情形，并能够在合理预期的交货时间和地点接受交货。收货人应当按照交付货物的承运人或者履约方的要求，以交货地的习惯方式确认从承运人或者履约方收到了货物。收货人拒绝确认收到货物的，承运人可以拒绝交付。

如果没有签发可转让运输单证或者可转让电子运输记录，承运人应当在一定的时间和地点将货物交付给收货人，声称是收货人的人未按照承运人的要求适当表明其收货人身份的，承运人可以拒绝交付；如果签发了必须提交的不可转让运输单证，承运人应当在收货人按照承运人的要求适当表明其为收货人并提交不可转让单证时，在一定的时间和地点将货物交付给收货人，声称是收货人的人不能按照承运人的要求适当表明其收货人身份的，承运人可以拒绝交付，未提交不可转让单证的，承运人应当拒绝交付。所签发不可转让单证有一份以上正本的，提交一份正本单证即可，其余正本单证随即失去效力；如果签发的是可转让运输单证或可转让电子运输记录，可转让运输单证或可转让电子运输记录的持有人有权在货物到达目的地后向承运人主张提取货物，但若该持有人不能提交单证或不能证明其为可转让电子运输记录的持有人，承运人应当拒绝交付，所签发可转让运输单证有一份以上正本，且该单证中注明正本份数的，提交一份正本单证即可，其余正本单证随即失去效力，使用可转让电子运输记录的，一经向持有人交付货物，该电子运输记录随即失去效力。

《鹿特丹规则》还对无单放货作出规定，将航运实践中承运人凭收货人的保函和提单副本交货的习惯做法，改变为承运人凭托运人或单证托运人发出的指示交付货物，且只有在单证持有人对无单放货事先知情的情况下，才免除承运人无单放货的责任。如果单证持有人事先对无单放货不知情，承运人对无单放货仍然要承担责任，此时承运人有权向上述发出指示的人索要担保。公约为承运人实施上述无单放货设定了条件，即可转让运输单证必须载明可不凭单放货。

（九）明确提出了"货物控制权"的概念

《鹿特丹规则》首次在国际海上货物运输领域明确规定了货物的控制权。"货物控制权"是指根据该公约按运输合同向承运人发出有关货物的指示的权利。《鹿特丹规则》所定义的控制权只能由控制方行使，且仅限于就货物发出指示或者修改指示的权利，此种指示不构成对运输合同的变更；在计划挂靠港，或者在内陆运输情况下，在运输途中的任何地点提取货物的权利；由包括控制方在内的其他任何人取代收货人的权利。控制权存在于公约规定的整个承运人责任期间，该责任期间届满时即告终止。

《鹿特丹规则》规定，签发不可转让运输单证，其中载明必须交单提货的，托运人为控制方，且可以将控制权转让给运输单证中指定的收货人，该运输单证可不经背书转让给该人，所签发单证有一份以上正本的，应当转让所有正本单证，方可实现控制权的转让，为了行使控制权，控制方应当提交单证且适当表明其身份，所签发单证有一份以上正本的，应当提交所有正本单证，否则不能行使控制权；签发可转让运输单证的，持有人为控制方，所签发可转让运输单证有一份以上正本的，持有人得到所有正本单证，方可成为控制方，持有人可以根据公约，通过将可转让运输单证转让给其他人而转让控制权，所签发单证有一份以上正本的，应当向该人转让所有正本单证，方可实现控制权的转让，并且为了行使控制权，持有人应当向承运人提交可转让运输单证，特定情况下，还应当适当表明其身份，所签发单证有一份以上正本的，应当提交所有正本单证，否则不能行使控制权；签发可转让电子运输记录的，持有人为控制方，持有人可以按照公约规定的程序，通过转让可转让电子运输记录，将控制权转让给其他人，并且为了行使控制权，持有人应当按照公约规定的程序证明其为持有人。

其他情况下，托运人为控制方，除非托运人在订立运输合同时指定收货人、单证托运人或者其他人为控制方，控制方才有权将控制权转让给其他人。此种转让在转让人向承运人发出转让通知时对承运人产生效力，受让人于是成为控制方，并且控制方行使控制权时，应当适当表明其身份。

（十）就权利转让问题作出了明确规定

《鹿特丹规则》还就权利转让问题作了专门的规定，签发可转让运输单证的，其持有人可以通过向其他人转让该运输单证而转让其中包含的各项权利。指示单证的，须背书给该其他人，若是不记名单证或者空白背书单证的，或者是凭记名人指示开出的单证，且转让发生在第一持有人与该记名人之间的，无须背书。签发可转让电子运输记录的，不论该电子运输记录是凭指示开出的还是凭记名人指示开出的，其持有人均可以按照公约规定，通过转让该电子运输记录，转让其中包含的各项权利。

作为非托运人的持有人，未行使运输合同下任何权利的，不能只因为是持有人而负有运输合同下的任何赔偿责任。同时，作为非托运人的持有人，行使运输合同下任何权利的，则负有运输合同对其规定的任何赔偿责任，但该赔偿责任必须载入可转让运输单证或者可转让电子运输记录，或者可以从其中查明。

◈讨论题

有关提单的国际公约都有哪些？

第四节　进出口货物海运实务

一、国际货物海运出口操作规程

海运出口货物运输业务是根据贸易合同的有关运输条件，把出口货物加以组织和安排，通过海运方式运到国外目的港的一种业务。根据不同的贸易条件，凡以 CIF、CFR 条件成交的出口货物，要由卖方安排运输，凡以 FOB 条件成交的出口货物，则由买房派船运输。如果采用信用证结汇时，卖方则须等收到信用证后才可安排装运。

（一）合理签订运输条款

运输条款是出口贸易合同的组成部分。如果在签订贸易合同时忽略了运输条款，使运输条款订得不恰当或责任不明确，甚至脱离运输的实际情况，不但会在履行贸易合同时使运输工作处于被动局面，造成损失和引起纠纷，严重的还会直接影响贸易合同的履行，使出口贸易无法完成。因此，在签订出口贸易合同时，应充分考虑运输条件，把运输条款尽可能订得完整、明确和切实可行，以保证出口贸易顺利完成。

（二）审核信用证中的装运条款

若使用信用证方式支付货款，卖方在收到信用证后，要对其进行严格审查。如果发现信用证中的有关条款与国际贸易合同条款不符，应及时要求买方修改信用证。

审核信用证中的转运条款时，要重点审核装运期、装运港、目的港、结汇日期、转船和分批装运等，要根据货物出运前的实际情况，决定对信用证中的有关运输条款是否接受、修改。

◈案例题

山东某公司向国外出口一批花生仁，国外客户开来不可撤销信用证，证中的装运条款规定："Shipment from Chinese port to Singapore in May, Partial shipment prohibited." 山东某公司因货源不足，先于 5 月 15 日在青岛港将 200 公吨花生仁装"东风"轮，取得一套提单；后又在烟台联系到一批货源，在该公司承担相关费用的前提下，该轮船又驶往烟台港装了 300 公吨花生仁于同一轮船，5 月 20 日取得有关提单。然后在信用证有效期内将两套单据交银行议付，银行以分批装运、单证不符为由拒付货款。

问题：银行的拒付是否合理？为什么？

要点提示：分批装运是指一个合同项下的货物，分若干批或若干期装运。在大宗货物或成交数量较大的交易中，买卖双方根据交货数量、运输条件和市场等因素，可在合同中规定分批装运条款。《跟单信用证统一惯例》（UCP 600）规定："运输单据表面上注明货物是使用同一运输单据装运并经同一路线运输的，即使每套运输单据注明的装运日期不同，以及/或装运港、接受监管地不同，只要运输单据注明的目的地相同，也不视为分批装运。"在本案中，虽然合同和信用证中禁止分批装运，但案件中所出现的情况显然不是分批装运，因此，银行的拒付是不合理的。

（三）备货、报验

卖方收到信用证后，要按信用证上规定的交货期及时备好出口货物，并按合同即信用证的要求对货物进行包装、刷唛。做好申请报验和领证工作。

对需要检验、检疫的出口货物，在货物备齐后，应申请检验、检疫，取得合格证书。

（四）租船、订舱

以 CIF 和 CFR 条件成交的出口贸易合同，卖方要按照合同或信用证规定的交货期办理租船、订舱手续。对出口数量多、需要整船装运的大宗货物，可洽租适当的船舶装运；对成交批量不大的件杂货，则应洽订班轮舱位。租整船运输出口货物，一般是委托租船经纪人在国际租船市场上洽租所需船舶。在我国，一般委托中国对外贸易运输总公司所属的中国租船公司来办理租船业务。洽订班轮舱位，则向船公司或其代理人提出订舱委托单，经船公司同意后，向托运人签发装货联单，运输合同即告成立。

（五）出口货物集中港区

船舶或舱位洽商结束后，货方或其代理人应在规定的时间内将符合装船条件的出口货物发运到港区内指定的仓库或货场，以便利装船作业。向港区集中时，应按照卸货港的先后和货物积载顺序发货。对出口大宗货物可联系港区提前发货。有船边现装条件的货物，也可按照装船时间将货物直接送到船边现装。对危险品、重大件、冷冻货或鲜活商品、散油等需要使用特殊运输工具、起重设备和舱位的，应事先联系安排好调运、接卸、装船作业。发货前要按票核对货物品名、数量、标记、配载船名、装货单号等各项内容，做到单、货相符。同时还要注意发货质量，如发现货物外包装有破损现象，发货人要负责修理或调换。

（六）出口报关装船

海关放行后，发货人凭海关加盖放行章的装货单与港务部门和理货人员联系，查看现场货物并做好装船准备。理货人员负责清点货物，逐票装船；港口装卸作业区负责装货，并按照安全积载要求，做好货物在舱内的堆码、隔垫和加固等工作。

在装船过程中，发货人要派人进行监装，随时掌握和处理工作中所发生的问题。对舱容紧、配货多的船只，应联系港方和船方配合，合理装载以充分利用舱容，防止货物被退关。如舱位确实不足，应安排快到期的急运货物优先装船；如发生退关的货物，应及时联系有关单位设法处理。

（七）转船通知和投保

发货人应及时发出装船通知。如果因为发货人延迟或没有发出装船通知，致使收货人不能及时或没有投保而造成损失的，发货人应承担责任。如由发货人负责投保，一般应在船舶配妥之后即予投保。保险金额通常是以发票的 CIF 价加成投保，加成数根据买卖双方约定，如未约定，则一般加 10% 投保。

（八）支付运费

对需要预付运费的出口货物，船公司或其代理人必须在收取运费后签给托运人运费预付的提单；如属到付运费货物，则在提单上注明运费到付，其运费由船公司卸港代理人在收货人提货前向收货人收取。

二、国际货物海运进口操作规程

海运进口货物运输业务是根据贸易合同的有关运输条件，将进口货物通过海运方式运进国内的一种业务。这种业务由谁办理必须取决于买货条件。如果是 CIF 或 CFR 条件，则由国外卖方办理租船订舱手续;如果是FOB条件,要由买方办理租船订舱手续,派船前往国外港口接货。由于经营外贸业务的公司或有外贸经营权的企业一般本身不掌握运输工具,运输业务要依靠国内、国外的有关运输部门来完成,因此这是一项复杂的运输组织工作。外贸部门或其运输代理要根据贸易合同规定,妥善组织安排运输,使船货相互适应和密切配合,按时、按质、按量完成进口运输任务。

海运货物进口业务运输的程序包括从签订运输条款、租船订舱、跟踪船舶动态到卸货交接,直至送交收货人的全过程。在以FOB成交、买方负责运输的条件下,基本工作程序如下:

（一）签订运输条款

运输条款在进口合同中占有重要地位。进口合同中的运输条款订得是否合理直接关系到合同能否顺利履行,关系到进口任务能否顺利完成以及我方的经济利益能否得到保证。因此,进口合同中的运输条款应引起充分重视。

（二）租船订舱

以FOB成交的进口合同,租船订舱由买方负责。在合同规定交货前一定时期内,卖方应将预计装运日期通知买方。买方接到通知后,应及时书面委托有关货运代理或直接委托船公司办理租船订舱手续。大宗货物需要整船装运的,洽租适当船舶承运;小批量的杂货,大多向班轮公司订舱。货运代理人在订妥舱位后,应及时将船名和船期通知委托方,同时还要督促装货港船务代理及时与卖方联系,使其能按时备妥货物运至装货港,以便船货衔接。

委托订舱时,应将进口货名、重量、尺码、合同号、包装种类、装卸港口、交货期、成交条件、发货人名称、地址、电传号等尽可能详细地通知委托人,必要时要附上合同副本。

（三）掌握船舶动态

为了正确掌握到货时间,要经常收集船舶的动态资料。船舶动态资料包括船名、船籍、船舶性质、装卸港顺序、预抵港日期、船舶吃水、所载货物名称及数量等。进口货物的转船信息至关重要,尤其是应掌握二程船信息。通常情况下,转船货只确定转船港,而未确定二程船。因此,收货人及其代理所收到的一程船提单上只有"在××港转船"(With Transshipment at ××)字样,没有二程船名,但货运代理可以在到港船舶的货物舱单中寻找。因为凡属转船货,在舱单上均注明二程船名、提单号、装运港及装船日期等。这样,只要舱单上列有转船货的船就是我们要找的二程船。另外,还可以向一程船公司或其代理查询,以免到货后发生滞报、漏报、压港,甚至被海关超期没收而遭受损失。

（四）收集、整理单证

各项进口单证,是进口货物在卸船、报关、报验、交接港等各环节中必不可少的,因此必须及时收集整理备用。这些单证包括商务单证和船务单证两大类。商务单证有合同副本、发票、提单、装期单、品质证明书等,船务单证有舱单、货物积载图和船合同或提单副本、重大件货物清单和危险货物清单等。单证来源于银行、国外发货人、装货港代理、港口船务代理公司,也可以随进口船舶携带。单证收到后,要进行审核、归类或复制,以便货物进口时使用。

（五）报关、报验

进口货物到港后，首先要填制进口货物报关单、提单、发票、装箱单或重量单，有的还要提供品质检验证书、原产地证明书、进口许可证、危险品说明书等有关单证，向海关报关，经海关查验无误，方准予放行。

根据我国现行规定，进口货物应在联合检验后 14 天内申报，开出税单后 7 天内纳税。超过规定日期申报或迟交税款，要按进口货 CIF 价的 0.5‰ 缴纳滞报金或按税款的 1‰ 缴纳滞纳金。

根据《中华人民共和国进出口商品检验法》的规定，凡必须经商检机构检验的进口商品，须向检验机构办理进口商品登记。凡列入"进出境检验检疫机构实施检验检疫的进出境商品目录"的进口商品，海关凭商检机构在报关单上加盖的印章验放。收货人应在商检机构规定的地点和期限内，向商检机构报验。凡国家法律、行政法规规定的须经商检机构检验的进口商品，也必须同样办理。

（六）卸船和交接

船舶到港卸货前，按我国港口规定，由船方申请理货公司代表船方与港方交接货物。港口外运公司作为进口方的货运代理，派员在现场监卸。监卸人员与理货人员应密切配合，把好货物数量与质量关。卸货过程中，港方一般应按票卸货，严禁不正常操作和混卸，并分清原残与工残；对危险货物等，应联系收货人直接提走；对进库待提货物，应按提单、标记分别堆放。货卸完后，由船方会同理货组长向港方办理交接手续。货物如有残损溢短现象，要由船方签证。凡进港区仓库货物，货主应凭海关放行提单到船公司或其代理处换取提货单，凭提货单向港区提货。提货时要认真校对货物的包装、唛头、件数等，如有不符，要取得港方的有效证明。一旦货物离港，港方的责任即告终止。

（七）进口代运

对港口没有转运机构的单位的进口到货，港口外运公司接受委托，可代表收货人办理交接，并安排运力，将货物转运到收货人指定地点。委托人可临时也可长期与港口外运公司签订"海运进口货物国内接交代运协议书"。

为使代运工作顺利进行，委托人应按外运公司要求的时间，提供齐全的商务单证、进口许可证或批文，外运公司在船货联检后，3 日内填制"海运进口货物到货通知"寄委托人。发货时另以"提货通知"通知委托人提货。

三、索赔与理赔

（一）索赔与理赔的依据

在海上货物运输中，货损、货差是经常出现的，这就产生了索赔与国际货物运输与保险理赔的工作。这是一项政策性强、涉及面广的工作，做好这项工作对维护国家信誉和企业的经济利益具有重大意义。

处理索赔与理赔的主要依据是租船合同和提单。在班轮运输中，虽然各船公司的提单形式不尽相同，条款不一，但一般均参照国际上通用的《海牙规则》拟定。租船运输中，原则上是按租船合同条款处理索赔与理赔，但一般仍不脱离《海牙规则》的基本精神，因此，《海牙规则》在处理索赔与理赔工作中，起到了关键性作用。

（二）索赔的原则与单证、程序和手续

1.在处理索赔案件时应遵循的原则

（1）实事求是。应根据事故的实际情况，分析造成的原因，确定损失的程度或准确数量，该索赔的要坚决索赔，以维护我方的正当利益。

（2）有根有据。对索赔案件要进行深入细致的调查研究，切实掌握真实、确凿的证据。根据运输契约的规定，尊重有关的国际惯例，做到有根有据，这是处理货物索赔的根本。

（3）合情合理。应从复杂的案件中，根据造成损失的各种因素，合理地确定承运人应承担的责任，从有利于案件及时解决的角度出发，必要时可做些让步。

（4）区别对待。根据我国对外贸易的国别政策、船东的政治态度和业务上与我方合作情况，掌握有理、有利、有节的原则，对不同的对象采取不同的处理方式。

（5）讲求实效。在货物索赔中要考虑实际效果。这种效果是多方面的，既有经济利益方面的，又有政治利益方面的；既要看眼前利益，又要顾及长远利益；既要力求做到最大限度地挽回或减少经济损失，又要有利于对外经济往来的发展。

2.处理索赔必备的索赔单证

（1）索赔函。

（2）索赔清单。

（3）货物残、短签证。

（4）提单正本或影印本。

（5）商业发票。

（6）费用单证。

（7）其他。

3.程序和手续

处理索赔案件的程序和手续，须视承运货物船舶的经营性质而定。

采用班轮或定程租船方式运输发生货损、货差时，凡出口货物，由国外收货人直接向承运人办理索赔。凡进口货物，一般情况下由货运代理人代表有关进出口公司以货方名义向保险人或承运人办理索赔。

由外运公司期租船运输的货物，不论出口或进口，均由外运公司办理索赔。

租轮所运货物货损货差的索赔，一般情况下，利用租船合同比利用提单有利。如果有货物保险人存在时，通常先向保险人索赔，保险人理赔后，将依据代位权向有责任的承运人索赔。

◈讨论题

海运进出口货物的流程是什么？

本章小结

提单是国际贸易运输和进出口业务中重要的货运单据，是证明承运人已经接管货物或货物已经装船的货物收据，是承运人保证凭以交付货物和可以转让的物权凭证，也是承运人与托运人之间所订货物运输合同的证明。按照不同的标准，提单可以划分为不同的种类，包括已装船提单和收货待运提单；记名提单、指示提单和不记名提单；清洁提单和不清洁提单；直达提单、转运提单和多式联运提单；倒签提单和预借提单等。提单的正面记载有关货物和货物运输的事项，分为必要记载事项和一般记载事项，背面条款为承、托双方权利义务的依据。目前有关提单的国际公约有4个，分别是《海牙规则》、《维斯比规则》、《汉堡规则》和《鹿特丹规则》，其内容、效力各不相同。提单的填制、签发、海运进出口货物操作必须按照一定的规范、流程完成。

关键词汇

提单（Bill of Lading，B/L）　　已装船提单（On Board or Shipped B/L）

清洁提单（Clean B/L）　　　　　指示提单（Order B/L）

正本提单（Original B/L）　　　　倒签提单（Anti-dated B/L）

预借提单（Advanced B/L）　　　　过期提单（Stale B/L）

托运人（Shipper / Consignor）　　收货人（Consignee）

《海牙规则》（Hague Rules）　　《维斯比规则》（Vispy Rules）

《汉堡规则》（Hamburg Rules）　　《鹿特丹规则》（Rotterdam Rules）

复习思考

1.如何理解提单的性质和作用？

2.提单有哪些种类？在使用中有什么区别？

3.海运提单各栏目如何填制？

4.有关提单的国际公约有哪些？内容有什么区别？

章后阅读

"电放"交货下托运人能否向承运人索赔？[①]

20××年8月30日，原告湖南华升与OSAKA公司订立贸易合同，约定OSAKA公司向原告订购一批灰色萱麻布，贸易条件为"CIF神户"，付款方式为100%交付前电汇。原告委托"烟台海运上海"出运上述货物。涉案货物装载于H轮出运。根据原告的要求，烟台海运上海将该批货物安排为目的港电放，并于20××年9月30日出具了电放通知单。该通知单中记载：承运人为烟台海运，烟台海运上海为烟台海运的代理人。20××年10月11日，烟台海运上海通知湖南华升，包括原告托运货物在内的23个集装箱在日本大阪被发现受到了船上泄漏燃油的污染，受污染的集装箱将被运回舟山进行清理。20××年11月28日，烟台海运上海又通知湖南华升，涉案货物已安排运回上海，请原告凭保函前往办理提货手续。20××年12月，原告取回了受损货物，并经联合检验，确认原告托运的91包萱麻布中的60包被燃油污染，其价值为28 968.19美元，涉案货物受损金额为28 556.19美元。

庭审中，湖南华升确认已经收到了收货人T公司为涉案货物支付的货款，但由于涉案货物受损并被推运，湖南华升为履行该合同又另行发送了一批货物给T公司，并当庭提交了T公司确认已收到原告替代货物的确认函。原告要求两被告赔偿原告的损失。

试分析该案例的症结所在。

---

① 姚新超. 国际贸易运输 [M]. 3版. 北京：对外经济贸易大学出版社，2010：165.

样式 3-1　　　　　　　　　　海运出口货物代运委托单

委托单位：　　　　　　　　代运编号：　　　　　　　制表日期：　年　月　日

装运港	目的港	合同号		国别	委托单位编号
唛头标记及号码	件数及包装式样	货名规格及型号		重量（千克）	尺（立方米）码

			毛重	（ABT）	总体积：
			净重	（ABT）	单件： (尺码不一时须另附表) 长　　　宽 高

托运人（英文） SHIPPER:	需要提单正本　份 副本　份
收货人（提单抬头） CONSIGNEE:	信用证号：
通知人（英文） NOTIFY:	装期： 效期： 可否转运: NOT 可否分批: NOT
代发装船电报的电挂、地址(英文)：	运费支付： FREIGHT PREPAID

特约事项： NOTIFY APPLICANT:	随附单据	出口货物报单　　份 发票　　份 装箱（重量单、尺码单）　　份 信用证副本　　份 商检证　　份 出口许可证　　份

装船情况	船名	航次	装出日期	提单号	货物情况：

我司联系人：　　　　　　　TEL:　　　　　　　　FAX:

样式 3-2   **集装箱货物托运单**

Shipper（发货人）

Consignee（收货人）

D/R NO.（编号）   362

Notify Party（通知人）

集装箱货物托运单

货主留底

Pre-Carriaged By（前程运输） Place of Receipt（收货地点）

Ocean Vessel（船名）Voy No（航次）Port of Loading（装货港）

Port of Discharge（卸货港） Place of Delivery（交货地点） Final Destination（目的港）

Container No. （集装箱号）	Seal No. （封志号） Marks&Nos. （标记与号码）	No.of Containers or P'kgs （箱数或件数）	Kind of Packages; Description of Goods （包装种类与货名）	Gross Weight （毛重/千克）	Measurement （尺码/立方米）

TOTAL NUMBER OF CONTAINERS OF PACKAGES （IN WORDS） 集装箱数或件数合计（大写）	

Freight & Charges （运费与附加费）	Revenue Tons （运费吨）	Rate （运费率）	Per （每）	Prepaid （运费预付）	Collect （到付）
Ex Rate（兑换率）	Prepaid at（预付地点）	Payable at（到付地点）		Place of Issue（签发地点）	
	Total Prepaid （预付总额）	No .of Original B(S)/L （正本提单份数）			

Service Type on Receiving ☐-CY ☐-CFS ☐-DOOR	ServiceType on Delivery ☐-CY ☐-CFS ☐-DOOR	Reefer-Temperature Required （冷藏温度）	F	C
Type of Goods （种类）	☐Ordinary, ☐Reefer, ☐Dangerous, ☐Auto. （普通） （冷藏） （危险品） （裸装车辆） ☐Liquid, ☐Live animal, ☐Bulk, （液体） （活动物） （散货）	危险品	Class Property IMDG Code Page UN No.	

可否转船	可否分批	
装 期	有效期	
金 额		
制单日期		

样式 3-3

OOCL ORIENT OVERSEAS CONTAINER LINE◆

ORIGINAL

BILL OF LADING
(Non Negotiable Unless Consigned to Order)

SHIPPER/EXPORTER (COMPLETE NAME AND ADDRESS)	BOOKING NO. / BILL OF LADING NO.
	EXPORT REFERENCES
CONSIGNEE (COMPLETE NAME AND ADDRESS)	FORWARDING AGENT-REFERENCES FMC NO.
	POINT AND COUNTRY OF ORIGIN OF GOODS
NOTIFY PARTY (COMPLETE NAME AND ADDRESS) (It is agreed that no responsibility shall be attached to the Carrier or its Agents for failure to notify (see Clause 13 on reverse))	ALSO NOTIFY PARTY-ROUTING & INSTRUCTIONS

PRE-CARRIAGE BY	PLACE OF RECEIPT	
VESSEL/VOYAGE/FLAG	PORT OF LOADING	LOADING PIER / TERMINAL / ORIGINALS TO BE RELEASED AT
PORT OF DISCHARGE	PLACE OF DELIVERY	TYPE OF MOVEMENT (IF MIXED, USE DESCRIPTION OF PACKAGES AND GOODS FIELD)

(CHECK "HM" COLUMN IF HAZARDOUS MATERIAL)   PARTICULARS DECLARED BY SHIPPER BUT NOT ACKNOWLEDGED BY THE CARRIER

CNTR. NOS. W/SEAL NOS. MARKS & NUMBERS	QUANTITY (FOR CUSTOMS DECLARATION ONLY)	H M	DESCRIPTION OF GOODS	GROSS WEIGHT	MEASUREMENT

NOTICE 1: For carriage to or from the United States of America, (i) Clauses 4 and 23 on the reverse side hereof limit the Carrier's liability to a maximum of U.S.$500 per package or customary freight unit by virtue or incorporation of the U.S. Carriage of Goods by Sea Act ("COGSA"), unless the Merchant declares a higher cargo value below and pays the Carrier's ad valorem freight charge; and (ii) If carried on deck at Merchant's risk as to perils inherent in such carriage but in all other respects subject to the provisions of COGSA.
NOTICE 2: See Clause 29 on the reverse side hereof: Notice to Endorsee and/or Holder and/or Transferee.
NOTICE 3: If Goods carried on deck at Merchant's risk without responsibility for loss or damage howsoever caused.

FREIGHT & CHARGES PAYABLE AT / BY:				SERVICE CONTRACT NO.		COMMODITY CODE		Received the Container/Package or other units indicated in the box identified as "Total No. of Containers/Packages received and acknowledged by Carrier" in apparent good order and condition, unless otherwise indicated, to be transported and delivered as herein provided.
CODE	TARIFF ITEM	FREIGHTED AS	RATE	PREPAID		COLLECT		The receipt, custody, carriage and delivery of the goods are subject to the terms appearing on the face and back hereof and to the Carrier's applicable tariff.
								In witness whereof original bills of lading have been signed, one of which being accomplished, the other(s) to be void.
								DATE CARGO RECEIVED
								DATE LADEN ON BOARD o
								DATED

The printed terms and conditions appearing on the face and reverse side of this Bill of Lading are available at www.oocl.com, in OOCL's published US tariffs, and in pamphlet form.
◆ STRIKE OUT FOR ON BOARD VESSEL BILL OF LADING
◆ SEE CLAUSE 1 ON REVERSE SIDE
o SEE CLAUSE 2 ON REVERSE SIDE
QF001
HQD 01/01

SIGNED BY:

. as agent for

样式 3-4

BILL OF LADING

ZIM **ZIM INTEGRATED SHIPPING SERVICES LTD** **ZIM CONTAINER SERVICE**

SHIPPER / EXPORTER (NAME & ADDRESS)	BOOKING No.	BILL OF LADING No.
	EXPORT REFERENCES	
CONSIGNEE (NAME & ADDRESS)	FORWARDING AGENT F.M.C. No.	
	POINT AND COUNTRY OF ORIGIN (FOR MERCHANT'S REFERENCE ONLY)	
(B/L NOT NEGOTIABLE UNLESS CONSIGNED TO ORDER) NOTIFY (NAME & ADDRESS)	REMARKS / EXPORT OR OTHER INSTRUCTIONS	

* FOR DEFINITION SEE CLAUSE 2 OVERLEAF

INITIAL CARRIAGE BY (MODE)	PLACE OF RECEIPT OF GOODS * (IF CONTRACTED FOR)	
LOADING VESSEL *	VOY. PORT OF LOADING *	
PORT OF DESTINATION *	FINAL DESTINATION * (IF CONTRACTED FOR)	FURTHER ROUTING (AT MERCHANT'S EXPENSE, RISK AND RESPONSIBILITY)

PARTICULARS AS FURNISHED BY SHIPPER

MKS & NOS. / CONT. NOS.	DESCRIPTION OF GOODS	WEIGHT	MEASUREMENT

EXAMPLE ORIGINAL (watermark)

DETAILS		RATE		FREIGHT	
	PER	AMOUNT	PREPAID	COLLECT	
		TOTAL			

AD VALOREM FREIGHT

MERCHANT'S DECLARED VALUE OF GOODS:
If Merchant enters a value, Carriers "package" limitation of liability shall not apply and ad valorem freight will be charged (See Clause 23)

TOTAL

NOTE: Received in apparent good order and condition, unless otherwise stated herein, for shipment on board the means of transportation (vessel, truck, rail or air) as named herein, the goods or packages or containers said to contain goods specified herein for carriage from the port of loading named herein or place of receipt of goods as named herein, if contracted for, on a voyage as described and agreed by this Bill of Lading and discharge at the port of destination or final destination named herein, if contracted for such carriage discharge or delivery being always subject to the terms, exceptions, limitations, conditions and liberties hereinafter agreed. Weight , measure, marks, numbers, quality, contents and value as declared by Shipper but unknown to the Carrier. In accepting this Bill of lading the Merchant expressly accepts and agrees to be bound by all the terms, stipulations, exceptions, limitations, liberties and conditions stated herein, whether written, printed, stamped or otherwise incorporated on the front and/or reverse side hereof as well as the provisions of the Carrier's published Tariff Rules, Regulations and Schedules, without exceptions, as fully as if they were all signed by the Merchant, and the Carrier's undertaking to carry the goods is made on the basis of the Merchant's acceptance and agreements as aforesaid.

The Merchant's attention is drawn to the fact that the terms of the Bill of Lading are continued on reverse side hereof and include limitations of liability in respect of loss or damage to the goods and delay. The package limitation mentioned in Clause 23 will not be applicable in the event that contents are carefully declared, itemised, valued by the Merchant prior to loading and Ad Valorem Freight is paid or contracted for. Goods carried in containers are carried in accordance with and subject to Carrier's container relay service (see Cl. 1 overleaf) and Carrier's Container Rules and Tariffs (see Clauses 10, 11, 12 & 19 overleaf).

IN WITNESS whereof the Master or Agent of the said vessel has signed the number of original Bills of Lading stated below. All of this tenor and date. If this Bill of Lading is consigned to order, one shall be surrendered before delivery and the others to stand void.

FREIGHT PAYABLE AT	No. OF ORIGINAL B/L ISSUED
PLACE AND DATE OF ISSUE	

WHEN THE PLACE OF RECEIPT OF GOODS IS AN INLAND POINT AND IS SO NAMED HEREIN, ANY NOTATION ON THIS BILL OF LADING OR WORDS TO LIKE EFFECT SHALL BE DEEMED TO MEAN ON BOARD THE TRUCK, RAILCAR, AIRCRAFT OR OTHER INLAND CONVEYANCE (AS THE CASE MAY BE) PERFORMING CARRIAGE FROM THE PLACE OF RECEIPT OF GOODS TO THE PORT OF LOADING.

IN VIEW OF THE DANGER OF CONFISCATION, WARRANTED VESSEL, NOT TO CALL AT PORTS AND TO ENTER THE TERRITORIAL WATERS OF ANY ARAB COUNTRIES BELLIGERENT TO THE STATE OF ISRAEL AND/OR ACTIVELY SUPPORTING THE ARAB BOYCOTT, PRIOR TO UNLOADING AT PORT OF DESTINATION UNLESS IN DISTRESS OR SUBJECT TO FORCE MAJEURE.

ZIG 8.04

第四章

国际铁路货物运输

学习目标

- ✔ 了解铁路货物运输的基础知识、特点；
- ✔ 熟悉国际铁路货物联运的特点和作用；
- ✔ 了解国际铁路货物联运的适用规章、具体规定、托运程序以及运费的计收；
- ✔ 了解对香港特别行政区铁路货物运输的一般做法。

导读材料

中欧铁路广织网[①]

2014年，当地时间12月17日，李克强总理同匈牙利、塞尔维亚、马其顿3国总理举行会晤，宣布4国将同希腊一同建设"从希腊比雷埃夫斯港到匈牙利布达佩斯"的中欧陆海快线。

短短3天后，希腊议会批准《中远比港友好协商协议》，这意味着中欧之间距离最短的运输线路即将开通。

一、从"单线连接"到"路网密布"

说起亚欧之间的铁路线，第二亚欧大陆桥曾经是人们最"津津乐道"的"亚欧大动脉"。而如今中国与欧洲之间早已不是当年的"单线连接"，多条铁路线的开通正织起"中欧铁路网"，促进了双边的互联互通。

2011年，"渝新欧"铁路开通，这条国际铁路大通道从重庆出发，经西安、兰州、乌鲁木齐进入中亚，最终到达德国的杜伊斯堡，全长11 179千米，是世界上最长的铁路之一。

2012年，一趟专列从武汉启程，经安康、西安、兰州、乌鲁木齐，从新疆边境口岸阿拉山口出境，穿越哈萨克斯坦、俄罗斯、白俄罗斯、波兰，到达捷克梅林克帕尔杜比采，行程10 863千米，运行约23天。这趟车所途经的便是"汉新欧"铁路。

紧接着，"蓉欧"（成都—新疆—波兰罗兹）、"郑欧"（郑州—新疆—德国汉堡）、"苏满欧"（苏州—满洲里—波兰华沙）、"合新欧"（合肥—新疆—德国，目前运行区间为合肥至中亚）、"义新欧"（义乌—新疆—西班牙马德里）等快铁也都相继营运，忙碌的列车在

---

① 柴逸扉，柴雅欣. 中欧铁路广织网［N］. 人民日报（海外版），2014-12-24.

"路网密布"的铁轨上往返奔波。

二、路网连通让中欧缩短距离

中国和欧盟互为重要的经贸合作伙伴。近年来，双边经贸合作水平不断提升。一是贸易规模持续扩大。根据中国海关的统计，2018年，双边贸易再创新高，进出口总额达6 822亿美元，同比增长10.6%，欧盟连续15年成为中国最大的贸易伙伴。2019年前两个月，中欧双边贸易额达到1 074.8亿美元，同比增长3.7%，继续保持良好的发展势头。二是双向投资稳定增长。2018年，欧盟对华实际投资104.2亿美元，增长了25.7%；我国对欧盟直接投资81.1亿美元，同比增长7.1%。截至2019年2月，欧盟累计对华实际投资1 321.8亿美元，稳居我国第三大外资来源地；中国累计对欧盟直接投资952亿美元，欧盟是我国第二大对外投资目的地。三是双边经贸合作领域不断拓宽。双方在贸易、投资、金融、基础设施、第三方市场合作等相关领域开展了积极合作，在数字经济、环保、科技等新兴经济领域有着广泛的合作前景。

渝新欧、汉新欧、蓉欧等铁路快线的开通改写了中国中西部地区外贸企业的货物出口欧洲的货运方式，使该地区的货物不必绕经东南沿海走"海运"就可以用火车直接运抵欧洲。

义新欧线则拉近了中国义乌的小商品与西班牙消费者之间的距离，让从今往后的"圣诞礼物"不再因"漂洋过海"而"姗姗来迟"。

即便有的企业为了节省成本必须"走海线"，"中欧陆海快线"的打造也将让货物改变传统的运输航线，使它们不再途经印度洋、好望角、大西洋"长途奔波"到欧洲，而是改道苏伊士运河、红海、地中海至希腊比雷埃夫斯港，自此卸货后通过火车直达欧洲诸国。这一路线比传统运输线缩短了7～11天的时间，是中国到欧洲最短的海运航线。

三、"一带一路"下深度合作

中欧铁路快线推动了双边贸易，却又不止于贸易。中国人民大学国际关系学院教授王义桅认为，中欧"铁路快线"与"陆海快线"的连通不只是停留在"促进经贸"的层面，而是国家"一带一路"倡议的重要组成部分。不论是陆上的"丝绸之路经济带"还是"21世纪海上丝绸之路"，"道路互通"都是中国与欧洲、与世界连接的基础。

"除了经贸的扩大，铁路网的建设还有利于中国的产能输出和铁路沿线国家的基础设施建设。从中国方面讲，当前经济领域产能过剩，需要通过对外投资建设消耗过剩产能，推动本国的产业升级。"中国人民大学经济学院副教授程大为说。

第一节 铁路货物运输概述

铁路运输是现代运输业的主要方式，在国际贸易货物运输中，尤其是在内陆接壤的国家之间的贸易中，起着无可替代的作用。

自1825年诞生在英国的世界第一条铁路即英国斯托克顿至达林顿铁路正式营运以来，铁路运输已有近200年的历史。到目前为止，世界铁路总长度超过150万千米，其中美洲铁路长度约占全世界铁路总长度的1/3，欧洲约占1/3，非洲、大洋洲和亚洲之和占1/3。

由此可见，世界铁路分布极不平衡。目前铁路里程排名位于前列的国家有美国、中国、俄罗斯、印度、加拿大等。

全世界铁路运输发展的基本趋势是运输设备的现代化和运输管理的自动化。铁路运输现代化的内容之一就是高速化。随着科学技术的进步，铁路牵引动力不断改进，运行速度由开始时的每小时20千米提高到每小时100千米。20世纪五六十年代，发达国家完成了铁路牵引动力改革，实现了电气化和内燃化，运行时速达到200千米。现在高速铁路的运行时速已超过200千米。现代铁路因牵引动力的电气化和内燃化，铺设复线、无缝线和重型钢轨，以及采用现代化通信设备，尤其是电子计算机的应用，使铁路运营管理逐步实现了自动化，大大提高了列车速度、载重量和密度。高速旅客列车时速可达250千米，最高可达300千米以上，法国的TGV100型电动列车时速可达380千米，磁悬浮列车在向时速500千米发展。货物列车速度可达时速100千米。货物列车因采用长大列车和载重列车，运输效率大大提高，运输成本大大降低。现代铁路运输正向技术设备先进、经营管理现代化和自动化方向发展。

中华人民共和国成立后，我国的铁路事业获得了迅速的发展，在铁路新线建设和旧线技术改造、建立铁路工业体系、改善和加强铁路经营管理等方面均取得了巨大成就。

铁路建设方面：到2018年年底，全国铁路固定资产投资完成8 028亿元，投产新线4 683千米，其中高速铁路4 100千米[①]。（1）路网规模。全国铁路营业里程达到13.1万千米，其中，高速铁路营业里程达2.9万千米；复线里程为7.6万千米，复线率为58.0%；电气化里程为9.2万千米，电化率为70.0%；西部地区铁路营业里程为5.3万千米。全国铁路路网密度为136.9千米/万平方千米。（2）移动装备。全国铁路机车拥有量为2.1万台，其中，内燃机车为0.8万台，电力机车为1.3万台。全国铁路客车拥有量为7.2万辆，其中，动车组3 256标准组、26 048辆。全国铁路货车拥有量为83.0万辆。

运输生产方面：（1）旅客运输。全国铁路旅客发送量为33.75亿人，比上年增长2.91亿人，增长9.4%。其中，国家铁路发送量为33.17亿人，增长9.2%。全国铁路旅客周转量完成14 146.58亿人千米，比上年增长689.66亿人千米，增长5.1%。其中，国家铁路完成14 063.99亿人千米，比上年增长5.0%。（2）货物运输。全国铁路完成货运总发送量40.26亿吨，比上年增加3.38亿吨，增长9.2%。其中，国家铁路完成31.91亿吨，比上年增长9.3%。全国铁路货运总周转量完成28 820.99亿吨千米，比上年增加1 858.78亿吨千米，增长6.9%。其中，国家铁路完成25 800.96亿吨千米，比上年增长7.1%。（3）换算周转量。全国铁路总换算周转量完成42 967.57亿吨千米，比上年增加2 548.44亿吨千米，增长6.3%。其中，国家铁路完成39 864.95亿吨千米，比上年增长6.3%。

一、铁路运输基础知识

（一）铁路机车（Locomotive）

铁路机车俗称火车头。铁路车辆本身没有动力装置，无论是客车还是货车，都必须把许多车辆连接在一起编成一列，由机车牵引才能运行。所以，机车是铁路车辆的基本动力。铁路上使用的机车种类很多，按照机车原动力分，可分为蒸汽机车、内燃机车和电力

---

① 数据来源：国家铁路局. 2018年铁道统计公报［EB/OL］.［2019-04-24］. http://www.mot.gov.cn/tongjishuju/tielu/201905/P020190530365089148979.pdf。

机车三种。目前我国铁路运输已淘汰了蒸汽机车，而以电力机车为主、以内燃机车为辅。

（二）铁路车辆（Freight Cars）分类

铁路车辆是运送旅客和货物的工具，可分为客车和货车两大类。铁路货车的种类很多，可以从以下几个方面对其分类：

1.按用途或车型划分

按用途或车型，铁路货车可分为通用型货车和专用型货车两大类。通用型货车主要有棚车、敞车、平车等，专用型货车有保温车、集装箱车、罐车、长大货物车、家畜车、水泥车等。

2.按载重划分

我国的铁路货车载重可分为20吨以下、25～40吨、50吨、60吨、65吨、75吨、90吨等多种，目前以60吨车为主。

3.按轴数划分

铁路货车分为四轴车、六轴车和多轴车等，我国以四轴车为主。

4.按制作材料划分

按制作材料，铁路货车分为钢骨车和全钢车。钢骨车车底架及梁柱等主要受力部分用钢材制成，其他部分用木材制成，因而自重轻，成本低；全钢车坚固耐用，检修费用低，适合高速运行。

（三）车辆标记（Marks of Cars）

一般常见的车辆标记有：

（1）路徽。凡中国铁道部所属车辆均有人民铁道的路徽。

（2）车号。它是识别车辆的最基本标记。车号包括型号和号码。型号又有基本型号和辅助型号两种。

货车的基本型号用大写的汉语拼音字母来表示，这些字母多数是各类货车名称的第一个汉字的汉语拼音首字母，但也有个别例外。常用种类货车的基本型号见表4-1。

表4-1　　　　　　　　　　常用种类货车的基本型号

车辆种类	型号	车辆种类	型号
棚车	P	保温车	B
敞车	C	集装箱车	X
平车	N	罐车	G
砂石车	A	长大货物车	D
煤车	M	家畜车	J
矿石车	K	水泥车	U
粮食车	L	毒品车	W

辅助型号表示车辆的构造型式，以阿拉伯数字和汉语拼音组合而成，表示重量系列、顺序系列、材质或结构。

车辆号码一般是顺序号，但其编码也有一定的规范，我国火车车辆号码编排采用按车种区分号段，如棚车为3000000～3499999，敞车为4000000～4899999，保温车为7000000～7231999，罐车为6000000～6309999等等。

一个完整的货车标记包括基本型号、辅助型号和车号。例如：C62A4785930，C是基本型号，表示货车中的敞车；62是辅助型号，表示重量系列或顺序系列；A是辅助型号，表示车辆的材质或结构；4785930是车号。

（3）配属标记。对于固定配属的车辆，应标上所属铁路局和车辆段的简称，如"京局京段"表示北京铁路局北京车辆段的配属车。

（4）载重。它是车辆允许的最大装载重量，以吨为单位。

（5）自重。它是车辆本身的重量，以吨为单位。

（6）容积。它是货车（平车除外）可供装载货物的容积，以立方米为单位。

（7）特殊标记。根据货车的构造及设备情况，在车辆上还可涂打各种特殊的标记。

二、铁路运输的特点

铁路运输是国家的经济大动脉，是物流运输方式的一种。和其他运输工具相比，铁路运输主要具有以下几个特点：

（1）准确性和连续性强。铁路运输几乎不受气候影响，一年四季可以不分昼夜地进行定期的、有规律的、准确的运转。

（2）速度比较快。铁路货运速度每昼夜可达几百千米，一般货车可达100km/h左右，远远高于海上运输。

（3）运输量比较大。一列货物列车一般能运送3 000～5 000t货物，远远高于航空运输和汽车运输。

（4）成本较低。铁路运输费用仅为汽车运输费用的十几分之一到几分之一，运输油耗约是汽车运输的1/20。

（5）安全可靠，风险远比海上运输小。

（6）初期投资大。铁路运输需要铺设轨道、建造桥梁和隧道，建路工程艰巨复杂；需要消耗大量钢材、木材；占用土地。其初期投资大大超过其他运输方式。

另外，铁路运输由运输、机务、车辆、工务、电务等业务部门组成，要具备较强的准确性和连贯性，各业务部门之间必须协调一致。这就要求在运输指挥方面实行统筹安排、统一领导。

三、我国通往邻国及地区的铁路线和国境口岸

与我国有铁路联运的陆地邻国有朝鲜、俄罗斯、蒙古、哈萨克斯坦、越南等多个国家，其中上述五国都和我国开展了国际铁路联运业务。自20世纪50年代至今，铁路联运一直是我国与邻国之间开展经济贸易联系的重要运输渠道，为发展双边贸易创造了有利条件。

我国通往邻国的铁路干线及国境车站主要包括：

（一）中俄之间

（1）滨洲线：自哈尔滨向西北至满洲里，全长935千米。这条铁路线是我国与欧亚国家之间陆运进出口货物以及大陆桥运输的最重要的运输线。该线路通过我国边境城市满洲里及俄罗斯的后贝加尔与西伯利亚铁路相连。

（2）滨绥线：自哈尔滨起，向东经绥芬河与俄罗斯远东地区的铁路相连接，全长548千米，是我国与俄罗斯远东地区及库页岛地区进出口货物的重要运输线，也是我国通往日本海的最大陆路贸易口岸的铁路线。该线路通过我国边境口岸绥芬河车站，与绥芬河车站相对的俄罗斯国境车站是格罗迭科沃车站。

（二）中蒙之间

中蒙之间我国的铁路干线是集二线，该线路从京包线的集宁站，向西北到二连浩特，全长331千米，是我国通往蒙古、俄罗斯乃至欧洲的另一条国际大通道。我国边境口岸二连浩特是集二线的终点站，与之相对的蒙古国国境车站是扎门乌德站。

（三）中哈之间

中哈之间我国的铁路干线是北疆线，该线路东起新疆乌鲁木齐，向西到达终点站阿拉山口，全长460千米，是我国通往哈萨克斯坦及亚欧其他国家的另一条铁路干线，也是第二亚欧大陆桥的运输线。阿拉山口是北疆铁路的终点站，与阿拉山口相对的是哈萨克斯坦的德鲁日巴车站。

（四）中朝之间

（1）沈丹线：从沈阳到丹东，越过鸭绿江与朝鲜铁路相连，全长277千米，是我国以及蒙古、俄罗斯通往朝鲜的主要铁路线。丹东车站是中朝边境我方的国境站，与丹东车站相邻的是朝鲜的新义州车站。

（2）长图线：西起吉林长春，东至图们，跨过图们江与朝鲜铁路相连接，全长527千米。图们车站是中朝边境我方的国境站，与之相邻的是朝鲜的南阳车站。

（3）梅集线：自梅河口至集安，全长245千米，集安车站是梅集线的我方终点站，越过鸭绿江可直通朝鲜满浦车站。

（五）中越之间

（1）湘桂线：从湖南衡阳起，经广西柳州、南宁到达终点站凭祥，全长1 043千米。凭祥车站是我方的国境车站，与凭祥车站相邻的是越南的同登车站。

（2）昆河线：从云南昆明到河口，全长468千米。山腰站是我国的国境车站，与越南的老街站铁路接轨后直达河内，被誉为中国西南通往越南及东南亚的"南方丝绸之路"。

需要特别指出的是，中俄、中蒙的铁路轨距不同，货物在国境站不可原车过轨，需要换装；中朝铁路轨距相同；昆河线为米轨铁路，货车可直接过轨；越南铁路连接我国凭祥一段为标准轨和米轨的混合，经凭祥的联运货车可直接过轨。

四、铁路运输在我国对外贸易中的作用

铁路运输在我国对外贸易中起着举足轻重的作用，具体表现在以下几个方面：

（一）有利于发展同欧亚各国的贸易

通过铁路把欧亚大陆连成一片，为发展与近东和欧洲各国的贸易提供了有利条件。在中华人民共和国成立初期，我国的国际贸易主要局限于东欧国家，铁路运输占我国进出口货物运输总量的50%左右，是当时我国进出口贸易的主要运输方式。20世纪60年代以后，随着我国海上货物运输的发展，铁路运输的地位虽有所下降，但其作用仍然十分重要。20世纪50年代以来，我国与朝鲜、蒙古、越南、苏联的进出口货物，绝大部分仍然是通过铁路运输来完成的；我国与西欧、北欧和中东地区一些国家也通过国际铁路联运来进行进出口货物的运输。

（二）有利于内地开展同港澳地区的贸易，并通过香港进行转口贸易

铁路运输是内地与港澳开展贸易的一种运输方式，港澳两地的日用品一直以来都由内地供应。随着内地对港澳地区出口的不断扩大，运输量也逐渐增加。对港澳的运输应达到优质、适量、均衡、应时的要求，这在政治上和经济上都非常重要。为了确保港澳地区的市场供应，在内地开设了直达的快运列车，对繁荣和稳定港澳市场、促进港澳地区的经济发展起到了积极作用。香港是世界著名的自由港，与世界各地有着非常密切的联系，海、空定期航班比较多，作为转口贸易基地，开展陆空、陆海联运，对我国发展与东南亚、欧美、非洲、大洋洲各国和地区的贸易，保证我国的出口创汇起着重要作用。

（三）对进出口货物在港口的集散和各省、市之间的商品流通起着重要作用

我国幅员辽阔，海运进口货物大部分利用铁路从港口运往内陆的收货人处，海运出口货物大部分也是由内陆通过铁路向港口集中，因此铁路运输是我国国际货物运输的重要集散方式。至于国内各省市和地区之间调运外贸商品、原材料、半成品和包装物料，主要也是通过铁路运输来完成的。我国国际贸易进出口货物运输大多都要通过铁路运输这一环节，铁路运输在我国国际货物运输中发挥着重要作用。

（四）利用欧亚大陆桥运输

大陆桥运输是指以大陆上的铁路或公路运输系统为中间桥梁，把大陆两端的海洋连接起来的集装箱连贯运输方式。为了适应我国经济贸易的发展需要，利用西伯利亚大陆桥和新亚欧大陆桥开展铁路集装箱运输，将会促进我国与这些国家和地区的国际贸易的发展。

◈ 讨论题

我国通往邻国的铁路干线都有哪些？

第二节　国际铁路货物联运

一、国际铁路货物联运的特点

国际铁路货物联运（International Carriage of Goods by Rail）是指两个或两个以上不同国家铁路当局联合起来完成一票货物的铁路运送。它是使用一份统一的国际铁路联运单据，由参加国铁路部门负责两个或两个以上国家铁路的全程运输货物过程，并在由一国铁路向另一国铁路移交货物时无须发、收货人参加的一种运输方式。它通常是依据有关的国际条约进行的。其特点有：

（1）涉及面广。每运送一批货物都要涉及两个或两个以上国家、多个国境站。

（2）对运输条件有统一要求。国际铁路货物联运要求每批货物的运输条件，如包装、转载、票据的编制、添附文件及车辆使用等，都要符合有关国际联运的公约、规则的统一规定。

（3）组织工作复杂。联运货物必须由两个或两个以上国家的铁路部门参与运送，在办理国际铁路货物联运手续时，其运输票据、货物、车辆及单证都必须符合相关国家的有关规定，并且要做好衔接工作。

（4）使用一份国际铁路联运票据完成货物的跨国运输。

（5）国境换装作业不需要货主参加。

二、国际铁路货物联运适用的规章

国际铁路合作组织主要有三个，即总部设立在伯尔尼的由国家作为成员国的国际铁路运输中央事务局、总部设立在华沙的东欧国家铁路合作组织，以及总部设立在巴黎的民间性质的国际铁路联盟。这些组织的主要任务是发展和协调国际铁路营运，共同解决运输中存在的经济、技术、商务及法律等方面的问题，判定和修改有关国际公约。我国是铁路合作组织的成员国，也已于1976年6月参加了国际铁路联盟。国际铁路货物联运适用的规章主要有：

（一）《国际货约》和《国际货协》

19世纪中期，欧洲大陆各国彼此间的贸易往来非常频繁，铁路运输是各国对外贸易的重要运输方式。为协调各国间铁路运输的有关问题，有关国家通过签订国际条约开展国际铁路客货联运。1890年，欧洲国家在瑞士首都伯尔尼签订了《国际铁路运送规则》（《伯尔尼公约》），并于1893年开始施行。直至1934年，该公约经修改后始称为《国际铁路货物运送公约》（Convention Concerning International Carriage of Goods by Rail），简称《国际货约》。原先有欧洲、亚洲、非洲的33个国家加入了该公约，包括南斯拉夫、奥地利、瑞士、德国、法国、意大利、比利时、荷兰、西班牙、葡萄牙、芬兰、瑞典、挪威、丹麦、希腊、卢森堡、英国、爱尔兰、列支敦士登、伊朗、伊拉克、叙利亚、黎巴嫩、突尼斯、阿尔巴尼亚、摩洛哥、土耳其、保加利亚、匈牙利、罗马尼亚、捷克、斯洛伐克和波兰。《国际货约》对国际铁路货物运输的影响日益扩大。

1951年在北大西洋公约组织欧洲各国部长运输会议上，由苏联代表提议，起草并通过了《国际货协》，最初有苏联、阿尔巴尼亚和已经是《国际货约》成员国的保加利亚、匈牙利、罗马尼亚、波兰、捷克斯洛伐克和民主德国8个国家参加，随后，中国、朝鲜、蒙古、越南、古巴也参加进来。"货协"国家自20世纪80年代末由于苏联和东欧各国政体发生变化而调整，但铁路联运业务并未终止，原"货协"许多运作上的制度，因无新的规章替代仍被沿用。

（二）《国际铁路货物联运统一过境运价规程》（简称《统一货价》）

《统一货价》原先从属于《国际货协》，规定了参加《国际货协》的铁路办理货物运送的手续、过境运送费用及杂费的计算、过境铁路里程表、货物品名分等表和货物运费计算表等内容，对铁路和发、收货人均有约束力。由于20世纪80年代末90年代初的东欧剧变，1991年6月，中国、朝鲜、蒙古、保加利亚、罗马尼亚等国家签订了《关于统一过境运价规程的协约》，规定《统一货价》不再从属于《国际货协》，具有独立的法律地位。新的《统一货价》对旧的进行了修改和补充，我国铁路自1991年9月1日起实行新的《统一货价》。

（三）《国境铁路协定》和《国境铁路会议议定书》

我国与相邻的俄罗斯、蒙古、朝鲜、越南等国家分别签订有《国境铁路协定》，它规定了办理联运货物交接的国境站、车站及货物交接的条件和方法、交接列车和机车运行办法及服务方法等内容。根据协定的规定，中国、朝鲜、蒙古、俄罗斯、哈萨克斯坦等国的铁路部门要定期召开国境铁路会议，对执行协定中的有关问题进行协商，商定双方铁路之间关于行车组织、旅客运送、货物运送、车辆交接以及其他有关问题，制定相应措施。此外，相关国家还签订了《国境铁路会议议定书》。

另外，还有《国际铁路货物联运协定办事细则》《国际联运车辆使用规则》等相关规章。

三、国际铁路货物联运的范围与运送方式

（一）国际铁路货物联运的不同情况

1.同参加《国际货协》国家铁路之间的货物运送

参加《国际货协》的各国铁路办理联运的车站，除阿尔巴尼亚、朝鲜铁路外，凡开办国内货运营业的车站，都办理国际铁路货物联运。我国各站营业办理限制按国内《货物运价里程表》的规定办理。朝鲜铁路仅部分车站开办国际铁路货物联运，其货物运送按朝鲜铁路货物联运站的规定办理。

《国际货协》参加国铁路间的货物运送使用一份运单从发货站向铁路发运，由铁路在最终到达站将货物交付给收货人。在同一铁路轨距的国家间，发送国原列车直接过轨；在不同轨距的国家间，则在换装站或国境站进行换装，或更换另一轨距的货车轮对或使用变距轮对。在铁路不连接的《国际货协》参加国铁路之间，其货物运送可通过参加国的某一车站运用其他运输工具转运。阿尔巴尼亚的铁路与其他国的铁路不连接，可以通过布达佩斯车站由发、收货人委托的代理人领取后，用其运输工具转运到阿尔巴尼亚。

2.同未参加《国际货协》国家铁路间的货物运送

发货人在发送站用国际货协票据办理至参加《国际货协》的最后一个过境铁路的出口国境站，由国境站站长（或发、收货人）委托的收转人办理、转送至最终到站。

3.通过港口的货物运送

我国通过塔林、里加，波兰铁路格丁尼亚、格但斯克、什切青或德国铁路扎斯尼次、罗斯托克等港口站向芬兰、瑞典、挪威和丹麦等国发送货物；或朝鲜、蒙古、俄罗斯和越南等国，通过中国铁路大连、新港、黄埔等港口站向阿尔巴尼亚或日本等国发货，或相反方向发货时，发货站和港口间用国际货协票据办理，由发货人或发货人委托在港口站的收转人办理转发送。

（二）国际铁路货物联运的办理类别

按运输速度划分，国际铁路货物联运可分为慢运、快运和挂运。

按发货人托运货物的数量、性质、体积、状态等划分，国际铁路货物联运的办理类别分为以下三种：整车货物（Full Car Load，FCL）、零担货物（Less than Car Load）和大吨位集装箱（Dry Container）。

目前，《国际货协》与铁路双边协定均对此做出了明确的规定：

（1）整车货物运输是指按一份托运单托运的一批货物的重量、体积或形状需要单独一辆及一辆以上车辆装载的运输组织形式。整车货物运输费用较低，运输速度快，能承担的运量较大，是铁路货物运输的主要种类之一。

（2）零担货物运输是指一批托运的货物，其重量或体积不需要单独一辆货车装载的运输组织形式。《国际货协》规定，一批货物重量小于 5 000 千克，按其体积又不需要单独一辆货车运送的货物，即为零担货物。

（3）大吨位集装箱是指按一张运单办理的、用大吨位集装箱运送的货物或空的大吨位集装箱。

（三）国际铁路货物联运的运输限制

（1）在国际铁路直通货物联运中，下列货物不准运送：①应当参加运送的铁路的任一国家禁止运送的物品；②属于应当参加运送的铁路的任一国家的邮政专运物品；③炸弹、弹药和军火（但狩猎和体育用品除外）；④爆炸品、压缩气体、液化气体或在压力下溶解的气体、自燃品和放射性物质（指《国际货协》附件第2号之附件1中1.3、4、10表中没有列载的）；⑤一件重量不足10千克，体积不超过0.1立方米的零担货物；⑥在换装联运中使用不能揭盖的棚车运送的一件重量超过1.5吨的货物；⑦在换装联运中使用敞车类货车运送的一件重量不足100千克的零担货物，但此项规定不适用《国际货协》附件第2号《危险货物运输规则》中规定的一件最大重量不足100千克的货物。

（2）下列货物，只有在参加运送的各铁路间预先商定后才准运送：①单件重量超过60吨的货物；而在换装运送中，对越南重量超过20吨的。②长度超过18米的；而运往越南长度超过12米的。③超限的。④在换装运送中用特种平车装运的。⑤在换装运送中用专用罐车装运的化学货物。⑥用罐车运往越南的一切罐装货物。

（3）下列货物的运送必须按特殊规定办理：①危险货物；②押运人押运的货物；③易腐货物；④集装箱货物；⑤托盘货物；⑥不属于铁路或铁路出租的空、重车；⑦货捆货物。

四、国际铁路货物联运运费的计算与核收

国际铁路货物联运运费的计算与核收使用的规章主要是《国际货协》、《统一货价》和中华人民共和国铁道部的《国内价规》。

（一）计算运输费用的基本规定

1.参加《国际货协》各铁路间运送费用的核收原则。

（1）发送路的运送费用——在发站向发货人或根据发送路国内现行规定核收；

（2）到达路的运送费用——在到站向收货人或根据到达路国内现行规定核收；

（3）过境路的运送费用——按《统一货价》在发站向发货人或在到站向收货人核收。

2.《国际货协》参加国与非《国际货协》参加国铁路间运送费用核收的规定。

发送路的运送费用在发站向发货人或根据发送路国内现行规定核收。到达路的运送费用在到站向收货人或根据到达路国内现行规定核收。过境路的运送费用要看该国是否参加了《国际货协》，参加《国际货协》并实行《统一货价》的各过境路的运送费用，在发站向发货人核收，但办理转发送国家铁路的运送费用，可以在发站向发货人或在到站向收货人核收；过境非《国际货协》铁路的运送费用，应在到站向收货人核收。

3.通过过境铁路港口站货物运送费用核收的规定。

从参加《国际货协》并实行《统一货价》的国家，通过另一个实行《统一货价》的过境铁路港口，向其他国家或相反方向运送货物时用国际货协票据办理货物运送，只能办理至过境港口站为止或从这个站开始办理。

从参加《国际货协》铁路发站至港口站的运送费用，在发站向发货人核收；相反方向运送时，在到站向收货人核收。

（二）国内段运输费用的计算与核收

国际铁路货物联运国内段的运送费用，按照我国《国内价规》的相应规定进行计算。运费计算的程序及公式如下：

（1）根据货物运价里程表确认从发站到到站的运价里程。

（2）根据运单上填写的货物品名查找货物运输品名检查表，确定适用的运价号。

（3）根据运价里程和运价号在货物运价率中查出相应的运价率。

（4）将按《铁路货物运价规则》确定的计费重量与该批货物适用的运价率相乘，算出该批货物的运费。运费计算公式如下：

整车货物每吨运价（运价率）=发到基价+运行基价×运价千米

运费=运价率×计费重量

【例4-1】我国某企业从国外进口一整车矿石，该货物的品名分类代码为"04"，经查该货物的运价号为"4"；按照《铁路货物运价规则》的规定，使用矿石车、平车、砂石车，经铁路局批准装运"铁路货物运输品名分类与代码表"，"01"、"0310"、"04"、"06"、"081"和"14"类货物按40吨计费；国内段从发站至到站的运价里程为200千米。试根据表4-2中的内容核算该票货物的国内段运费。

表4-2   铁路货物运价率表

办理类别	运价号	发到基价		运行基价	
		单位	标准	单位	标准
整车	1	元/吨	5.6	元/吨千米	0.0288
	2	元/吨	6.3	元/吨千米	0.0329
	3	元/吨	7.4	元/吨千米	0.0385
	4	元/吨	9.3	元/吨千米	0.0434
	5	元/吨	10.1	元/吨千米	0.0491
	6	元/吨	14.6	元/吨千米	0.0704

计算如下：

第一步：根据商品的运价号为"4"可以确定该批货物的发到基价为9.3元/吨，货物的运行基价为0.0434元/吨千米。

第二步：整车货物每吨运价（运价率）=发到基价+运行基价×运价千米

=9.3+0.0434×200

=17.98（元/每吨）

第三步：运费=运价率×计费重量

=17.98×40

=719.2（元）

因此，该票货物的国内段运费为719.2元。

（三）过境运输费用的计算与核收

国际铁路货物联运过境运费是按照《统一货价》的规定计算的。其计算程序如下：

（1）根据运单记载的应通过的过境站，在《统一货价》过境里程表中分别找出货物所通过的各个国家的过境里程。

（2）根据货物品名，查阅《统一货价》中的通用货物品名表，确定所运货物应适用的运价等级。

（3）根据货物运价等级和各过境里程，在《统一货价》中找出符合该批货物的运价表。

（4）《统一货价》对过境货物运费的计算是以慢运整车货物的运费额（即基本运费额）为基础的，其他种别的货物运费则在基本运费额的基础上分别乘以不同的加成率。其计算公式如下：

基本运费额=货物运费率×计费重量

运费=基本运费额×（1+加成率）

加成率是指运费总额按托运类别在基本运费额基础上所增加的百分比，快运货物运费按慢运运费加100%；零担货物运费按慢运运费加50%后再加100%；随旅客列车挂运整车费，另加200%。

（四）运到逾期罚款的计算

（1）运到期限。铁路承运货物后，应在最短期限内将货物运送至最终到站。货物从发站至到站所允许的最大限度的运送时间，即货物运到期限。

（2）运到逾期。货物实际运到天数超过规定的运到期限天数，即该批货物运到逾期。如果货物运到逾期，造成逾期的铁路应按该铁路收取的运费的一定比例向收货人支付逾期罚款。逾期罚款的计算公式如下：

逾期罚款=运费×罚款率

逾期百分率=（实际运送天数-按规定计算运到期限天数）÷按规定计算运到期限天数×100%

按《国际货协》的规定，罚款率为：逾期不超过总运到期限1/10时，为运费的6%；逾期超过总运到期限1/10，但不超过2/10时，为运费的12%；逾期超过总运到期限2/10，但不超过3/10时，为运费的18%；逾期超过总运到期限3/10，但不超过4/10时，为运费的24%；逾期超过总运到期限4/10时，为运费的30%。

自铁路通知货物到达和可以将货物移交给收货人处理时起，一昼夜内如收货人未将货物领出，即失去领取运到逾期罚款的权利。

【例4-2】某公司从保加利亚进口一批机器，该批货物按规定计算的运到期限天数为60天。保加利亚瓦尔纳港口站于某年3月10日以慢车整车承运。该批货物经由鲁塞东/瓮格尔、后贝加尔/满洲里，5月16日到达北京东站。铁路部门所收运费为8 000欧元。问题：你认为该批货物是否运到逾期？假如逾期，铁路部门应向收货人支付多少逾期罚款？

计算如下：

1.该批货物的实际运送天数：3月11日至5月16日（从承运货物的次日零时起开始算，不足1天按1天计算）。实际运送天数为67天，而规定运到的期限天数为60天，因此，该批货物逾期。

2.计算逾期百分率：

逾期百分率=（67-60）÷60×100%=11.67%

3.逾期超过总运到期限的1/10，但不到2/10，逾期罚款率按12%计算支付。

4.按逾期罚款公式计算。

逾期罚款=8 000×12%=960（欧元）

因此，铁路部门应对逾期运到的该批货物支付逾期罚款960欧元。

五、出口货物国际铁路联运的程序

出口货物国际铁路联运的组织工作主要包括运输计划的编制、货物托运和承运、货物在国境站的交接。

（一）出口货物国际铁路联运计划的编制

出口货物国际铁路联运计划分为年度运量计划和月度要车计划。

1.年度运量计划的编制。

为衔接年度各国铁路间进出口货物的交接运量，每年年初，由《国际货协》组织召开中国、朝鲜、蒙古、俄罗斯、越南五国铁路和外贸代表参加的运量计划例会，商定本年度分国别、口岸、品类、季度的外贸进出口运量。会前由中国外运集团编制国际铁路联运年度运量计划，并与国家口岸管理办公室、铁道部等有关部门平衡确定后，提交给例会。在例会上，与各国最后商定。年度运量计划安排是月度要车计划和各铁路口岸货物交接运量的主要依据。

2.月度要车计划的报批。

国际铁路货物联运月度要车计划是中国外运集团与铁道部共同平衡确定的指令性运输计划，包括整车、零担、大型集装箱三种类别。具体编报程序如下：

（1）编制国际铁路货物联运月度要车计划表。

（2）分别报送铁道部和商务部。

（3）商务部汇总、审核后与铁道部平衡核定。

（4）国际铁路货物联运月度要车计划需要经过商务部和铁道部两部平衡核定，并经有关国家的铁路部门确认后，由商务部通知各地商务厅（局）和各进出口总公司。各地商务厅（局）和各进出口总公司再分别转告所属发货单位。各铁路局（分局、车站）将铁道部批准的国际铁路货物联运月度要车计划分别通知各发货单位。

国际铁路货物联运月度要车计划批准后，各发货单位应按照铁道部门的规定，向各发货站提出旬度计划。发货站于每旬度开始前，将确认的旬度计划通知各发货单位执行。

凡发运整车货物，都须具备铁道部门批准的月度要车计划；零担货物则不需要向铁道部门编报月度要车计划，但发货人必须事先向铁路办理托运手续。国际铁路货物联运月度要车计划批准后，应当力争按计划执行。

（二）出口货物国际铁路联运的托运与承运

1.托运前的工作。

凡属国际铁路联运的出口货物，在托运前必须将货物的包装和标记严格按照合同中的有关条款、《国际货协》和议定书中的条项办理。

2.货物托运和承运的一般程序。

发货人在托运货物时，应向车站提交联运运单和运单副本，以此作为货物托运的书面申请。车站接到联运运单后，应认真审核，对整车货物应检查是否有批准的月度、旬度要车计划和日要车计划；检查联运运单各项内容是否正确，以确认是否可以承运。车站一经在联运运单上签证，写明货物应进入车站的日期和装车日期，即表示受理了托运。发货人按签证指定的日期将货物运入车站的货场或指定的货位，由铁路根据联运运单的记载查对实货，认为符合《国际货协》和有关规章制度的规定的，车站方予以承认。整车货物一般在装车完毕后，发货站在联运运单上加盖承运日期戳，即表示货物已经承运。

对于零担货物的发运，发货人在托运时，无须编制月度、旬度要车计划，可凭货运单向车站申请托运。车站受理托运后，发货人按签证指定的日期，将货物运进货场，送到指定的货位上。经查验、过磅后，即交铁路保管。车站将发货人托运的货物连同联运运单一同接受完毕，并在联运运单上加盖承运日期戳，即表示货物已经承运。铁路对承运后的货物负保管、装车发运的责任。

总之，承运是铁路负责运送货物的开始，表示铁路开始对发货人托运的货物承担运送义务，并承担运送中的一切责任。

3. 货物的装车、施封、价格声明和押运。

（1）在我国铁路发货站装车的货物，只能装到车辆最大载重量，超过即为超载。按我国铁路国内规章，标记载重量加2%为最大载重量。用敞车类运送货物时，应执行《国际货协》的规定。

（2）朝鲜、越南铁路的货车，以标记载重量加5%为最大载重量；发往越南的准轨货车，货车总重（货重+自重）不得超过83吨。蒙古等国铁路货车若以两轴车标记，载重量加1吨为最大载重量；若以四轴车标记，则加2吨为最大载重量。

标有"禁增"字样的车辆，只能装到标记载重量。

若装车后需施铅封，属发货人装车的，由发货人施铅封；属铁路部门装车的，由铁路部门施铅封，以便分清铁路部门与发货人之间以及铁路部门内部的交接责任。

托运贵重商品时，发货人声明的价格不得超过发票中记载的实际价值。

货物押运是指托运需要沿途照料的货物时，押运人员的乘车应按乘车铁路的规章办理。

（三）出口货物在国境站的交接

在相邻国家铁路的终点，从一国铁路向另一国铁路办理移交或接收货物和车辆的车站称为国境站，也称国境口岸、边境站。在我国，国境站除设有一般车站应设的机构外，还设有国际联运交接所、海关、国家出入境检验检疫机构、边防检查站及中国对外贸易运输（集团）总公司所属的分支机构等单位。

国境站除办理一般车站的事务外，还办理国际铁路联运货物、车辆和列车与邻国铁路的交接，货物的换装或更换轮对，运送票据、文件的翻译及货物运送费用的计算与复核等项工作。

国际铁路联运出口货物交接的一般程序如下：

（1）出口国境站货运调度根据国内前方站列车到达预报，通知交接所和海关做好接车准备。

（2）出口货物列车到站后，铁路会同海关接车，并将列车随带的运送票据送交接所处理，货物及列车接受海关的监管和检查。

（3）交接所实行联合办公，由铁路、外运、海关等单位参加，并按照业务分工开展流水作业，协同工作。

铁路主要负责整理、翻译运送票据，编制货物和车辆交接单，以此作为向邻国铁路办理货物和车辆交接的凭证。

外运公司主要负责审核货运单证，检查运单、出口货物明细单、随附单证等是否齐全一致，纠正出口货物单证差错，处理错发、错运事故。

海关则根据铁路部门的申报，经查验单、证、货相符，且符合国家法令及政策规定，即准予解除监督，验关放行。

最后由双方铁路具体办理货物和车辆的交接手续，并签署交接证件。单上填记货物领取日期，并加盖收货戳记。

六、国际铁路货物联运运单 （International through Rail Waybill）

国际铁路货物联运运单是参加国际铁路货物联运的铁路部门与发货人、收货人之间缔结的运输合同。除了货物描述外，它还载明了参加联运的各铁路和发、收货人以及其他各方的权利、义务和责任。运送国际联运货物时，需使用国际铁路货物联运运单。发货人在托运时，应按每批货物逐项填写运单，签字后向铁路发站提交。

（一）国际铁路货物联运运单的构成和使用

国际铁路货物联运运单按每批货物填写一份，其中包括下列五联：

1.运单正本

运单正本是货物运送合同，随同货物至到站，并随同"货物到达通知单"和货物一起交给收货人。

2.运单副本

运单副本在运送合同缔结后交给发货人，它不具有运单的效力，仅作为货物已由铁路承运的证明。发货人凭铁路运单副本向收货人结算货款、行使变更运输权利（要求）以及在货物和运单全部丢失时，凭此单向铁路部门提出索赔要求。

3.运行报单

运行报单是参加联运的各国铁路部门办理货物交接、划分运送责任以及清算运费、统计运量和运费收入的原始依据。它随同货物至到站，并留存到达铁路。

4.货物交付单

货物交付单随同货物至到站，并留存到达站。

5.货物到达通知单

货物到达通知单随同货物至到站，并同运单正本和货物一起交给收货人。

此外，还有为发送铁路和过境铁路准备的必要份数的补充运行报单。

（二）国际铁路货物联运运单的性质

国际铁路货物联运运单仅具有运输合同证明和货物收据的功能，不具有物权凭证的功能，不具有流通性。因此，《国际货约》和《国际货协》均明确规定国际铁路货物联运运单中的收货人一栏必须是记名的。国际铁路货物联运运单虽不具有流通性，但可以作为运输单据用于国际贸易货款的结算。

◈讨论题

国际铁路运输适用的有关规章都有哪些？

第三节 对港澳地区的铁路货物运输

香港和澳门自古以来就是我国的领土，居民中98%是中国人。港澳地区是我国同世界各国、各地区经贸往来的重要通道之一，也是我国换取现汇的重要场所，占我国出口创汇额的20%以上。因此，做好对港澳地区的运输工作是我国外贸运输的重点之一。

一、对香港特别行政区的铁路货物运输

（一）对香港特别行政区货物运输的铁路及口岸介绍

1.港段铁路概况

港段铁路是京九、广九铁路的一部分，自边境罗湖车站起，途经上水、粉岭、大埔墟、大学、火炭、大围、九龙塘、旺角至九龙车站，全长34千米。

香港铁路有4个卸货点，其中最大的卸货点是九龙车站的红磡货场，绝大部分杂货、果菜都在此卸车。货场可容纳200多辆车，可供卸车的货位有100多个。何文田货场专供卸活畜禽，有48个卸车的车位。沙田车站的百适货场，专用线每天可卸杂货的车位有20个。旺角车站每天可卸杂货的车位有30个。

广九铁路公司对货车只办理行车和调车作业，不办理货运业务。目前，港段铁路的货运业务，包括接货、托运、调度、组织装卸、交货，均由中国旅行社香港分社（以下简称"香港中旅分社"）承包。香港中旅分社是中国外运集团深圳分公司（以下简称深圳外运分公司）在香港的货运代理。

2.深圳口岸概况

深圳市位于广东省东南部，是京九、广九铁路的交接站。深圳与香港毗邻，其铁路、公路均与九龙相连。铁路有深圳北站（货运站）和深圳站（客运站）。内地各省市铁路发往香港的整车和零担货物车，均在深圳北站进行解体、编组以及必要的装卸作业和联检作业。由深圳北站岔出一条专用线，通往深圳新开发的笋岗仓库区，专用线终端有外运仓库。深圳北站南面的深圳站是香港出入境旅客中转换车以及以包裹办理进出口货物的车站。深圳站向南有罗湖桥，它是内地与香港的分界处。

深圳站以东的文锦渡桥是公路的进出口岸，汽车运输的货物经由文锦渡公路进出口。

深圳外运分公司是各外贸专业公司在深圳口岸的货运代理，负责其货物的进出口业务。内地各省、市、自治区的外贸专业公司，由铁路经深圳口岸或铁路转公路的出口货物（除活畜禽、鱼类由各省自办外），均委托深圳外运分公司办理接货、报关、查验、过轨等中转运输手续。其他发货单位的出口货物、使领馆物资、展品，以及其他非贸易物资通常也委托深圳外运分公司代办中转运输业务。此外，深圳外运分公司还接受各省、市、自治区外贸专业公司的委托，代办普通件杂货的进出口、库存、装箱、中转等业务。

（二）对香港特别行政区铁路货物运输的特点

1.商品结构特殊

除经香港转口的商品外，专供香港特别行政区的商品主要为居民生活所需的副食品，以鲜活冷冻为主。这些货物对运输条件要求高，管理难度大，一般要求配载特殊车辆，运

送速度要快。

2.运输方式特殊

对香港特别行政区的铁路运输既不同于国际铁路联运，也不同于一般的内地运输，而是采取特殊方式。对香港特别行政区的铁路运输由两部分组成：内地运输和香港段运输。其特点为"两票运输，租车过轨"，即发货人首先在发送地车站以内地铁路运输方式将货物托运至深圳北站，收货人为深圳外运分公司；货车到达深圳北站后，由深圳外运分公司作为各地出口单位的代理向铁路租车过轨，交付租车费，并办理出口报关等手续。经海关放行过轨后，再由中旅香港分社在港段罗湖车站重新起票托运至九龙，货到九龙站后由"中旅"负责卸货并交收货人。

对香港的铁路货物运输会出现两次托运，内地的铁路运单不能用于办理结汇，结汇凭证是由各地外运公司以承运人身份出具的"承运货物收据"（Cargo Receipt）。

3.贸易方式特殊

由于输港商品的特殊性，对港澳地区出口的贸易方式也具有特殊性，主要采用配额许可证方式。有相当数量的货物，尤其是鲜活商品，采取配额许可证管理，由我驻港机构根据香港市场的销售情况进行调节，在内地各发运口岸按配额发运，保证供港货物的"均衡、适量、优质、应时"。

（三）对香港特别行政区铁路货物运输的一般程序

（1）发货地的外运分公司或外贸公司向当地铁路部门办理从发货地至深圳北站的内地铁路运输的托运手续，填写内地铁路运单。

（2）发货地的外运分公司或外贸公司委托深圳外运分公司办理接货、报关、查验、过轨等中转运输手续。预寄的单证和装车后拍发的起运电报是深圳外运分公司组织运输的依据（如发货地具备报关条件，也可在发货地报关）。

（3）深圳外运分公司接到铁路的到车预告后，抽出事先已分类编制的有关单证加以核对，并抄送香港"中旅"以备接车。

（4）货车到达深圳北站后，深圳外运分公司与铁路进行票据交接，如单证齐全无误，则向铁路编制过轨计划；如单证不全，或者有差错，则向铁路编制留站计划。具备过轨手续的货车，由深圳外运分公司向海关办理出口报关手续，海关审单无误后即会同联检单位对过轨货车进行联检，联检无问题后，由海关放行。

（5）放行后的货车由铁路运到深圳北站以南1千米与港段罗湖站的连接处，然后由罗湖站验收并拖运过境。过境后由"中旅"向港段海关报关，并在罗湖站另行起票，港段承运后，即将过轨货车送到九龙站，由"中旅"负责卸车并将货物分别交付给各个收货人。

（四）对香港特别行政区铁路货物运输的主要单证

货运单证和电报是深圳外运分公司和香港"中旅"接受委托组织运输的依据。如单证、电报迟到或有错，货车就不能及时过轨，造成在深圳口岸留站压车，不仅商品不能及时出运，而且会增加租车费用，严重时甚至造成堵塞。因此，供港货物的单证、电报要求必须做到份数齐全、填写准确、寄拍及时。

1.供港货物委托书

供港货物委托书又称联运出口货物委托书，是供港铁路运送货物最基本的必备单证之一，是发货人向深圳外运分公司和香港"中旅"办理货物转运、报关、接货等工作的依据，也是向发货人核算运送费用的凭证。

2.出口货物报关单

出口货物报关单是发货人向海关申报的依据。发货单位可在深圳口岸报关，或在当地办理转关报关。

3.起运电报

发货单位在货物装车后24小时内，应向深圳外运分公司拍发起运电报。如在广州附近装车，应以电话通知深圳外运分公司。拍发起运电报，目的是使深圳口岸和驻港机构及时做好接运准备，或在运输单证迟到或丢失时以起运电报作为补制单证的依据，因此，起运电报是供港货物运输的必备文件。

4.承运货物收据

由于对香港的铁路货物运输是"两票运输"，内地铁路运单不能作为对港结汇的凭证，因此，出口香港的铁路运输货物装车发运后，发货单位所在地的外运公司即以运输承运人的身份向各发货单位提供经深圳口岸中转至香港的承运货物收据，以此作为向银行结汇的凭证和香港收货人提货的凭证。承运货物收据既是承运人出具的货物收据，也是承托双方运输契约的证明，同时还能代表货物所有权，是香港收货人的提货凭证，外运公司要对该批货物全程运输负责。签发承运货物收据主要依据委托书和内地铁路运单的领货凭证。

除以上单证外，对香港的铁路货物运输单证还有商检证书、内地铁路运单等。

（五）对香港特别行政区铁路货物运输的运费计收

内地对香港的铁路货物运输分内地段和香港段两段完成，运费是按内地铁路运费和香港特别行政区铁路运费分别计算的。

1.内地段铁路运费的计算与核收

（1）内地段铁路运费包括铁路基本运费、深圳过轨租车费、货物装卸费、货运代理劳务费等。以上费用均按人民币计算。

（2）从发站至深圳北站的内地段铁路运费的计算和核收以铁道部制定的《铁路货物运价规则》为依据，可参照国际铁路货物联运国内段运费的计算来确定。国内段运费的计算公式如下：

运费=（基价1+基价2）×运费里程×计费重量

（3）深圳口岸有关费用。

①深圳北站有关费用：包括货车租用费和货物装卸费。其中，货车租用费按《铁路货物运价规则》的规定计算；货物装卸费按当地物价部门批准的装卸费率核收。

②深圳外运分公司有关费用：包括整车和零担出口劳务费及仓储费用。

2.香港段铁路运费的计算

（1）香港段铁路运费包括铁路基本运费、香港段终点调车费、卸车费及香港段劳务费等。以上各项费用均按港元计算。

（2）香港段铁路运费的计算程序。

①按商品名称找出运费等级。

②按该运费等级查出相应的运费率，再与车辆标重相乘即该票货物的铁路运费。

香港段铁路运费的计算公式如下：

运费=等级运费率×车辆标重（吨）

二、对澳门特别行政区的铁路货物运输

澳门特别行政区与内地没有铁路直通，内地各省（区、市）运往澳门的出口货物，先由铁路运至广州。整车货物到广州南站新风码头42道专用线，零担货物到广州南站，危险品零担货物到广州吉山站，集装箱和快件到广州火车站。

收货人均为中国外运广东有限公司。货物到达广州后，由该公司办理水路或公路的中转，运至澳门。货物到达澳门后，由南光集团运输部负责接收货物并交付收货人。广东省的地方物资和一部分不适合水运的内地出口物资，可用汽车经拱北口岸运至澳门。

◈讨论题

内地对香港的铁路货物运输的费用如何计收？

本章小结

与海上货物运输相比，铁路货物运输具有准确性和连续性强、速度较快、运量较大、运输成本较低、风险较小，但手续办理的快捷性、便利性相对不足等特点。国际铁路货物联运在我国国际贸易运输特别是对亚欧大陆各国（地区）的贸易运输中起着重要作用。国际铁路货物联运按《国际货协》《统一货价》等一系列规章、规定办理。国际铁路货物联运的运费分段计收。国际铁路货物联运运单副本是托运人货物交铁路部门承运的证明和作为货运单据向收货人结算货款的依据，同时也是托运人通知承运人中止或变更运输的依据和货物丢失、损坏时向铁路索赔的依据。对香港特别行政区的铁路货物运输，既不同于国际铁路货物联运，又不同于国内铁路货物运输，而是"租车过轨、两票运输"。

关键词汇

国际铁路货物联运（International Carriage of Goods by Rail）

《国际铁路货物运输公约》（Convention Concerning International Carriage of Goods by Rail）

《国际铁路货物联运协定》（Agreement Concerning International Carriage of Goods by Rail）

国际铁路货物联运运单（International through Rail Waybill）

承运货物收据（Cargo Receipt）

复习思考

1.与海上货物运输相比，铁路货物运输有什么特点？

2.铁路货物运输在我国对外贸易运输中有什么作用？

3.国际铁路货物联运适用的规章主要有哪些？

4.简述出口货物国际铁路联运程序。

5.上海某公司出口货物一批到乌克兰，经查，该批货物整车慢运计价重量50吨，运

价号为 3，国内由上海至满洲里的运价里程为 3 500 千米，基价 1 为 7.60 元/吨千米，基价 2 为 0.0435 元/吨千米；俄罗斯过境运费按《统一货价》计算，运价等级为 1 等，过境俄罗斯的运价里程为 8 003 千米，运价率为 38.5 瑞士法郎/吨千米。请计算该批货物的国内运费和俄罗斯的过境运费。

章后阅读

中国外运陕西公司诉哈尔滨铁路局国际铁路联运合同纠纷案

某年 7 月，中国外运陕西公司受陕西省进出口公司的委托，于西安西站向俄罗斯西西伯利亚贸易公司托运毛巾被 1 390 条，床单 19 800 条。俄罗斯西西伯利亚贸易公司收到货物后，因俄罗斯市场行情发生变化，遂与陕西外运公司达成将货物全部退给原告的协议。同年 8 月 31 日，俄罗斯西西伯利亚贸易公司将货物交由俄罗斯铁路鄂木斯克东站承运，货物运单到站为西安铁路分局西安西站，收货人为中国外运陕西公司，运到期限为 35 日。运期届满后陕西外运公司未能收到货物。哈尔滨铁路局满洲里站出具证明，证实俄罗斯铁路未向其交接该批货物，只传递了运单。西安铁路分局西安西站出具商务记录，证实货物未运到该站。中国外运陕西公司于 3 月 23 日向哈尔滨铁路局提出赔偿请求，哈尔滨铁路局通知俄罗斯铁路国境站后贝加尔铁路局给予赔偿，后贝加尔铁路局未作答复，哈尔滨铁路局也未在规定的期限内答复陕西外运公司。陕西外运公司遂起诉，要求哈尔滨铁路局赔偿货款 518 700 瑞士法郎，利息 13 832 瑞士法郎，并负担全部案件受理费。

经哈尔滨铁路运输中级法院审理，此案最终处理结果为：

1）货物应视为全部灭失

本批货物为整车运输，按照《国际货协》的规定，超过货物应运到期限 30 天内，未将货物交付收货人，收货人可认为货物已灭失。

2）俄罗斯铁路是货物灭失的责任铁路

俄罗斯西西伯利亚贸易公司将货物交付给俄罗斯铁路鄂木斯克东站承运后，参加运送的后贝加尔站未向中国国境站哈尔滨铁路局满洲里站交付货物，只是传递了铁路运单。西安铁路分局西安西站也证实货物未运至该站。陕西外运公司书面通知后贝加尔铁路局赔偿，该局未作答复，也未提供已向中方满洲里国境站交付货物的证据。因此，可以认定货物是在俄罗斯铁路承运期间灭失的，直接责任者应是俄罗斯后贝加尔铁路局。

3）哈尔滨铁路局赔偿灭失货物的损失

根据《国际货协》第 29 条第二项以及附件的规定，赔偿请求应提交受理审核赔偿请求的满洲里国境站的主管机关哈尔滨铁路局审查。《国际货协》第 33 条第一项规定，"对于货物的全部灭失……已付赔款的铁路，有权向参加运送的其他铁路索取这项赔款"。哈尔滨铁路局作为赔偿请求受理机关应对灭失的货物先予赔偿，赔付后向责任路俄罗斯后贝加尔铁路局清算。

4）赔偿范围

（1）赔偿全部货款。按《国际货协》的规定，货物出口发票所列的总价款为 518 700 瑞士法郎，应予以全部赔偿。

（2）赔偿利息。《国际货协》第 28 条第三项规定，铁路应按货物全部灭失受理的赔偿，从提赔之日起经过180天后，才对赔偿请求给予答复或支付应付赔款的，则对应付赔款额加算年利4%的利息。陕西外运公司提赔时间是次年3月23日，至向法院起诉时哈尔滨铁路局仍未答复，已超过180天，哈尔滨铁路局应按赔款额的年利4%支付利息。

（3）陕西外运公司诉请的赔偿铁路运费不应支持。根据《国际货协》的规定，赔款中应包括铁路运费。但本案的铁路运费是由俄罗斯西西伯利亚贸易公司在返还货物时向发站交付的，陕西外运公司未支出这项费用，不存在赔偿问题。

第五章

国际航空货物运输

学习目标

✔ 了解民用航空运输业的发展现状；

✔ 了解国际航空运输组织概况；

✔ 掌握航空运输的经营方式；

✔ 熟悉航空货物运价与费用的计收；

✔ 了解进出口货物航空运输的流程及航空运单的主要内容。

导读材料

欧盟强征"碳税"于法于理无据[1]

中国、美国、俄罗斯及印度等26个国家于2012年2月21日在莫斯科召开会议，共同商议应对欧盟航空碳排放交易体系的对策。以上各国均表示，欧盟单方面从2012年1月起开始向所有在欧盟境内起降的飞机强征碳税的政策既不合理，也不合法。

而欧盟方面态度依旧强硬，称不会做出让步，不会放弃向航空公司征收碳税，所有在欧盟运营的航空公司必须遵守相关规定。

欧盟强征航空碳税是否合理合法？我们应当如何应对？

一、上升到贸易战的概率小

根据国务院的授权，中国民用航空局于近日向各航空公司发出指令，未经政府有关部门批准，禁止中国境内各航空公司参与欧盟排放交易体系，禁止各航空公司以此为由提高运价或增加收费项目。对此，欧盟官员坚称，中国各航空公司必须支付碳排放税。

而中国航空运输协会（以下简称"中航协"）负责人日前表示，既然中方已在政府层面发出声明，中航协、中国航企将坚持一贯立场，抗税到底。多家中国航企也承诺，不会缴纳碳税。

"不参加欧盟碳市场交易，不向欧盟管理成员国提交监测计划，不与欧盟谈判优惠条件。"中航协副秘书长柴海波称，中航协要求中国航企采取"三不"政策。

对于是否会爆发贸易战的担忧，有关专家表示，有关碳税的争端在加剧，但上升到贸

---

[1] 梁杰. 欧盟强征"碳税"于法于理无据 [N]. 人民日报（海外版），2012-02-09.

易战的可能性不大，尤其是在目前欧洲财政紧张的情况下。

二、对发展中国家更不公平

其实，欧盟强征航空碳税已经违反了相关国际法规。

南京航空航天大学经济与管理学院教授段进东认为：首先，欧盟的做法违反了《联合国气候变化框架公约的京都议定书》关于发达国家和发展中国家共同但有区别责任的原则。欧盟单方面征收碳税不公平，尤其是按照过往的排放量分配免费的排放配额，对发展中国家更不公平。由于欧盟在低碳技术领域占据世界领先地位，况且其航空公司原来飞的航线比较多，排放的废气也比较多，免费的碳排放配额就越多，而中国和其他发展中国家起步晚，原来飞的少，排放也少，得到的免费配额就很少，这对中国和其他发展中国家的航企显然不公平。其次，欧盟有关规定也违反了1944年《芝加哥公约》关于主权原则、领空限制和非歧视原则以及禁止对燃油征收税收等的规定。再次，欧盟征收的碳税实际上是"碳壁垒"，以"减排"为名来阻止其他国家进入它的市场，以保护它的企业，这也不符合WTO的原则。[①]

业内人士还认为，强征航空"碳税"既不合法，也不合理。中航协秘书长魏振中表示，欧盟的这一违法减排措施，将为航空公司增加额外的、对减少航空碳排放没有帮助的成本。减少航空公司用于降低碳排放量新技术的资金，这是航空公司所无法接受的。此外，这也不是直接的减排手段，没有对节能减排产生直接的效果，对于真正促进全球的节能减排没有任何积极的意义，它只是强加给航空公司的财务负担。

三、用市场和法律手段解决

业内专家认为，不能只停留在一味地表示反对上，当务之急是要拿出一个妥善的处理办法来。由于实际支付"买路钱"2013年才真正开始，中国民航仍有时间想出妥善处理的办法，或推出相关的反制措施，或通过协商推迟、减少航空碳税的收取。

中国航空法律服务中心首席专家张起淮建议，中国企业应以欧盟违反《联合国气候变化框架公约的京都议定书》的规定为诉由起诉欧盟。

中国科学院战略问题咨询研究中心副主任周城雄也认为，在国际经济利益冲突中，通过市场或者法律手段，避免直接对企业的行政干预，应是我们解决问题的优先途径。

段进东认为，面对挑战，首先，近期内中国主要航空公司及其管理部门应发挥主动性，积极准备好相关法律诉讼，在诉讼期间欧盟是不能对中国的航空公司征收"碳税"的，为我国的其他努力争取时间；其次，中国政府应该开展广泛的外交，既要与欧盟主管机构开展对话谈判，又要联合各国共同抵制欧盟的航空碳税规定；最后，中国应加快调研，出台具有针对性的中国航空碳排放标准和碳交易规则，在国际民航组织的协调下争取达成一个全球性的解决方案。从长远看，航空碳税的实施势在必行。中国航空企业应以此为契机，加强研发，加快技术进步，减少碳排放。

业内人士认为，在碳排放问题上，现在需要的是一个公平、公正、合理的全球性解决方案，而不是欧盟的单边碳排放交易机制。从长远看，构建全球统一的国际航空减排交易机制将成为必由之路。

---

① 梁杰. 欧盟强征"碳税"于法于理无据 [N]. 人民日报（海外版），2012-02-09.

第一节　国际航空货物运输概述

航空运输（Air Transportation）是使用飞机、直升机及其他航空器运送人员、货物、邮件的一种运输方式，具有快速、机动的特点，是现代旅客运输，尤其是远程旅客运输的重要方式，也是国际贸易中的贵重物品、鲜活货物和精密仪器运输所不可缺少的。

一、民用航空货物运输业的发展

航空运输始于1871年普法战争中的法国人用气球把政府官员和物资、邮件等运出被普军围困的巴黎。1918年5月5日，飞机运输首次出现，航线为纽约—华盛顿—芝加哥。同年6月8日，伦敦与巴黎之间开始定期邮政航班飞行。20世纪30年代有了民用运输机，各种技术性能不断改进，航空工业的发展促进了航空运输业的发展。第二次世界大战结束后，在世界范围内逐渐建立了航线网，以各国主要城市为起讫点的世界航线网遍及各大洲。

民航业作为经济社会发展重要的基础产业，与一个国家、一个地区乃至全球经济社会发展的关系十分密切，特别是在经济全球化背景下，航空运输不仅是一种交通运输方式，还成为区域经济融入全球经济的快速通道。

中国民用航空局2019年5月8日发布的《2018年民航行业发展统计公报》[①]显示，2018年，全行业完成运输总周转量1 206.53亿吨千米，同比增长11.4%。

其中，国内航线完成运输总周转量771.51亿吨千米，同比增长11.1%，其中港澳台航线完成17.51亿吨千米，同比增长8.8%；国际航线完成运输总周转量435.02亿吨千米，同比增长12.0%。

2018年，全行业完成旅客运输量61 173.77万人次，比上年增长10.9%。国内航线完成旅客运输量54 806.50万人次，比上年增长10.5%，其中港澳台航线完成1 127.09万人次，比上年增长9.8%；国际航线完成旅客运输量6 367.27万人次，比上年增长14.8%。

全行业完成货邮运输量738.51万吨，比上年增长4.6%。国内航线完成货邮运输量495.79万吨，比上年增长2.5%，其中港澳台航线完成23.48万吨，比上年下降2.8%；国际航线完成货邮运输量242.72万吨，比上年增长9.3%。

截至2018年底，我国共有运输航空公司60家，比上年底净增2家，按不同所有制类别划分：国有控股公司45家，民营和民营控股公司15家。在全部运输航空公司中，全货运航空公司9家，中外合资航空公司10家，上市公司8家。

截至2018年底，我国共有定期航班航线4 945条，国内航线4 096条，其中港澳台航线100条，国际航线849条。

截至2018年底，民航全行业运输飞机期末在册架数为3 639架，比上年底增加343架。

截至2018年底，我国共有颁证运输机场235个，比上年底增加6个，2018年新增机场

① 中国民用航空局. 2018年民航行业发展统计公报［EB/OL］.［2020-06-30］. http://www.ccaonline.cn/zhengfu/zftop/514960.html.

分别为甘肃陇南机场、新疆若羌机场、青海海北机场、河南信阳机场、湖南岳阳机场、新疆图木舒克机场。

2018年，全行业全年新开工、续建机场项目174个，新增跑道6条，停机位305个。

二、航空货物运输的特点

航空货运虽然起步较晚，但发展异常迅速，尤其受现代化企业管理者的青睐，原因之一就在于它具有许多其他运输方式所不能比拟的优越性。概括起来，航空货物运输的主要特点有：

（一）运送速度快

从航空业诞生之日起，航空运输就以快速而著称。到目前为止，飞机仍然是最快捷的交通工具，常见的喷气式飞机经济巡航速度大都在每小时850~900千米。快捷的交通工具大大缩短了货物在途时间，对于那些易腐烂、变质的鲜活商品，时效性、季节性强的报刊、节令性商品，抢险、救灾品的运输，这一特点显得尤为突出。可以说，快速加上全球密集的航空运输网络，才有可能使我们为从前可望而不可即的鲜活商品开辟远距离市场，使消费者获得更多的利益。

运送速度快，在途时间短，也使货物在途风险降低，因此许多贵重物品、精密仪器往往也采用航空运输的形式。当今国际市场竞争激烈，航空运输所提供的快速服务也使得供货商可以对国外市场瞬息万变的行情即刻做出反应，迅速推出适销产品占领市场，获得较好的经济效益。

（二）不受地面条件影响，可以深入内陆地区

航空运输利用天空这一自然通道，不受地理条件的限制。对于地面条件恶劣、交通不便的内陆地区非常合适，有利于当地资源的出口，促进当地经济的发展。航空运输使本地与世界相连，对外的辐射面广，而且航空运输比公路运输、铁路运输占用土地少，对寸土寸金、地域狭小的地区发展对外交通无疑是十分适合的。

（三）安全、准确

与其他运输方式比，航空运输的安全性较高，航空公司的运输管理制度也比较完善，货物的破损率较低。如果采用空运集装箱的方式运送货物，则更为安全。

（四）节约包装、保险、利息等费用

由于采用航空运输方式，货物在途时间短，周转速度快，企业存货可以相应地减少。一方面，有利于资金的回收，减少利息支出；另一方面，企业仓储费用也可以降低。又由于航空货物运输安全、准确，货损、货差少，保险费用较低，与其他运输方式相比，其包装简单，包装成本较低。这些都使得企业的隐性成本下降、收益增加。

（五）航空运输的局限性

航空运输的主要缺点，首先是载重量小，运输成本较高，当前尚不能大规模地发展普通货物运输；其次是噪声及尾气污染严重。货物运输的局限性主要表现在航空货运的运输费用较其他运输方式更高，不适合低价值货物；航空运载工具——飞机的舱容有限，对大件货物或大批量货物的运输有一定的限制；飞机飞行安全容易受恶劣气候影响等。

三、国际航空运输组织

（一）国际民用航空组织

国际民用航空组织（International Civil Aviation Organization，ICAO，以下简称国际民航组织，标志如图5-1所示）于1947年4月4日成立，是联合国所属专门机构之一，也是政府间的国际航空机构。其总部设在加拿大的蒙特利尔，现有成员国150多个。其宗旨是根据安全和有秩序的发展方式，使国际航运业务建立在机会均等的基础上，并予以完善和经济的经营。其常设领导机构是理事会，由大会选出的成员国代表组成。

图5-1　国际民航组织标志

我国是该组织的成员国，也是理事国之一。1971年11月19日，国际民航组织第74届理事会通过决议，承认中华人民共和国为中国的唯一合法代表。1974年2月15日，中华人民共和国政府决定承认《国际民用航空公约》，并自同日起参加国际民航组织的活动。1974年9月，在国际民航组织第21届大会上，中国当选为理事国，在以后的两届大会上，又连续当选为理事国。1977年第22届大会决定中文作为这个组织的工作语言之一。

为了发展国际民航事业，国际民航组织曾做了下列各项工作：

（1）促进各国和平交换空中通过权。

（2）简化飞机进出的海关、移民局和检疫所的手续。

（3）规定各机场的导航、通信、气象、情报等设备以及空中交通管制系统。

（4）编印15种国际民航语言。

（5）鼓励各国改进飞机的性能。

（6）在联运、票价、表格和单据统一等方面，也做了一些工作。

（二）国际航空运输协会

图5-2　国际航空运输协会标志

国际航空运输协会（International Air Transport Association，IATA），标志如图5-2所示，是各国航空运输企业之间的联合组织，会员必须是国际民航组织成员国的空运企业。

其前身是1919年在海牙成立并在第二次世界大战时解体的国际航空业务协会。1944年12月，出席芝加哥国际民航会议的一些政府代表和顾问以及空运企业的代表聚会，商定成立一个委员会为新的组织起草章程。1945年4月16日，在哈瓦那会议上修改并通过了草案章程后，国际航空运输协会成立。总部设在加拿大蒙特利尔，执行机构设在日内瓦。目前，IATA在世界各地共拥有250多家航空公司会员。

IATA的宗旨是"为了世界人民的利益，促进安全、正常和经济的航空运输，扶植航空交通，并研究与此有关的问题"；"为直接或间接从事国际航空运输工作的各空运企业提供合作的途径"；"与国际民航组织及其他国际组织协力合作"。IATA的出版物为《国际航空运输协会评论》（季刊），英文版。

（三）国际货运代理协会联合会

国际货运代理协会联合会（International Federation of Freight Forwarders Association，FIATA，标志如图5-3所示）简称"菲亚塔"，是国际货运代理人的组织。其会员不仅包括货运代理企业，还包括海关、船务代理和空运代理、仓库业和汽车运输业等部门。

图5-3　国际货运代理协会联合会

国际货运代理协会联合会于1926年5月31日在奥地利维也纳成立，总部设在瑞士苏黎世。其创立目的是解决由日益发展的国际货运代理业务所产生的问题，保障和提高国际货运代理在全球的利益，提高货运代理服务的质量。在国际货运代理协会联合会的指导下，许多国家开始筹建本国的货运代理人协会，成为该组织的正式会员。国际货运代理协会联合会的一般会员由国家货运代理协会或有关行业组织或在这个国家中独立注册登记的且为唯一的国际货运代理公司组成。作为中国最大的货运代理公司——中国对外贸易运输（集团）总公司早在1985年就加入了该协会，并成为其正式会员，中国国际货运代理协会目前也是该协会会员。国际货运代理协会联合会是世界范围内运输领域中最大的非政府和非营利性质的组织，是公认的国际货运代理的代表。其主要任务是协助各国的货运代理组织和同行业联系起来，在各种国际会议中代表货物发运人的利益。

国际货运代理协会联合会下设多个技术委员会，包括公共关系委员会，运输和研究中心委员会，法律、单据和保险委员会，铁路运输委员会，公路运输委员会，航空运输委员会，海运和多种运输委员会，海关委员会，职业训练委员会，统计委员会等。其中，航空运输委员会是唯一的永久性机构。

（四）国际机场理事会

国际机场理事会（Airports Council International，ACI，标志如图5-4所示），原名为国

际机场联合协会（Airports Association Council International），于1991年1月成立，1993年1月1日改为现名。国际机场理事会是全世界所有机场的行业协会，是一个非营利性组织。其宗旨是加强各成员与全世界民航业各个组织和机构的合作，包括政府部门、航空公司和飞机制造商等，并通过这种合作，促进建立一个安全、有效、与环境和谐的航空运输体系。国际机场理事会目前拥有169个国家和地区的554名正式会员。在亚洲、太平洋地区约有42个国家和地区的57名正式会员。北京首都国际机场于1996年11月17日被正式批准成为该组织的会员。

图5-4　国际机构理事会标志

⊗讨论题

航空货运的特点都有哪些？

第二节　航空运输方式

一、班机运输

班机运输是指通过在固定航线上定期航行的航班所进行的运输。一般航空公司都使用客、货混合型飞机，既搭载旅客，又运送少量货物。但一些较大的航空公司在一些航线上开辟出了定期的货运航班，使用全货机运输。班机运输一般具有以下特点：

（1）班机由于有固定航线、固定停靠港和固定开航时间，因此，国际间的空运货物多使用班机运输，以便安全、迅速地到达世界上的各通航地点。

（2）便利收货人、发货人，可确切掌握货物起运和到达时间，这对市场上急需的商品、鲜活易腐货物以及贵重商品的运送非常有利。

（3）班机运输一般是客货混载，因此舱位有限，不能使大批量的货物及时出运，往往需要分期分批运输。这是班机运输的不足之处。

二、包机运输

由于班机运输形式下货物舱位常常有限，因此当货物批量较大时，包机运输就成为重要方式。包机运输通常可分为整机包机和部分包机。

（一）整机包机

整机包机是指航空公司或包机代理公司按照合同中双方事先约定的条件和运价将整架飞机租给租机人，从一个或几个航空港装运货物至指定目的地的运输方式。

（二）部分包机

部分包机则是指由几家航空货运代理公司或发货人联合包租一架飞机，或者是由包机公司把一架飞机的舱位分别卖给几家航空货运代理公司的货物运输形式。相对而言，部分包机适合于运送一吨以上但货量不足整机的货物。在这种形式下，货物运费较班机运输低，但由于需要等待其他货主备妥货物，因此运送时间要长一些。

包机运输满足了大批量货物进出口运输的需要，同时运费比班机运输低，且随国际市场供需情况的变化而变化，给包机人带来了潜在利益。但包机运输是按往返路程计收费用的，存在着回程空放的风险。空放按包机运价的一定百分比收取空放费。

与班机运输相比，包机运输可以由承租飞机的双方议定航程的起止点和中途停靠的空港，因此更具灵活性。但各国政府出于安全的需要，也为了维护本国航空公司的利益，对他国航空公司的飞机通过本国领空或降落本国领土往往大加限制，复杂烦琐的审批手续大大增加了包机运输的营运成本。

三、集中托运

集中托运（Consolidation）是指航空货运代理公司将若干批单独发运的货物集中成一批向航空公司办理托运，填写一份总运单送至同一目的地，然后由其委托当地的代理人负责分发给各个实际收货人。集中托运可以采用班机或包机的运输方式，这种托运方式，可降低运费，是航空货运代理公司的主要业务之一。

四、航空快递业务

航空快递业务（Air Express Service）是由快递公司与航空公司合作，向货主提供的快递服务。其业务过程是：由快递公司派专人从发货人处提取货物后，以最快航班将货物出运，飞抵目的地后，由专人接机提货，办妥入关手续后直接送达收货人，也称为"桌到桌运输"（Desk to Desk Service）。这是一种最为快捷的运输方式，特别适合于各种急需物品和文件资料。

外贸企业办理航空运输业务，需要委托航空货运代理负责出口货物的提货、制单、报关和托运工作。委托人应填妥国际货物托运单，并将有关报关文件交付航空货运代理，航空货运代理向航空公司办理托运手续后，取得航空公司签发的航空运单，即承运开始。航空公司需对货物在运输途中的完好负责。货到目的地后，收货人凭航空公司发出的到货通知书提货。

◈ 讨论题

航空运输方式都有哪些？

第三节　航空货物运价与费用

一、计算航空货物运价和费用的基本概念

（一）航协区

与其他各种运输方式不同的是，国际航空货物运输中与运费有关的各项规章制度、运费水平都是由国际航空运输协会统一协调、制定的。在充分考虑了世界上各个国家、地区的社会经济、贸易发展水平后，国际航空运输协会将全球分成三个区域，简称为航协区（IATA Traffic Conference Areas），每个航协区内又分成几个亚区。由于航协区的划分主要从航空运输业务的角度考虑，依据的是不同地区的经济、社会以及商业条件，因此和我们熟悉的世界行政区划有所不同。

1.一区（TC1）

一区包括北美洲、中美洲、南美洲、格陵兰岛、百慕大群岛和夏威夷群岛。

2.二区（TC2）

二区由整个欧洲大陆（包括俄罗斯的欧洲部分）及毗邻岛屿，冰岛、亚速尔群岛，非洲大陆和毗邻岛屿，亚洲的伊朗及伊朗以西地区组成。二区也是和我们所熟知的政治地理区划差异最大的一个区，它主要有三个亚区：

（1）非洲区：含非洲大多数国家及地区，但北部非洲的摩洛哥、阿尔及利亚、突尼斯、埃及和苏丹不包括在内。

（2）欧洲区：包括欧洲国家和摩洛哥、阿尔及利亚、突尼斯三个非洲国家及土耳其（既包括欧洲部分，也包括亚洲部分），以及白俄罗斯、乌克兰、俄罗斯的欧洲部分。

（3）中东区：包括巴林、塞浦路斯、埃及、伊朗、伊拉克、以色列、约旦、科威特、黎巴嫩、阿曼、卡塔尔、沙特阿拉伯、苏丹、叙利亚、阿拉伯联合酋长国、也门等。

3.三区（TC3）

三区由整个亚洲大陆及毗邻岛屿（已包括在二区的部分除外），澳大利亚、新西兰及毗邻岛屿，太平洋岛屿（已包括在一区的部分除外）组成。其中：

（1）南亚次大陆区：包括阿富汗、印度、巴基斯坦、斯里兰卡等南亚国家。

（2）东南亚区：包括中国（含香港、澳门、台湾）、东南亚诸国、蒙古、哈萨克斯坦、乌兹别克斯坦、吉尔吉斯斯坦、土库曼斯坦、塔吉克斯坦、密克罗尼西亚等群岛地区。

（3）西南太平洋洲区：包括澳大利亚、新西兰、所罗门群岛等。

（4）日本、朝鲜区：仅含日本、朝鲜和韩国。

（二）航空运价

运价又称费率，是指承运人对所运输的每一重量单位货物（千克或磅）所收取的，自始发地机场至目的地机场的航空费用。

1.航空货物运价所使用的货币

航空货物运价一般以始发地的本国货币公布，有的国家以美元代替其本国货币公布。

2.航空货物运价的有效期

航空货物运价所使用的运价应为填制货运单之日的有效运价。

（三）航空运费（Weight Charge）

货物的航空运费是指航空公司将一票货物自始发地机场运至目的地机场所收取的航空运输费用。该费用根据每票货物所适用的运价和货物的计费重量计算。每票货物是指使用同一份航空运单的货物。

由于货物的运价是指运输起讫地点间的航空运价，所以航空运费就是指货物从始发地机场至目的地机场间的航空运输费用，不包括其他费用。

（四）计费重量

计费重量是指用以计算货物航空运费的重量。它可以是货物的实际毛重，也可以是体积重量，或较高重量分界点的重量。

1.实际毛重（Actual Gross Weight）

其包括货物包装在内的重量，称为货物的实际毛重。一般情况下，对于高密度货物（High Density Cargo），应考虑将其实际毛重作为计费重量。

2.体积重量（Volume Weight）

（1）定义。按照国际航空运输协会规则，将货物的体积按一定的比例折合成的重量，称为体积重量。

由于货舱空间的限制，一般对于低密度货物（Low Density Cargo），即轻泡货物，应考虑将其体积重量作为计费重量。

（2）计算规则。不论货物的形状是否为规则的长方体或正方体，计算货物体积时，均应以最长、最宽、最高的三边的厘米长度为准。长、宽、高的小数部分按四舍五入取整。体积重量按每6 000立方厘米折合1千克计算，即：

体积重量=货物体积÷6 000立方厘米

3.计费重量（Chargeable Weight）

计费重量是指货物的实际毛重与体积重量相比，取其高者；然后在运价表里查出相应费率，相乘即得出运费。但当货物较高计费重量分界点的运费比计得的航空运费低时，则以此分界点的运费作为最后收费依据；反之，则以计得的运费为准。这是航空公司给货主的一项优惠。

国际航空运输协会规定，国际货物的计费重量以0.5千克为最小单位，重量尾数不足0.5千克的，按0.5千克计算；0.5千克以上不足1千克的，按1千克计算。

（五）起码运费

起码运费（Minimum Charges），是航空公司运输一批货物所能接受的最低运费，是航空公司在考虑运送即使很小的一批货物也会产生的固定费用后制定的。

如果承运人收取的运费低于起码运费，就不能弥补运送成本。因此，航空公司通常规定，无论所运送的货物适用哪一种航空运价，所计算出来的运费总额都不得低于起码运费。若计算出的数值低于起码运费，则以起码运费计收，另有规定者除外。

【例5-1】A点至B点，普通货物4千克，M级运价为37.5元，而45千克以下的航空货物N级运价为7.5元，求应收费用。

解：7.5×4=30（元）

计算结果小于M级运费，此批货物应收运费37.5元。

二、公布的航空直达运价

（一）一般货物运价

一般货物运价（General Cargo Rates，GCR）是使用最为广泛的一种运价。当一批货物不能适用特种货物运价，也不属于等级货物时，就应该适用一般货物运价。通常，各航空公司公布的一般货物运价，针对所承运货物数量的不同，运价的分类如下：

（1）45千克（100磅）以下，运价类别代号为N（Normal Rate）。

（2）45千克以上（含45千克），运价类别代号为Q（Quantity Rate）。

（3）45千克以上的，可分为100、200、250、300、500、1 000、2 000千克等多个收费重量分界点，但运价类别代号仍以Q表示。

货物运费一般是以货物的实际毛重或体积重量，乘以相应的重量等级运价得出的。但还要用据此得出的运费与其较高的重量等级分界点所计算出的运费相比，取其中较低者。

【例5-2】PEK（北京）到SXB（斯特拉斯堡）的运价分类如下：

N：18元；Q：14.81元；300千克，13.54元；500千克，11.95元。

（1）普货一件38千克从PEK运到SXB，计算运费。

比较18×38=684（元）和14.81×45=666.45（元）。

取其低者，故该件货物可按45千克以上运价算得的运费666.45元收取。

（2）机械设备自PEK运至SXB，毛重450千克，计算运费。

比较13.54×450=6 093（元）和11.95×500=5 975（元）。

取其低者，故该件货物可按500千克以上运价算得的运费5 975元收取。

（二）特种货物运价

特种货物运价（Specific Commodity Rates，SCR）通常是承运人根据在某一航线上经常运输某一种类货物的托运人的请求，或为促进某地区间某一种类货物的运输，经国际航空运输协会同意，所提供的优惠运价。

国际航空运输协会在公布特种货物运价时，将货物划分为以下类型：

（1）0001—0999：食用动物和植物产品。

（2）1000—1999：活动物和非食用动物及植物产品。

（3）2000—2999：纺织品、纤维及其制品。

（4）3000—3999：金属及其制品，但不包括机械、车辆和电器设备。

（5）4000—4999：机械、车辆和电器设备。

（6）5000—5999：非金属矿物质及其制品。

（7）6000—6999：化工品及相关产品。

（8）7000—7999：纸张、芦苇、橡胶和木材制品。

（9）8000—8999：科学、精密仪器、器械及配件。

（10）9000—9999：其他货物。

其中，每一组又细分为10个小组，每个小组再细分。这样几乎所有的商品都有一个对应的组号，公布特种货物运价时，只需指出本运价适用于哪一组货物即可。

通常情况下，指定商品运价低于相应的一般货物运价。就其性质而言，该运价是一种优惠性质的运价。鉴于此，指定商品运价在使用时，对货物的起讫地点、运价使用期限、货物运价的最低重量起点等均规定有特定的条件。

使用指定商品运价计算航空运费的货物，其航空货运单的"Rate Class"一栏，用字母"C"表示。

在使用指定商品运价时，只要所运输的货物满足下述三个条件，则运输始发地和运输目的地就可以直接使用指定商品运价：①运输始发地至目的地之间有公布的指定商品运价；②托运人所交运的货物品名与有关指定商品运价的货物品名相吻合；③货物的计费重量满足指定商品运价使用时的最低重量要求。

运费计算步骤：①先查运价表，如有指定商品代号，则考虑使用指定商品运价；②查TACT RATES BOOKS的品名表，找出与运输货物品名相对应的指定商品代号；③如果货物的计费重量超过指定商品运价的最低重量，则优先使用指定商品运价；④如果货物的计费重量没有达到指定商品运价的最低重量，则需要比较计算。

（三）等级货物运价

等级货物运价（Class Rates/Commodity Classification Rates，CCR）适用于指定地区内部或地区之间的少数货物运输，通常是在一般货物运价的基础上，增加或减少一定的百分比。

适用等级货物运价的货物通常有以下几种：

（1）活动物、活动物的集装箱和笼子。

（2）贵重物品。

（3）尸体或骨灰。

（4）报纸、期刊、书籍、商品目录、盲人和聋哑人专用设备和书籍等出版物。

（5）作为货物托运的行李。

其中，（1）～（3）项通常按45千克以下的一般货物运价的150%～200%计收，用"S"（Surcharged Class Rate）表示；（4）～（5）项通常按45千克以下的一般货物运价的50%计收，用"R"（Reduced Class Rate）表示。

在航空货运中，除以上介绍的三种公布的直达运价外，还有一种特殊的运价，即成组货物运价（Unit Load Devices，ULD），适用于托盘或集装箱货物。

三、争取优惠运价的注意事项

为争取到较优惠的航空运价，应注意下列事项：

（1）如果有协议运价，则优先使用协议运价。

（2）在相同的运价种类、相同的航程、相同的承运人条件下，公布的直达运价应按下列顺序使用：

①优先使用特种货物运价。如果特种货物运价条件不完全满足，则可以使用等级货物运价和一般货物运价。

②其次使用等级货物运价。等级货物运价优先于一般货物运价使用：

➢ 如果货物可以按指定商品运价计费，但因其重量没满足指定商品运价的最低重量要求，则将指定商品运价计费与一般货物运价计费的结果相比较，取低者；如果该货物同时又属于附加的等级货物，则只允许用附加的等级货物运价和指定商品运价计费的结果相比较，取低者，不能与一般货物运价计费的结果相比较。

➢ 如果货物属于附减的等级货物，其等级货物运价计费则可以与一般货物运价计费的结果相比较，取低者。

（3）公布的运价是一个机场到另一个机场的运价，而且只适用于单一方向。

【例5-3】

Routing：BEIJING，CHINA（BJS）to OSAKA，JAPAN（OSA）

Commodity：FRESH ORANGES

Gross Weight：EACH 71.5kgs，TOTAL 6 PIECES

Dimensions：113×40×24cm×6

计算航空运费。

公布运价如表5-1所示。

表5-1　　　　　　　　　　　　　　公布运价

BEIJING Y.RENMINBI		CN CNY		BJS KGS
OSAKA		JP	M	230.00
			N	37.51
			45	28.13
		0008	300	18.80
		0030	500	20.61
		1093	100	18.43
		2195	500	18.80

解：运费计算如下：

Volume：113×40×24×6 = 650 880（立方厘米）

Volume Weight：650 880÷6 000 = 108.48（千克）≈108.5（千克）

Gross Weight：71.5×6 = 429.0（千克）

Chargeable Weight：429.0千克

查找 TACT RATES BOOK 的品名表，品名编号 "0008" 所对应的货物名称为 "FRUIT，VEGETABLES—FRESH"，现在承运的货物是 FRESH ORANGES，符合指定商品代码 "0008"，货主交运的货物重量符合 "0008" 指定商品运价使用时的最低重量要求。

Applicable Rate：SCR0008／Q300 18.80CNY／KG

Weight Charge：429.0×18.80 = 8 065.20（元）

【例5-4】

Routing：BEIJING，CHINA（BJS）to NAGOVA，JAPAN（NGO）

Commodity：FRESH ORANGES

Gross Weight：EACH 65.4kgs，TOTAL 4 PIECES

Dimensions：128×42×36cm×4

计算航空运费。

公布运价见表5-2。

表5-2　　　　　　　　　　　　　　公布运价

BEIJING Y.RENMINBI		CN CNY		BJS KGS
NAGOVA		JP	M	230.00
			N	37.51
			45	28.13
		0008	300	18.80
		0030	500	20.61
		1093	100	18.43
		2195	500	18.80

解：（1）按普通运价使用规则计算。

Volume：128×42×36×4 = 774 144（立方厘米）

Volume Weight：774 144÷6 000 = 129.024（千克）≈129.0（千克）

Gross Weight：65.4×4 = 261.6（千克）

Chargeable Weight：262.0千克（四舍五入）

分析：由于计费重量没有满足指定商品代码0008的最低重量要求300千克，因此只能先按普通货物来算。

Applicable Rate：GCR／Q4 528.13CNY／KG

Weight Charge：262.0×28.13 = 7 370.06（元）

（2）按指定商品运价使用规则计算。

Chargeable Weight：300.0千克

Applicable Rate：SCR0008／Q300 18.80CNY／kg

Weight Charge：300.0×18.80 = 5 640.00（元）

对比（1）与（2），取运费较低者。

Weight Charge：5 640.00元

【例5-5】从北京运至东京的杂志重为50千克，经查杂志属于附减等级运价，其公布的运价M为230.00，N为37.31，Q为28.13，附减比例为Q运价的50%。试计算该杂志的运费。

解：杂志重为50千克，大于45千克，故运价应选Q，费率为28.13，又因杂志属附减等级货物，实际运价应为Q运价的50%，故运费为：

50×28.13×50%=703.25（元）

❖讨论题

航空运输费用如何计收？

第四节　航空运输进出口业务

一、进口货物航空运输流程

航空货物进口运输代理业务程序，是指代理公司接受收货人的委托办理接货手续，完成货物从入境到提取或转运的整个流程的各个环节所需办理的手续及准备相关单证的全过程。

（一）代理预报

代理预报是指国外发货前，国外代理公司将运单、航班号、件数、重量、品名、收货人及地址、电话等内容通知目的地代理公司，目的是让代理公司做好接货前的准备工作。

（二）交接单货

航空货物入境时，单据一般随机到达。运输工具与货物均处于海关监管之下，货物卸下后存入监管仓库，进行舱单录入，将舱单上的总运单号、收货人、始发站、目的站、件数重量等信息备案给海关留存，以便报关用。同时，根据运单上收货人的地址寄提单、提货通知。交接时要注意单单核对、单货核对。核对后如有问题，应及时处理有关单据和货物。如果发现货物短缺或破损及其他异常情况，应向民航部门索要商务事故记录，作为以后索赔的依据。

（三）理货与仓储

货代公司接货后将货物存入监管仓库，组织理货与仓储。

1.理货

理货时，应逐一核对每票货物的件数，检查有无破损，按照大货、小货，重货、轻货，单票货、混载货，危险品、贵重物品，冷冻冷藏品等分别进仓。

2.仓储

仓储时，注意防雨淋和受潮，货物不能放在露天地点；防重压；防温度变化导致货物变质；防危险品危及人员及其他货物安全；防贵重货物被盗。

（四）理单与到货通知、运单处理

1.理单

将集中托运进口总运单项下的分运单分别整理出来，审核与到货的情况是否一致，制成清单并分别输入海关电脑，以便报关、报验、提货。

2.到货通知

接到货物后，为减少仓储费用支出，应该尽早、尽快、妥当地通知货主到货情况，提醒货主准备好单证报关、提货。

3.运单处理

运单上须盖好监管章（总运单）、代理公司分运单确认章（分运单）、检验检疫章、海关放行章等。

（五）制单、报关

制单指按海关要求，依据运单、发票、箱单及证明文件，制作进口货物报关单。进口报关是进口运输中的关键环节，在向海关申报后，海关会有初审、审单、征税、验放等环节。

（六）提货、收费

1.提货

办完报关、报验等手续后，货主凭盖有海关放行章、检验检疫章的进口提货单到监管仓库付费提货。

2.收费

货代公司发放货物之前，应将费用收妥。应收费用包括：到付运费及垫付佣金、单证报关费、仓储费（冷藏品、冷冻品、危险品、贵重物品）、装卸费、代付费用、关税及垫付佣金等。

（七）送货与转运

国外货主有时会要求将货物直接交给收货人，货代公司可以提供送货上门或国内的转运服务。

二、出口货物航空运输流程

（一）市场销售

市场销售即承揽货物，航空货运代理公司需及时向发货单位介绍本公司的业务范围、服务项目、各项收费标准等。货运代理公司与发货人达成运输意向后，可以向发货人提供所代理的有关航空公司的"国际货物托运书"。发货人发货时，首先需填写托运书，加盖公章，作为货主委托代办货物出口航空运输的依据。

（二）委托运输

发货人委托航空货运代理公司空运出口货物时，应填写托运书，而且托运人必须在上面签字或盖章。托运书（Shipper's Letter of Instruction，SLI）是托运人委托承运人或其代理人填写航空货运单的一种表单，上面列有填制货运单所需的各项内容，并印有授权承运人或其代理人代其在货运单上签字的文字说明。在接受托运人的委托后进行单证操作前，空运代理要对托运书中的价格、航班日期等进行审核；同时，空运代理必须在托运书上签名并写上日期以示确认。

（三）审核单证

托运基本单证应包括发票、装箱单、托运书、报关单、外汇核销单等，特殊单证包括许可证、商检证、进料/来料加工登记手册、索赔/返修协议（正本）、到付保函、关封。

（四）预配舱

空运代理汇总所接受的各票货物的委托，计算出各航线的件数、重量、体积，按照客户的要求和货物重、泡情况，根据各航空公司不同机型对不同板箱的重量和高度要求，制订预配舱方案，并对每票货物配上运单号。

（五）预订舱

空运代理根据所制订的预配舱方案，按航班日期打印出总运单号、件数、重量、体积，向航空公司预订舱。

（六）接受单证

航空货运代理公司接受托运人或其代理人送交的已经审核确认的托运书及报关单证和收货凭证。

（七）填制空运单

承运人或其代理人要依据发货人提供的国际货物托运书填制空运单，空运单须用英文填写。集中托运货物的航空货运单一般包括总运单和分运单。

（八）接收货物

接收货物，即航空货运代理公司把即将发运的货物从发货人手中接过来并运送到自己的仓库。接收货物一般与接单同时进行。对于通过空运或铁路从内地运往出境地的出口货物，货运代理公司按照发货人提供的运单号、航班号、接货地点及接货日期，代其提取货物。如货物已在始发地办理了海关手续，发货人应同时提供始发地海关的关封。接货时，货运代理公司应对货物进行查验并办理交接手续。

（九）标记和标签

1.标记：托运人在货物外包装上书写的有关事项和记号。

2.标签：承运货物的标识。每件货物要拴挂或粘贴有关的标签，对需特殊处理或照管的货物要粘贴指示性标志。

（十）配舱

配舱时，需要核对货物的实际件数、重量、体积与托运书上预报数量的差别，注意对预订舱位、板箱的有效利用、合理搭配，按照各航班机型、板箱型号、高度、数量进行配载。

（十一）订舱

订舱是指将所接收的空运货物向航空公司正式提出运输申请并订妥舱位。货运代理公司订舱时，可依照发货人的要求选择最佳的航线和最佳的承运人，同时为发货人争取最低、最合理的运价。订舱后，航空公司会签发舱单，同时给予装货集装器领取凭证，以表示舱位订妥。

（十二）出口报关

出口报关指发货人或其代理人在货物发运前，向出境地海关办理货物出口手续，直至海关放行的过程。

（十三）出仓单

配舱方案制订好后，可着手编制出仓单。出仓单上应载明日期、承运航班的日期、装载板箱的形式及数量、货物进仓顺序编号、总运单号、件数、重量、体积、目的地三字代码和备注。出仓单交给出口仓库，用于出库计划，出库时点数并向装板箱交接；出仓单交给装板箱环节，是向出口仓库提货的依据，也是制作"国际货物交接清单"的依据；出仓单交给报关环节，当报关有问题时，可有针对性地反馈，以采取相应措施。

（十四）提板箱与装板箱

除特殊情况外，航空货运均以集装箱和集装板运输。航空货运代理公司要根据订舱计划向航空公司申领板、箱并办理相应的手续。

（十五）签单

海关放行货物，在货运单上盖章后，航空货代须到航空公司签单，只有签单确认后才允许将单、货交给航空公司。

（十六）交接发运

交接发运是指向航空公司交单、交货，由航空公司安排航空运输。

（1）交单就是将随机单据和应由承运人留存的单据交给航空公司。随机单据包括航空运单正本（第二联）、发票、装箱单、产地证明、品质鉴定书。

（2）交货即把与单据相符的货物交给航空公司。交货之前必须粘贴或拴挂货物标签，清点和核对货物，填制货物交接清单。大宗货、集中托运货，以整板、整箱称重交接；零散小货按票称重，计件交接。

（十七）航班跟踪

单、货交接给航空公司后，航空公司可能会因航班取消、延误等种种原因，未能按预定时间运出，所以货运代理公司自单、货交给航空公司之日起就需对航班、货物进行跟踪。

（十八）信息服务

货运代理公司应提供多方面信息服务，如订舱信息、审单报关信息、仓库收货信息、交运称重信息、集中托运信息、单证信息等。

（十九）费用结算

费用结算包括与承运人结算费用、与发货人结算费用、与国外代理人结算到期运费和利润分成。

❖ **讨论题**

进出口货物航空运输流程都有哪些？

第五节　航空运单

航空货物运输的凭证被称为"航空货物运单"，在《华沙公约》中被称为"Air Consignment Note"（ACN），《海牙议定书》中被叫做"Air Waybill"。

航空货物运单（Air Waybill）简称航空运单，是航空承运人或其代理人签发的重要的货物运输单据，是承托双方的运输合同凭证，其内容对双方均具有约束力。与海运提单不同的是，航空运单一般不可转让（尽管两个公约都不限制航空运单的转让，但几乎所有航空运单都做成了不可转让的），持有航空运单也并不能说明可以对货物拥有所有权。但根据合同和买卖双方当事人的约定，可凭航空运单向银行办理结汇。

航空运单的正本一式三份，每份都印有背面条款，其中一份交发货人，是承运人或其代理人接收货物的依据；另一份由承运人留存，作为记账凭证；还有一份随货同行，在货物到达目的地，交付给收货人时作为核收货物的依据。

航空运单同时有若干副本（通常6份以上），供相关各方使用。

一、航空运单的主要作用

（一）航空运单是托运人与承运人之间订立的运输合同的证据

航空运单不仅证明航空运输合同的存在，而且航空运单本身就是托运人与航空运输承运人之间缔结的货物运输合同，在双方共同签署后产生效力。

（二）航空运单是承运人签发的已接收货物的证明

航空运单也是货物收据，在发货人将货物发运后，承运人或其代理人就会将其中一份交给发货人（即发货人联），作为已经接收货物的证明。除非另外注明，它是承运人收到货物并在良好条件下装运的证明。

（三）航空运单是承运人据以核收运费的账单

航空运单分别记载着属于收货人负担的费用、属于应支付给承运人的费用和应支付给代理人的费用，并详细列明费用的种类、金额，因此可作为运费账单和发票。承运人往往也将其中的承运人联作为记账凭证。

（四）航空运单是报关单证之一

货物出口时，航空运单是报关单证之一。在货物到达目的地机场进行进口报关时，随机代交收货人的航空运单是收货人核收货物的依据，同时也是向海关申报的基本单证及海关查验放行的主要凭证。

（五）航空运单同时可作为保险证书

如果承运人承办保险或发货人要求承运人代办保险，则航空运单也可用做保险证书。载有保险条款的航空运单又称为红色航空运单（Red Air Waybill）。

（六）航空运单是承运人内部业务的依据

航空运单随货同行，证明了货物的身份。运单上载有有关该票货物发送、转运、交付的事项，承运人会据此对货物的运输做出相应安排。

二、航空运单的分类

（一）航空主运单（Master Air Waybill，MAWB）

凡由航空运输公司签发的航空运单就称为主运单。它是航空运输公司据以办理货物运输和交付的依据，是航空运输公司和托运人订立的运输合同，每一批航空运输货物都有相应的航空主运单。

（二）航空分运单（House Air Waybill，HAWB）

集中托运人在办理集中托运业务时签发的航空运单被称为航空分运。在集中托运的情况下，除了航空运输公司签发的主运单外，集中托运人还要签发航空分运单。

航空分运单作为集中托运人与托运人之间的货物运输合同，当事双方分别为集中托运人和货主；而航空主运单作为航空运输公司与集中托运人之间的货物运输合同凭证，当事双方分别航空运输公司和集中托运人，这种情况下货主与航空运输公司没有直接的契约关系。

三、航空运单的填制

各航空运输公司所使用的航空运单大多借鉴国际航空运输协会所推荐的标准格式，差别不大。所以，这里介绍这种标准格式，又称中性运单。下面就有关需要填写的栏目做简要说明。

第1栏，始发站机场：需填写国际航空运输协会统一制定的始发站机场或城市的三字代码，这一栏应该和第9栏一致。

1A：国际航空运输协会统一编制的航空公司代码，如中国国际航空公司的代码就是999。

1B：运单号。

第2栏，发货人姓名、住址（Shipper's Name and Address）：填写发货人的姓名、地址、所在国家及联络方法。

第3栏，发货人账号：只在必要时填写。

第4栏，收货人姓名、住址（Consignee's Name and Address）：应填写收货人的姓名、地址、所在国家及联络方法。与海运提单不同，由于航空运单不可转让，所以"凭指示"之类的字样不得出现。

第5栏，收货人账号：同第3栏一样，只在必要时填写。

第6栏，承运人代理的名称和所在城市（Issuing Carrier's Agent Name and City）。

第7栏，代理人的国际航空运输协会代码。

第8栏，代理人账号。

第9栏，始发站机场及所要求的航线（Airport of Departure and Requested Routing）：这里的始发站应与第1栏填写的内容一致。

第10栏，支付信息（Accounting Information）：此栏只有在采用特殊付款方式时才填写。

第11栏，11A（C、E）：去往（To）：分别填入第一（二、三）中转站机场的国际航空运输协会代码。

11B（D、F）：承运人（By）：分别填入第一（二、三）段运输的承运人。

第12栏，货币（Currency）：填入 ISO 货币代码。

第13栏，收费代号：表明支付方式。

第14栏，运费及声明价值费（Weight Charge/Valuation Charge，WT/VAL）：此时，可以有两种情况：预付（Prepaid，PPD）或到付（Collect，COLL）。如预付，在14A中填入"×"，否则填在14B中。需要注意的是，航空货物运输中的运费与声明价值费的支付方式必须一致，不能分别支付。

第15栏，其他费用（Other）：也有预付和到付两种支付方式。

第16栏，供运输用声明价值（Declared Value for Carriage）：在此栏填入发货人要求的用于运输的声明价值。如果发货人不要求声明价值，则填入"NVD"（No Value Declared）。

第17栏，海关声明价值（Declared Value for Customs）：发货人在此栏填入对海关的声明价值；或者填入"NCV"（No Customs Valuation），表明没有声明价值。

第18栏，目的地机场（Airport of Destination）：填入最终目的地机场的全称。

第19栏，航班及日期（Flight and Date）：填入货物所搭乘航班及日期。

第20栏，保险金额（Amount of Insurance）：只有在航空运输公司提供代保险业务而客户也有此需要时才填写。

第21栏，操作信息（Handling Information）：一般填入承运人对货物处理的有关注意事项，如"Shipper's Certification for Live Animals"（托运人提供活动物证明）等。

第22栏，22A～22L项是货物运价和运费细节。

22A：货物件数（No.of Pieces）和运价组成点（Rate Combination Point，RCP）：填入货物包装件数，如10包即填"10"。当需要组成比例运价或分段相加运价时，在此栏填入运价组成点机场的国际航空运输协会代码。

22B：毛重（Gross Weight）：填入货物总毛重。

22C：重量单位：可选择千克（kg）或磅（lb）。

22D：运价等级（Rate Class）：针对不同的航空运价共有6种代码，它们是 M（Minimum，起码运费），C（Specific Commodity Rates，特种货物运价），S（Surcharge，高于一般货物运价的等级货物运价），R（Reduced，低于一般货物运价的等级货物运价），N（Normal，45千克以下货物适用的一般货物运价），Q（Quantity，45千克以上货物适用的一般货物运价）。

22E：商品代码（Commodity Item No.）：在适用特种货物运价时，需要在此栏填入商品代码。

22F：计费重量（Chargeable Weight）：此栏填入航空公司据以计算运费的计费重量，该重量可以与货物毛重相同，也可以不同。

22G：运价（Rate/Charge）：填入该货物适用的费率。

22H：运费总额（Total）：此栏数值应为起码运费值或者运价与计费重量两栏数值的乘积。

22I：货物的品名、数量，含尺码或体积（Nature and Quantity of Goods Incl.Dimensions or Volume）：货物的尺码应以厘米或英寸为单位，尺寸分别以货物最长、最宽、最高边为基础。体积则是上述三边的乘积，单位为立方厘米或立方英寸。

22J：该运单项下的货物总件数。

22K：该运单项下的货物总毛重。

22L：该运单项下的货物总运费。

第23栏，其他费用（Other Charges）：指除运费和声明价值附加费以外的其他费用。根据国际航空运输协会规则，各项费用分别用三个英文字母表示。其中，前两个字母是某项费用的代码，如运单费表示为AW（Airway Bill Fee）。第三个字母是C或A，分别表示费用应支付给承运人（Carrier）或货运代理人（Agent）。

第24～26栏，分别记录运费、声明价值费和税款金额，有预付与到付两种方式。

第27～28栏，分别记录需要付给货运代理人（Due Agent）和承运人（Due Carrier）的其他费用合计金额。

第29栏，需预付或到付的各种费用。

第30栏，预付、到付的总金额。

第31栏，发货人的签字。

第32栏，签单时间（日期）、地点、承运人或其代理人的签字。

第33栏，货币换算及目的地机场收费记录。

以上所有内容不一定要全部填入航空运单中，国际航空运输协会也并不反对在航空运单中填入其他所需内容。但这种标准化的单证对航空货运经营人提高工作效率、促进航空货运业向电子商务的方向迈进有着积极意义。

四、航空运单的签字

（1）托运人或其代理人签字（Signature of Shipper or his Agent）：由托运人或其代理人签字，表示托运人同意承运人的装运条款。

（2）承运人或其代理人签字（Signature of Issuing Carrier or its Agent）：航空运单必须经承运人或其代理人签字才能生效。

（3）运单签发日期（Executed on Date）：日期应为飞行日期，如运单在飞行日期前签发，则应以飞行日期为货物装运期。

◈案例题

一票货运代理引发的运费争议案

意大利代理商陈伟明与汇泰公司签订了丝绸服装贸易合同。4月23日，陈伟明与意大利国际货运咨询责任有限公司米兰分公司（以下简称"IFC公司"）签订了一份委托运输合同。合同签订后，陈伟明于同年4月29日传真告知汇泰公司的中介中发公司通知汇泰公司，称此次出口货物包括以后的出口货物都交由IFC公司承运，运费由其在米兰提货时支付。为便于订舱发运，汇泰公司按照陈伟明的要求改用东方航空公司（以下简称"东航"）的《国际货物托运书》。汇泰公司于同年5月至9月间先后7次按照陈伟明的指示将货物送到上海虹桥机场华讯公司的仓库。该公司签收了货物，随后代填并签发了6票东航货运主运单，还委托华丽空运有限公司上海分公司签发一票中国国际航空公司主运单。7票货物于同年5月至9月间陆续运到米兰，陈伟明先后向IFC米兰公司支付了全程空陆运费、清关费及杂费，提取了货物。22个月后，华讯公司致函汇泰公司称，当时汇泰公司委托 IFC 公司，但 IFC 公司与华讯公司有代理协议，现 IFC 公司将收款权移交给华讯公司，要求汇泰公司按照航空分运单支付上海到米兰 7 票货的全程空运费 101 712.824 美元，汇泰公司以运费由外商支付，本公司无支付运费义务为由拒付，双方酿成纠纷。华讯公司向浙江省湖州市中级人民法院起诉，要求汇泰公司支付航空分运单记载的全程空运费及滞纳金共计 126 123.904 美元。

问题：根据本章内容对案例进行分析。

案例解析：

本案中汇泰公司将货物送到华讯公司在上海虹桥机场的仓库，其名称亦被填入航空分运单托运人栏内，但不能因此认为双方构成委托运输关系。按照本案《委托运输合同》的约定，汇泰公司应向 IFC 公司交付货物，汇泰公司将货物送到华讯公司仓库是按照 IFC 公司要求将货物送到指定地点的行为，并非向华讯公司托运，汇泰公司只是按照陈伟明的指示向 IFC 公司交货的付货人。华讯公司接受货物，填制航空货运单并不是接受汇泰公司的委托，而是作为 IFC 公司的发货代理将 IFC 公司收到的货物向航空公司托运的行为。根据我国参加的《华沙公约》第十一条（1）项的规定："在没有相反的证据时，航空货运单是订立合同、接受货物和承运条件的证明。"本案作为东航销售代理的华讯公司虽然签发了航空货运单，但本案有陈伟明与 IFC 米兰公司按照《委托运输合同》履行支付空运费交付货物的事实的相反证据，从而否定了航空分运单作为合同的证明效力。该分运单只是作为证明 IFC 公司收到并发运本案货物的收据。而且华讯公司在 5 月至 9 月间陆续发送货物后，一直未将作为运输合同凭证的航空分运单正本托运人联交给汇泰公司，22 个月后才向汇泰公司主张运费。这种违反《华沙公约》有关规定和不符合国际航空货运代理行业惯例的做法亦说明华讯公司不认为与汇泰公司之间存在委托运输关系。所以，一切费用应由华讯公司自己负责。

本章小结

航空运输作为一种国际贸易货物运输方式，虽然起步较晚，在第二次世界大战以后才开始出现，但由于具有速度快，安全准确，货运质量高，飞行不受地面条件限制，手续简便，节省包装、保险、利息和储存费用等优点，发展十分迅速。虽然其运输成本较高、载运量受到限制，但随着贸易商品结构的变化，高价值、小体积、轻重量的信息产品所占的比例越来越大，商品行情瞬息万变对商品运送速度的要求越来越高，航空货物运输在国际贸易运输中的地位将会进一步提升。国际民用航空组织、国际航空运输协会、国际货运代理协会联合会等国际组织对民航运输业的发展起着重要的推动作用。航空运输的经营方式主要有班机运输、包机运输、集中托运和航空快递业务。在航空货物运价体系中，最主要的是公布的航空直达运价，包括一般货物运价、特殊货物运价和等级货物运价三种计价方式。在航空运输业务单证中，与货主关系密切的主要是航空运单。

关键词汇

国际民用航空组织（International Civil Aviation Organization，ICAO）

国际航空运输协会（International Air Transport Association，IATA）

国际货运代理协会联合会（International Federation of Freight Forwarders Associations，法文缩写 FIATA）

航空运输（Air Transport）　　　　　　航空运单（Air Waybill，AWB）

班机运输（Scheduled Airline）　　　　　包机运输（Chartered Carrier Transport）

集中托运（Consolidation）　　　　　　　航空快递业务（Air Express Service）

一般货物运价（General Cargo Rates，GCR）　起码运费（Minimum Charges）

等级货物运价（Classification Cargo Rates，CCR）

特种货物运价（Specific Cargo Rates，SCR）

复习思考

1. 国际航空货运的特点有哪些？

2. 国际航空货运的方式有哪几种？

3. 航空运单的性质和作用是什么？

4. 为争取到较优惠的运价，选择使用航空运价时应注意哪些事项？

5. 有四批精密仪器都需要从北京空运至香港，都为重货，它们的重量分别为10千克、20千克、35千克、40千克。如分别托运，各需多少运费？如集中托运又需多少运费？（设：一般货物的起码运费为35港元，45千克以下每千克3港元，45千克以上每千克2.5港元）

6. 某公司空运出口一批商品（普货），共计115箱，每箱重15千克，体积为40厘米×44厘米×60厘米，从北京运往美国迈阿密，问该批货物的空运运费为多少？（设M：11.81美元，N：28.65美元；Q：21.62美元；100千克：18.82美元；500千克：15.35美元；1 000千克：15.00美元；2 000千克：14.60美元）

7. 我某出口公司向国外K公司出口一单工艺品，合同规定航空运输。K公司开来信用证要求：装运不晚于6月20日，所有单据需于装运日后5天内向银行议付交单。我出口公司在6月4日向机场办妥了装运手续，并取得了运单。后因连日暴雨，飞机延至7日起飞，又因7日和8日均为双休日，单证人员于10日才向银行办理议付。结果开证行以交单期与信用证不符为由拒付货款，而K公司又借航空运输可以不凭运单提货的有利条件从承运人处提走了货物。

问题：（1）开证行拒付有无道理？

（2）出口公司有无责任？此案如何了结为好？

章后阅读

国际航空运输协会敦促全球航空货运实施三大重要举措

2015年3月10日，国际航空运输协会（IATA，以下简称"国际航协"）敦促全球航空货运采取三项重要举措——货运流程无纸化转型，关注全球药品货运处理标准的制定，确保锂电池安全运输的强制行动。

在上海举行的第九届IATA全球货运大会上，国际航协理事长兼首席执行官汤彦麟先生（Tony Tyler）表示："全球航空货运已经历数年的挑战。令人欣喜的是，2014年出现了自 2010 年以来的首次显著提升，我们期待这一趋势今年能够继续。然而，营收仍低于 2011 年的最高水平，收益也连续第四年下降。对于航空货运，我始终保持乐观的态度。但是我们唯有通过完善业务才能不断提升航空货运的价值。尽管挽回已失收入的征途漫漫，但前景是光明的，因为航空物流企业已经认真地进行战略布局和规划未来。"

2014 年是无纸化货运转型的重要节点，全球电子航空运单（E-AWB）的比例已逾 24%。进一步加强整个航空货运产业链的合作、加强与海关部门的协同是完善工作的重点。在世界各地，越来越多的航线已获得监管部门的批准，其中就包括上海航线，它从 2014 年 11 月加入这一行列。

"尽管仍有许多工作尚待完成以帮助航空物流企业转型，但业界的思维模式已发生了重大变化。通过业界成员的共同努力，我们现在可以展望并实现其他航空货运文件的数字化。"汤彦麟先生表示。业界的目标是在 2015 年实现 45% 的电子航空运单，2016 年则达到 80%。

全球药品货运处理标准将是航空货运夺得每年 600 亿美元的医药物流市场的重要一环。这个行业需要满足客户对货物完整性的期望，同时符合各国和各地区有关监管部门的法律、法规。"如果上述需求无法得到满足，航空货运将失去医药物流这一巨大的市场机遇。与此同时，竞争对手正不遗余力地试图赢得这一机会。"汤彦麟先生补充道。

为帮助航空物流企业提升竞争力，国际航协已推出了新的举措——独立医药物流验证中心（CEIV 医药），评估和验证冷链流程，并提供培训，以保证航空物流企业符合所有适用的标准和法规要求。汤彦麟先生说："CEIV 认证能够帮助相关各方建立信任，让货主放心，敏感货物将被妥善运输直至送达客户。"

锂电池的安全运输仍是行业重点关注的问题。健全的法规和指导业已存在，但并非所有的货主都在认真遵守和执行。中国是锂电池最大的生产国和重要市场，国际航协已拟定中文的锂电池运输指导意见，希望提高业者对这一重要问题的认知，但政府主管部门也需加强管理。"监管机构需加快步伐。虽然行业已积极行动，但如果没有监管，以及在必要时强制执行，货主或许不会严格地遵守相关规定。"汤彦麟先生强调。

样式 5-1 航空运单

Master Airwaybill No.		HOUSE AIRWAY BILL NO.

Shipper's Name and Address

Not negotiable
Air Waybill

Issued by ＡＡＡ國際物流有限公司
AAA INTERNATIONAL LOGISTICS CO., LTD.
Tel: +86-755-8000000   Fax:+86-755-80000000
Aaa@163.com   MSN.aaa@msn.com

Consignee's Name and Address

COPIES MARKED ORIGINAL 1.2 & 3 ARE ORIGINALS AND HAVE SAME VALIDITY

THE SHIPPER("THE CUSTOMER") CERTIFIES THAT THE PARTICULARS ON THE FACE HEREOF ARE CORRECT AND AGREES TO THE CONDITIONS SET OUT ON THE REVERSE SIDE HEREOF WHICH SHALL BE DEEMED TO BE INCORPORATED HEREIN

Accounting Information

Notify Party

Airport of Departure(Addr.of first Carrier) and requested Routing

to	By First Carrier	Routing and Destination	to	by	to	by	Currency	CHGS Code	WT/VAL PPD COLL	Other PPD COLL	Declared Value for Carriage	Declared Value for Customs

Airport of Destination	Flight/Date	For Carrier Use only / Flight/Date	Amount of Insurance	INSURANCE: If shipper requests insurance in accordance with conditions on reverse hereof,indicate amount to be insured in figures in box marked Amount of Insurance.

Handing Information

No of Pieces RCP	Gross Weight	Kg lb	Rate Class Commodity Item No.	Chargeable Weight	Rate Charge	Total	Nature and Quantity of Goods (incl. Dimensions or Volume)

Prepaid	Weight Charge	Collect	Other Charges

Valuation Charge

Tax

Total other Charges Due Agent

Total other Charges Due Carrier

Shipper certifies that the particulars on the face hereof are correct and that insofar as any part of the consignment contains dangerous goods, such part is properly described by name and is in proper condition for carriage by air according to the International Air Transport Association's Dangerous Goods Regulation. Or the International Civil Aviation Organization's Technical Instructions For The Safe Transport of Dangerous Goods By Air, as applicable.

Signature of Shipper or his Agent

Total prepaid	Total collect

Currency Conversion Rate	cc charges in Dest. Currency

Executed On (Date) At (Place) Signature of Issuing Carrier or its Agent

For Carrier's Use only at Destination	Charges at Destination	Total collect Charge

NO.3 ORIGINAL - FOR SHIPPER

NO.1 ORIGINAL - FOR AGENT

COPY 5 (FOR DESTINATION AGENT)

NO.6 - FOR SALES

NO.2 ORIGINAL (FOR CONSIGNEE)

COPY NO.4 (OFFICIAL RECEIPT)

第六章

集装箱运输与国际多式联运

学习目标

✓ 熟悉集装箱运输的特点；

✓ 熟悉集装箱的种类及适用货物；

✓ 了解集装箱货物的交接地点和交接方式；

✓ 掌握集装箱运输费用的计收方法；

✓ 了解集装箱货物的进出口流程；

✓ 熟悉国际多式联运的定义、国际多式联运经营人的概念、特征及责任范围；

✓ 了解目前世界范围内主要的三条大陆桥运输线路。

导读材料

集装箱运费如何核算

案情简介

原告：湛江市启航货运代理公司（简称启航公司）

被告：湛江市百事佳电器有限公司（简称百事佳）

被告：南宁鑫金航物资公司湛江分公司（简称鑫金航）

广州海事法院经审理查明：20××年8月15日，百事佳（卖方）与大众联合（香港）（下称大众，买方，中间商）签订了一份销售合同，约定：百事佳向大众销售"山"牌电饭煲共计2 376包装箱，装入一个40英尺集装箱，贸易条件FOB湛江，总价款18 688美元；起运港中国湛江，卸货地印度新德里，允许转运，不允许分装；装运时间20××年9月30日，电汇付款。8月20日，百事佳向大众开出商业发票一份。

8月27日，原告启航公司（货代）作为托运人，向鑫金航（承运人）办理货物托运手续，托运单上记载：发货人芒特（香港）公司（下称芒特公司），收货人为凭指示，装货港湛江，货名电饭煲，运费预付（Freight Prepaid），服务方式堆场至堆场，一个集装箱的海运费为3 100美元、文件费为17美元。启航公司以托运人的名义在该托运单上盖章；鑫金航以承运人的名义签字盖章，并注明"确认订舱"。9月14日，启航公司向鑫金航支付上述海运费和文件费共计3 117美元。提单上记载：托运人芒特公司，收货人M/SG.K国际，装货港香港，承运船舶"万海"轮，卸货港纽哈瓦，卸货地点Taghlakabad堆场，一个40英尺集装箱，货名电饭煲，从湛江经香港转船至新德里，运费预付到Taghlakabad，装船日期20××年9月7日，提单于9月8日在香港签发。

20××年9月10日，启航公司开出"国际货物运输代理业专用发票"一份，记载付款单位为百事佳，运费3 366美元，以美元付款。该发票已由百事佳的纪金菲领走，但未向启航公司付款。

在目的港，涉案货物被要求交纳12%的服务费。为此，目的港的收货人交纳了1 327美元，并在付给百事佳的货款中扣除了该1 327美元。

百事佳于20××年11月13日致函里集诺集装箱航运公司（Regional Container Lines），指出：你公司向我公司的目的港客户多收取1 327美元是不合理的；由于我公司的目的港客户急需提货，已向贵公司目的港代理支付了此费用。我公司客户已在给我公司的货款中扣除了该1 327美元。此费用不合理，请尽快退还我公司。

原告启航公司诉称：原告与被告百事佳签订了运输合同，约定运费3 366美元。之后，原告又与被告鑫金航签订了运输合同，约定预付运费，从起运地至目的地的运费与附加费为3 117美元。原告已向鑫金航支付了3 117美元，货物已运抵目的地，但百事佳以目的地收货人少付货款1 327美元为由，拒不向原告支付3 366美元运费。为此起诉，请求判令两被告连带返还运费3 366美元，并由两被告承担诉讼费用。

被告百事佳辩称：我方作为货物电饭煲的卖方，与买方大众公司订立了国际货物买卖合同，约定的贸易条件是FOB湛江，由买方订舱。我方并没有以托运人的身份向原告托运货物，委托原告办理运输手续的是货物的最终买家芒特公司，原告应向芒特公司追偿拖欠的运费。我方仅是货物的销售人，没有承担运输（合同）的义务，也没有承诺为运费承担保证责任。请求驳回原告对我方的诉讼请求。

被告鑫金航辩称：我方与原告之间订立的海上货物运输合同合法有效，双方约定的运费为3 117美元，原告已向我方支付该运费，我方已将货物运抵目的地，我方收取运费乃合同权利，应受法律保护。鑫金航与百事佳之间不存在任何法律关系，也没有证据证明两者之间相互承担担保责任，因而要求连带返还代付的运费没有事实根据。

法院判决

广州海事法院根据《中华人民共和国海商法》第69条第1款之规定，做出如下判决：

（1）被告湛江市百事佳电器有限公司向原告湛江市启航货运代理有限公司清偿运费3 366美元。

（2）驳回原告的其他诉讼请求。

案件受理费456元，因独任审判减半收取228元，由被告湛江市百事佳电器有限公司负担。

一审宣判后，双方当事人均未上诉，一审判决已经发生法律效力。

试评析法院对该案例的判决。

第一节　集装箱运输

集装箱（Container）是指具有一定规格和强度的专为周转使用的大型货箱。在我国台湾和香港特别行政区称为"货柜"。集装箱的英文原意是"容器"，但并不是所有的容器都可以称为集装箱。它除了能装载货物外，还需要适应许多特殊要求。

国际标准化组织104技术委员会（International Organization for Standardization Technical Committee 104，ISO/TC104）根据保证集装箱在装卸、堆放和运输过程中的安全需要，在货物集装箱的定义中，提出了作为一种运输设备的货物集装箱，应具备以下条件：

（1）具有耐久性，其坚固强度足以反复使用。

（2）是为便于商品运送而专门设计的，在一种或多种运输方式中无须中途换装。

（3）设有便于装卸和搬运，特别是便于从一种运输方式转移到另一种运输方式的装置。

（4）设计时应注意便于货物装满或卸空。

（5）内容积为1立方米或1立方米以上。

目前，日本、美国、法国等国都全面地引用了国际标准化组织有关集装箱的定义。我国国家标准GB/T1992-2006"集装箱术语"引用了国际标准化组织有关集装箱的上述定义。

一、集装箱运输的优势

集装箱运输是以集装箱作为运输单位进行货物运输的一种最先进的现代化运输方式。严格地讲，集装箱运输并不是一种独立的运输方式，而是一种为了方便运输而采用的货物集装方式。这种运输方式将多种多样的杂货集装于具有统一长、宽、高规格的集装箱体内进行运输，适用于各种运输方式的单独运输和各种不同运输方式的联合运输。

与传统的杂货运输方式相比，集装箱运输具有以下优越性：

（一）装卸效率高

集装箱运输是将单件货物集合起来，装入集装箱，使运输单位成组化，便于机械操作，从而大大提高了装卸效率，加快了船舶周转，同时也降低了装卸劳动强度。

（二）手续简便，货物运送迅速

由于集装箱运输提高了装卸效率，特别适合门到门运输。货物于发货地在海关监管下装箱铅封以后，交给承运人，一票到底，途中无须倒载，大大减少了中间环节，简化了货运程序，加快了货运速度，缩短了货运时间。

（三）减少货损货差，提高货运质量

集装箱坚固耐用，强度大，对货物起着很好的保护作用。由于集装箱在转换运输工具时，不用拆箱、倒载，加之杂货箱水密性好，不易损坏，不怕外界恶劣天气的影响，货物途中丢失的可能性大大降低，货物完好率大大提高。

（四）节省包装费用

集装箱作为一种能反复使用的运输设备，能起到保护货物的作用，从而降低了货物运输时的包装费用。

（五）便于国际多式联运，实现门到门运输

因集装箱运输便于机械操作，提高了装卸效率，可以非常方便地从一种运输工具转换到另一种运输工具上，因此，最适合门到门运输。

二、集装箱标准化和集装箱的种类

（一）集装箱标准化

集装箱标准化是指为了使作为共同运输单元的集装箱在海运、陆运、空运中具有通用性和互换性，提高集装箱运输的安全性和经济性，为集装箱的运输工具、装卸设备的选型、设计和制造提供依据，使集装箱运输成为相互衔接配套、专业化、高效率的运输系统，而为集装箱的各种技术条件，如尺寸、结构、试验方法等建立标准并执行的状态。

为了有效地开展国际集装箱多式联运，必须强化集装箱标准化，进一步做好集装箱标准化工作。

国际标准化组织 104 技术委员会自 1961 年成立以来，对集装箱国际标准做过多次补充、增减和修改，到目前为止，国际标准集装箱共有 13 种规格，其宽度均相同（2 438mm），长度有 4 种（12 192mm、9 125mm、6 058mm、2 991mm），高度有 4 种（2 896mm、2 591mm、2 438mm、低于 2 438mm）。例如：

1A 型 40ft（12 192mm）　　1B 型 30ft（9 125mm）

1C 型 20ft（6 058mm）　　1D 型 10ft（2 991mm）

目前，海上集装箱运输大部分采用 20 英尺和 40 英尺两种。

常用的 20 英尺集装箱外部尺寸为 20ft（foot 英尺）（6 058mm）×8ft（2 438mm）×8ft 6in（inch 英寸）（2 591mm），内容积为 5.69m×2.13m×2.18m，自重 3 吨，载重 21 吨，体积 33m³。

常用的 40 英尺集装箱外部尺寸为 40ft（foot 英尺）（12 192mm）×8ft（2 438mm）×8ft 6in（inch 英寸）（2 591mm），内容积为 11.8m×2.13m×2.18m，钢质箱体自重约 4 吨，载重 26 吨，体积 67m³。

（二）集装箱的种类

从制作材料上看，集装箱主要有铝合金集装箱、全钢集装箱，纤维板集装箱、玻璃钢集装箱、不锈钢集装箱等，都具备一定的抗压、抗拉强度和承重能力。

按货物所装种类或用途不同，集装箱可以划分为以下 8 种：

1. 干货集装箱（Dry Cargo Container，DC）

除液体、冷冻货、活的动物、植物外，在尺寸、重量等方面适合集装箱运输的货物，几乎均可使用干货集装箱（如图 6-1 所示）。这种集装箱样式较多，使用时应注意箱子内部容积的最大负荷，特别是在使用 20 英尺、40 英尺集装箱时更应注意这一点。干货集装箱有时也称为通用集装箱。

2. 散装集装箱（Bulk Container）

散装集装箱（如图 6-2 所示）适用于装运散装的货物，如谷类、饲料、化肥等。使用散装集装箱，可以节约包装费用，提高装卸效率。

图6-1　干货集装箱

图6-2　散货集装箱

3.冷藏集装箱（Refrigerated Container）

冷藏集装箱装（如图6-3所示）有制冷设备，用以装载冷冻货物或冷藏货物。在整个运输过程中，箱内温度可根据所运输货物的需要进行调节，适用于装运因温度变化而容易变质的商品，如鱼、肉、新鲜水果、蔬菜等。

图6-3　冷藏集装箱

4.框架集装箱（Flat Rack Container，FR）

框架集装箱（如图6-4所示）没有箱顶和两侧，由箱底和四周框架构成，适于装载长大、超重、轻泡货物，还便于装载牲畜以及诸如钢材之类可以免除外包装的裸装货。其特点是自重轻，还可以从箱子侧面进行装卸，但密封性差。

图6-4　框架集装箱

5.平台集装箱（Platform Container）

平台集装箱（如图6-5所示）是比框架集装箱还要简化，仅保留箱底的一种特殊结构的集装箱。当需要运输一些超长、超重货物，而它们的尺寸和重量又超过了一个集装箱的承载能力时，就可以把两个这样的集装箱（也就是平台）连接起来使用。

图6-5　平台集装箱

6.罐式集装箱（Tank Container，TK）

罐式集装箱是适用于运送酒类、油类、液体化工品等货物的集装箱，由罐体和箱体框架两部分组成，如图6-6所示。

图6-6　罐式集装箱

7.牲畜集装箱（Live Stock Container）

牲畜集装箱（如图6-7所示）是一种专门为装运动物而制造的特殊集装箱，材料选用金属网，使其通风良好，而且便于喂食，该种集装箱也能装载小汽车。

8.汽车集装箱（Car Container）

汽车集装箱（如图6-8所示）是为专门运输汽车而制造的集装箱，结构简单，通常只设框架与箱底，根据汽车的高度，可装载一层或两层。

图6-7 牲畜集装箱

图6-8 汽车集装箱

三、集装箱的标记

（一）识别标记

识别标记包括箱主代号、顺序号和核对数字。

1.箱主代号

箱主代号是集装箱所有人的代码。国际标准化组织规定，箱主代号以4个大写的英文字母表示，前3位由箱主自行规定，第四个字母一律用"U"表示，是海运集装箱代号，如中远集团的箱主代号为COSU。

为避免出现重复的箱主代号，在使用代号之前箱主应向国际集装箱局（BIC）登记注册，国际集装箱局每半年公布一次已注册的箱主代号一览表。

2.顺序号

顺序号又称箱号，由6位阿拉伯数字组成。如果有效数字不足6位时，则在有效数字前用"0"补足6位。如"068452"。

3.核对数字

核对数字是用来核对箱主代号和顺序号记录是否准确的依据。核对数字一般位于箱号后，以一位阿拉伯数字表示，并加以醒目的方框。

箱主代号中的每一个字母都赋有一个等效数值，顺序号数字的等效数值是其本身。核对数字与箱主代号、顺序号之间存在换算关系。在集装箱货运单据的操作中，如果遇到某集装箱箱主代号、顺序号或核对数字填制不清楚，或在不同单据上的号码不一致，可以通过计算核对确认。

（二）作业标记

集装箱作业标记包括以下三项内容：

1.额定重量和自重标记

额定重量（Max Gross Weight），即集装箱最大重量，是指集装箱的自重和最大允许载货重量的总和。自重（Tare Weight），即集装箱空箱质量（或空箱重量），ISO 668规定应以千克（kg）和磅（lb）同时表示。

2.空陆水联运集装箱标记

由于空陆水联运集装箱的强度仅能堆码两层，否则箱体的强度无法承受外部的负荷，因此国际标准化组织对该集装箱规定了特殊的标记。该标记为黑色，应置于侧壁和端壁的左上角，并规定标记的最小尺寸为：高127毫米，长355毫米，字母标记的字体高度至少为76毫米。

3.登箱顶触电警告标记

登箱顶触电警告标记为黄色底上做黑色三角形，一般设在罐式集装箱箱顶上和位于邻近登箱顶的扶梯处，以警告登梯者有触电危险。

（三）自选标记

1.识别标记

（1）国家和地区代号

国家和地区代号表明集装箱的登记国和地区。按ISO 3166的规定，应以两个字母代号表示，而以前使用的三个字母代号，目前仍暂可同时使用。如中国用CN表示，美国用US表示。

（2）尺寸代号

按ISO 6346的规定，集装箱的尺寸代号应由两位阿拉伯数字组成，用以表示集装箱的尺寸大小。例如，20表示20英尺长、8英尺高的集装箱。

（3）类型代号

类型代号用以说明集装箱的类型，由两位阿拉伯数字组成。

2.作业标记

（1）超高标记

凡高度超过2.6米的集装箱应贴上超高标记。该标记为在黄色底上标出黑色数字和边框，贴在集装箱每侧的左下角，距箱底约0.6米处，同时应贴在集装箱主要标记下方。

（2）国际铁路联盟标记

国际铁路联盟标记是在欧洲铁路上运输集装箱的必要通行标记。凡符合《国际铁路联盟条例》规定的技术条件的集装箱，都可以获得此标记。

此外，集装箱在运输过程中要能顺利地通过他国国境，箱上还必须贴有按规定要求的各种通行标记，否则必须办理烦琐的证明手续，导致集装箱的周转时间延长。集装箱上的主要通行标记有安全合格牌照、集装箱批准牌照、检验合格徽记等。

四、集装箱货物装箱及交接地点、交接方式

（一）集装箱货物装箱方式

集装箱运输是将一定数量的单件货物装入标准规格的集装箱内，以集装箱作为运送单位进行的运输。这种运输方式改变了传统的货物流通途径，在集装箱货物的流转过程中，其流转形态分为两种：一种为整箱货，另一种为拼箱货。

1. 整箱货（Full Container Load，FCL）

整箱货是货主自行将货物装满整箱后，以箱为单位进行托运的集装箱运输方式。整箱托运时，如果托运人使用的是承运人的集装箱，需要先将空的集装箱运到托运人的工厂或仓库；随后，货主安排货物装箱，同时可以要求海关人员监管装箱作业，并在装货作业完成后给集装箱加锁和海关铅封；接着，承运人将装满货物的集装箱运到集装箱场站，托运人取得场站收据；最后，托运人凭场站收据换取提单或运单。如果货主使用的是自备箱，就可以省略第一步的调空箱的过程，其他程序不变。

2. 拼箱货（Less than Container Load，LCL）

如果托运人运送的货物数量较少，不足以构成一个整箱，就可以使用承运人提供的拼箱服务。在拼箱服务中，承运人会将来自不同托运人的货物按照其性质、数量、目的地进行分类、整理，把去往同一目的地的一定数量的货物拼装入一个集装箱内，这种集装箱运作方式称为拼箱。到目的地后，如果由承运人安排将集装箱内的货物取出，货主自提或由承运人送货到收货人指定的工厂或仓库称为拆箱。拼箱货的分类、整理、集中、装箱（拆箱）、交货等工作均在承运人码头集装箱货运站或内陆集装箱转运站进行。

（二）集装箱交接地点

集装箱交接地点指发（收）货人与承运人之间交接货物、划分责任风险和费用的地点，主要有集装箱堆场、集装箱货运站，或者买卖双方约定的特定地点，一般是工厂或仓库大门。

1. 集装箱堆场（Container Yard，CY）

集装箱堆场也被称为场站，是办理集装箱重箱或空箱装卸、转运、保管、交接的场所。对海运集装箱出口来说，堆场的作用就是把所有出口客户的集装箱在某处先集合起来（不论通关与否），到了截港时间之后，再统一上船（此时必定已经通关）。也就是说，堆场是集装箱通关上船前的统一集合地，在堆场的集装箱货物等待通关，这样便于船公司、海关等进行管理。

2. 集装箱货运站（Container Freight Station，CFS）

集装箱货运站是拼箱货装箱和拆箱的船、货双方办理交接的场所。它的经营者代表承运人负责办理下列业务：①将箱子送往 CY，并接受 CY 交来的进口货箱；②拼箱货的理货和交接；③对货物外表进行检验时，如发现有异状，办理批注；④拼箱货的配箱积载和装箱；⑤进口拆箱货的拆箱和保管；⑥代承运人加铅封并签发站收据；⑦办理各项单证和编制等。

（三）集装箱货物的交接方式

集装箱货物的交接方式，根据贸易条件所规定的交接地点不同一般分为：

1. 门到门交接（Door to Door）

在这种交接方式下，货物都是整箱交接，货主将货物在工厂或仓库装箱后，直接在此地将箱交给承运人，承运人负责全程运输，直到运到收货人的工厂或仓库为止。这种全程运输称为"门到门"运输。

2.门到场交接（Door to CY）

在这种交接方式下，货物也是整箱交接，货主将货物在工厂或仓库装箱后，直接在此地将箱交给承运人，承运人负责将货物运至目的地或卸箱港的集装箱堆场（CY）。

3.门到站交接（Door to CFS）

承运人在发货人的工厂或仓库接货后再运输到目的地或卸箱港的集装箱货运站。

4.场到门交接（CY to Door）

承运人或运输经营人在码头堆场或内陆集装箱堆场收货（以整箱的方式），并负责运输至收货人的工厂或仓库为止。

5.场到场交接（CY to CY）

承运人或运输经营人在码头堆场或内陆集装箱堆场收货（以整箱的方式），并负责运输至卸货码头堆场或内陆集装箱堆场，在堆场向收货人交货（以整箱的方式）。

6.场到站交接（CY to CFS）

承运人或运输经营人在码头堆场或内陆集装箱堆场收货（以整箱的方式），并负责运输至卸货码头集装箱货运站或内陆集装箱货运站，通常经拆箱后向收货人交货。

7.站到门交接（CFS to Door）

运输经营人在装货港码头的集装箱货运站或内陆集装箱货运站接收货物，运输至收货人的工厂或仓库。在这种方式下，通常是拼箱接、整箱交。

8.站到场交接（CFS to CY）

运输经营人在装货港码头的集装箱货运站或内陆集装箱货运站接收货物，并负责将货物运至目的地或卸箱港的集装箱堆场。

9.站到站交接（CFS to CFS）

运输经营人在装货港码头的集装箱货运站或内陆集装箱货运站接收货物，并负责运输至卸货码头的集装箱货运站或内陆集装箱货运站。在这种方式下，通常是拼箱交接。

从上述可以总结出对货主而言的集装箱货物的4种交接方式：

第一种，整箱交、整箱接（FCL/FCL），货主在工厂或集装箱堆场把整箱交给承运人，收货人在目的地也整箱接货，"门到门"、"门到场"、"场到门"和"场到场"都是这种方式。

第二种，整箱交、拆箱接（FCL/LCL），货主在工厂或集装箱堆场把整箱交给承运人，在目的地的集装箱货运站由承运人拆箱后，各收货人凭单接货，"门到站"和"场到站"就是这种方式。

第三种，拼箱交、拆箱接（LCL/LCL），货主将不足整箱的小票托运货物在集装箱货运站交给承运人，由承运人负责装箱和拼箱，在目的地货运站同样由承运人拆箱后，收货人凭单接货，"站到站"就是这种方式。

第四种，拼箱交、整箱接（LCL/FCL），货主将不足整箱的小票托运货物在集装箱货运站交给承运人，承运人负责装箱和拼箱，到目的地集装箱堆场或收货人仓库，收货人整箱接货，"站到门"和"站到场"就属于这种方式。

五、集装箱运输费用

（一）不同交接方式的集装箱运价构成

集装箱运输将传统的货物交接从港口向内陆延伸，使承运人的责任、费用及风险扩大到内陆港口、货运站、货主的工厂等交接地点，这使得集装箱的运价构成因素有所增加。总的说来，集装箱运价的构成因素有：海上运费、港口装卸费、内陆运费、内陆港站中转费、拆装箱费、集装箱使用费以及各种承运人加收的附加费等。

集装箱运输中最经常采用的货物交接方式有场到场交接（CY-CY）、场到站交接（CY-CFS）、站到站交接（CFS-CFS）三种，不同交接方式的运价构成因素是不同的。

1.场到场交接（CY-CY）方式的运价构成

在场到场交接（CY-CY）方式下，货物是以整箱形态进行交接的。装拆箱及运输两端集装箱堆场以外的运输由发货人、收货人自己完成。承运人负责运输两端堆场到堆场之间的一切责任、费用。这时，构成运价的成本主要有：起运港堆场、码头服务费（包括接收货物、堆场存放、搬运至船边装卸桥下的各种费用），装船费，海上运费（包括各种附加费），卸船费，卸货港堆场、码头服务费，集装箱使用费等。堆场、码头服务费一般都采用包干形式计收。

2.场到站交接（CY-CFS）方式的运价构成

在场到站交接（CY-CFS）方式下，承运人以整箱形态接收货物，运抵目的港后在CFS交付货物。这时，构成运价的成本主要有：装卸两港的堆场、码头服务费，装船费与卸船费，海上运费及附加费，集装箱使用费，目的港CFS的拆箱服务费（包括重箱搬运费、拆箱费、货物在CFS的存储费、空箱运回堆场的费用等）。

3.站到站交接（CFS-CFS）方式的运价构成

在站到站交接（CFS-CFS）方式下，货物是以拼箱形态交接的。这时，构成运价的成本主要有：起运港的装箱服务费、堆场服务费、装船费、海上运费、目的港卸船费、目的港堆场服务费、拆箱服务费及集装箱使用费等。

集装箱运输是一种班轮运输形式，它的运价也采用运价本的形式予以公开。运价本中包括了不同航线不同类别货物的各种费用收取标准。

（二）内陆运输费

1.拖车运费

传统的卡车运输是以车的标准吨位按千米计算并计收运费的，计费单位是箱/千米。在往返线路上，重去空回，或空去重回的，收单程运费；往返距离不等的按远者计算；专程运送空箱的按单程计收费用。通常，集装箱拖车运费都定有一个基本运距，超过此运距的，可享受运费减成；达不到此运距的，实行运费加成。

2.火车运费

目前，我国的铁路集装箱专用车很少，一般都用50吨或60吨车皮装运两个20英尺集装箱或一个40英尺集装箱，按40吨收取9号运费。用这种办法运集装箱，铁路局每个车皮要少收10吨～20吨的运费。前几年，我国已进行过专用列车试验，结果表明其运费水平高于目前的9号运费，低于同区段的卡车运费。

3.内河运费

内河主要指长江沙市（现荆州市）下游的主要港口（武汉、九江、芜湖、南京、张家港和南通）。我们应当尽快建立内陆集装箱运输网络，制定和完善运费体系。

4.拼箱服务费

拼箱服务费主要包括 CFS-CY 之间空、重箱的运输、理货，CFS 内的搬运费、分票费、堆存费、装拆箱费以及签发站收据费、装箱单制作费等各项费用。CFS 一般按运费吨位作为收货单位。

5.堆场服务费

堆场服务费也称码头管理费，包括在装货港 CY 接收来自货主或 CFS 的整箱货，以及堆存和搬运至装卸桥下的费用。多数船公司将这部分费用包括在海洋运费中。CY 费用另行支付的（即不包含在运费中），都以运费吨为单位。

6.集装箱机器设备使用费

当货主使用的集装箱及底盘车由承运人提供时，就会发生这种费用。另外，它还包括集装箱从底盘车上吊上吊下的费用以及延滞费。

（三）集装箱海运费

1.件杂货运费的计算方法

目前，各船公司拼箱货运费基本上依据件杂货运费的计算标准计算，即按公司运价本规定的（或双方议定的）W/M 费率计算基本运费，再加收集装箱运输所产生的有关费用，如拼箱服务费、支线附加费、超重或超尺度附加费等。

拼箱货运费的计收应注意以下几点：

（1）拼箱货运费的计算是与船公司或其他类型的承运人承担的责任和成本费用一致的，拼箱货由 CFS 负责装、拆箱，承运人的责任从装箱的 CFS 开始到拆箱的 CFS 为止。接收货物前和交付货物后的责任不应包括在运价之内。装拆箱的 CFS 应为承运人拥有或接受承运人委托办理有关业务。

（2）承运人在运费中加收拼箱服务费等常规附加费后，不再加收件杂货码头收货费用。承运人运价本中规定 W/M 费率后，基本运费与拼箱服务费均按货物的重量和尺码计算，并按其中高者收费。

（3）拼箱货起码运费按每份提单收取，计费时不足 1 公吨部分按 1 公吨收费。

（4）在拼箱运输中，承运人一般不接受货主提出的选港和变更目的港的要求，因此没有变更目的港的附加费。

（5）各公司的 W/M 费率多数采用等级费率。货物大多分为一般货物、半危险货物、危险货物、冷藏货物 4 类，并分别定出 W/M 费率。

（6）尽管各公司运价本中都说明了各航线的等级费率，但在激烈的竞争形势下，一些公司经常采用议价形式，其基本费率和附加费用可能与运价本不一致。有的公司甚至只报一个 M/W 费率而不加收附加费。

（7）对于符合运价本中有关成组货物的规定和要求，并按拼箱货托运的成组货物，一般给予运价优惠。如托盘运输，计费时可扣除托盘本身的重量或尺码。

2.整箱货运费的计收

世界上大多数船公司对整箱货集装箱的海运费一般都采用包箱费率（Box Rates）。这种包箱费率是各公司根据自身情况，按箱子的类型制定的不同航线的包干运价，既包括集装箱海上运输费用，也包括在装、卸船港码头的费用。集装箱港口装卸费一般也是以箱为单位计收的，大多采用包干费形式（装卸包干费与中转包干费）。另外，集装箱在运输全程中，在起运地、中转地、终到地堆场存放超过规定的免费堆存期时收取的延运费（滞期费）一般也都是按箱以天数计收的。集装箱运输中以箱计费的特点，使集装箱运输的计费方式实现了统一化和简单化，大大方便了运输经营人和货主。

包箱费率可分为两类：等级货物包箱费率和均一包箱费率。前者是按货物的类别、级别和不同箱型规定的包箱费率；后者则是不论货物的类别（危险品、冷藏货除外），只按箱型规定的包箱费率。

根据中国远洋运输（集团）公司（以下简称"中远公司"）使用的交通部"中国远洋货运运价本"，包箱费率主要有以下三种：

（1）FAK包箱费率（Freight for All Kinds）。这种包箱费率是对每一集装箱不细分箱内货物的货类级别，不计货量（当然是在重量限额以内），只按箱型统一规定的费率计费，也称为均一包箱费率。

采用这种费率时，货物仅分为普通货物、半危险货物、危险货物和冷藏货物4类，不同类的货物、不同尺度（20ft/40ft）的集装箱费率不同。

（2）FCS包箱费率（Freight for Class）。这种费率是按不同货物种类和等级制定的包箱费率。在这种包箱费率下，一般将货物分为普通货物、非危险化学品、半危险货物、危险货物和冷藏货物等几大类。其中，普通货物与件杂货一样为1～20级，各船公司运价本中按货物种类、级别和箱型规定包箱费率，但集装箱货的费率级差要远小于件杂货费率级差。

使用这种费率计算运费时，先要根据货名查到等级，然后按航线、货物大类等级、交接方式和集装箱尺寸查询，即可得到单位集装箱的运费。一般低价货费率高于传统运输费率，高价货费率则低于传统运输费率；同一等级货物，实重货运价高于体积货运价。

（3）FCB包箱费率（Freight for Class and Basis）。它是指在FCS包箱费率的基础上，进一步按货物的重量或体积计费标准（W/M）来确定集装箱的包箱费率，即按不同货物的类别、等级（Class）及计费标准（Basis）制定的包箱费率。同一级费率因计算标准不同，费率也不同。使用这种费率计算运费时，首先不仅要查清货物的类别、等级，还要查明货物是以体积还是以重量作为计算单位，然后按等级、计费标准及交接方式、集装箱尺寸等查询单位集装箱的运费。如8～10级、CY-CY交接方式、20英尺集装箱货物如按重量计费为1 500美元，如按尺码计费则为1 450美元。由于这种计费方式太过烦琐，在实际业务中很少使用。

【例6-1】商品A从加拿大进口，装货港是蒙特利尔，卸货港是大连新港。商品A的体积是每箱0.164立方米，每箱装60只。试分别计算进口数量为5 000只和9 120只的海运费。

（1）计算产品体积：

进口数量为5 000只，总体积=5 000÷60×0.164=13.667（立方米）

进口数量为9 120只，总体积=9 120÷60×0.164=24.928（立方米）

（2）查运价：查得蒙特利尔港运至大连新港的海运费分别是：每20英尺集装箱USD1 350，每40英尺集装箱USD2 430，拼箱每立方米USD65。

20英尺集装箱的有效容积为25立方米，40英尺集装箱的有效容积为55立方米。根据计算结果来看，5 000只的海运费宜采用拼箱，9 120只的海运费宜采用20英尺集装箱。

（3）计算运费总额：

进口数量为5 000只，海运费=13.667×65=888.36（美元）

进口数量为9 120只，海运费=1 350（美元）

3.最低运费（Minimum Freight）

为了保证营运收入不低于营运成本，各船公司都制定了起码的收费标准（即最低运费）。在集装箱运输中，各船公司最低运费的规定形式不尽相同，基本上可归纳为下面几种形式：

（1）规定最低货物等级。这种计算方法适用于按货物等级计收运费的情况，可使船公司在承运低等级货物时不致亏损，如以7级为最低收费等级，低于7级的货物以7级计算。

（2）规定最低箱载利用率。这种方法是通过规定集装箱载重量及容积最低利用率来间接地规定最低运费吨。例如，可载货18t、32m³的20ft箱，对计算标准为W/M的货物规定为95%/85%，意味着规定了最低载货吨为17.1t/27.2m³。

（3）在整箱运输下，根据箱子的种类和规格（尺度）规定最低运费吨。

（4）在拼箱运输下，规定每票货物的最低运费吨。

4.最高运费（Maximum Freight）

最高运费仅适用于集装箱整箱运输。其含义是即使货主实际装箱的货物尺码吨超过规定的最高计费吨，承运人仍按箱子的计费吨收取运费，超出部分免收运费。

规定最高运费的目的在于鼓励托运人采用集装箱装运货物，同时最大限度地利用集装箱的容积。各船公司规定的最高计费吨一般习惯按箱子内容积的85%计算，因此当装运轻泡货物时，可能会发生实际装载货物的尺码超出箱子规定的最高计费吨的情况，这样，超出部分免收运费。值得注意的是，国际标准对集装箱总重量有严格规定，最高运费只适用于按尺码吨计算运费的货物，而不适用于按重量计费的货物，超重是绝对不允许的。

如某船公司规定20ft干货箱最高计费吨为21.5m³，而箱内实装货物的体积达到27m³，但重量没有超过20ft干货箱的最大载重限制，那么运费仍按21.5m³计收，超出的5.5m³免收运费；如果27m³的货物重量超出20ft干货箱的最大载重限制，那么不是最高运费的问题，而是根本不允许超重。

5.集装箱附加费

集装箱运输有时要加收附加费，包括：变更目的港附加费、变更交货方式附加费、重件（由CFS装箱）附加费、港口附加费、选卸附加费、燃油附加费等。这些附加费有的按箱计收，有的按箱内货物量（M/W）计收。

（四）节省集装箱货物运费的途径

1.合理利用箱容和载重量

集装箱运价实行包箱费且有最高收费限制，意味着箱内货物装得越多，免费部分就越多，运费节省也越多。

一般来讲，20英尺集装箱适于装运装载系数为1∶1.8或更轻的货物。货方在装箱时，可以通过每箱中不同种类货物的合理搭配来充分利用箱容和载重量，达到节省费用的目的。

2.改进货物包装

有些货物因外包装形状、尺码与箱子内部尺寸不相适应而造成箱容的浪费，对于该种货物，可以改进其包装形式。

3.运费承受能力差的低价货物尽量不装箱运输，高价货物使用集装箱运输

集装箱货等级费率与传统件杂货等级费率相比，差别主要体现在如下几个方面：首先是计费级别较少，如中远6号本只划分4个计费等级，与传统运输费率的对应关系分别为1~7级、8~10级、11~15级和16~20级；其次是各级费率差较小，分别为57美元、61美元、65美元和74美元；最后是等级低的货物费率高于传统货运，而等级高的货物费率大大低于传统货运。

在这种情况下，诸如矿石、铸铁件、粮食、饲料等等级低于最低运费等级（7级）的货物采用普通件杂货船运输，而不用集装箱运输，可节省费用；反之，高于10级甚至高于最高运费等级16级（有的航线是14级）的货物使用集装箱运输要便宜得多。等级越高，使用集装箱运输越能节省运费。

六、集装箱出口货运流程

具体来说，集装箱的出口货运主要包括以下程序：

（一）订舱

订舱（Booking）是指托运人或其代理人向承运人或其代理机构等申请货物运输，承运人对此申请给予承诺的行为。发货人（在FOB价格条件下，也可以是收货人）应根据贸易合同或信用证条款的规定，在货物出运之前的一定时间内，填制订舱单向船公司或其代理人，或经营集装箱运输业务的其他人提出订舱申请。很多情况下，发货人委托货运代理来办理有关订舱的业务。

（二）承运

承运是指船公司或其代理人，或经营集装箱运输业务的其他人接受订舱或托运申请的行为。船公司或其代理人，或负责集装箱运输业务的其他人根据货主的订舱申请，考虑其航线、船舶、港口条件、运输时间等方面能否满足发货人的要求，从而决定是否接受订舱申请。一旦接受订舱申请，应审核托运单，确认无误后，在装货单联〔场站收据副本（1）〕上签章，表明承运货物。同时，应根据托运单编制订舱清单，然后分送集装箱码头堆场、集装箱货运站，据此办理空箱的发放及重箱的交接、保管以及装船等一系列业务。

（三）发放空箱

一般来说，集装箱是由船公司免费提供给货主或集装箱货运站使用的，货主自备箱的比例较小。

在整箱货运输时，空箱由发货人到指定的集装箱码头堆场领取；拼箱货运输时，则由集装箱货运站负责领取空箱。在领取空箱时，必须提交集装箱发放通知书。发货人办理交接时，应与集装箱码头堆场的业务人员一起对集装箱及其附属设备的外表状况进行检查，并分别在设备交接单（出场）上签字确认。

（四）货物装箱

集装箱货物有整箱货和拼箱货之分，其各自的装箱作业也不相同。在整箱货的情况下，货主自行完成货物的装箱，并填制装箱单。对于拼箱货，发货人将不足一整箱的货物运至集装箱货运站。货运站根据订舱清单的资料，核对无误后接管货物，并签发场站收据给发货人；集装箱货运站将分属于不同货主的零星货物拼装到同一个集装箱内，并填制装箱单。

（五）整箱货交接

发货人自行负责装箱的整箱货，通过内陆运输至集装箱码头堆场。码头堆场对集装箱进行检验后，与货主共同在设备交接单上签字确认，并根据订舱清单，核对场站收据和装箱单，接收货物。

（六）集装箱交接签证

集装箱码头堆场在验收货箱后，即在场站收据上签字，并将签署的场站收据交还发货人，由发货人据此换取提单。

（七）换取提单

发货人凭经集装箱堆场或货运站的经办人员签署的场站收据，向集装箱运输经营人或其代理人换取提单，然后去银行结汇货款。

（八）装船

集装箱码头堆场或集装箱装卸区根据接受待装的货箱情况，制订装船计划，在船舶到港前将待装集装箱移至前方堆场，船靠泊后完成装船作业。

七、集装箱进口货运流程

集装箱的进口货运包括卸货、接运、报关、报验、转运等多项业务，涉及多种运输方式的承运人、港口、海关、检验检疫等管理机构。其主要货运程序如下：

（一）卸船准备

船公司在卸货港的代理人在收到装货港的船公司或其代理人寄来的有关单证后，就开始进行一系列的准备工作。船舶到港前，船公司在卸货港的代理人要联系集装箱码头堆场，为船舶进港、卸货以及货物的交接做好准备工作；联系集装箱货运站，为拼箱货的拆箱作业做好准备工作。此外，船公司在卸货港的代理人还要向收货人发出进口货物的提货通知书，通知收货人做好提货准备。

（二）卸船拆箱后，发放到货通知

卸货港的集装箱码头堆场根据装货港寄来的相关单证，制订卸船计划。船舶进港靠泊后，进行卸船作业。一般来说，集装箱从船上卸下来后，如果是在堆场的整箱交接，则将集装箱安置在码头后方的堆场，向收货人发出到货通知；如果是拼箱货，则需要先将集装箱运送到指定的集装箱货运站，进行拆箱、分票、整理后，再发出到货通知，要求收货人及时来提取货物。

（三）换取提货单

收货人收到到货通知后，凭此通知和正本提单向船公司或其代理人换取提货单。船公司或其代理人对各单据进行核查，审核无误后，收回到货通知和正本提单，签发提货单给收货人。如果是运费到付的方式，换单前收货人还要付清运费。在实际业务中，由于种种原因（如提单流转慢），货已到港，收货人可能还未得到提单，急于提取货物的收货人往往出具保证书来换取提货单，等提单收到后再注销保证。

（四）报关、报验

根据国家有关法律、法规的规定，进口货物办理验放手续后，收货人才能提取货物。因此，收货人在换取了提货单后，还必须凭提货单和其他报关单证，及时地办理有关报关、报验手续。

（五）交付货物

经海关验收，并在提货单上加盖海关放行章后，收货人就可以在指定的地点凭收货单提取货物，完成货物的交付。整箱货的交付是在集装箱堆场进行的；拼箱货的交付是在集装箱货运站完成的。堆场或货运站凭海关放行的提货单，与收货人结清有关费用（在货运过程中可能产生的相关费用，如滞期费、保管费、再次搬运费等）后交付货物。

在交付整箱货或拼箱货时，集装箱堆场或集装箱货运站的经办人员还必须会同货主或货主的代理人检查集装箱或货物的外表状况，填制集装箱设备交接单（出场），双方在记载了货物状况的交货记录上签字，作为交接证明，各持一份。

◈讨论题

不同交接方式下，集装箱运价的构成因素都有哪些？

第二节　国际多式联运

一、国际多式联运的定义

国际多式联运（International Multimodal Transport，IMT）是在国际集装箱运输的基础上发展起来的一种新型的运输形式。它是以集装箱为媒介，把公路、铁路、水路和航空等传统的运输方式有机地结合起来，组成一个综合连贯的运输系统，以便更好地实现"门到门"运输，为货主提供经济、合理、迅速、安全、便捷的运输服务。在国际贸易中，由于85%～90%的货物都是通过海运完成的，所以海运在国际多式联运中占据主导地位。

1980年《联合国国际货物多式联运公约》（United Nations Convention on International Multimodal Transport of Goods，以下简称《多式联运公约》）规定："国际多式联运，是指按照多式联运合同，以至少两种不同的运输方式，由多式联运经营人将货物从一国境内接管货物的地点运至另一国境内指定交付货物的地点。"

《中华人民共和国海商法》第102条规定："本法所称多式联运合同，是指多式联运经营人以两种以上的不同运输方式，其中一种是海上运输方式，负责将货物从接收地运至目的地交付收货人，并收取全程运费的合同"。该法间接地对多式联运进行了定义，但强调必须有一种是海上运输方式。

国际多式联运的英文表达方式有 Intermodal Transport，Multimodal Transport 和 Combined Transport 等几种。《多式联运公约》中使用了 Multimodal Transport，国际商会《多式联运单证统一规则》中则使用了 Combined Transport。

二、国际多式联运经营人

（一）国际多式联运经营人的概念

根据《多式联运公约》的规定，多式联运经营人（Multimodal Transport Operator，

MTO）是指本人或通过其代表与发货人订立多式联运合同的任何人，他是事主（而不是发货人的代理人或代表），或参加多式联运的承运人的代理人或代表，负有履行合同的责任。

国际多式联运经营人可以分为两种：

（1）有船承运人为国际多式联运经营人。船舶运输经营人传统上只提供港到港的船舶运输服务，并承担货物在此期间的责任。随着集装箱运输的发展，许多船舶运输经营人将服务从港口向两端延伸，通过与其他运输方式的承运人订立分运合同来组织完成国际多式联运。

（2）无船承运人为国际多式联运经营人。在接收货物后，将运输委托给各种方式的运输承运人进行，但本人对货主仍负责。国际无船多式联运经营人可以分为以下几种：

第一，除船舶运输经营人以外的承运人，通常从事某些类型的运输业务，如公路运输、铁路运输和航空运输，不拥有或经营船舶运输，但通常与船舶运输经营人订立分运合同，以国际多式联运经营人的身份提供国际多式联运服务。

第二，不拥有或不经营任何运输工具的货运代理人、报关经纪人以及仓储装卸公司。这些人不是任何一种运输方式的经营人，不拥有任何运输工具，但以国际多式联运经营人的身份组织安排货物的全程运输，承担全程责任，签发国际多式联运单证。

第三，提供国际多式联运服务的专业多式联运公司。

（二）国际多式联运经营人的基本特征

根据国际多式联运的国际法、国际惯例和国内法，作为国际多式联运的主体，国际多式联运经营人应具备以下基本特征或条件：

（1）国际多式联运经营人本人或其代表必须就多式联运的货物与货主本人或其代表订立多式联运合同，而且该合同至少使用两种不同运输方式完成货物全程运输，同时合同中的货物是国际货物。

（2）国际多式联运经营人自货主或其代表处接管货物时起即签发国际多式联运单据，并对接管的货物开始负有责任。国际多式联运经营人需要把具有不同特点的运输方式有机地整合在一起，完成或组织完成全程运输，并对全程运输负责。

（3）国际多式联运经营人必须承担国际多式联运合同规定的与运输或其他服务有关的责任，并保证将货物交给国际多式联运单证的持有人或单证中指定的收货人。

（4）对于运输全过程中所发生的货物灭失或损害，国际多式联运经营人首先对货物受损人负责，并应具有足够的赔偿能力。

（5）国际多式联运经营人应具备多式联运所需要的、与其相适应的技术能力，并确保自己签发的国际多式联运单证的流通性，使其作为有价证券在经济上具有令人信服的担保程度。

（三）国际多式联运经营人的责任范围

国际多式联运经营人的责任期间，从接收货物时起到交付货物时止，在此期间国际多式联运经营人对货主负全程运输责任。根据国际多式联运经营人责任的范围和赔偿限额，目前国际上有三种类型和做法：

1.统一责任制（Uniform Liability System）

统一责任制是指国际多式联运经营人对货主负不分区段运输的统一原则责任，即货物的灭失或损坏，包括隐蔽损失（损失发生的区段不明），不论发生在哪个区段，国际多式联运经营人按一个统一原则负责，并一律按一个限额赔偿。《多式联运公约》所采取的就是这种责任制。《多式联运公约》规定，国际多式联运经营人不仅要单独对货物在整个运输过程中所发生的损失负责，而且不管货物损失发生在哪个运输区段，均按统一的限额赔付（但货物损失发生的运输区段所适用的国际公约或强制性国家法律所规定的赔偿限额高于统一限额时，仍应按该国际公约或国家法律办理）。统一赔偿限额是：多式联运中包括海运者，每包或其他货运单位不得超过920记账单位（特别提款权），或按毛重每千克不得超过2.75记账单位，以较高者为准；若多式联运中不包括海运或内河运输，则按毛重每千克不得超过8.33记账单位计算。

采用这种统一责任制，在履行合同时一般不涉及其他运输公约或有关国家法律的赔偿规定。国际多式联运合同一经签订，托运人就知道国际多式联运经营人对货损货差或延期交付等承担多大的责任，一旦发生损失，其所获赔偿通常不会因地而异。

2.网状责任制（Network Liability System）

网状责任制即网状赔偿责任制，又称分段赔偿责任制，是当前国际多式联运业务中采用最为普遍的一种多式联运经营人的赔偿责任制。根据这种责任制，多式联运经营人的责任范围以各区段运输的原有责任为限，如海上区段按《海牙规则》、铁路区段按《国际铁路货物运输公约》、公路区段按《国际公路货物运输公约》、航空区段按《华沙公约》办理。在不适用上述国际公约时，则按相应国家的法律规定办理。赔偿限额也是按各区段的国际公约或国家法律规定来确定。对于不明区段的货物隐蔽损失，或按《海牙规则》办理或按专门订明的国际多式联运经营人赔偿责任办理。《联合运输单证统一规则》和联运提单多采用网状责任制。由于网状责任制涉及的赔偿规则较多，且差别较大，事先不知道依据哪个规则，这对托运人来说，合适的做法就是在多式联运合同中订明一个赔偿责任。但就网状责任制而言，由国际多式联运经营人对全程负责，手续简便，发生损失时只需找一个事主，并且能够得到和单一运输方式相同的赔偿。因此，尽管网状责任制不够理想，但托运人也是乐于接受的。

3.修正统一责任制（Modified Uniform Liability System）

修正统一责任制即修正统一赔偿责任制。它属于统一责任制范畴，但又与它不完全相同，是在某些方面进行修正了的一种赔偿责任制。换言之，在责任范围方面与统一责任制相同，而在赔偿限额方面则与分段责任制相同。因此，它是介于上述两种责任制之间的一种责任制，故又称责任原则混合制。《多式联运公约》就采用了这种赔偿责任制。《多式联运公约》规定，当知道损失发生的区段，而制约该区段运输的单一方式运输公约的赔偿限额高于《多式联运公约》的限额时，多式联运经营人的赔偿责任就以单一运输公约的限额为依据。当损失发生在海运中时，由于海运的赔偿限额均低于《多式联运公约》的限额，因此以《多式联运公约》的限额为依据；发生在其他运输方式中时，由于公路的运输限额相当于《多式联运公约》中不包括海运的限额，因此均适用于网状责任制赔偿限额。这样规定比完全按网状责任制的赔偿限额办理对货主有利。

◈ 案例题1

货代理赔案

20××年3月，盛辉货运代理公司（以下简称"盛辉货代"）作为多式联运经营人，承接了一批从四川出口至英国伦敦的红茶。货物从成都装上火车起运后，盛辉货代便签发了多式联运提单。3月中旬，盛辉货代分别向一程船的船务代理和集装箱站发出装箱通知单，并通知了一程船公司B公司。3月20日，货物运抵某港口，当天即转入集装箱站库房等待装箱，并由该站办妥了报关手续，海关验证后放行。

当时，由于集装箱站缺少二程船公司的空箱而无法装箱，经联系，次日二程船公司的船务代理将两个空箱送至港口集装箱站。双方未办理必要的交接手续，盛辉货代收下后即装箱，然后马上载入一程船运往香港转由二程船运至伦敦。

4月底，货抵伦敦，收货人发现箱体上贴有毒品标记，并由有关当局在箱内检查出残留剧毒物，结果货物被扣留并全部销毁。

5月，收货人向多式联运经营人提出索赔，全额近2万英镑，后经协商，盛辉货代减赔一半全额。

问题：根据本章的相关内容对案例进行分析。

案例解析：

集装箱在装载货物之前，都必须经过严格检查。一旦使用了有缺陷的集装箱，轻则导致货损，重则造成箱毁人亡的严重事故。所以，对集装箱的检查是货物安全运输的基本条件之一。发货人、承运人和其他关系人在相互交接时，应对集装箱进行严格检查，内容包括外部检查、内部检查、箱门检查、清洁检查以及附属件的检查。

在此案例中，除了船公司及其代理人的责任外，作为多式联运经营人的盛辉货代也是有责任的，该公司没有坚持集装箱的正规交接手续，对检验箱的重要性缺乏应有的认识。

多式联运经营人对全程运输承担责任。

盛辉货代签发多式联运提单时，便成为多式联运经营人，所以要对货物的全程运输承担责任。在运输过程中如发生货损货差，货主可以直接找多式联运经营人索赔，所以，多式联运经营人必须清醒地认识到，自己一旦签发了多式联运提单，就意味着将要承担运输的责任。当然，货代公司赔付后，尚可向责任人追偿。

此外，货代公司既然承担了多式联运经营人的责任，也应享有多式联运经营人的权利，尤其是享有赔偿责任限制的权利。

◈ 案例题2

货损赔偿案

20××年11月，福建南平福盈电池有限公司（以下称"买方"）与韩国NOCKET电子有限公司（以下称"卖方"）签订了一份总价为CIF福州3 775 420美元的LR03型碱性圆柱状电池生产的进口合同。卖方于11月21日向原告韩国第一火灾保险公司投保了该批货物海运一切险。上述货物于11月23日装上"金龙"轮自A港开往香港，同日第一被告香港宏意船务企业有限公司的代理在首尔签发了清洁已装船提单，载明货物分装9个集装箱，毛重为60 180千克，总件数为21箱；同时批注CY-CY；背面条款规定有关承运人的权利、义务、责任和免责适用《海牙规则》（在托运人订舱随附的包装单上，列明了每一箱号内装货物的品名、数量、重量，其中第16号和第17号箱重均为8 250千克，但提单上未具体载明各个集装箱下货物的件数或重量）。12月8日第二被告恒辉船务有限公司在香港签发了二程提单，其签发的集装箱装箱单上却列明重量为4 629千克（据称此数据是第一被告所供）。12月23日，二程船"利风"轮将货物安全运抵目的港。次日卸货后，第三被告福州港务公司在将集装箱装上卡车运往集装箱堆场的途中，在卸下完全相同的另一个集装箱后，司机在未将转锁装置重新锁上的情况下，继续朝前运送，结果在180°转弯时，第4002501号集装箱从拖车上翻倒在地，致使内装第16、17号木箱包装的机器设备严重损坏。次年1月13日，经公证检验人理算确认货损金额为456 765美元。原告理赔后取得代为追偿权并于次年12月12日向厦门海事法院起诉三被告。

问题：根据本章有关内容对本案例进行分析。

案例解析：

由于集装箱运输承运人与国际多式联运经营人对货物的责任期间实质上完全一样，而法律已对国际多式联运经营人在不同区段适用之法律做了明确规定（适用网状责任制），即若货损发生于公路货运期间，或铁路货运期间，或航空货运期间，相应地应适用与公路、铁路、航空有关的法律法规，除非货损发生期间不明或无法确定；集装箱运输的承运人其集装箱内陆集散站有的离港区成百上千米，这与国际多式联运经营人所经营的公路运输完全一样，即便自船边至港区内的集装箱堆场仅数百米或数千米，其运输与公路运输也没有任何实质差异。法律赋予承运人在海上运输及装卸作业期间发生的货损予以免责，原因在于在该期间承运人所承担的风险远比陆地上大得多。本案适用的法律应为《中华人民共和国民法典》，同时可参照使用《公路货物运输合同细则》。承运人应负实际货损赔偿之责，且无权主张任何责任限制。

此外，对集装箱货物而论，若提单未载明内装货物件数或件数很少，只要集装箱货重超过333.35千克，货方即有权选择按"千克"限制承运人赔偿限额，也即以"件或单位"还是以"千克"为标准进行责任限制，法定以两者较高者为准。

◈ 案例题3

20××年，四川自贡Z公司与奥地利B公司签订了购买5台注塑机的合同。合同中的运输条款规定，采用国际多式联运方式；包装条款要求对货物进行妥善包装，以适应长途运输。随后，Z公司委托四川兴昌货代公司作为国际多式联运经营人，通过其总公司的大陆桥运输网络，委托华欧公司为国外段的实际承运人。

5台注塑机共分两批装运，其中首批4台于次年2月28日从奥地利起运，5月6日运抵成都。经商检，因包装不良造成部分零件损坏，Z公司据此向B公司提出索赔。

第二批1台，分装在一个40英尺开顶箱和一个20英尺标准箱内，于4月25日从奥地利起运，6月25日运抵成都。兴昌货代公司接到报关后，用卡车转运自贡。6月27日在运往自贡的途中（距成都99千米处）翻车，造成40英尺集装箱倾覆，所载货物被抛出，严重损坏。Z公司拒绝验收货物，提出金额高达9万多美元的索赔。

事故发生后，兴昌货代公司迅速派人赶赴现场认真勘察，并做了详细的商务记录，拍摄了大量的现场照片。经对大量证据的考证分析，兴昌货代公司认为B公司没有履行贸易合同中包装条款规定，将设备裸装于箱内，而未进行有效加固，致使设备在经长途运输后发生移位，重心偏离导致翻车。因此，兴昌货代公司认为造成此次事故的主要责任在于B公司，并向其提出索赔。

问题：奥地利B公司是否对此货运事故负责？

案例解析：

本案最终以集装箱内包装不符合合同规定而由托运人奥地利B公司承担赔偿责任，从而免除了国际多式联运经营人兴昌货代公司的责任。

1.发货人的义务。《多式联运公约》就发货人的义务做了具体规定：发货人托运的货物，应当妥善包装，并向国际多式联运经营人保证，货物装运时所提供的货物的品名、标志、包装、件数、重量或体积的正确性。

2.发货人的责任。《多式联运公约》中对发货人的赔偿责任一般原则的规定是，如果国际多式联运经营人遭受的损失是由于发货人的过失或疏忽，或者他的受雇人或代理人在其受雇范围内行事时的过失或疏忽所造成的，发货人对这种损失应负赔偿责任。

发货人的赔偿责任一般包括对于自行装箱不当、记载不妥引起的货损，国际多式联运经营人和其他第三者的损失负责赔偿。而国际多式联运经营人对集装箱内的货物包装不负责任，中途如因包装不良造成的货损可以豁免责任。

3.国际多式联运经营人的责任。国际多式联运经营人对全程运输承担责任。但在发货人装箱的情况下，要明确造成货物损坏的原因。本案中，国际多式联运经营人经过充分准备，召集货主、代理商、保险公司、银行及商检等部门的有关人员，对事故发生的原因进行了全面的分析，向有关部门出示了货物没有包装、违约裸装、装载加固不符合长途运输要求的证据，从而维护了自己的利益。

三、国际多式联运单据

国际多式联运单据是证明国际多式联运合同以及证明国际多式联运经营人接管货物并负责按合同条款交付货物的运输单证。

从称谓上说，国际多式联运单据有多式联运单据（Multimodal Transport Document，MTD），多式联运提单（Multimodal Transport Bill of Lading，MT B/L），也有联合运输单证（Combined Transport Document，CTD）和联合运输提单（Combined Transport Bill of Lading，CT B/L）。中国远洋运输公司和中国对外贸易运输公司以多式联运经营人身份签发的多式联运单证就采用CT B/L的称谓。

从性质上说，国际多式联运单据和海运提单类似。国际多式联运单据不是多式联运合同，只是多式联运合同的证明，同时是多式联运经营人收到货物的收据和凭其交货的凭证。至于它是不是物权凭证，则要看联运中的一程是否包含海洋运输和单据中收货人抬头的写法。如果至少有一程是海运且单证做成指示抬头或不记名抬头，可作为物权凭证，经有效背书后可以转让并可凭此作为提货依据。在实践中，这种可转让的多式联运单据继承了提单的特定功能，适应了国际货物多式联运的实际需要，在蓬勃发展的国际货物多式联运中具有旺盛的生命力，促进了国际贸易的进一步发展。

从单据签发人的责任承担上说，国际多式联运单据较一般的运输单据复杂，签发人为了避免各国法律规定的分歧和明确责任，可以注明对于联运的全程均以《海牙规则》

作为责任依据，或注明只对海运过程负责。目前，在实践中，一般是将国际商会1973年制定、1975年修订的《联合运输单证统一规则》作为联运提单承运人责任条款的依据，采用网状责任制，中国远洋运输公司和中国对外贸易运输公司签发的多式联运单证也是如此。

国际多式联运单据的填制已在前文海运提单相关章节做了介绍，在此不再赘述。

⊗ **讨论题**

国际多式联运经营人的责任范围都有哪些？

第三节　大陆桥运输

大陆桥运输（Land Bridge Transport）是指以横贯大陆的铁路作为中间桥梁，把大陆两端的海洋连接起来的集装箱连贯运输。大陆桥的意思是在海洋间把一块大陆当做桥梁，组成一个海-陆-海的运输方式。因此，这是一种地理上形象的叫法。大陆桥运输实际上是指，将国际标准集装箱（20英尺或40英尺）装载在直达专用列车上，利用大陆的铁路作为中间桥梁，把大陆两端的海洋连接起来，凭借不同国家的铁路进行运输，从而形成跨越大陆、连接海洋的国际集装箱连贯运输方式。因此，大陆桥运输也是"国际铁路集装箱过境运输"。

大陆桥运输也是"国际多式联运"的组成部分。它以集装箱为媒介，将多种运输方式联合成一个整体的运输体系，从而选择最便捷的路径，使之发挥各自的优势，以达到缩短运程、节省时间、降低运输成本、简化货运手续、加快运输速度的目的，并发挥集装箱运输的优越性。

大陆桥运输在整个国际货物多式联运过程中，（铁路）主要承担的是"过境铁路运输"。例如，国外货物通过中国的国境站或港口站进入中国关境，在海关监管下，通过铁路运输，运抵另一国境站或港口站，监管交接出境，货物交付国外收货人或其代理或《国际货协》参加国铁路。

一、北美大陆桥

北美洲幅员辽阔，海岸线长，地理位置优越，铁路和公路运输系统也十分发达，非常适宜开展大陆桥运输。

（一）北美大陆桥运输

北美大陆桥（North American Land Bridge），是指利用北美的铁路开展从远东到欧洲的国际多式联运。北美大陆桥运输包括美国大陆桥运输和加拿大大陆桥运输。

（1）美国大陆桥运输。美国大陆桥有两条陆运运输线路：一条是从西部太平洋沿岸至东部大西洋沿岸的铁路和公路运输线；另一条是从西部太平洋沿岸至东南部墨西哥湾沿岸的铁路和公路运输线。美国大陆桥于1971年年底由经营远东-欧洲航线的船公司和铁路承运人联合开办"海陆海"国际多式联运线，后来美国几家班轮公司也投入营运。目前，主要有4个集团经营远东经美国大陆桥至欧洲的国际多式联运业务。这些集团均以国际多式联运经营人的身份，签发国际多式联运单证，对全程运输负责。

（2）加拿大大陆桥运输。加拿大大陆桥与美国大陆桥相似，由船公司把货物海运至温哥华，经铁路运到蒙特利尔或哈利法克斯，再与大西洋海运相接。由于加拿大大陆桥的运输成本较美国大陆桥的运输成本高，同时又难以确保二程船在太平洋航线的舱位等问题，加拿大大陆桥的使用频率远远不及美国大陆桥。

北美大陆桥是历史最悠久、影响最大、服务范围最广的陆桥运输线。据统计，从远东到北美东海岸的货物有50%以上是采用双层列车进行运输的，因为采用这种陆桥运输方式比采用全程海运方式通常要快1~2周。例如，集装箱货物从日本东京到欧洲鹿特丹港，采用全程海运（经巴拿马运河或苏伊士运河）通常需5~6周时间，而采用北美大陆桥运输仅需3周左右的时间。

随着美国和加拿大大陆桥运输的成功营运，北美其他地区也开展了大陆桥运输。墨西哥大陆桥（Mexican Land Bridge）就是其中之一。该大陆桥横跨特万特佩克地峡（Isthmus Tehuantepec），连接太平洋沿岸的萨利纳克鲁斯港和墨西哥湾沿岸的夸察夸尔科斯港，陆上距离近300千米。墨西哥大陆桥于1982年开始营运，目前其服务范围还很有限，对其他港口和大陆桥运输的影响还很小。

（二）美国小陆桥运输

小陆桥运输（Miniland Bridge Transport，MLB）从组织方式上看，与大陆桥运输并没有本质的区别，也是利用陆上桥梁来连接海运，但运输的目的地是沿海港口，比大陆桥运输少了一段海运。

目前，美国小陆桥主要开展集装箱运输，包括以下线路：

（1）远东海运到美国西海岸（太平洋沿岸）港口，转陆运至东海岸（大西洋沿岸）地区，或其相反方向。

（2）远东海运到美国西海岸（太平洋沿岸）港口，转陆运至东南部墨西哥湾地区，或其相反方向。

（3）欧洲海运到美国东海岸（大西洋沿岸）地区，转陆运至西海岸（太平洋沿岸）地区，或其相反方向。

（4）欧洲海运到美国东海岸（大西洋沿岸）港口，转陆运至墨西哥湾地区，或其相反方向。

小陆桥运输的发展，把远东到美国东海岸地区的货物都吸引到了西海岸，使现有太平洋航线的货运量大幅度增加。由于航线的合理经营，许多船公司都停止向美国东海岸安排直达船，而经营小陆桥运输，既可降低运输成本，又缩短了运输时间，还可以享有大批量运输的利益。

但小陆桥运输也存在着一些不足之处，如铁路运费较高、往返程货源不平衡以及东海岸铁路本身的问题等。

◈案例题4

发货人将680包茶叶委托给某货运代理公司，安排货物自上海经美国小陆桥运往纽约。货物由货运代理公司装入一20英尺集装箱，然后委托某船公司承运。船公司接管货物后签发清洁提单。货物运抵纽约，外表状况良好，铅封完整，但箱内少了100包茶叶。货主向货运代理公司起诉，诉其短交货物。

问题：货代公司是否应承担责任？

案例解析：

在本案例中，货运代理公司作为国际多式联运经营人对从发货人手中接收的货物应全程负责，即应如数交给收货人，何况货物是由货运代理公司装箱，更应对箱内货物负责。本案的索赔性质应该说属于责任保险范围，如果货运代理公司投保了责任险，可向保险人索赔。至于可否向船公司索赔，则取决于货运代理公司能否举证货物短少是在海上运输中发生的，否则船公司不负赔偿责任。因为在集装箱整箱运输中，承运人通常对箱内所装货物不进行核查（依据集装箱提单中的承运人不知条款）。尽管船公司签发了清洁提单，但并无义务检查货物，也不应该对提单中注明的箱内货物数量负责。

（三）美国微桥运输

美国微桥运输（Micro Bridge Service），又称为半陆桥运输，与小陆桥运输基本相似，只是交货地点在美国内陆地区，只利用陆桥的一部分把海运与内陆铁路运输连接起来。对于由美国东部内陆地区运往远东的货物，如果采用小陆桥运输，首先要通过国内运输运至东海岸，再通过国内铁路运输从东海岸港口运至西海岸港口，最后换装船舶海运至远东。如果从内陆地区直接以国际货运单运至西海岸港口转运，不仅避免了双重港口的中转和收费，还缩短了运输时间。而远东到美国内陆地区的货物，也可以海运至美国西海岸，换装铁路后直接运到内陆城市（如芝加哥、匹兹堡等），不需要进入东海岸港口。于是，由铁路、船公司、海关以及商检等部门共同协商，在行政、法规上采取一定的措施，形成了美国微桥运输。

◈ 资料卡

美国OCP运输

美国幅员辽阔，内陆城市众多。以芝加哥、底特律为中心的中西部城市是美国的重要经济区，其距太平洋沿岸约2 000千米，距大西洋沿岸约1 000千米。该地区经济活动占全美经济活动的1/3，其中对外贸易也占1/3。因此，它与远东地区之间的贸易货物，大部分要经过约2 000千米的内陆运输，其中以铁路运输为主。远东地区与太平洋沿岸间的集装箱运输，已经发展到可以经由美国太平洋沿岸港口将集装箱货物运至美国内陆，特别是到美国中西部去的货物采用联运，即船公司可利用美国铁路运输体系代替原来发、收货人安排的货物由港口向铁路转到内陆的运输。这不仅节约了运输时间，方便了货主安排内陆中转，而且，发货量集中，可使货主享受铁路优惠运价。

随着集装箱运输的开展，在中国的出口贸易中，美国和加拿大商人开来的信用证中常出现OCP运输一词。因此，贸易商对OCP运输应有所了解，以更好地进行国际贸易运输工作。

一、OCP运输的概念

OCP是"Overland Common Points"的缩写，意指"内陆地区"，是享受优惠费率通过陆运可抵达的地区。所谓内陆地区，根据运输费率的规定，以美国西部9个州为界，即以洛基山脉为界，其以东地区均为内陆地区，面积约占全美国土面积的2/3。

OCP运输费率是太平洋航运公会为争取运往美国内陆地区的货物，途经美国西海岸港口转运而制定的一个比直达美国西海岸港口还低的运输费率。加拿大与美国毗邻，贸易与运输与美国有密切关系，因此，加拿大也有一个OCP地区，自西向东的陆运实行与美国相同的优惠费率。

由于OCP的优惠费率和陆运的便捷，原来海陆联运至美国东海岸各港的货物被吸引到了美国西海岸港口，经营该航线的船公司也日益增多。中国现在运往美国、加拿大OCP地区的货物也是经西海岸路线，由陆路转运。

二、OCP运输的具体做法

经营美国和加拿大西海岸航运业务的船公司对多数货物订有两种费率：一是本地费率（Local Rate），适用于西海岸地区就地销售和使用的进口货物；二是"内陆地区"费率（OCP Rate），适用于由西海岸各港口转运到OCP地区的进口货物。后者比前者低3%～5%。

（一）成交签约

依OCP运输条款成交签约后，发货人按OCP费率支付运费，将货物运至收货人指定的西海岸港口后，发货人即完成了联合运输中的运输责任。货物抵达西海岸港口后，再由收货人委托中转人（负责内陆运输的人）持正本提单向船公司提货，并按OCP内陆运费，通过内陆运输运至收货人指定的OCP地点。因此，签订OCP运输条款，对发货人而言，不承担任何其他责任和风险，比按CIF或CFR报价节省运费；对收货人来说，可享受内陆转运的优惠费率。在对美、加贸易中，若采用OCP运输条款，对贸易双方都有利。原来成交条款为CIF或CFR纽约的，可改为CIF或CFR美国西海岸指定港口。若在贸易合同中明确规定货物的运输方式是从中国港口到美国、加拿大西海岸港口转运至OCP最终目的地，则可注明：Shipment from China XX port to U.S. West coast ports OCP New York 或 Shipment from China XX Port to Vancouver OCP Montreal。

（二）运输单据

对于OCP运输，要在货物的运输标志内同时注明卸货港和OCP的最终目的地，如西雅图转芝加哥，可注明："Seattle OCP Chicago"，在提单卸货港一栏内注明"OCP"字样。为使提单与贸易合同、信用证一致，提单上的"卸货港"栏内应填写美国西海岸港口名称，另在提单"备注栏"内注明最终目的地"OCP××"城市。

例如，中国出口一批货物到美国，卸货港为美国西雅图，最终目的地为芝加哥。西雅图是美国西海岸港口，芝加哥为美国内陆地区城市，这笔交易符合OCP运输规定，经贸易双方同意，可采用OCP运输条款。在贸易合同和信用证中的目的港（卸货港）可填写"西雅图"（内陆地区），即"CIF Seattle（OCP）"，但在提单内除填写目的港西雅图外，还必须在备注栏内注明"OCP Chicago"字样。

二、西伯利亚大陆桥

西伯利亚大陆桥（Siberian Land Bridge，SLB），是指使用国际标准集装箱，将货物由远东海运到俄罗斯东部港口，经跨越欧亚大陆的西伯利亚铁路运至波罗的海沿岸港口，然后再采用铁路、公路或海运运到欧洲各地的国际多式联运的运输线路。

西伯利亚大陆桥是世界最著名的国际集装箱多式联运组织线路之一，也是目前世界上最长的一条陆桥运输线。它是远东-欧洲之间运输距离最短的一条运输线，可实行集装箱的"门到门"运输。目前，远东海运到俄罗斯东部港口的货物经西伯利亚大陆桥往返欧洲、亚洲间的路线主要有三条：

（一）铁-铁路线（Trans-Rail）

经西伯利亚铁路运至俄罗斯西部出境站，再转运欧洲或伊朗铁路，运到欧洲各地，或按反方向运输。

（二）铁-海路线（Trans-Sea）

经西伯利亚铁路运至莫斯科，经支线铁路运输到波罗的海或黑海沿岸港口，再换装船舶，海运至西欧、北欧或巴尔干地区的港口，或按反方向运输。

（三）铁-公路线（Tracons）

经西伯利亚铁路运至俄罗斯西部出境站，再转公路运往欧洲各地，或按反方向运输。

西伯利亚大陆桥是较典型的一条国际多式联运线路。它大大缩短了远东到欧洲的运输距离，节省了运输时间。从远东经俄罗斯太平洋沿岸港口到欧洲的陆桥运输线全长13 000千米，而相应的全程水路运输距离（经苏伊士运河）约为20 000千米。

三、新亚欧大陆桥

为了适应和配合对外贸易运输的发展需要，我国对某些国家和地区已开始提供新亚欧大陆桥（Eurasia Bridge）运输服务。1990年9月12日，随着中国兰新铁路与哈萨克斯坦土西铁路接轨，连接亚欧的第二座大陆桥正式贯通，并于1993年正式运营。

新亚欧大陆桥东起中国连云港，西至荷兰鹿特丹，途经哈萨克斯坦、乌兹别克斯坦、吉尔吉斯斯坦、塔吉克斯坦、俄罗斯、白俄罗斯、波兰、德国和荷兰等国，全长10 900千米。

该大陆桥为亚欧开展国际多式联运提供了一条便捷的国际通道。远东至西欧经新亚欧大陆桥比经苏伊士运河的全程海运航线，缩短运距8 000千米，比通过巴拿马运河缩短运距11 000千米。远东至中亚、中近东经新亚欧大陆桥比经西伯利亚大陆桥，缩短运距2 700～3 300千米。新亚欧大陆桥运输线的开通有助于缓解西伯利亚大陆桥运力紧张的状况。

◈ 资料卡

第三亚欧大陆桥构想[1]

随着世界政治、经济的深刻变化和区域一体化进程的快速推进，区域经济大整合需要区域内部沟通更加便利、联系更加紧密的国际大通道。大陆桥作为一种便利、快捷和高效的海陆联运方式，成为推动区域经济大整合的必然选择。根据陆桥经济理论，人类社会发展的环境空间与布局已跨越了"江河经济"与"海岸经济"阶段，正在进入"陆桥经济"阶段。目前亚欧大陆有两条洲际大陆桥：一是西伯利亚大陆桥，也称为亚欧第一大陆桥，这条大陆桥东起俄罗斯东部的符拉迪沃斯托克港口，西至荷兰鹿特丹；二是新亚欧大陆桥，也称为第二亚欧大陆桥，这条大陆桥东起我国连云港，通过陇海-兰新铁路，从新疆阿拉山口出境，穿越中亚地区，连接俄罗斯、德国等欧洲国家，最终抵达鹿特丹。

构想中的第三亚欧大陆桥东起以深圳为代表的广东沿海港口群，由昆明经缅甸、孟加拉国、印度、巴基斯坦、伊朗，从土耳其进入欧洲，最终抵达鹿特丹港，横贯亚欧非21

① 刘红，樊丽川，张文戈. 构建第三亚欧大陆桥［EB/OL］.（2007-11-13）. http://paper.yunnan.cn/html/20071113/news_96_150623.html.

个国家（含非洲支线4个国家：叙利亚、黎巴嫩、以色列和埃及），全长约15 000千米，比目前经东南沿海通过马六甲海峡进入印度洋的航线要短3 000千米左右。第一亚欧大陆桥贯通亚洲北部地区，第二亚欧大陆桥连接从东到西的亚洲中部地区，而第三亚欧大陆桥进一步将亚洲南部和东南部连接起来，使整个亚洲从东到西、从南到北的广大地区第一次通过铁路网完整地联系起来，它将是我国陆路最便捷的国际大通道。

构想中的第三亚欧大陆桥将成为连接"三亚"（东亚、东南亚、南亚）的中枢、沟通"三洋"（太平洋、印度洋、大西洋）的纽带、横贯"三洲"（亚洲、欧洲、非洲）的桥梁。

据专家介绍，构想中的第三亚欧大陆桥具备四大优势：一是地理位置和气候条件较好，整个大陆桥避开了高寒、沙漠地区，相邻港口无封冻期，沿线铁路网络密集、四通八达并连接到世界上许多重要海港和航空港，具有便捷、安全、高效率、低运输成本的优势。二是沿线地区分布有密集的铁路网，由东到西分别是中南半岛铁路网、南亚次大陆铁路网、西亚铁路网、欧洲铁路网及北非铁路网。中国国内部分已经基本形成了完整的铁路网络。三是连接了世界上一些货物吞吐量较大的港口，同时，这些海港又是重要的航空港（如深圳、香港、吉大港、加尔各答等），航线密集，可以有效地将海、陆、空三种运输方式结合在一起，综合利用各种运输方式的长处，实行多式联运，充分发挥综合交通运输体系的效用。四是连通了亚洲、欧洲和非洲，"三洲"面积和人口占世界的比重分别超过50%和80%，市场前景广阔。大陆桥沿线资源丰富，各国经济互补性强，在资源和市场之间架构起一座快捷、经济的桥梁，能为带动沿线国家和地区的经济社会发展创造更加良好的条件。

专家认为，第三亚欧大陆桥构想的提出和构建正顺应了国际经济一体化的发展趋势。第三亚欧大陆桥沿线有以中国为主的亚太经合组织的东亚板块、"东南亚国家联盟"、"孟中印缅地区合作论坛"、"南亚自由贸易区"、"海湾阿拉伯国家合作委员会"、石油输出国组织、欧盟、非盟等多个相互联系、相互覆盖的区域、次区域经济合作组织，这些合作组织构成了一张巨大的区域经济合作网络。这一广泛的区域合作要获得成功或取得更大成效，必须加快区域间交通线的连接，使资源和要素在区域内优化配置。第三亚欧大陆桥的构建，必将推动沿线发达地区和欠发达地区区域、次区域经济合作组织的建设和发展向更宽领域、更深层面拓展，为区域间的开放和合作创造更加有利的条件。

党的十七大报告中明确指出："拓展对外开放的广度和深度，提高开放型经济水平"，要"扩大开放领域，优化开放结构，提高开放质量，完善内外联动、互利共赢、安全高效的开放型经济体系，形成经济全球化条件下参与国际经济合作和竞争新优势。深化沿海开放，加快内地开放，提升沿边开放，实现对内对外开放相互促进"。第三亚欧大陆桥的构建不仅能充分发挥中国西部的区位优势，还将给云南带来前所未有的大开放、大发展，从而全面提高开放型经济水平，为我国实施互利共赢的开放战略做出重要贡献。专家期望通过构建第三亚欧大陆桥，使之成为我国对外开放的新举措，成为我国与广大亚欧非国家合作发展的金桥。

◈ 讨论题

什么是OCP运输？OCP运输有什么特点？

🔲本章小结

集装箱运输是以集装箱为运输单元，采用专用的运输工具和装卸设备完成货物的全程运输的一种现代化运输方式，属于班轮运输的范畴。采用集装箱运输可以提高装卸效率，减轻劳动强度，提高货运质量，缩短运输时间，简化理货手续，降低运输成本，有利于组织多种运输方式的联合运输。集装箱按用途分为：干货集装箱、散货集装箱、冷藏集装箱、通风集装箱、开顶集装箱、框架式集装箱、罐式集装箱。集装箱交接方式按货物交接地点分为9种；根据集装箱的装箱数量和方式可分为整箱和拼箱。在不同的交接方式中，集装箱经营人与货方承担的责任、义务和风险不同，运输组织的内容和范围也不同。集装箱运输的运费包括内陆运费和海运运费两种。其中，内陆运费包括拖车费、火车运费、内河运费、拼箱服务费、堆场服务费和集装箱机器设备使用费；海运运费包括件杂费率加附加费、包箱费率、最低运费、最高运费和集装箱附加费。

国际多式联运是将不同的运输方式有机地组合在一起的一体化运输方式。国际多式联运经营人必须与发货人订立国际多式联运合同，接管的货物必须是国际间运输的货物，必须是不同运输方式下的连续运输；国际多式联运经营人签发一张国际多式联运单证，并制定国际多式联运单一费率，依此计收全程运费。国际多式联运单证并不是国际多式联运合同，而只是国际多式联运合同的证明，同时也是国际多式联运经营人收到货物的收据和凭其交货的凭证。这种单证包括可转让的国际多式联运单证和不可转让的国际多式联运单证两种。国际多式联运的主要组织形式包括海陆联运、陆桥运输、海空联运等。其中，海陆联运是最主要的形式；陆桥运输又包括大陆桥运输、小陆桥运输和微桥运输三种。

🔲关键词汇

集装箱（Container）

集装箱运输（Container Transport）

整箱货（Full Container Load，FCL）

拼箱货（Less than Container Load，LCL）

集装箱堆场（Container Yard，CY）

集装箱货运站（Container Freight Station，CFS）

包箱费率（Box Rates）

场站收据（Dock Receipt，D/R）

大陆桥运输（Land Bridge Transport）

国际多式联运（International Multimodal Transport）

无运输工具的公共承运人（Non Vessel Operating Common Carrier，NVOCC）

多式联运单据（Multimodal Transport Document，MTD）

多式联运提单（Multimodal Transport Bill of Lading，MT B/L）

联合运输单证（Combined Transport Document，CTD）

联合运输提单（Combined Transport Bill of Lading，CT B/L）

复习思考

1. 集装箱运输有哪些优势？
2. 集装箱运输费用由哪些部分构成？其中海运费用如何计收？
3. 节省集装箱货物运费有哪些途径？
4. 国际多式联运经营人有哪两种？应具备哪些基本特征或条件？
5. 什么是大陆桥运输？目前世界上主要的大陆桥运输线路有哪些？

章后阅读

中国集装箱与多式联运发展报告（2018）[①]

2019年5月22日，《中国集装箱与多式联运发展报告（2018）》发布。

报告指出，过去40年，全球集装箱生产经过四次产业转移。20世纪60年代，美国、欧洲是世界集装箱的主要生产地；20世纪70年代，日本成为世界集装箱制造中心；20世纪80年代，韩国居世界集装箱制造"霸主"地位，占世界产量85%；20世纪90年代，集装箱主要产地向中国大陆、印度、马来西亚和泰国转移，1993年中国集装箱产量跃居世界第一，一直保持世界中心地位。集装箱行业是全球标准化程度最高的行业之一，规模化生产的成本优势、订单的快速响应能力、上游供应链的配套能力、进出口货量的优势、集装箱中转港的枢纽优势，共同构成集装箱行业世界中心的关键要素。近些年中国多式联运的提速发展，给中国集装箱行业带来新的机遇。"一带一路"倡议下，中国积极推动新的国际合作市场、新的物流通道建设，为中国集装箱行业和多式联运提供了广阔的发展空间。

2018年全球集装箱海运量为2.01亿TEU，同比增长4.46%；中国集装箱全年产量约425万TEU，同比增长约12%，创历史最高水平，在全球市场占有率约96.1%。

"集装箱作为劳动密集型和资源密集型行业，其技术储备能力、智能化制造能力、新市场开发能力和服务创新能力是行业下一步竞争的分水岭。"中国集装箱行业协会副会长兼秘书长李牧原指出，企业需要关注集装箱生产发展的六大趋势：国际市场总体保持平稳、内贸销售市场继续增长、专业市场需求持续放大、集装箱箱型更加多元化、绿色生产趋势更加明显、智能生产水平不断增加。

2018年，中国多式联运呈现全面发展的良好势头，内贸运输以"散改集"为突破口快速增长，驼背运输、公铁两用车、智能空轨系统等新装备新技术带动下的多元化多式联运形态和服务开始起步。铁路系统全线发力，成为多式联运的主力军。港口、航空、水运和公路把多式联运作为业务创新与市场扩张的战略突破口。

报告显示，2018年中国规模以上港口集装箱吞吐量为2.51亿TEU，同比增长5.2%；铁路集装箱发送量为1375.1万TEU，同比增长33.4%；铁路集装箱运量占铁路总运量由5.46%上升至7.16%，但比重远远落后于欧美日等发达地区；中国规模以上港口完成集装箱铁水联运量450万TEU，占规模以上港口集装箱吞吐量的1.8%；中欧班列开行6 363列，

① 佚名.《中国集装箱与多式联运发展报告（2018）》发布 [J]. 物流科技，2019，42（6）：3.

增长73%。

"未来3年我国多式联运将大幅攀升。"李牧原表示，区域一体化带来更多政策红利、跨界合作平台型企业增加、技术装备创新不断涌现、枢纽与通道驱动下的规则与标准逐步建立等发展趋势正推动中国多式联运进入全面发展时期。

第七章

国际货物运输保险概述

学习目标

✔ 了解国际货物运输保险的特点、作用和基本原则；

✔ 掌握保险合同的订立、变更、解除和终止；

✔ 熟悉保险合同的当事人、保险合同的形式和保险的基本原则。

导读材料

海盗赎金保险公司要赔吗？

某年3月底，一艘满载3万多吨热压铁块的货船M轮从俄罗斯黑海港口起航，驶往中国南方某港口。4月6日，该轮船在亚丁湾海域被索马里海盗武装劫持，海盗要求支付300万美元赎金才释放船舶及船员。

经查，M轮为一艘悬挂巴拿马国旗的散货船，船东为英国A公司，船舶管理人是意大利B公司。本航次所载货物的发货人是韩国C公司，收货人是中国D公司，FOB价格。中国D公司在货物起运前向国内某保险公司购买了远洋货物运输保险，投保险种为伦敦保险人协会运输货物保险A条款（ICC（A））。

经过A公司、海盗及中间人的多轮协商，5月9日，A公司向海盗支付了180万美元的赎金，M轮被释放并继续驶往中国。5月16日，M轮中途停靠科伦坡港进行检修以及船员休整，船长宣布了共同海损。A公司聘请了共同海损理算师，要求收货人D公司对赎金及相关费用进行分摊。5月29日，A公司向D公司发出理算报告，要求D公司分摊总损失金额316万美元中的201万美元，现金支付或出具担保函。但D公司及保险公司表示只愿承担60万美元，双方无法协商一致。7月15日，A公司在伦敦提交商事仲裁。

常言说，天有不测风云，人有旦夕祸福。在国际货物运输过程中，不管是不测风云，还是旦夕祸福，都是由客观存在的风险所引起的。学习国际贸易保险，首先要理解国际货物运输保险的含义及主要内容，并掌握保险合同的基本知识，从而在此基础上寻找预防和化解风险的方法与途径。

资料来源　佚名.分析货运海盗赎金分摊案例［EB/OL］.［2012-04-08］. http://www.hzins.com/study/detal-25207.html.

第一节　国际货物运输保险简史、特点与作用及基本原则

在国际货物运输、装卸的过程中可能会遇到许多人类自身无法控制的自然灾害或意外事故，从而导致相关损失，一旦发生这些风险并带来损失，买方或卖方就会完全失去或减少贸易中的利益。在长期的贸易实践中，人们创造了一种转嫁货物在运输过程中风险损失的办法，即货物运输保险。货物通过投保，将不定的损失变为固定的费用，在货物遭受承保范围内的损失时，可以从保险公司及时得到经济上的补偿，这不仅有利于进出口企业加强经济核算，而且也有利于进出口企业保持正常经营，从而有效地促进国际贸易的发展。

一、国际货物运输保险

国际货物运输保险是以各种运输工具装载的国际运输货物作为保险标的（Subject of Insurance）的保险，即投保人对某一特定的运输货物（包括用海轮、火车、飞机、汽车、邮运和联运的各种货物），按一定的险别和规定的费率，向保险公司办理投保手续，并缴付保险费，保险公司依约承保并发给投保人保险单证作为凭据，一旦运输货物在运输途中遭受各类海上风险事故，就由保险公司负责赔偿因风险事故所致的损失。

二、国际货物运输保险的产生与发展

现代的国际货物运输保险源自海上保险制度。海上保险制度是历史上最为悠久的保险制度，但它是从何时何地开始已无法考证。人们只能根据现有的资料进行推测，认为海上保险制度是从古代的"共同海损"及"船舶抵押借贷"等习惯产生的。

"共同海损"原则和"船舶抵押借贷"制度的产生可以追溯至公元前2000年的欧洲地中海沿岸的"共同海损分摊制度"。当时在海上贸易中，船主和货主常常会在同一条船上航行，货船遇到危险的情况经常发生，在遇到危险时人们经常采取的措施就是把一部分货物抛入海中，以减轻船舶的负担。为了避免抛货时产生争议，逐渐形成一种习惯做法，即在紧急情况下，由船主做出抛弃货物的决定，因抛弃货物所造成的损失由获益的船主和货主来共同分摊。这种"一人为众，众为一人"的习惯做法就是"共同海损"原则，这一原则后来逐渐发展成为今天的共同海损分摊原则。

此外，海上保险的产生还与当时的"船舶抵押借贷"制度有关。当时，为了修理船舶和补充给养，船主往往以船货做抵押向当地商人借款，这种抵押借款的办法是：如果船主的船舶安全抵达目的地，则船主负责归还本息；如果船舶和货物在航行中因海难或海盗遭受损失，则按照损失的程度免除船主的部分或全部债务。这种借贷制度因为债权人要承担较大风险而利率相当高，而债务人付出的高借贷利息部分相当于现代保险中的保险费支出，后来，人们把这种抵押借贷制度逐步完善为现代的海上保险制度。

13世纪末以后，意大利商人控制了东方和西方的中介贸易。这时，意大利北部地中海沿岸各城市伦巴第、热那亚、佛罗伦萨、比萨、威尼斯等，逐渐成为海上贸易中心，海上保险便首先在这些地区得到发展。1316年，商人们在布鲁日成立了保险商会，并订立了货物海运的保险费率。现存世界上最古老的保险单就是1347年10月23日由热那亚商人乔治勒克维出立的，承保"圣克勒拉"号航船从热那亚到马乔卡的航程。

15世纪以后，随着资本主义萌芽的出现，便有了海上保险的法律。1435年，西班牙的巴塞罗那颁布法规对海上保险作出规定，这是最早的海上保险法。随后，其他海运国家亦先后颁布了类似的法律。到了伊丽莎白女王时代，海上保险在英国已得到普遍推广和使用，1575年英国建立了首个保险协会。

17世纪，伦敦保险人养成了一种习惯，喜欢聚集在他们当时经常光顾的咖啡馆内进行商业交往，讨论共同关心的问题。1688年，爱德华·劳埃德（Edward Lloyd）在伦敦泰晤士河畔开设了一家咖啡馆。船主、船员、商人、银行老板、高利贷者等常在咖啡馆交换航运消息，谈论商业新闻，商洽海上保险业务。老板爱德华·劳埃德抓住这个机会，努力为买卖保险的双方提供便利，进而将咖啡馆变成了保险市场。1691年，劳埃德咖啡馆由伦敦塔街迁往金融中心伦巴第街经营保险业务，并于1696年创办了专门报道海事航运消息的小报——《劳埃德新闻》。于是这里便逐渐发展成为一大保险中心，这就是当代世界保险市场最大的保险垄断组织之一的"劳合社"（Lloyd's）。

三、国际货物运输保险的特点与作用

（一）国际货物运输保险的特点

国际货物运输保险的目的在于货物在水路、铁路、公路和联合运输过程中，因遭受保险责任范围内的自然灾害或意外事故所造成的损失能够及时得到经济补偿，并通过加强货物运输的安全防损工作，便利商品生产和流通。国际货物运输保险与其他保险相比，具有以下特征：

1.承保范围的综合性

从范围上看，国际货物运输保险既有海上风险，又有陆上风险。从风险上看，既有自然灾害和意外事故引起的客观风险，又有外来原因引起的主观风险。简言之，国际货物运输保险承保风险的种类多、变化大，是其他保险所不能比拟的，充分显示出它的综合性。

2.承保标的的流动性

国际货物运输保险是为海上运输和海上贸易提供风险保障的，其保障的对象主要是国际贸易活动。国际货物运输保险承保的标的以货物为主，在国际运输中，交通运输工具和货物从一出口装运地（港口）到达另一进口目的地（港口）。因此，无论是交通运输工具，还是货物都经常处于流动状态，国际货物运输保险的标的总具有一定的流动性。

3.承保对象的多变性

由于国际贸易是一种单证业务，国际货物运输保险允许保险单背书转让，而无须征得保险人的同意，这样的做法便于保险权益随物权单据的转移而转让。保险单持有人的转移，使得保险对象变化不定，因此，国际货物运输具有保险对象多变性的特征。

4.保险险别和险种的多样性

国际货物运输保险由于运输方式不同，因此有不同的保险种类，如货物运输保险有海上货物运输、陆上货物运输、航空货物运输等几十种。不同的种类又包括不同的险别和险种，如海运保险在险别上有基本险和附加险之分，基本险又有平安险、水渍险、一切险等险种。

5.保险的国际性

国际运输货物活动是在国际范围内进行的，因而相应的保险也具有国际性特征，涉及

有关国际法规和有关国家的法律适用问题，以及管辖权、诉讼、仲裁等方面的一系列法律问题。

（二）国际货物运输保险的作用

国际货物运输保险作为一种经济补偿的手段，具有转移风险、均摊损失、实施补偿的功能。货物运输保险的具体作用体现在以下几个方面：

1.转移风险

自然灾害、意外事故造成的经济损失一般都是巨大的，是受灾个人难以应付和承受的。买保险就是把自己的风险转移出去，为众多有风险顾虑的人提供保障，而接受风险的机构就是保险公司。转移风险并非灾害事故真正离开了投保人，而是保险公司借助众人的财力，向遭灾受损的投保人补偿经济损失。

2.均摊损失

国际货物运输保险是由保险公司组织参加保险的单位，以缴付保险费的形式，集中起相当数量的保险基金，以此来承担所保风险。保险公司以收取保险费用和支付赔款的形式，将少数人的巨额损失分散给众多的被保险人，从而使个人难以承受的损失变成多数人可以承担的损失，这实际上是把损失均摊给有相同风险的投保人。

3.实施补偿

实施补偿要以双方当事人签订的合同为依据，其补偿的范围主要有：投保人因灾害事故所遭受的财产损失；投保人因灾害事故依法应给予他人的经济赔偿；灾害事故发生后，投保人因施救保险标的所发生的一切费用。

四、保险的基本原则

保险的基本原则是在保险业务的发展过程中逐步形成并为国际保险业所公认的准则，这些准则，有利于维护保险双方的合法权益，更好地发挥保险的职能和作用。

（一）保险利益原则

保险利益（Insurable Interest）是指投保人或被保险人对所投标的所具有的法律上的利益。保险利益原则是指只有具有保险利益的人才能投保，在签订和履行保险合同的过程中，投保人或被保险人必须对保险标的具有可保利益，否则合同是非法或无效的。例如，投保人或被保险人因保险事故的发生致使保险标的不安全而受损；或因保险事故不发生而受益，这种关系就是保险利益。

可保利益构成的条件是：可保利益必须是确定的或可实现的、可保利益必须具有经济价值且可以估计、可保利益必须是合法的。是否具有保险利益是判断保险合同是否有效以及保险人履行赔偿损失责任的重要标准，被保险人只有在投保时具有预期的保险利益才能投保，才能在保险事故发生时获得相应的损失赔偿。

在早期的海上保险中，曾有人以与自己毫无关系的船舶、货物，以及船上人员投保，一旦发生海难事故，如船舶、货物沉没，人员死亡，就可领取一笔赔款。显然，这种保险与赌博没有区别，所以后来遭到禁止，规定必须具有可保利益才能投保。

（二）最大诚信原则

最大诚信原则（Utmost Good Faith）是指保险关系的双方要诚实、笃信，保险人要把有关保险的责任范围、除外责任、保险费率、索赔期限、赔偿处理等问题告诉被保险人；

被保险人应如实提供有关标的的各项情况及资料等。如果一方欺骗了对方，受骗的一方可以宣布保险无效。

诚信是世界公认的"帝王条款"，也是保险合同成立的基础。任何合同的签订都必须以当事人的诚信为基础，我国《海商法》也明确规定：如果被保险人故意未将重要情况如实告知保险人，保险人有权解除合同，并且不退还保险费。

（三）损失补偿原则

损失补偿原则（Principle of Indemnity）也称保险人的赔偿责任，是指当保险标的发生保险责任范围内的损失时，保险人对被保险人所受的实际损失予以补偿，以使被保险人恢复到损失前的经济状态。也就是说，保险人的赔偿责任是对投保人在发生事故当时实际遭受的损失负责赔偿，但最高以保险标的的保险金额为限，被保险人得到的补偿是他实际损失的部分，而不能从保险赔偿中获利。例如，一批货物投保时的市价和保险金额为20万元，发生保险事故时的市场价为15万元，则保险人只应赔偿15万元。尽管保险金额为20万元，但赔偿15万元足以使被保险人恢复到受损前的经济状态。又如，一批货物投保时市场价和保险额均为20万元，后来发生保险事故货物全损，全损时的货物市价是25万元，保险人的赔偿金额应为20万元，因为保险金额为20万元。

（四）近因原则

近因原则（Principle of Proximate Cause）是指保险人只对承保风险与保险标的的损失之间有直接因果关系的损失负责赔偿，而对保险责任范围外的风险造成的损失不承担赔偿责任。

这里的"近因"并非指在时间上最接近损失的原因，而是指直接促成结果的原因，对后果具有支配力或有效的原因。寻找"近因"要从最初事件出发，按逻辑推理直到最终损失发生，则最初事件就是最后一个事件的近因。比如，雷击折断大树，大树压坏房屋，房屋倒塌致使家用电器损毁，家用电器损毁的近因就是雷击。

◈ 思考题

1.一被保险人打猎时不慎从树上掉下来，受伤后的被保险人爬到公路边等待救援，因夜间天冷又染上肺炎，最终死亡。肺炎是意外险保单中的除外责任，但法院认为被保险人的死亡近因是意外事故——从树上掉下来，因此保险公司应给付赔偿金。说说你的观点。

2.某船在航行途中搁浅，船上的香蕉因运输迟延而腐烂。被保险人认为，搁浅是货损的近因，根据保险单的规定，保险人应负赔偿责任；保险人则认为，腐烂或固有缺陷是近因，根据保险单的规定，保险人不负赔偿责任。法院指出，该案中货物装船时是完好的，正常航程不会腐烂，货损的近因是海上风险——搁浅，不是因搁浅而引起的迟延，根据海上货物保险单的规定，保险人对货损应负赔偿责任。说说你的观点。

3.某载货船舶在港口停泊载货期间，第三货仓不幸发生火灾，为了扑灭大火，船长立即采取措施向着火船舱内注入船上储备淡水进行灭火，但效果甚微。于是又命令向着火货舱注入大量海水，火势减灭。整理货舱时发现大量货物受损。有的货物被大火烧成了灰烬，有的货物则被浓烟热气熏烤得严重变形，有的货物浸泡在救火的水中造成湿损。在混乱的救火现场，还有一些其他船舱的货物被偷偷登上货船的盗贼偷走。扑灭大火后，船员们忙于抢救第三货仓的火灾损失，忘记了对第四货仓进行定时通风和放置防氧化剂，导致

第四货仓部分鱼粉出现自燃造成货损。请问这些货物损失的近因各是什么？

第二节　海上保险合同

保险合同（Insurance Contract）又称保险契约，指投保人支付规定的保险费，保险人对承保标的因保险事故造成的损失，在保险金额范围内承担赔偿责任，或者在合同约定期限届满时，承担给付保险金义务的协议。

海上保险合同是保险合同的一种，是海上运输中的投保人按规定向保险人缴纳一定的保险费，保险人对被保险人遭受保险事故造成保险标的的损失和产生的责任，承担经济补偿的一种协议。

一、海上保险合同中的法律关系

（一）保险合同中的当事人

保险合同中的当事人是保险合同的主体，他们享有合同的权利，并承担合同的义务。海上保险合同的当事人主要有保险人、投保人、被保险人，与合同有关系的还有保险代理人、保险经纪人和保险公证人。

1.保险人（Underwriter，Insurer，Assurer）

"Underwriter"意指签字的人，在保险业务中指保险人、保险商、承保人，是经营保险业务的组织或个人。保险人是与投保人签订保险合同，并按照合同约定收取保险费、承担赔偿责任的一方当事人。在国际货物运输保险中，保险人指与投保人订立保险合同，并承担赔偿或者给付保险金责任的保险公司。保险公司承保后，如果承保货物发生约定范围内的损失，保险公司就要负责赔偿。但如果发生不在约定范围内的损失，保险公司则不予赔偿，保险公司已经收下的保险费将不退还给投保人，该笔保险费成为保险公司的收入。

根据各国保险业的实际情况，保险人组织形式各不一样，其形式包括股份有限公司、相互保险公司、保险合作社、国家经营保险及个人经营保险等。不论哪种形式的保险组织要成为海上保险合同的保险人，都必须经过政府机构的批准，取得保险人资格，应当具有经营海上保险业务范围的资格。在我国，财产保险公司都可以经营海上保险业务。《中华人民共和国保险法》的第3章第67~94条是专门关于保险公司的规定。其中第67条明确规定："设立保险公司应当经国务院保险监督管理机构批准。国务院保险监督管理机构审查保险公司的设立申请时，应当考虑保险业的发展和公平竞争的需要。"第68条明确规定：设立保险公司的"主要股东具有持续盈利能力，信誉良好，最近三年内无重大违法违规记录，净资产不低于人民币2亿元"。

2.投保人（Applicant）

投保人也称要保人，是向保险人申请订立保险合同的自然人或法人。作为投保人，应对保险标的具有保险利益，投保人在订立保险合同时负有缴付保险费的义务。在海运保险中，保险合同订立时，不要求投保人对保险标的具有保险利益，但要求在保险事故发生时投保人（被保险人）对保险标的必须具有保险利益。投保人可以是被保险人本人，也可以是法律所许可的其他人，如被保险人的代理人。

在海上保险中投保人是指经申请与保险人订立海上保险合同、负有缴付保险费义务的一方当事人。投保人应具备如下条件：

（1）应当具有民事行为能力。订立海上保险合同是一种民事法律行为，它会引起相应的法律后果，因此投保人必须具有民事行为能力，能够正确地分析判断其投保海上保险合同的性质和后果。根据《中华人民共和国民法典》的规定，有民事行为能力的人必须是年满18周岁，或者年满16周岁、以自己的劳动收入为主要生活来源的精神正常的自然人。

（2）应当对保险标的具有保险利益。投保人应当与保险标的之间存在着某种利害关系。没有这种保险利益的自然人或法人不能向保险公司投保，也就不会成为海上保险合同的投保人。如果依此条件确认投保人资格的话，各种保险利益具体包括：船舶所有人（船东）对其拥有的船舶具有保险利益；货物所有人对其享有所有权的货物具有保险利益；运费所有人对相应的运费具有保险利益；租船合同中的出租人对其应得的租金具有保险利益；船舶抵押中的抵押人对其抵押的船舶或抵押权人对其支出的抵押贷款均有保险利益。

3.被保险人（Insured，Assured）

被保险人是在保险事故发生、保险标的遭受损害时，有权向保险人要求赔偿损失的人。当投保人是为自己利益而订立海上保险合同时，他就是被保险人。

在FOB、CFR条件下，运输保险的投保人即被保险人按惯例是买方，并且在货物越过船舷之时获得保险利益；CIF条件下按惯例由卖方投保，但由于CIF条件下的保险是代办性质，因此在货物越过船舷之后，买方对货物享有保险利益。海上保险合同的被保险人是指承受保险事故所造成保险标的的损失的后果并有权请求赔偿的一方当事人。被保险人是在海上保险合同中获取保险保障的直接承受者。被保险人应具备两个条件：

（1）与保险标的之间有切身利害关系，即对保险标的具有保险利益。

（2）在保险事故发生时将直接承受损害的后果。

在海上保险实践中，如果投保人为自身利益投保，则投保人与被保险人是同一个当事人。如果投保人为他人利益投保，被保险人就是另一个当事人。

（二）海上保险合同的客体

海上保险合同的客体是指当事人的权利义务所指向的事物，海上保险合同的客体不是保险标的本身，而是投保人、被保险人对保险标的所具有的可保利益。

海上保险合同所保障的是投保人的船舶、货物、运费等，它们在保险事故发生时是不能得到保全的，只有保险利益才是海上保险合同各方当事人追求的保障对象。保险标的因海上风险造成保险事故时，由保险人赔偿被保险人的经济损失，即被保险人的经济利益。所以说，海上保险合同的客体是保险利益。

（三）海上保险合同的内容

海上保险合同的内容，是指海上保险合同民事主体享有的民事权利与承担的民事义务。《中华人民共和国海商法》第217条规定，海上保险合同的内容主要包括以下各项：

1.保险人名称

应在此条款中写明保险人名称的全称，作为确定保险人身份、承担保险责任的法律依据。海上保险实践中，由于采用格式合同，保险人名称一般是事先印制的。

2.被保险人名称

该条款是由当事人在签订海上保险合同时填写的。为了保证合同的有效性，明确权利义务关系，应当注意填写被保险人的法定名称全称。如果被保险人为多数时，需要一一写明。

3.保险标的

保险标的是投保人向保险人投保的对象，它是海上保险利益的载体。海上保险合同条款与相关法律规定决定海上保险合同保险标的的范围。《中华人民共和国海商法》第218条规定下列各项可以作为保险标的：

（1）船舶；

（2）货物；

（3）船舶营运收入，包括运费、租金、旅客票款；

（4）货物预期利润；

（5）船员工资和其他报酬；

（6）对第三人的责任；

（7）由于发生保险事故可能受到损失的其他财产和产生的责任、费用。

4.保险价值

保险价值指的是保险标的所具有的实际价值。法律要求投保人投保时应当申明保险价值。海上保险合同标的物的保险价值一般由保险人与被保险人约定，一经确定，保险价值就必须写入合同。保险人与被保险人未约定保险价值的，根据《中华人民共和国海商法》第219条规定，保险价值依照下列规定计算：

（1）船舶的保险价值，是保险责任开始时船舶的价值，包括船壳、机器、设备的价值，以及船上燃料、物料、索具、给养、淡水的价值和保险费的总和；

（2）货物的保险价值，是保险责任开始时货物在起运地的发票价格或者非贸易商品在起运地的实际价值以及运费和保险费的总和；

（3）运费的保险价值，是保险责任开始时承运人应收运费总额和保险费的总和；

（4）其他保险标的的保险价值，是保险责任开始时保险标的的实际价值和保险费的总和。

5.保险金额

保险金额是被保险人向保险人实际投保的货币数额。它是保险人计收保险费的依据和承担赔偿责任的最高限额。

保险金额由保险人与被保险人约定，但在海上保险合同中，法律禁止保险金额超过保险价值。《中华人民共和国海商法》第220条明确规定，保险金额不得超过保险价值；超过保险价值的，超过部分无效。

6.保险责任和除外责任

保险责任是指保险人按照海上保险合同的约定所应承担的损害赔偿责任，是保险人在海上保险合同中所承担的基本义务。

在保险合同条款的责任范围内，如果发生海上风险造成保险标的损失，保险人负责赔偿。保险责任可分为基本责任、附加责任和特约责任。

与保险责任相反的是除外责任，是海上保险合同中约定的条款，如果发生除外责任的风险事故，保险人不承担赔偿责任。

7.保险期间

保险期间是指保险人承担保险责任的一段时间，即从保险责任开始到终止的时间。在此期间内发生保险事故导致保险标的损害，保险人承担保险责任。所有保险合同，包括海上保险合同，都规定了保险的期间。

8.保险费

保险费是指被保险人按约定向保险人支付的货币金额。它是被保险人从保险人获取保险保障应支付的对价。

保险费是根据保险费率计算出来的。海上保险合同中要求写明被保险人应支付的保险费数额。

（四）海上保险合同的形式

在国际货物运输保险中，保险人和被保险人所签订的各种形式的保险单据都是保险合同的证明，它反映了保险人与被保险人之间的权利和义务关系，也是保险人的承保证明。当发生保险责任范围内的损失时，它又是保险索赔和理赔的主要依据。在国际贸易中，保险单证是可以转让的。常用保险单证可分为保险单、保险凭证、联合凭证、预约保单、批单、暂保单几种。

1.保险单

保险单（Insurance Policy）又称大保单，是使用最广泛的一种保险单据，保险单具有法律效力，对双方当事人均有约束力。保险单上一般须载明：当事人的名称和地址，保险标的的名称、数量或重量、唛头、运输工具、保险险别、保险责任起讫时间和地点及保险期限、保险金额、保险费、出立保险单的日期和地点、保险人签章、赔款偿付地点以及经保险人与被保险人双方约定的其他事项等内容。保险单背面载明保险人与被保险人之间权利与义务等方面的保险条款，也是保险单的重要内容。

2.保险凭证

保险凭证（Insurance Certificate）又称小保单，是一种简化的保险单据，除其背面不载明保险人与被保险人双方的权利和义务等保险条款外，其余内容与保险单相同。

保险凭证与保险单具有同等法律效力。但需要注意的是，如果信用证明确规定要求受益人出具保险单而非保险凭证，受益人应严格按信用证的规定来出具大保单。

保险单和保险凭证可以经背书或其他方式进行转让。保险单据的转让无须取得保险人的同意，也无须通知保险人，即使在保险标的发生损失之后，保险单据仍可有效转让。

3.联合凭证

联合凭证（Combined Certificate）是一种将商业发票和保险单相结合的比保险凭证更为简化的保险单据。保险公司将保险编号、承保险别、保险金额、装载船名、开船日期等加注在投保人的商业发票上，并加盖印戳，其他项目均以发票上列明的为准。这种凭证很少使用，只限于在我国对某些特定国家或地区的出口业务中使用。

4.预约保单

预约保单（Open Policy），又称预约保险合同（Open Cover），它是保险公司对投保人将要装运的属于约定范围内的一切货物自动承保的总合同，适用于经常有相同类型货物需要陆续分批装运时所采用的一种保险单。订立这种合同的目的是简化保险手续，使货物一经装运即可取得保障。

凡预约保险单约定的运输货物，在有效期内自动承保。在实际业务中，预约保险单适用于我国的进口货物。凡属于预约保险单规定范围内的进口货物，一经起运，保险公司即自动按预约保单所订立的条件承保。被保险人在获悉每批货物装运时，应及时将装运通知书（包括货物名称、数量、保险金额、船名或其他运输工具名称、航程起讫地点、开航或起运日期等）送交保险公司，并按约定办法缴付保险费，即完成了投保手续。事先订立预约保险合同，可以防止因漏保或迟保而造成的无法弥补的损失。

5.批单

保险单出立后，投保人如需要补充或变更其内容，可根据保险公司的规定，向保险公司提出申请，经同意后另出立一种凭证，注明更改或补充的内容，这种凭证即为批单（Endorsement）。保险单一经批改，保险公司即按批改后的内容承担责任。批单原则上须粘贴在保险单上，并加盖骑缝章，作为保险单不可分割的一部分。

6.暂保单

暂保单（Binder，Binding Slip）又称"临时保险书"，是保险单或保险凭证签发之前，保险人发出的临时单证。暂保单的内容较为简单，仅表明投保人已经办理了保险手续，并等待保险人出立正式保险单。

暂保单不是订立保险合同的必经程序，使用暂保单一般有以下三种情况：①保险代理人在争取到业务时、还未向保险人办妥保险单手续之前，给被保险人提供的一种证明；②保险公司的分支机构在接受投保后、还未获得总公司的批准之前，先出立的保障证明；③在洽订或续订保险合同时，订约双方还有一些条件需商讨，在没有完全谈妥之前，先由保险人出具给被保险人的一种保障证明。

暂保单具有和正式保险单同等的法律效力，但一般暂保单的有效期不长，通常不超过30天。当正式保险单出立后，暂保单就自动失效。如果保险人最后考虑不出立保险单时，也可以终止暂保单的效力，但必须提前通知投保人。

◈思考题

1.保险合同的成立是不是要以保险公司交付保险单或保险凭证作为前提条件？

2.保险合同的成立是否要以投保人交付保险费作为前提条件？

二、海上保险合同的订立与履行

（一）海上保险合同的订立

《中华人民共和国保险法》第13条规定："投保人提出保险要求，经保险人同意承保，保险合同成立。保险人应当及时向投保人签发保险单或者其他保险凭证。保险单或者其他保险凭证应当载明当事人双方约定的合同内容。当事人也可以约定采用其他书面形式载明合同内容。"根据此规定，保险合同的成立需要投保人提出保险要求、保险人同意承保、保险人与投保人就合同的内容达成协议三个要件。这三个要件实质上与合同法所规定的当事人通过要约和承诺的方式达成意思表示一致时合同即告成立的原则是一致的。

保险合同的订立与其他合同一样，要经过要约和承诺两个环节，这两个环节在保险业务中又称投保与承保。

1.投保

投保是指投保人向保险人提出确定的、明确的订立保险合同的意思表示，即提出保险要求。从合同订立程序来说，投保是一种要约。投保可以由投保人本人向保险人提出，也可以由投保人的代理人向保险人提出。在保险实务中，投保体现为投保人向保险人索取投保单并依其所列事项逐一填写，以如实回答保险人所需了解的重要情况，并认可保险人规定的保险费率和保险条款，最后将投保单交付保险人。投保要约自到达保险人时起生效。

2.承保

承保是保险人完全同意投保人提出的保险要约的行为。在保险实务中，保险人收到投保人填写的投保单后，经过核保审查认为符合承保条件，在投保单上签字盖章并通知投保人则构成承诺。

保险人承诺保险要约时，不得附加任何条件或对要约进行变更。如果保险人在承诺保险要约时，附加任何条件或对要约进行变更，则构成反要约，不发生承诺的效力。当承诺生效时保险合同成立，保险人应当及时向投保人签发保险单或者其他保险凭证，并在保险单或者其他保险凭证上加盖保险公司公章，经授权出单的分支机构公章或上述两者的合同专用章（不能只盖法定代表人、负责人名章或内部职能部门印章）。

❉ 资料卡

保险人同意承保的几种方式

在保险业务中，保险人同意的方式包括：

· 保险人出具暂保单、保险单或保险凭证等保险单证；
· 保险人在投保单上签字盖章；
· 保险人接收保险费并出具保险费收据；
· 其他书面确认形式。

订立保险合同，须先由投保人提出书面申请。在海上保险中，这种申请一般是以投保人填写投保单的形式提出。投保单列明了订立保险合同所必需的内容与项目，投保单作为主要附件，应视为保险合同的一部分，也是签发保险单的前提和基础。如果保险人同意接受投保人的申请，也需要以书面形式签发暂保单、保险单或保险凭证来证明。

《中华人民共和国海商法》第221条明确规定了海上保险合同的订立程序："被保险人提出保险要求，经保险人同意承保，并就海上保险合同的条款达成协议后，合同成立。保险人应当及时向被保险人签发保险单或者其他保险单证，并在保险单或者其他保险单证中载明当事人双方约定的合同内容。"《中华人民共和国海商法》第222条规定："合同订立前，被保险人应当将其知道的或者在通常业务中应当知道的有关影响保险人据以确定保险费率或者确定是否同意承担的重要情况，如实告知保险人。"

（二）海上保险合同的履行

海上保险合同一经成立，被保险人与保险人双方都应当严格依照保险合同规定履行，依法享有权利、承担义务。

1.被保险人的基本权利与义务

（1）请求赔偿的权利。

保险合同成立后，被保险人的保险利益就有了保险保障。一旦发生承保范围内的责任事故，并导致保险标的受损，被保险人便可向保险人请求赔偿。同时，被保险人为了避免或者减少损失而支付的必要的合理的费用也可以从保险人处获得赔偿。

（2）缴付保险费的义务。

海上保险合同是双务有偿合同，保险人提供的保险保障是与被保险人缴付的保险费对应的。保险人的保费收入不仅是履行合同的要求，同时也是保险人资金积累、应付突发性灾难事故的重要手段。《中华人民共和国海商法》第234条规定："除合同另有约定外，被保险人应当在合同订立后立即支付保险费；被保险人支付保险费前，保险人可以拒绝签发保险单证。"

（3）"危险增加"时的通知义务。

《中华人民共和国保险法》第52条规定："在合同有效期内，保险标的的危险程度显著提高的，被保险人应当按照合同约定及时通知保险人，保险人可以按照合同约定增加保险费或者解除合同。""危险增加"是指订约当时所未曾预料的或予以估计的危险可能性的增加，在运输保险中主要是指航程变更或发现保险单载明的货物、船名或航程有遗漏或错误。

被保险人履行危险增加的通知义务后，保险人可采取两种做法：一是终止合同；二是增加保费。如被保险人履行危险增加时的通知义务后，保险人不做任何意思表示，则视为弃权，之后就不能再以被保险人未履行通知义务为由增加保费或解除合同。

（4）危险事故的通知义务与减少损失的义务。

保险事故发生后，被保险人应当及时通知保险人，并应采取一切合理的措施避免损失的扩大。其主要目的是保险人对损失发生进行迅速的调查，以确定责任，对保险标的进行必要的保护。《中华人民共和国海商法》第236条规定："一旦保险事故发生，被保险人应当立即通知保险人，并采取必要的合理措施，防止或者减少损失。被保险人收到保险人发出的有关采取防止或者减少损失的合理措施的特别通知的，应当按照保险人通知的要求处理。对于被保险人违反前款规定所造成的扩大的损失，保险人不负赔偿责任。"

（5）履行保证条款的义务。

保证条款是海上保险合同中被保险人必须履行的义务。保险人为了限制承保中的风险，往往在海上保险合同中订立各种保证条款，如适航保证、船舶状态保证、航行区域保证、船员人数保证、国籍保证、船名保证、船龄保证、货物包装保证、船级保证等。被保险人必须切实履行保证的事项。《中华人民共和国海商法》第235条规定："被保险人违反合同约定的保证条款时，应当立即书面通知保险人。保险人收到通知后，可以解除合同，也可以要求修改承保条件、增加保险费。"在保证条款被违反的情况下保险人具有解除合同的法定权利。但实务中尽管被保险人违反了保证条款，保险人不主张解除合同的情况是经常存在的。如果保险人在发生保险事故后进行了保险赔付，便不得以被保险人违反保证条款为由，要求被保险人退还已支付的保险赔偿金。保险人收到被保险人违反保证条款的通知后，仍选择继续履行合同，支付保险赔偿的，不得再行使解除合同的权利。

《中华人民共和国海商法》规定在被保险人违反保证条款后，保险人可以选择要求修改承保条件、增加保险费，即选择继续履行保险合同，只是这需要通过双方协商达成一致，而协商结果是不确定的。《中华人民共和国海商法》没有规定双方协商不成时如何处理。保证条款在保险合同中是极为重要的条款。英国《海上保险法》将其定义为承诺性保证，指"被保险人作出的在履行保险合同时条件性的承诺，保证某些事情应作为或不应作为，或应满足某些条件，或应肯定某些事实的具体状态存在或不存在"，一旦条件被破坏，合同即解除，可见保证条款在合同中的重要性。故规定如果双方未能就修改合同的事宜达成一致的，合同仍于被保险人违反保证条款之日解除。

2.保险人的基本权利与义务

（1）签发保险单、收取保险费的权利。

保险单是保险人已经接受保险的书面凭证，也是被保险人在发生承保的风险后据以索赔的依据。保险人在合同成立后应及时签发保险单。

（2）损失赔偿的义务。

海上保险合同成立后，发生承保责任范围内的风险时，保险人应及时按照保险合同规定承担赔偿责任。保险人的赔偿义务主要规定在《中华人民共和国海商法》的第237条、第239条与第240条中。其中，第237条规定："发生保险事故造成损失后，保险人应当及时向被保险人支付保险赔偿。"第239条规定："保险标的在保险期间发生几次保险事故所造成的损失，即使损失金额的总和超过保险金额，保险人也应当赔偿。但是，对发生部分损失后未经修复又发生全部损失的，保险人按照全部损失赔偿。"第240条规定："被保险人为防止或者减少根据合同可以得到赔偿的损失而支出的必要的合理费用，为确定保险事故的性质、程度而支出的检验、估价的合理费用，以及为执行保险人的特别通知而支出的费用，应当由保险人在保险标的损失赔偿之外另行支付。"

三、海上保险合同的变更、转让、解除与终止

（一）保险合同的变更

保险合同的变更是指在保险合同有效期内，保险合同主体、内容发生的变更。《中华人民共和国保险法》第20条规定："投保人和保险人可以协商变更合同内容。变更保险合同的，应当由保险人在保险单或者其他保险凭证上批注或者附贴批单，或者由投保人和保险人订立变更的书面协议。"也就是说，保险人和投保人都不得单方面改变合同内容。

1.保险合同主体的变更

保险合同的主体包括保险当事人以及保险关系人。保险当事人是指订立保险合同并享有和承担保险合同所确定的权利和义务的人，包括保险人和被保险人。保险关系人是指在保险事故发生或者保险合同约定的条件满足时，对保险人享有保险金给付请求权的人，包括被保险人和受益人。

一般来说，保险合同主体的变更需要经过保险人的同意才能生效。但是，在国际货物运输保险中，保险单可以不经保险人的同意而由被保险人背书后随货物所有权的转移而转让。

2.保险合同内容的变更

保险合同内容的变更是指在保险合同主体不变的情况下，改变合同中约定的事项。保险合同内容的变更主要是保险金额的变更以及保费的变更。如保险价值因市场价格上涨，投保人可提出按照（或不按照）保险价值的增加比例增加保险金额；保险金额增加当然亦需增加保费。

保险合同内容需要变更时，投保人以书面的形式向保险人提出申请，保险人同意变更保险合同的，应当由保险人在原保险单或者其他保险凭证上批注或者附贴批单，或者由投保人和保险人订立变更的书面协议。

（二）海上保险合同的转让

海上保险合同的转让是通过保险单的转让实现的，是指被保险人将其在保险合同中的权利义务转让给另一个人的行为。考虑国际贸易的需要，被保险货物在转让时，可由被保险人背书转让给受让人，此时，保险单中载明的权利和义务将随同货物的转让而转让。海上保险合同的转让主要包括海上货物运输保险合同的转让与船舶保险合同的转让。这两种保险合同的转让所履行的程序是不同的。《中华人民共和国海商法》第229条是有关海上货物运输保险合同转让的内容，其明确规定："海上货物运输保险合同可以由被保险人背书或者以其他方式转让，合同的权利、义务随之转移。合同转让时尚未支付保险费的，被保险人和合同受让人负连带支付责任。"《中华人民共和国海商法》第230条是有关船舶保险合同的转让，其中规定："因船舶转让而转让船舶保险合同的，应当取得保险人的同意。未经保险人同意，船舶保险合同从船舶转让时起解除；船舶转让发生在航次之中的，船舶保险合同至航次终了时解除。"

（三）海上保险合同的解除

1.海上保险合同的解除与解除权

海上保险合同的解除，是指一方当事人依法行使解除权，而使海上保险合同自始无效的单方法律行为。解除海上保险合同的法律后果集中表现在，它使海上保险合同的法律效力消失，回复到未订立合同时的原有状态。

一般情况下，被保险人可以随时提出解除保险合同，而保险人不得任意解除保险合同。《中华人民共和国海商法》规定，在保险责任开始前，所有海上保险合同的被保险人均可要求解除合同，但应向保险人支付手续费，保险人则应将保险费退还被保险人。但在保险责任开始以后，货物运输和船舶航程保险的被保险人不得要求解除合同。但保险人在投保人违反告知义务、被保险人违反保证义务、被保险人未履行合同中明确规定的义务、投保人和被保险人故意制造保险事故、协议解除等情况下可以依法或依约解除保险合同。

2.海上保险合同解除的原因及处理

根据《中华人民共和国海商法》的规定和海上保险的实践，解除海上保险合同的原因包括下列法律事实：

（1）由于被保险人违反如实告知义务，保险人解除海上保险合同。然而，对其处理方法则因被保险人的主观恶意性不同而有区别。

按照《中华人民共和国海商法》第223条的规定，被保险人故意违反如实告知义务，未将法律规定的重要情况如实告知保险人的，保险人有权解除合同，并不退还保险费。而且，保险人对于合同解除前发生保险事故造成的损失，不负赔偿责任。

与此不同，对于被保险人非故意违反如实告知义务的，该法第223条第2款规定保险人有权解除合同，也可以不解除合同而要求增加相应的保险费。

（2）被保险人违反保证条件的，保险人有权解除海上保险合同。为此，《中华人民共和国海商法》第235条要求被保险人应当立即书面通知保险人。保险人在收到通知后，可以解除合同。

（3）在保险责任开始前，被保险人可以要求解除合同。《中华人民共和国海商法》第226条明确规定，保险人应当退还所收取的保险费，但是，被保险人应当向保险人支付手续费。

（4）除货物运输保险和船舶的航次保险以外，根据合同约定，被保险人或保险人可以在保险责任开始后要求解除合同。

（5）未经保险人同意，因船舶转让而转让船舶保险合同的，该合同自船舶转让之时起解除，船舶转让发生在航次之中的，则船舶保险合同至航次终了时解除。

（四）海上保险合同的终止

海上保险合同的终止，是指保险合同的有效期内，由于一定事由的发生，而使保险效力终止或失效。海上保险合同的终止可以是：自然终止（如保险期限届满）、义务已经履行（如保险人根据保险合同的规定支付全部赔款或者给付全部保险金）而终止等。

1.自然终止

自然终止亦称期满终止。保险期间没有发生保险事故，或发生保险事故导致保险标的物部分损失，保险人已履行赔偿义务，保险期间届满时海上保险合同自然终止。自然终止是海上保险合同终止的最一般、最常见的原因。

2.协议终止

经双方当事人协商同意并载于海上保险合同，在保险合同有效期间发生某种特殊情况，海上保险合同可以随即注销。例如，我国船舶战争险条款规定，保险人有权在任何时候向被保险人发出注销战争险责任的通知，通知发出后七天期满时生效。

3.义务全部履行终止

按照海上保险合同的一般规定，当保险人全部履行保险合同规定的义务之后合同即行终止。例如，保险标的发生全部损失，保险人对此进行了全部赔付，或是保险标的因保险责任以外的原因发生全部灭失。然而，这种规定并不全部适用于船舶保险。按照船舶保险的规定，如在保险有效期内连续多次发生部分损失，其损失金额或赔偿金额超过保险金额，保险人的责任并不因此而终止，直到保险合同期限届满才终止。

本章小结

国际货物运输保险具有承保范围的综合性、承保标的的流动性、承保对象的多变性、保险险别和险种的多样性、保险的国际性等特征。国际货物运输保险作为一种经济补偿的手段，具有转移风险、均摊损失、补偿损失的功能。国际货物运输保险中，保险单据是保险公司和投保人之间的保险合同，保险合同的当事人和关系人是保险合同的主体。保险的基本原则有可保利益原则、最大诚信原则、损失补偿原则、近因原则、代位追偿原则、重复保险分摊原则。

关键词汇

货物运输保险（Cargo Transportation Insurance）

保险标的（Subject of Insurance）　　　保险价值（Insurance Value）

海上保险（Marine Insurance）　　　　保险合同（Insurance Contract）

保险凭证（Insurance Certificate）　　　保险单（Insurance Policy）

复习思考

一、简答题

1.什么是海上保险合同？海上保险合同的法律性质有哪些？

2.海上保险中有哪些当事人？其应符合哪些条件？

3.海上保险合同应包括哪些内容？

4.什么是海上保险合同的解除？解除海上保险合同的原因有哪些？

5.简述海上保险合同的分类。

6.试述保险的基本原则。

二、案例分析

1.我国某公司（以下简称A公司）从马来西亚购进3 000吨豆粕，每吨2 100元人民币，并委托远洋运输公司负责把货物从原产地港口运至中国天津港。7月3日，A公司向保险公司投保了海运一切险，并支付了全部的保险费。7月8日，承运人开始装船，此时适逢天降大雨，因船舶第四舱液压管爆裂，致使船舱盖不能关闭，已装船的豆粕被大雨淋湿。A公司要求承运人卸下了430件货物，并通知保险公司上船对已剩余货物是否需要卸下船进行检验确认。承运人向A公司出具了"第四舱货物被雨淋湿，已卸下430件，余货水湿不详"的证明。8月5日，货物运抵天津港，卸货后发现有部分货物存在水湿现象，还有部分货物发生霉变。A公司通知保险公司前来查验货损情况，保险公司派人查验后，要求A公司尽快采取补救措施，迅速处理受损货物，以避免损失扩大。A公司将已霉变的豆粕以每吨600元的价格卖出。扣除残值后，A公司损失47万元。A公司向保险公司提出索赔请求，保险公司以货损是由承运人过错造成的为由拒赔，A公司遂诉至法院。

请问：保险公司的拒赔理由是否成立？

2.某年1月，我国某一进口商与东南亚某国一公司以CIF条件签订合同进口香米，由于考虑到海上运输距离较短，且运输时间段海上一般风平浪静，于是卖方在没有办理海上货运保险的情况下将货物运至我国某一目的港口，适逢国内香米价格下跌，我国进口商便以出口方没有办理货运保险，卖方提交的单据不全为由，拒收货物和拒付货款。

请问：我方的要求是否合理？此案应如何处理？

章后阅读

海上货物运输合同纠纷

一、当事人

原告（上诉人）：中国人民保险公司××分公司。

被告（被上诉人）：××货运有限公司。

当事人一审诉辩主张原告中国人民保险公司××分公司（下称A公司）诉称：某年7月，被告接受××对外贸易公司委托，将一批货物运往国外，并出具了清洁提单。该批货物由原告承保海运一切险。货到目的港后，经检验发现受到污染。原告依据保险单向收货人赔付了货物损失和检验费，取得了权益转让书，并向被告求偿，但被告拒不付款。原告请求法院判令被告赔偿损失29 453.68美元及利息，并承担本案诉讼费。

被告立信国际货运有限公司（下称B公司）辩称：本案承运人为WPC公司，B公司仅是承运人的签单代理人，原告无权向被告主张权利。涉案货物已于9月10日交给收货人，但到11月15日才进行检验，时间长达两个多月，被告不承认该检验报告的结论，故请求法院驳回原告的诉讼请求。

当事人向法院提交了提单、保险单、发票、装箱单、检验报告等证据。

一审法院查明事实，7月9日，××对外贸易公司向A公司投保一批出口货物的海运一切险。A公司接受投保，并开具了金额为77 770美元的保单。7月13日，B公司为该批货物出具了一份提单，抬头为WORLD PACIFIC CONTAINER LINE LTD，（"WPC公司"）。B公司在签单时注明" AS AGENT FOR THE WPC CONSOLIDATORS INC"。货物于8月8日到达国外目的港，9月10日送交收货人。收货人发现货物污损，即与WPC公司联系，并于11月15日申请检验。检验公司于次年3月8日出具检验报告，认定基于发票价值的总损失金额为25 373.30美元。A公司以上述金额的110%及有关事故调查费共计29 453.68美元作为索赔数额，要求B公司予以赔付。

二、一审法院判决主文

驳回原告A公司对被告B公司的诉讼请求。

当事人二审诉辩主张A公司上诉称：B公司在中国境内仅设有办事处，依法不具有经营权，故无权签发国际集装箱海运提单；涉案提单未经国务院交通主管部门登记，不能在中国境内用于从事国际集装箱海运业务；一审法院未能查明本案承运人，B公司应当承担涉案货损的赔偿责任。上诉人请求二审法院撤销原判，支持其诉请。

被上诉人B公司辩称，涉案承运人已实际交付货物。货物损坏与被上诉人在中国境内是否有权签发提单，以及提单是否已经登记无关。被上诉人在提单中已明示其系签单代理人，而且上诉人接受提单后也没有提出异议。上诉人请求二审法院驳回上诉，维持原判。

三、二审法院判决主文

驳回上诉，维持原判。

本案系海上货物运输合同代位求偿纠纷。货物发生了保险事故，保险人按保险合同作出赔付，并取得权益转让书后，可以依法向责任方进行代位求偿。本案原告从被保险人处取得了依据海上货物运输合同对承运人的代位求偿权，然而，在其据以起诉的提单上，已明确载明承运人是WPC公司，B公司仅是WPC公司的签单代理人，故B公司不应承担承运人的义务。本案运输合同已实际履行，收货人在目的港提取了货物，应向承运人即WPC公司追索货物损失。原告无证据证明被告是承运人，其向被告提出索赔，要求B公司承担承运人的义务，于法无据。此外，原告提出B公司在中国境内仅设有办事处，不具有签发海运提单的资格，以及涉案提单未经有关主管部门登记等理由与涉案货损无必然因果关系，故其要求B公司承担货损责任的依据不足。

资料来源　佚名.物流保险案例［EB/OL］.［2012-12-27］. http://www.docin.com/p-565991191.html.

保险利益案

20××年10月，A公司委托B五金制品公司进口10 000吨钢材。合同约定货物于11月在俄罗斯某港口装运，卸货港为中国连云港，货物由买方投保。根据该合同，B公司向保险公司为这批货物投保了海运货物平安险，并支付了保险费。保险人签发了保险单。12月30日，买卖合同项下的货物在俄罗斯一港口装货完毕，承运人签发了两套提单。次年承运上述货物的船舶在开往连云港途中因货舱进水而沉没，货物也因此全损。B五金制品公司向保险人索赔遭到拒绝，因此向某海事法院提起诉讼，要求判令保险人赔偿保险金及利息。被告在诉讼中辩称，B五金制品公司并非核定的经营钢材进口的公司，也没有申请领取进口许可证，其进口钢材的行为不合法，因此原告没有保险利益，保险合同应自始无效，原告无权请求保险赔偿。法院在审理中查明，B五金制品公司不是核定经营进出口钢材的企业，也没有向法院出示案件所涉的钢材进口许可证，因此认定原告没有保险利益，并驳回原告诉讼请求。原告于是提起上诉。二审法院终审判决认定：本案所涉保险标的进口钢材属于应核定经营或者申请领取进口许可证后方可进口经营的产品。B五金制品公司并非核定的经营钢材进口的公司，也没有申请领取进口许可证，因此其进口钢材的行为不合法。B五金制品公司对其非法进口的钢材不能享有法律上承认的利益，因此无保险利益可言。B五金制品公司以其非法进口的钢材为保险标的与保险人签订的保险合同依法应当被确认为无效，被保险人无权依据该无效保险合同向保险人索赔。法院终审判决驳回被保险人的诉讼请求。

分析：保险利益又称可保利益，是指投保人或者被保险人在保险标的上因具有某种利害关系而享有的为法律所承认的、可以投保的经济利益。保险利益是保险合同的效力要件。按照《中华人民共和国保险法》的规定，投保人对保险标的应当具有保险利益。投保人对保险标的不具有保险利益的，保险合同无效。保险利益原则是《中华人民共和国保险法》的基本原则之一，保险利益的成立必须具备"合法利益"这个要件，因为保险合同本身就是民事法律行为的一种，应该满足法律、行政法规的强制性规定。因此，投保人或者被保险人对于保险标的所具有的利益，必须是合法的、可以主张的利益，而不能是违反法律规定、通过不正当手段获得的利益。例如，对走私货物不具有保险利益，对盗窃来的货物不具有保险利益。该案件所涉及的钢材，因为投保人没有进口许可证，因此也不具有保险利益。不具有保险利益的合同，根据《中华人民共和国保险法》的规定，当然无效，被保险人也就无法获得赔偿。

"CMA CGM URAL"轮海上货物保险合同纠纷案

第一轮：

原告（货主）对待运货物投保货物运输险。被告签发保单载明：货物自天津运至赞城，承保险别为一切险。提单显示载运船舶为"CMACGM URAL"轮，开船日为2015年8月16日。原告于2015年8月10日、2015年8月12日分两批将货物由北京仓库运送至天津港码头堆场。2015年8月12日深夜，存放涉案货物的堆场附近发生火灾爆炸事故（即"8.12天津港大爆炸事故"），涉案货物被炸毁。原告就货物发生全损向被告提出理赔，被告以事故发生时保险责任尚未开始为由出具了拒赔通知书。原告诉至法院。

一审法院驳回原告诉讼请求

本案系海上保险合同纠纷。原告就涉案货物投保一切险,保险单背面条款(即 PICC 海洋运输货物保险条款 2009)第Ⅲ条责任起讫第 1 款约定,本保险负"仓至仓"责任,自被保险货物运离保险单所载明的起运地仓库或储存处所开始运输时生效……保险单记载的保险期间自天津至费城,故涉案货物的保险责任期间自货物运离天津的仓库或储存处所开始。

货物在涉案事故发生时未运离仓库。因此,根据保险单"仓至仓"责任起讫条款的约定,被告在涉案保险单下的保险责任尚未开始。原告主张货物自交付无船承运人时运输已经开始,由此涉案事故属于保险责任期间。

对此,一审法院认为,保险人的责任期间与海运承运人的责任期间并非必然一致,保险责任期间系合同双方进行的约定,原告关于"起运地仓库或储存处所"系指运输开始前存储货物的仓库或储存处所的主张缺乏合同依据,一审法院不予支持。

第二轮:

原告不服一审判决提出上诉

一审判决认为保险责任期间应自货物运离环发讯通公司的仓库开始系对保险合同"仓至仓"条款的误读,属于适用法律错误。

(一)"仓至仓"条款中的"起运地仓库或储存处所"应是指运输开始前储存货物的仓库或处所,即运输责任开始之前货物的储存地点。事故发生时货物所处仓库系开始运输以后进行装船准备的作业场所,并非"仓至仓"条款所指的"起运地仓库或储存处所"。

(二)虽然保险责任期间与海运承运人的运输责任期间并非必然一致,但就海上货物运输保险来讲,两者高度相关,无论从投保人的投保目的、货物运输保险本身的存在意义还是"仓至仓"条款本身的内在含义,保险责任期间均应覆盖运输责任期间。

(三)一审判决片面理解了"仓至仓"条款内容,没有认识到"开始运输"是保险责任开始的关键。本案中,无船承运人在天津堆场接收了货物,自其接收货物之时运输已经开始。涉案堆场不是开始运输以前的起运地仓库或储存场所,而是开始运输以后衔接不同运输方式的短暂存放货物的场所,货物在此期间属于运输开始之后的期间,必然属于"仓至仓"的保险责任期间。

(四)即便"仓至仓"条款内容存在两种不同解释,也应按照不利于保险人的解释为准。

二审法院驳回原告上诉,维持原判

本案争议焦点为:涉案事故是否发生在保险责任期间。

涉案保险单记载承保险别为 PICC 海洋运输货物保险条款(2009 版)的一切险,根据保险单背面条款第Ⅲ条责任起讫第 1 款规定,该保险负"仓至仓"责任,保险责任始于被保险货物运离保险单所载明的起运地仓库或储存处所开始运输之时。

本案中,原告与被告对涉案事故发生时保险人的保险责任是否开始存在争议。对此,本院认为,从上述条款的文义理解,保险责任开始须满足两个条件,其一是被保险货物运离保险单所载明的起运地仓库或储存处所,即被保险货物发生物理位移,运离地点系保险单所载明的起运地仓库或储存处所；其二是运离货物的目的为开始运输。

涉案保险单载明自天津至费城，即涉案货物的起运地为天津，故本案保险人被告的责任期间亦应起始于涉案货物运离天津的仓库或者储存处所。

涉案货物由北京经陆运到达天津的仓库，各方未提交证据证明货物已经运离，因此应认定涉案事故发生时涉案货物尚未运离仓库。据此，被告的保险责任尚不满足"仓至仓"责任的开始条件，保险责任尚未开始，一审判决认定涉案事故并非发生在保险责任期间，并无不当。

原告主张无船承运人接收货物后运输已经开始，保险责任期间应覆盖运输责任期间，对此，本院认为，保险责任与承运人责任并非同一法律关系，保险责任期间应根据保险合同当事人的约定确认，涉案保险单已经明确载明了保险责任期间的起讫条款，原告的上述主张，缺乏依据，本院不予支持。

综上，二审法院驳回上诉，维持原判。

第三轮：

原告不服二审判决申请再审

二审判决认为涉案保险责任期间应自货物运离仓库开始系对保险合同"仓至仓"条款的误解，属于适用法律错误。理由如下：

1. "仓至仓"条款约定，自被保险货物运离保险单所载明的起运地仓库或储存处所开始运输时生效。该条款中的"起运地仓库或储存处所"是指运输开始前储存货物的仓库或处所，即运输责任开始之前货物的储存地点。运输一旦开始，基于运输衔接的存放，均在保险责任期间。

本案为集装箱运输，承运人已经接收货物，运输已经开始。涉案保险事故发生在运输开始之后，在保险责任期间之内。

2. 被告提交的《海上保险合同法详论》节录和1995年《保险条款费率辞释大全》均对"仓至仓"条款进行了解释。依据以上解释，保险事故发生时，涉案货物在无船承运人仓库等待装船，属于"仓至仓"保险责任期间。

3. 二审判决显失公平，会导致外贸运输保险业的混乱。

4. "仓至仓"条款是格式合同条款。如对该条款存在两种不同解释，应该按照不利于保险公司的解释为准。

再审法院依旧驳回原告再审申请

本案主要审查涉案事故是否发生在保险责任期间。

本案系海上保险合同纠纷。被保险人原告与保险人被告的权利义务应依据涉案保险单及所附保险条款的约定来确定。

涉案保险单背面条款第Ⅲ条责任起讫第1款约定，本保险负"仓至仓"责任，自被保险货物运离保险单所载明的起运地仓库或储存处所开始运输时生效。涉案保险单载明自天津至美国费城，货物的起运地为天津。故被告的责任期间应自涉案货物运离天津的仓库或者储存处所开始。

涉案事故发生时，涉案货物储存于环发讯通公司位于天津的仓库，尚无证据证明货物已经或正在运离。根据保险责任期间起讫条款的约定，因涉案货物储存在承运人仓库中未运离，被告的保险责任尚不满足"仓至仓"责任的开始条件，保险责任未开始。

二审判决认定涉案事故并非发生在保险责任期间，并无不当。涉案保险未涵盖涉案货物自北京至天津的运输区段。原告称运输一旦开始，基于运输衔接的存放均在保险责任期间之内的主张缺乏事实及法律依据，不能成立。原告主张该条款存在两种不同解释与事实不符，不能成立。

综上，裁定驳回原告的再审申请。

简评：

货方需视情况另行办理其他保险。

海上货物运输保险合同与海上货物运输合同是两个不同的法律关系，运输合同中对承运人责任期间的约定，不能约束保险合同下的保险人，保险人的责任期间取决于保险合同的约定。

依据涉案人保《海洋运输货物保险条款》（2009版）"责任起讫"条款的措辞，货物须从"运离"保险单所载明起运地仓库或储存处所开始运输，保险责任才开始。

因此，货物在以下期间发生的损失，不属于保险责任：

① 从其他地点运往保险合同中起运地储存处所期间发生的损失；

② 保险合同中起运地储存处所待运期间发生的损失；

③ 在保险合同中起运地储存处所将货物装上运输工具期间发生的损失；

④ 上运输工具后，等待驶离保险合同中起运地储存处所期间发生的损失。

因此，针对以上期间可能发生的货损，货方需视情况另行办理其他保险，或在原保险下办理加保业务。

资料来源　梁健．"CMA CGM URAL"轮海上货物保险合同纠纷案［J］.海商法资讯，2019（7）.

贸易术语风险转移与可保利益归属划分

《中华人民共和国保险法》第十二条规定："财产保险的被保险人在保险事故发生时，对保险标的应当具有保险利益。"该规定进一步表明："保险利益是指投保人或者被保险人对保险标的具有的法律上承认的利益。"此处所谓"保险利益"（Principle of Insurable Interest，又称"可保利益"）是《中华人民共和国保险法》的基本原则之一，是被保险人获得赔偿的先决条件。

但是，实务中由于各方当事人价值取向不同，对何为"可保利益"会有不同的理解。例如，有一种观点认为，应根据《国际贸易术语解释通则》（INCOTERMS）所约定的风险转移规则确定可保利益归属，即交易双方以货物风险转移点为界，分别享有风险转移前与风险转移后的可保利益。

而与此相对的另一种观点则认为，贸易术语规定的风险转移点不能作为界定可保利益的唯一凭据，影响可保利益的因素众多，应根据风险事故发生时的实际情况加以辨别区分，不可一概而论。

究竟应该如何判定"可保利益"，以下"华麟化工诉太平洋财产保险海上保险合同纠纷案"或许可以提供一个思路。

案情简介

本案的原告是江苏华麟化工有限公司，被告为太平洋财产保险（以下称"太保"）。

2008年1月28日，原告与美国P公司签订销售合同，约定以CIF价格向后者销售橡胶粒状促进剂，合同金额为78 660美元。

2008年2月25日，被告就涉案货物向原告签发了货物运输保险单，载明原告为被保险人。随后，原告发货并取得提单。

2008年3月4日，货物在从洋山港起航驶往韩国釜山途中与其他轮船发生碰撞并造成损失。

事故发生后，涉案货物被卸至洋山港码头堆存。经原告、被告、船公司和码头几方联合调查，确定了事故原因并认定构成全损。

但被告拒绝向原告理赔，其中一个理由是，原告在保险事故发生时对保险标的物不具有保险利益。被告主张，由于原告与国外买方约定的是CIF价，根据《国际贸易术语解释通则》，货物在装货港越过船舷后，相关货物损失的风险即转移至国外买方，货物出险时卖方已无可保利益。

原告不同意这一辩解，遂将太保诉至上海海事法院。

法院判决

上海海事法院经审理认为："法律上所承认的保险利益，并不仅仅指货物的安全责任在某时点自卖方转移给买方的风险，而是指被保险人对保险标的应当具有的法律上承认的利益，该利益可被理解为是受法律保护的对保险标的具有法律上或经济上的联系，因保险标的的受损而遭受经济损失后，权利人可以依法寻求相应的司法救济。涉案保险单、提单等单证现由原告持有，其系因发生涉案保险事故而遭受经济损失的人，不能仅凭货物过否船舷确定有否保险利益。据此，原告仍拥有涉案货物的全部利益，应认定原告在本案中具有保险利益。"

最终，结合本案实际纠纷情况，法院判决太保向原告赔偿全部货物价款及相应的差旅费等损失。

启示

本案例中，保险单据及作为物权凭证的提单始终由原告持有，且国外买方也尚未支付对价，这意味着，保险事故发生时原告实质拥有对货物的所有权与控制权。

因此，原告完全享有保险利益，有权向保险公司索赔。值得注意的是，法院在判断是否存在可保利益时，并未拘泥于贸易术语对货物风险转移的界定，而是从索赔人是否与保险公司存在合法有效的合同关系、是否拥有保险标的的所有权及是否已取得对价等方面综合考虑。

对上述案例中"可保利益"的分析，也应同样适用于包括"目的地交货（DAP）"等价格术语的交易情形。

比如，货物经多次转手，最终买家已支付对价并取得物权单据及保单，保险范围涵盖全程运输，保单背书无瑕疵。

假设保险标的到达指定地点前出险，最终买家同样应该有权凭保险单据向保险公司索赔，而不能机械地认为DAP价格术语项下买卖双方的风险划分系买方收到货物时。

在这样的情形下，最终买家已支付合理对价，并持有物权单据及有效保单，其因保险事故的发生而遭受损失，理当享有该货物的可保利益，从而可向保险公司提出索赔。

国际贸易活动中，单据转手十分常见，如果一概以贸易术语中规定的风险转移作为确定可保利益的归属依据，支付货物对价及实际持有物权及保单的一方将无所适从，贸易运输风险的保障得不到落实，保单背书转让也将丧失实际意义。

本案例中法官所持观点在国际司法实践中便有印证。早在1828年的美国法院在Buck & Hedrick v.Chesapeake Insurance Company 一案中，法官即明确指出：A right of property in a thing is not always indispensable to an insurable interest .Injury from its loss or benefit from its preservation to accrue to the assured may be sufficient， and a contingent interest thus arising may be made the subject of a policy.（即所有权并不总是获得可保利益的必要条件，因标的物损害而遭受损失或因其存在而得到利益，都可以作为享有可保利益的依据）。

从以上中外司法判例中可发现，国际贸易术语对于贸易各方权利义务、费用承担、风险划分等起到了很好的规范作用，但若因循贸易术语的规定而缺少对现实情况的考量，一概以风险转移的划分来确定可保利益，既不利于保护实际的利益相关方，也不利于保险业务的健康发展。

资料来源 阎之大，伍海波，赵贺.贸易术语风险转移与可保利益归属划分［J］.贸易金融，2019（7）.

第八章

海洋运输货物保险

学习目标

✓ 了解海洋运输货物保险的保障范围；

✓ 掌握海洋运输货物保险保障的损失；

✓ 熟练核算海洋运输货物保险保障的费用。

导读材料

为保护货物船舶受损货主要承担责任吗？

"明西奥"轮装载着散装亚麻籽，驶向美国的纽约港，不幸的是，在南美飓风的冷风区内搁浅被迫抛锚。当时，船长发现船板有断裂危险，一旦船体裂缝漏水，亚麻籽受膨胀有可能把船板胀裂，所以船长决定迅速脱浅，于是，该船先后4次动用主机，超负荷全速后退，终于脱浅成功。抵达纽约港后，对船体进行全面检修，发现主机和舵机受损严重，经过理算，要求货方承担6 451英镑的费用。货主对该项费用持有异议，拒绝付款。试分析本案。

资料来源　佚名.运输保险案例分析［EB/OL］.［2015-06-21］. http://www.chinadmd.com/file/vui-erc6sauzcwartip3upwua_1.html.

第一节　海洋运输保险的保障范围

国际货物在海上运输时可能会遇到很多风险，但保险人一般都对其所承保的范围加以明确的规定。实际上，海洋运输货物保险是仅以海上运输中的各种货物（指具备商品性质的货品，不包括个人行李或船上使用的库存品及供应物资）作为保险标的的一种保险。保险人承保的海洋货物运输保险的范围是承保货物从卖方到买方各环节中可能遭遇的风险所造成的损失，这些风险仅限于"海上风险"和"外来风险"两大类。

一、海上风险

海上风险（Perils of Sea）也称海难，是保险业的专门术语，有其特定的含义和范围。海上风险包括海上发生的自然灾害和意外事故，但并不包括发生在海上的一切风险，另外也不局限于在海上航行中发生的风险，与海运相连的包括陆上、内河、驳船运输过程中的风险均包含在内，例如洪水、地震、船舶与码头或驳船碰撞等。

（一）自然灾害

自然灾害（Natural Calamities）是指不以人们的意志为转移的自然力量所引起的灾害，但在海上保险业务中并不是泛指一切由自然力量所造成的灾害，按照我国现行《海洋运输货物保险条款》的规定，自然灾害仅指恶劣气候、雷电、海啸、地震、洪水和火山爆发等人力不可抗拒的灾害。这些常见的概念在保险业务中有特别的含义，例如，恶劣气候（Heavy Weather）又叫暴风雨（Wing Storm），是指海上发生的飓风、大浪引起船只颠覆和倾斜造成船体机械设备的损坏或者因此引起的船上所载货物相互挤压碰撞而导致破碎、泄漏、凹瘪等损失。由于不同海域的自然条件有很大区别，恶劣气候的标准亦随之有所不同，例如10级台风在大西洋是经常发生的，因而并不构成海上风险，而在我国东海则是偶然发生的，可作为海上风险。

（二）意外事故

意外事故（Fortuitous Accidents）是指偶然的、非意料中的事故。按照我国《海洋运输货物保险条款》的规定，意外事故仅指海运途中运输工具遭受搁浅、触礁、沉没、互撞、与流冰或其他物体碰撞，以及倾覆、失火、爆炸等。

二、外来风险

外来风险（Extraneous Risks）一般是指由于海上风险以外的其他外来原因所造成的风险。货物运输中所指的外来风险必须是意外的、事先难以预料的，而不是必然发生的外来因素。外来风险包括一般外来风险和特殊外来风险两类。

（一）一般外来风险

一般外来风险是指被保险货物在运输过程中由于偷窃、短量、渗漏、碰损、破碎、钩损、锈损、淡水雨淋、玷污、混杂、受潮、受热、串味等一般外来原因所引起的风险。

（二）特殊外来风险

特殊外来风险是指由于军事、政治、国家政策法令、行政措施等特殊外来原因所造成的风险与损失。常见的特殊外来风险有战争、罢工、交货不到、拒收或没收、黄曲霉素等。

◈ 思考题

1.上海某造纸厂以CIF条件向非洲出口一批纸张，因上海与非洲的湿度不同，货到目的地后因水分过度蒸发而使纸张无法使用。

问题：买方能否向卖方索赔？为什么？

2.某出口公司按CIF条件成交一批货物，向保险公司投保了水渍险。货物在转船过程中遇到大雨。货到目的港后，收货人发现货物有明显的雨水浸渍，损失达70%，向卖方和保险公司提出索赔。

问题：卖方和保险公司能接受索赔吗？

第二节　海洋运输保险保障的损失

被保险货物在海上运输中因风险所遭受的损失称为海损或海上损失（Average）。海损按损失的程度不同，可分为全部损失和部分损失。

一、全部损失

全部损失（Total Loss），简称全损，是指整批或不可分割的一批被保险货物在运输途中遭受全部损失。实际业务中，关于整批或不可分割的一批保险货物的全损，一般包括4种情况：①一张保险单所载明的货物的全损；②一张保险单中包括数类货物，每一类货物分别列明数量和保险金额时，其中一类货物的全损；③在装卸过程中一整件货物的全损；④在使用驳船装运货物时，一条驳船所装运货物的全损。凡是货物的损失程度符合上述情况，便可申请按全损赔偿。

全部损失按损失的情况不同，又可分为实际全损和推定全损两种。

（一）实际全损

实际全损（Actual Total Loss）又称绝对全损，是指被保险货物在运输过程中全部灭失或等同于全部灭失，如货物完全变质或货物实际上已不可能归还被保险人。《中华人民共和国海商法》第245条规定："保险标的发生保险事故后灭失，或者受到严重损坏完全失去原有的形体、效用，或者不能再归被保险人所拥有的，为实际全损。"

构成全损的情况具体有4种表现形式。

（1）保险标的灭失，即货物实体完全损毁和不复存在，如载货船舶沉入深海无法打捞。

（2）保险标的完全失去原有形体、效用，即实体虽存在但已丧失原有商业价值和使用价值。例如，茶叶经水浸泡后已失去原有的价值；水泥受海水浸泡后变硬已失去原有的用途。

（3）保险标的不能再归被保险人所有，如战时货物被敌对国俘获作为战利品分发殆尽。

（4）船舶失踪，根据《中华人民共和国海商法》第248条和英国《1906年海上保险法》第58条的规定，船舶失踪视为全部损失。在国际贸易中，一般根据航程的远近和航行的区域来决定失踪时间的长短。

（二）推定全损

推定全损（Constructive Total Loss）是指被保险货物遭遇保险事故后，认为实际全损已经不可避免，或者为避免发生实际全损所需支付的费用与继续将货物运抵目的地的费用之和超过保险价值的损失。

从定义可判断，推定全损有两个相互独立的标准：一是实际全损不可避免，如水果在中途受损后，如果安排继续运往原目的地，到达目的地时水果必然会完全腐烂而全损；二是为避免实际全损所需支付的费用（包括为拯救货物而支出的施救、恢复或重整等费用和续运费用之和）超过保险标的价值，或是被保险人因事故丧失货物所有权，为收回这一所有权所需花费的费用超过收回后的标的价值。

在发生推定全损时，被保险人可以选择恢复和修理保险标的，要求保险公司按部分损失赔偿，也可要求按推定全损赔偿。但只有在被保险人提出委付并经保险人同意的情况下，才能按推定全损赔偿。所谓委付（Abandonment），是指在推定全损的情况下，被保险人将保险标的的一切权利包括所有权转让给保险人，而要求保险人按照实际全损的赔偿额予以补偿。

（三）实际全损与推定全损的主要区别

（1）实际全损强调的是保险标的在遭受保险事故后，确实已经完全毁损、灭失，或失去原有的性质和用途，并且不能再恢复原样或收回；推定全损则是指保险标的已经受损，但未完全灭失，可以修复或收回，不过因此而需支出的费用将超过该保险标的复原或收回后的价值。可见，实际全损是一种物质上的灭失，而推定全损是一种经济上的灭失。

（2）发生实际全损后，被保险人无须办理特别手续，即可向保险人要求赔偿全部损失。但在推定全损的情况下，被保险人可以按部分损失向保险人索赔，也可以按全部损失要求保险人赔偿。如果采取后一种方式，即要求按全损赔偿，被保险人还必须向保险人办理"委付"手续。

委付，是根据保险的首要原则——损失赔偿原则派生出来的物权代位原则之一。它最初是海上保险合同的条款之一，被规定为"船舶航行方向不明而无任何消息时视同船舶的丧失"，而后，为了适应海上航运贸易的特殊性，逐步发展为被保险人让渡保险标的而取得保险赔偿的制度。自十五六世纪以来，委付已为海上保险所广泛采用，目前各国法律也普遍对委付作了相应的规定。

《中华人民共和国海商法》第249条规定："保险标的发生推定全损，被保险人要求保险人按照全部损失赔偿的，应当向保险人委付保险标的。保险人可以接受委付，也可以不接受委付，但是应当在合理的时间内将接受委付或不接受委付的决定通知被保险人。委付不得附带任何条件。委付一经保险人接受，不得撤回。"该法第250条规定："保险人接受委付的，被保险人对委付财产的全部权利和义务转移给保险人。"

委付是放弃物权的一种法律行为，即一方对另一方以明确方式表示放弃其财产、权利。被保险人进行委付，必须在获得有关保险事故的可靠消息后，并在适当合理的期限内向保险人提交委付通知。一般来说，被保险人考虑采用委付方式要求保险人按全部损失赔偿的决定是根据保险标的的受损程度和经过核算后作出的。在此之前，要权衡作推定全损赔偿或按部分损失赔偿两种方式中哪一种对自己有利。委付通知是被保险人向保险人作推定全损索赔之前必须提交的文件。被保险人不提交委付通知，保险人对受损保险标的只能作部分损失的赔偿。

二、部分损失

部分损失（Partial Loss）是指被保险货物的损失没有达到全部损失的程度。部分损失按性质和原因不同，可分为共同海损和单独海损。

（一）共同海损

共同海损（General Average）是指载货的船舶在运输途中遇到灾害、事故，威胁到船舶和所有货物的共同安全，为了维护船货的共同安全，或使航程得以继续完成，由船方有意识地、合理地采取措施所做出的某些特殊牺牲或支出的某些特殊费用。

共同海损包括两个组成部分：一是共同海损行为导致的船舶、货物等本身的损失，称为共同海损牺牲（General Average Sacrifice）；二是为采取共同海损行为而支付的费用，称为共同海损费用（General Average Expenditures）。

共同海损行为是一种非常措施，这种措施在正常航行中是不会采用的。构成共同海损必须符合下述条件：

1.必须确实遭遇危险

共同海损的危险必须是实际存在的，或者是不可避免的，而非主观臆测的。

2.必须是主动地、有意识地采取的合理措施

例如，船只在海上遭遇风暴，船身剧烈倾斜，为避免船舶沉入大海，船长下令将部分重货抛入海中，以保持船身平衡。这种有意识采取的合理措施造成的损失，就属共同海损。

3.必须是为船、货共同安全而采取的措施

采取共同海损的措施，必须是以维护船只和所载货物的共同安全为目的。如果只是为了船舶或货物单方面的利益而造成的损失，则不能作为共同海损。

4.必须是属于非常性质的牺牲或发生的费用

共同海损的牺牲不是海上危险直接导致的损失，而是人为安全的特殊损失。其支付的费用，应是在正常情况下没必要发生和支付的。例如，船舶搁浅，为脱浅而开动主机以致超过负荷造成主机损坏，这种损失在正常情况下是不会出现的，属于共同海损牺牲。又如，为使船舶起浮而雇请拖轮拖带，由此支付了一笔费用，这种费用显然是额外的，属于共同海损费用。

◈ 讨论题

1.在海运途中，一名船员发现存放树脂的货舱在冒烟，于是认为舱中发生了火灾，立即对货舱进行灌水，事后却发现货物并没有任何着火的迹象，故可认为火灾并不存在，而是船员主观臆测的。但是由于灌水救火，树脂被水浸湿而严重受损。请问这是否能构成共同海损？

2.船舱内发生火灾，在使用灭火器扑救无效的情况下，船长下令引水入舱造成舱内货物损失，这种损失属于共同海损吗？

3.船舶搁浅，船长下令开舱抛货，在船舶已经起浮以后，船员由于疏忽没有注意到而继续抛货，这种继续抛货的行为属于共同海损行为吗？

共同海损的牺牲和费用都是为了使船舶、货物和运费方（即获得运费收入的一方）免受损失而支出的，因而应该由船舶、货物和运费方按最后获救价值的比例分摊，这种分摊叫共同海损的分摊（General Average Contribution）。

值得注意的是，如果发生共同海损使得当事人的货物全部灭失，则应属于全部损失的范畴，而不按共同海损处理。

（二）单独海损

单独海损（Particular Average）是指保险标的在海上遭受承保范围内的风险所造成的

部分灭失或损害，即指除共同海损以外的部分损失。该损失仅由受损者单独负担。

（三）单独海损与共同海损的区别

从损失程度上看，共同海损和单独海损都属于部分损失，但是两者在损失发生的原因和损失承担方式上有差异。

1.造成损失的原因不同

单独海损是因意外的、偶然的事故所直接造成的损失。例如，船舶因火灾或碰撞等意外事故造成货物的损失。而共同海损是因采取人为的、故意的措施而导致的损失，它是海上危险危及船货的共同安全时，采取某些人为措施，牺牲一部分货物或船舶的设备，达到保证全部财产安全的目的。在现实中，单独海损的发生往往引起共同海损的发生。

2.承担损失的方式不同

对于单独海损，一般是由受损方自行承担，如果涉及第三者责任方的过失，则由过失方负责赔偿。在单独海损情况下，如果受损方投保了海上保险，其损失由保险公司根据保险条款规定承担损失赔偿责任。而共同海损是为了船货的共同安全作出的，所以应由受益方按比例分摊。如果受益方投保了运输货物保险或船舶险，保险公司对于被保险人应承担的分摊金额予以赔偿。

◈ 思考题

我国A公司与某国B公司于某年8月20日签订进口52 500吨化肥的CFR合同，B公司租的"顺风号"轮于10月21日驶离装运港。A公司为这批货物投保了水渍险。10月30日，"顺风号"轮途经巴拿马运河时起火，造成部分化肥烧毁。船长在命令救火过程中又造成部分化肥湿毁。请根据上述事例，回答以下问题：

（1）途中烧毁的化肥损失属什么损失，应由谁承担？为什么？

（2）途中湿毁的化肥损失属什么损失，应由谁承担？为什么？

第三节　海洋运输保障的费用

海上风险在给货物造成损失的同时，还会导致一系列的为营救被保险货物而支出的费用，这些费用通常称为海上费用。为了防止被保险人因办理了保险而在照料和保护保险标的方面放松责任心，海运货物保险合同规定，被保险人及其代理人在一切情况下有责任采取合理的措施，以防止或减少保险标的的更大损失。这种措施就是海上保险中的施救行为（Sue and Labour），该行为所产生的费用也属于保险公司承保的范围。海上费用主要包括施救费用和救助费用。

一、施救费用

施救费用（Sue and Labour Expenses）是指当保险标的遭遇保险责任范围内的灾害事故时，被保险人或他的代理人、雇用人员和受让人等为防止损失扩大而主动采取抢救措施所支出的合理费用，又称损害防止费或单独费用。例如，船舶在航行中因意外触礁，致使海水从船底进入船舱，舱内装运的部分货物被浸湿，船长下令将这些货物搬离该舱，并对已浸湿的商品进行整理和烘干以防止损失扩大，由此而支出的费用就是施救费用。

通过对保险货物进行施救，不仅可以减少物质财富的损失，还可以减少保险赔款的支付，所以保险人对这种行为是予以鼓励和支持的。根据《中华人民共和国海商法》的规定，被保险人为防止或减少根据合同可以得到赔偿的损失而支出的必要的合理费用，应当由保险人在保险标的的损失赔偿之外另行支付，保险人对上述费用的支付，以相当于保险金额的数额为限。此外，即使施救行为没有效果，保险人在支付保险标的赔款后，也应赔偿被保险人支付的合理的施救费用。

施救费用的构成必须符合以下3个条件：

（1）施救行为必须是由被保险人或其代理人、雇用人或受让人所采取的。如果由其他的与被保险人无关的人员采取抢救行为，因此而产生的费用并不属于施救费用。

（2）施救费用的支出受保险责任范围的限制，如果保险货物的损失不属于保险责任，被保险人为此而支出的抢救费用不能作为施救费用得到补偿。

（3）施救费用应该是必要的、合理的费用，如果施救行为不当，因此而支付的费用不能作为施救费用，保险人不予补偿。

二、救助费用

按照国际惯例，船舶和货物遭遇海难后，其他船舶有义务采取救助措施，被救方则应支付相应的报酬。救助费用（Salvage Charge）是指保险标的遭遇保险责任范围内的灾害事故时，由保险人和被保险人以外的第三者采取了救助措施并获得成功，由被保险人向救助的第三者所支付的报酬。例如，船舶在航行中主机发生故障，无法修理，船舶失去航行能力，只得雇请拖轮将船舶拖带到附近港口，由此而支付给救助方的报酬就是救助费用。

在海上救助中，为明确双方的权利和义务，救助人和被救助人一般均在救助开始前或救助过程中订立救助合同。救助合同有两种：一种是雇用性救助合同；另一种是"无效果，无报酬（No Cure，No Pay）"的救助合同。前一种合同通常是不管救助行为有无效果，都按固定的金额或工作时间支付救助报酬；后一种合同在国际上运用广泛，即只有救助获得成功才能得到赔偿。但近年来，由于海上污染日益严重，为保护海洋环境，许多国家对"无效果，无报酬"原则作了一些修改，规定对于有环境污染损害危险的船舶或船上货物进行的救助，只要救助人没有过失，即使救助没有成功，也可获得合理的报酬。

◤本章小结

海洋运输货物保险的保障范围包括海上风险（自然灾害和意外事故）和外来风险。海洋运输货物保险保障的损失按损失的程度不同，可分为全部损失和部分损失。全部损失按损失情况不同可分为实际全损和推定全损两种。部分损失按性质和原因不同可分为共同海损和单独海损。海洋运输货物保险保障的费用包括施救费用和救助费用。

◤关键词汇

海上风险（Perils of Sea）　　　　外来风险（Extraneous Risks）

全部损失（Total Loss）　　　　　部分损失（Partial Loss）

实际全损（Actual Total Loss）　　　　　共同海损（General Average）

推定全损（Constructive Total Loss）　　单独海损（Particular Average）

委付（Abandonment）

复习思考

一、简答题

1.什么是实际全损？构成实际全损的情况有哪些？怎样界定推定全损？

2.何为委付？具体实务中的委付如何操作？

3.什么是共同海损？构成共同海损有哪些条件？

4.试比较共同海损和单独海损。

5.比较救助费用与施救费用的区别。

二、计算题

试计算下例中的共同海损分摊。一艘由船东充当船长的船舶，运载三位商人押运的三批货物，自上海运往东京，在航程中发生海难，船长为了船货双方的共同安全，采取抛弃行为，将货物B全部抛弃，使船货摆脱了危险境地。假定发生海难时，处于危难中的财产的价值如下：

船舶2 000万元；

货物A 1 000万元；

货物B 2 000万元；

货物C 3 000万元；

合计8 000万元。

问：各方应怎样分担损失？

三、案例分析题

1.某货船从港口驶往新加坡，在航行途中船舶货舱起火，大火蔓延到机舱，船长为了船货的共同安全，决定采取紧急措施，往舱中灌水灭火。火虽被扑灭，但由于主机受损，无法继续航行。于是船长决定雇拖轮将货物拖回港口修理，检修后重新驶往新加坡。事后调查发现，这次事件造成的损失包括：（1）有1 500箱货物被火烧毁；（2）有800箱货物由于灌水灭火受损；（3）主机和部分甲板被烧坏；（4）拖船费用；（5）额外增加的燃料和船长、船员工资。

问：以上损失哪些属于共同海损？哪些属于单独海损？为什么？

2.某一载货船舶在航行途中不慎搁浅，事后船长下令反复开倒车，强行起浮，但船上主机受损并且船底划破，致使海水渗进货舱，造成船货部分受损。该船驶至附近的一港口修理并暂卸大部分货物，共花一周时间，增加了各种费用开支，包括船员工资。船修复后装上原货重新起航后不久，A舱失火，船长下令灌水灭火。A舱原载有儿童玩具、茶叶等，灭火后发现儿童玩具一部分被焚毁，另一部分儿童玩具和茶叶被水浸湿。

问：上例各项损失的性质分别是什么？在何种险别的情况下，保险公司负责赔偿责任？

3.英国籍"蒙斯特尔"轮满载货物从上海港开往卡拉奇，于某年1月2日途经西沙群岛，因偏离航线在浪花礁处搁浅。中国广州救助打捞公司派出救助船，救出了海上全部船员，并与船方签订了劳氏"无效果，无报酬"的救助合同。由于受到强风袭击，轮船大部分双层底破裂，机舱和四、五号货舱破裂进水，救助工作极其困难。经过救助方的多次努力，终于在2月18日将难船拖出海滩，船上所载货物完好，但船舱受损十分严重。船东向救助人支付了救助报酬1 239 250美元后，遂向其投保的保险公司提出索赔，包括船舱损失及救助费用，共计197 320美元，并宣布船舶推定全损，将"蒙斯特尔"轮委付给保险公司。

问：保险公司是否对于"蒙斯特尔"轮负赔偿责任？保险公司是否对救助费用承担赔偿责任？

4.货轮在海上航行时，某舱发生火灾，船长命令灌水施救，扑灭大火后，发现纸张已烧毁一部分，未烧毁的部分，因灌水后无法使用，只能作为纸浆处理，损失原价值的80%。另有印花棉布没有烧毁但水渍损失，其水渍损失使该布降价出售，损失该货价值的20%。

问：纸张损失的80%、棉布损失的20%，都是部分损失吗？为什么？

5.某公司向欧洲出口一批器材，投保海运货物平安险。载货轮船在航行中发生碰撞事故，部分器材受损。另外，公司还向美国出口一批器材，由另外一船装运，投保了海运货物水渍险。船舶在运送途中，由于遭受暴风雨的袭击，船身颠簸，货物相互碰撞，发生部分损失。后船舶又不幸搁浅，经拖救脱险。

试分析上述货物是否该由保险公司承担赔偿责任。

章后阅读

损失如何划分

"昌隆"号货轮满载货物驶离上海港。开航后不久，由于空气温度过高，导致老化的电线短路引发大火，将装在第一货舱的1 000条出口毛毯全部烧毁。船到新加坡港卸货时发现，装在同一货舱中的烟草和茶叶由于羊毛燃烧散发出的焦煳味而不同程度受到串味损失。其中，烟草由于包装较好，串味不是非常严重，经过特殊加工处理，仍保持了烟草的特性，但是已大打折扣，售价下跌三成。而茶叶则完全失去了其特有的芳香，不能当做茶叶出售了，只能按廉价的填充物处理。

船经印度洋时，不幸与另一艘货船相撞，船舶严重受损，第二货舱破裂，仓内进入大量海水，剧烈的震荡和海水浸泡导致仓内装载的精密仪器严重受损。为了救险，船长命令动用亚麻临时堵住漏洞，造成大量亚麻损失。在船舶停靠泰国港避难进行大修时，船方联系了岸上有关专家就精密仪器的抢修事宜进行了咨询，发现修理工作量十分庞大，已经超过了货物的保险价值。为了方便修理船舶，不得不将第三舱和第四舱部分纺织品货物卸下，在卸货时有一部分货物有钩损，试分析上述各种货物损失分别属于什么损失。

资料来源　佚名.国际物流风险与保险［EB/OL］.［2011-10-23］. http://wenku.baidu.com/view/a47b30ec5ef7ba0d4a733be9.html.

船方弃货于海中保险公司可取吗？

国内某公司向银行申请开立信用证，以 CIF 条件向法国采购奶酪 3 公吨，价值 3 万美元，提单已经收到，但货轮到达目的港后却无货可提。经查该轮在航行中因遇风雨袭击，奶酪被水浸泡，船方将其弃于海中。于是该公司凭保险单向保险公司索赔，保险公司拒赔。

第九章

中国海洋运输货物保险条款与险别

学习目标

✓ 熟悉我国海洋运输货物保险的各险别；

✓ 掌握基本险别中的平安险、水渍险和一切险；

✓ 理解附加险别中的一般附加险和特殊附加险；

✓ 了解专门险中的海洋运输冷藏货物保险和海洋运输散装桐油保险。

导读材料

海关查验损失由谁承担

我公司向菲律宾以CIF条件出口货物。该货物采用真空包装，在上海港出境时接受海关查验，在港口，海关关员将其中6箱货物的塑料包装划开，致使货物受潮。货物到达菲律宾，收货人以货物受潮不能使用为由，拒收这6箱货物，并拒付这6箱货物的货款。我公司在货物出境前向保险公司投保了一切险。请问该损失应由谁承担？

第一节 海洋运输货物保险基本险

各国的保险公司或保险机构根据保险业务的实际需要以及保险市场的习惯做法，制定不同运输方式（海洋、陆上、航空、邮包运输）下的货物运输保险条款，以及适用于各种运输方式货物保险的多种附加险条款。例如，英国伦敦保险业协会的《协会货物条款》以及我国的《中国保险条款》分别对海洋、陆上、航空、邮包等方式的货物运输规定了基本的保险条款以及多种附加险条款。

保险险别（Conditions）是保险人对风险和损失的承保责任范围，它是保险人与被保险人行使权利与履行义务的基础，也是保险人承保责任大小和被保险人缴付保险费多少的依据。运输货物保险的险别很多，例如，我国现行的《海洋运输货物保险条款》（Ocean Marine Clauses）是由中国人民保险公司（PICC）于1981年1月1日修订实施的，可分为基本险、附加险和专门险三大类，投保人在投保时，只需声明投保险别的名称，即可获得所需的保障。

一、基本险责任范围

基本险又称主险，是可以单独投保的险别。根据我国《海洋运输货物保险条款》的规定，基本险别包括平安险、水渍险和一切险3种。

（一）平安险

平安险（Free From Particular Average，F.P.A.），英文原意是"单独海损不负赔偿责任"，"平安险"一词是我国保险业的习惯叫法。

平安险的承保责任范围包括以下8项：

（1）被保险货物在运输途中由于恶劣气候、雷电、海啸、地震、洪水等自然灾害造成整批货物的全部损失或推定全损。

（2）由于运输工具遭受搁浅、触礁、沉没、互撞、与流冰或其他物体碰撞以及失火、爆炸等意外事故造成货物的全部或部分损失。

（3）在运输工具已经发生搁浅、触礁、沉没、焚毁等意外事故的情况下，货物在此前后又在海上遭受恶劣气候、雷电、海啸等自然灾害所造成的部分损失。

（4）在装卸或转运时由于一件或数件、整件货物落海造成的全部或部分损失。

（5）被保险人对遭受承保责任范围内危险的货物采取抢救、防止或减少货损的措施而支付的合理费用，但以不超过该批被救起货物的保险金额为限。

（6）运输工具遭遇海难后，在避难港由于卸货所引起的损失以及在中途港、避难港由于卸货、存仓和运送货物所产生的特别费用。

（7）共同海损的牺牲、分摊和救助费用。

（8）运输契约订有"船舶互撞责任"条款，根据该条款规定应由货方偿还船方的损失。

平安险的承保责任范围很有限，因而它一般多用于大宗、低值、粗糙无包装货物的投保，如废钢材、木材、矿砂等。

◈ 思考题

某年2月，中国某纺织进出口公司与大连某海运公司签订了运输1 000件丝绸衬衫到神户的协议。合同签订后，该进出口公司又向保险公司就该批货物的运输投保了平安险。2月20日，该批货物装船完毕后起航。2月25日，装载该批货物的轮船在海上突遇罕见大风暴，船体严重受损，于2月26日沉没。3月20日，该进出口公司向保险公司就该批货物索赔，保险公司以该批货物由自然灾害造成损失为由拒绝赔偿。于是，该进出口公司向法院起诉，要求保险公司偿付保险金。

问题：本案中，保险公司是否应负赔偿责任？

（二）水渍险

水渍险（With Particular Average，W.P.A.或W.A.），英文含义是"负单独海损责任"，水渍险是我国保险业沿用已久的叫法。

水渍险的承保责任范围除包括平安险的各项责任外，还包括负责被保险货物由于恶劣气候、雷电、海啸、地震、洪水等自然灾害所造成的部分损失。

需要注意的是，水渍险虽对部分损失负责，但对锈损、碰损、破碎以及散装货物的部分损失不负责。因此，对于一些不易损坏或虽易生锈但不影响使用的货物以及散装的原料，如五金板、钢管、旧机械、散装化肥及化工原料和散装的金属原料等，可考虑投保该险别。

（三）一切险

一切险（All Risks，A.R.）的责任范围除包括平安险和水渍险的各项保险责任外，还包括被保险货物在运输过程中由于外来原因造成的被保险货物的全部损失或部分损失。

由于一切险的承保责任范围是三种基本险别中最广泛的一种，因而适宜于价位较高、可能遭受损失因素较多的货物投保。

上述三种基本险别，被保险人可以从中选择一种投保。但应注意的是：对于以上三种基本险别，保险公司并非对一切损失和费用都负责赔偿。由保险公司明确规定不予承保的损失或费用就是保险公司的除外责任（Exclusions）。

◈思考题

某批化工品属于易燃易爆危险品，投保了海运货物一切险。在装船时出于安全考虑，船方将该批货物放置在甲板上。船舶在运输途中遭遇大海浪，船舶颠簸剧烈。船长为了防止剧烈碰撞而发生爆炸，将该批货物抛弃。后货主根据"一切险"保单的规定向保险公司索赔货物损失。保险公司可拒赔吗？

二、基本险的除外责任

除外责任中所列的各项致损原因一般都是非意外的、偶然性的或者是比较特殊的风险，列明除外责任能起到分清保险人、被保险人和发货人各自应负责任的作用。

我国《海洋运输货物保险条款》的除外责任主要有：

（1）被保险人的故意行为或过失所造成的损失。

（2）由于发货人包装不善等原因所引起的损失。

（3）在保险责任开始前，被保险货物已存在品质不良或数量短差所造成的损失。

（4）被保险货物的自然损耗、本质特性，以及市价跌落、运输延迟所引起的损失或费用。

（5）由于工人罢工、战争所造成的货物损失，保险人也不负赔偿责任，除非货主加保战争险、罢工险，则按战争险、罢工险条款处理。

三、被保险人的义务

被保险人应按照规定的义务办理有关事项，如因未履行规定的义务而影响保险人利益时，保险人有权拒绝赔偿有关损失。被保险人的义务具体有以下几项：

（一）防止延迟的义务

当被保险货物运抵保险单所载明的目的港（地）以后，被保险人应及时提货，当发现被保险货物遭受任何损失时，应立即向保险单上所载明的检验、理赔代理人申请检验，如发现被保险货物整件短少或有明显残损痕迹应立即向承运人、受托人或有关当局（海关、港务当局等）索取货损货差证明。

（二）减少损失的义务

对遭受承保责任内危险的货物，被保险人应该迅速采取合理的抢救措施，防止或减少货物的损失。如果货损货差是由于承运人、受托人或其他有关方面的责任所造成的，应以书面方式向其提出索赔，必要时还须取得延长时效的认证。

（三）告知的义务

如遇航程变更或发现保险单所载明的货物、船名或航程有遗漏或错误时，被保险人应在获悉后立即通知保险人并在必要时加缴保险费，本保险才继续有效。在获悉有关运输契约中"船舶互撞责任"条款的实际责任后，应及时通知保险人。

四、承保责任的起讫

承保责任的起讫亦称保险期间或保险期限，是指保险人对被保险货物承担保险责任的有效期限。被保险货物如果在有效期限内发生保险责任范围内的风险损失，保险公司负责赔偿，否则保险公司不负责赔偿。

由于海运货物保险是对特定航程中货物的保险，因而海运货物的保险期限一般没有固定、具体的起讫日期，具体险种具体对待。

根据中国人民财产保险股份有限公司《海洋运输货物保险条款》规定，我国 3 种基本险的保险责任起讫期限采取国际保险业惯用的"仓至仓"条款（Warehouse to Warehouse，W/W）。

"仓至仓"条款的含义是保险责任自被保险货物运离保险单所载明的启运地发货人仓库或储存处所开始生效，包括正常运输过程中的海上、陆上、内河和驳船运输在内，直至该项货物到达保险单所载明的目的地收货人的最后仓库或储存处所。但需要注意的是，"仓至仓"责任不是绝对的，有以下一些例外情况：

（1）如未抵达上述收货人仓库或储存处所，则以被保险货物在最后卸货港口全部卸离海轮后满 60 天为止。如在上述 60 天内被保险货物需转运到非保险单所载明的目的地时，则以该项货物开始转运时终止。

（2）由于被保险人无法控制的运输延迟、绕道、被迫卸货、重行装载、转载或承运人运用运输契约赋予的权限所作的任何航海上的变更或终止运输契约，致使被保险货物运到非保险单所载明目的地时，在被保险人及时将获知的情况通知保险人，并在必要时加缴保险费的情况下，本保险继续有效，保险责任按下列规定终止：

①被保险货物如在非保险单所载明的目的地出售，保险责任至交货时为止，但不论任何情况，均以被保险货物在卸载港全部卸离海轮后满 60 天为止。

②被保险货物如在上述 60 天期限内继续运往保险单所载原目的地或其他目的地时，保险责任仍按上述第（1）款的规定终止。

五、索赔条款

索赔时效，是指被保险人在发生承保责任范围内的货物损失时，向保险人提出索赔的有效期限。

在向保险人索赔时，必须提供下列单证：保险单正本、提单、发票、装箱单、磅码单、货损货差证明、检验报告及索赔清单。如涉及第三者责任，还须提供向责任方追偿的有关函电及其他必要单证或文件。

第二节　海洋运输货物附加险别

附加险是对基本险的补充和扩大。附加险承保的是除自然灾害和意外事故以外的各种外来原因所造成的损失。附加险不能单独投保，只有在投保某一种基本险的基础上才能加保。海洋货物运输保险的附加险别可分为一般附加险和特殊附加险两类。

一、一般附加险

一般附加险（General Additional Risk），可以承保一般外来风险所造成的损失。具体的险种包括以下 11 项：

（1）偷窃、提货不着险（Theft，Pilferage and Non-Delivery，T.P.N.D.），承保两类风险：一是偷窃风险，货物被偷走的损失和因偷窃而致货物的损坏；二是整件提货不着风险，保险人负责在目的地提货时货物不明原因的整件提货不着或误交给他人而致无法收回的损失。

（2）淡水雨淋险（Fresh Water or Rain Damage，F.W.R.D.），承保货物在运输过程中，由于淡水、雨水以及冰雪融化所造成的损失。淡水是与海水相对而言的，包括船上淡水管漏水、舱漏等。

（3）短量险（Risk of Shortage），指保险公司承担承保货物数量和重量发生短少的损失。通常，包装货物的短少，保险公司必须要查清外包装是否发生异常现象，如破口、破袋、扯缝等，如属散装货物，往往以装船重量和卸船重量之间的差额作为计算短量的依据，但不包括正常运输途中的自然损耗。

（4）混杂、沾污险（Risk of Intermixture & Contamination），指保险公司承担承保货物在运输过程中混进杂质所造成的损失。例如，散装谷物混进了泥土等因而使质量受到影响，布匹、纸张等被油类或带色的物质污染因而引起的经济损失。

（5）渗漏险（Risk of Leakage），指保险公司承担流质、半流质的液体物质和油类物质在运输过程中因为容器损坏而引起的渗漏损失。如以流体装存的湿肠衣，因为流体渗漏而使肠衣发生腐烂、变质等损失，均由保险公司负责赔偿。

（6）碰损、破碎险（Risk of Clash & Breakage），指保险人承保货物碰损和破碎的损失。碰损主要是对金属、木质等货物来说的；破碎则主要是对易碎性货物来说的。前者是指在运输途中，因为受到震动、颠簸、挤压而造成货物本身的损失；后者是在运输途中由于装卸野蛮、粗鲁，运输工具的颠震造成货物本身的破裂、断碎的损失。

（7）串味险（Risk of Odour），指保险公司承担承保货物在运输途中因受其他带异味货物的影响而造成串味的损失。例如，茶叶、香料、药材等在运输途中受到一起堆放的异味货物影响使品质受到损失。

（8）受热、受潮险（Damage Caused by Heating & Sweating），指保险公司承担承保货物在运输途中因受气温变化或水蒸气的影响而使货物发生变质的损失。例如，船舶在航行途中，由于气温骤变，或者因为船上通风设备失灵等使舱内水汽凝结、发潮、发热引起货物的损失。

（9）钩损险（Hook Damage），指保险公司承担保险货物在装卸过程中因为使用手钩、吊钩等工具所造成的损失。例如，粮食包装袋因吊钩损坏而造成粮食外漏所造成的损失，保险公司在承保该险别的情况下，应予以赔偿。

（10）包装破裂险（Loss or Damage Caused by Breakage of Packing），指保险人承保因包装破裂造成物资短少、沾污等的损失。此外，对于因保险货物在运输过程中续运安全需要而产生的修补包装、调换包装所支付的费用，保险公司也应负责。

（11）锈损险（Risks of Rust），指保险公司承保货物在运输过程中因为生锈而造成的损失。不过这种生锈必须在保险期内发生，如原装时就已生锈，保险公司不负责任。

上述 11 种附加险不能单独投保，而只能在投保平安险或水渍险的基础上加保。但如果投保"一切险"，则上述险别均包括在内，因此无须加保。

◈ 讨论题

山西某煤炭公司向丹麦出口无烟煤 1 000 公吨，合同采用 CIF 价格条件，信用证结算，规定由中方投保水渍险。煤炭公司在装运前按发票金额的 110% 向保险公司投保了"水渍险"，之后该批无烟煤装运出口，但在印度转船时遭遇暴雨。货抵目的港哥本哈根后，丹麦进口商发现货物有明显的湿损，即请检验机构进行检验，确定损失达 38 000 美元。

丹麦进口商遂向煤炭公司提起索赔，但遭到煤炭公司的拒绝，理由是：卖方交货时，有商检部门的检验证明，货物质量符合合同要求；至于交货后的风险，在 CIF 合同下，应由买方承担；并指出卖方对该批货物已投保了水渍险，买方应凭保险单向保险公司索赔。

于是，丹麦进口商凭保险单向我保险公司驻丹麦的代理人提出索赔。我保险公司丹麦代理人经过调查取证得知，该批货物湿损是因为在印度转船时遭暴雨所致。

请问保险公司是否应该承担赔偿责任？为什么？

二、特殊附加险

特殊附加险（Special Additional Risk）是指承保由于军事、政治、国家政策、法令以及行政措施等特殊外来原因所引起的风险与损失的险别。

我国保险公司承保的特殊附加险目前主要包括以下 8 种：

（一）战争险（War Risk）

战争险是承保战争或类似战争行为等引起保险货物的直接损失。我国保险公司对此种险别的承保责任范围包括：由于战争或类似战争行为和敌对行为、武装冲突或海盗行为，以及由此而引起的捕获、拘留、扣留、禁制、扣押所造成的损失，或者由于各种常规武器（包括水雷、鱼雷、炸弹）所造成的损失，由于上述原因所引起的共同海损的牺牲、分摊和救助费用。

战争险的除外责任是由于敌对行为使用原子弹或热核制造的武器导致被保险货物的损失和费用，保险公司不负责赔偿。

（1）本保险责任自被保险货物装上保险单所载起运港的海轮或驳船时开始，到卸离保险单所载明的目的港的海轮或驳船时为止。如果被保险货物不卸离海轮或驳船，本保险责任最长期限以海轮到达目的港的当日午夜起算满 15 天为限，海轮到达上述目的港是指海轮在该港区内一个泊位或地点抛锚、停泊或系缆，如果没有这种泊位或地点，则指海轮在原卸货港或地点或附近第一次抛锚、停泊或系缆。

（2）如在中途港转船，不论货物在当地卸载与否，保险责任都以海轮到达该港或卸货地点的当日午夜起算满15天为止，俟再装上续运海轮时恢复有效。

（3）如运输契约在保险单所载明目的地以外的地点终止时，该地即视为本保险目的地，仍照前述第（1）款的规定终止责任，如需运往原目的地或其他目的地时，在被保险人于续运前通知保险人并加付保险费的情况下，可自装上续运的海轮时重新有效。

（4）如运输发生绕道，改变航程或承运人运用运输契约赋予的权限所作的任何航海上的改变，在被保险人及时将获知情况通知保险人，在必要时加付保险费的情况下，本保险继续有效。

（二）罢工险（Strikes Risk）

保险人对被保险货物由于罢工者、被迫停工工人或参加工潮、暴动、民众斗争的人员的行动，或任何人的恶意行为所造成的直接损失以及上述行动或行为所引起的共同海损的牺牲、分摊和救助费用负赔偿责任。

应当注意的是，如果被保险人在投保了某种基本险的基础上加保了战争险，又加保罢工险，则不必另行加缴罢工险的保费。但若仅要求加保罢工险，则按战争险的保险费率缴费。

◈ 思考题

1. 我方按CIF条件出口大豆1 000吨，计10 000包。合同规定投保一切险加战争险、罢工险。货卸目的港码头后，当地码头工人便开始罢工。在工人与政府武装力量对抗的过程中，该批大豆有的被撒在地面，有的被当做掩体，有的丢失，总共损失近半。请问这种损失保险公司是否负责赔偿？

2. 我方按CIF条件出口冷冻食品一批，合同规定投保平安险加战争险、罢工险。货到目的港后适逢码头工人罢工，港口无人作业，货物无法卸载。不久货轮因无法补充燃料以致冷冻设备停机。等到罢工结束，该批冷冻食品已变质。请问这种由于罢工而引起的损失，保险公司是否负责赔偿？

3. 某年，某出口商同国外买方达成一项交易，合同规定的贸易术语为CIF，当时正值海湾战争期间，装有出口货物的轮船在公海上航行时，被一导弹误中沉没，由于在投保时没有加保战争险，保险公司不赔偿。请问：此项损失应由哪方负责？为什么？

（三）交货不到险（Failure to Deliver）

不论何种原因，从被保险货物装上船开始，如货物不能在预定抵达目的地的日期起6个月内交付的，保险公司负责按全损赔偿。

需要注意的是，"交货不到险"与"提货不着险"所承保的风险不同，交货不到险所承保的损失往往是政治风险所致。例如，运输途中货物被中途国政府当局禁运而被迫卸货，导致货主收不到货而损失。此时，被保险货物并没有实际全损，因此，保险人按全损赔付时都特别要求被保险人将货物的权益转让给自己。此外，交货不到险对战争风险所致的交货不到损失也不负责。

（四）进口关税险（Import Duty Risk）

进口关税险指保险公司承担承保货物虽然受损仍须按完好的价值缴纳进口关税所造成的损失。货物在运输途中受损后，其价值降低，但某些国家规定不论进口的货物是否受损，进口时仍须按完好价值完税。在这种情况下，保险公司负责赔偿关税损失。但如果货物本身遭受的损失不是在保险责任范围之内的，所引起的关税损失，进口关税险是不负责的。

（五）舱面险（On Deck Risk）

舱面险指当货物置于船舶甲板上时，保险公司除按保单所载条款负责外，还赔偿被抛弃或浪击落海的损失。海运货物一般都是装在舱内的，但也有一些体积大或有污染性的货物按航运习惯装载于舱面，而装在舱面的货物很容易损坏及生锈。投保时通常在基本险的基础上加保舱面险。

应当注意的是，由于装载在舱面上的货物极易受损，通常被保险人应在投保一切险的基础上加保舱面险，而不能只投一切险，不投舱面险。否则，损失由自己负责。

（六）拒收险（Rejection Risk）

拒收险指保险公司承担承保货物在进口国由于各种原因，被进口国的有关当局拒绝进口或没收所产生的损失。但在投保时被保险人必须保证持有进口所需的一切特许证或许可证或进口配额。

（七）黄曲霉素险（Aflatoxin Risk）

花生、谷物等易产生黄曲霉素，对含量超过进口国限制标准而被拒绝进口、没收或强制改变用途所遭受的损失保险公司负责赔偿。

（八）出口货物到香港（包括九龙在内）或澳门存仓火险责任扩展条款（Fire Risk Extension Clause for Storage of Cargo at Destination HongKong, Including Kowloon, or Macao, F.R.E.C.）

这一条款专门适用于出口到香港特别行政区、澳门特别行政区且在港、澳银行办理押汇的出口运输货物。它承保货物抵达香港特别行政区或澳门特别行政区后，在银行指定仓库存放时发生火险所造成的损失，一旦银行解除对货物的权益或运输险责任终止满30天，保险责任就终止。

◈ 思考题

1.某商品从装运港到目的港的通常航程为30天，如果投保了交货不到险，但货物装上船后6个月没有到达目的港，这时被保险人是否可以马上向保险公司索赔？为什么？

2.某批出口货物的完好价值为10万美元，进口国的进口关税为3%，但该批货物在运输途中遇到事故，造成2万美元的损失。货物到达目的港后，进口国海关仍然按10万美元征收关税。如果该批货物投保了进口关税险，保险公司应赔偿多少？

第三节　海洋运输货物专门保险

一、海洋运输冷藏货物保险条款

对于新鲜的水果、蔬菜、肉类以及水产品等货物，为保持新鲜程度，运输时均须置于专门的冷藏箱。这些货物在运输途中，除会遇到和其他货物相同的风险外，还会因冷藏机器可能发生的故障而致腐烂、变质，海洋运输冷藏货物保险（Ocean Marine Insurance Clause（Frozen Products））是专为冷藏货物制定的保险。海洋运输冷藏货物保险分为冷藏险（Risks for Frozen Products）和冷藏一切险（All Risks for Frozen Products）两个险种，均可单独投保。

冷藏险除包括水渍险的承保责任外，还负责由于冷藏机器停止工作连续达24小时以上所造成的货物腐烂或损失。这里所说的冷藏机器包括载运货物的冷藏车、冷藏集装箱以及冷藏船上的制冷设备。

冷藏一切险的责任范围更广，除包括冷藏险的各项责任外，还负责被保险鲜货在运输途中由于外来原因所致的腐烂或损失。

海洋运输冷藏货物保险的除外责任在海运货物保险条款的基础上稍有改变。一是将"未存放在有冷藏设备的仓库或运输工具中，或辅助运输工具没有隔湿设备所造成的鲜货腐烂的损失"列入除外责任。二是将海运货物保险条款除外责任中的"在保险责任开始前，被保险货物已经存在的品质不良或数量短差所造成的损失"改为"被保险鲜货在保险责任开始时，因未保持良好状态所引起的货物腐烂和损失"。

（一）责任范围

本保险分为冷藏险和冷藏一切险两种。被保险货物遭受损失时，本保险按照保险单上订明承保险别的条款规定，负赔偿责任。

1.冷藏险

本保险负责赔偿：

（1）被保险货物在运输途中由于恶劣气候、雷电、海啸、地震、洪水自然灾害或由于运输工具遭受搁浅、触礁、沉没、互撞、与流冰或其他物体碰撞以及失火、爆炸意外事故或由于冷藏机器停止工作连续达24小时以上所造成的腐败或损失。

（2）在装卸或转运时由于一件或数件整件货物落海所造成全部或部分损失。

（3）被保险人对遭受承保责任内危险的货物采取抢救、防止或减少货损的措施而支付的合理费用，但以不超过该批被救货物的保险金额为限。

（4）运输工具遭遇海难后，在避难港由于卸货所引起的损失以及在中途港、避难港由于卸货、存仓和运送货物所产生的特别费用。

（5）共同海损的牺牲、分摊和救助费用。

（6）运输契约订有"船舶互撞责任"条款，根据该条款规定应由货方偿还船方的损失。

2.冷藏一切险

除包括以上冷藏险的各项责任外，本保险还负责被保险货物在运输途中由于外来原因所致的腐败或损失。

（二）除外责任

本保险对下列损失不负赔偿责任：

（1）被保险人的故意行为或过失所造成的损失。

（2）属于发货人责任所引起的损失。

（3）被保险货物在运输过程中的任何阶段，因未存放在有冷藏设备的仓库或运输工具中，或辅助运输工具没有隔温设备造成的货物腐败。

（4）被保险货物在保险责任开始时因未保持良好状态，包括整理加工和包扎不妥，冷冻上的不合规定及骨头变质所引起的货物腐败和损失。

（5）被保险货物的自然损耗、本质缺陷、特性及市价跌落、运输延迟所引起的损失和费用。

（6）保险人海洋运输货物战争险条款和货物运输罢工条款规定的责任范围和除外责任。

（三）责任起讫

（1）本保险责任自被保险货物运离保险单所载起运地点的冷藏仓库装入运送工具开始运输时生效，包括正常运输过程中的海上、陆上、内河和驳船运输在内，直至该项货物到达保险单所载明的最后卸载港30天内卸离海轮，并将货物存入岸上冷藏库后继续有效，但以货物全部卸离海轮时起算满10天为限。在上述期限内货物一经移出冷藏库，则责任即行终止，如卸离海轮后不存入冷藏库，则至卸离海轮时终止。

（2）由于被保险人无法控制的运输延迟、绕道、被迫卸货、重行装载、转载或承运人运用运输契约赋予的权限所作的任何航海上的变更或终止运输契约，致使被保险货物运到非保险单所载明目的地时，在被保险人即时将获知的情况通知保险人，并在必要时加缴保险费的情况下，本保险继续有效。保险责任按下列规定终止：

①在货物到达卸载港30天内卸离海轮并将货物存入岸上冷藏仓库后继续有效，但以货物全部卸离海轮后时起算满10天终止。在上述期限内，被保险货物如在非保险单所载明目的地出售，保险责任至交货时为止。

②被保险货物如在上述10天期限内继续运往保险单所载原目的地或其他目的地时，保险责任仍按上述第（1）款的规定终止。

（四）被保险人的义务

被保险人应按照以下规定的应尽义务办理有关事项，如因未履行规定的应尽义务而影响保险人利益时，保险人对有关损失有权拒绝赔偿。

（1）当被保险货物运抵保险单所载目的港以后，被保险人应及时提货，当发现被保险货物任何部分有腐败或损失时，应立即向保险单所载明的检验、理赔代理人申请检验，由其在本保险责任终止前确定腐败件数或损失程度。如发现被保险货物整件短少或有明显残损痕迹应立即向承运人、受托人或有关当局（海关、港务当局等）索取货损货差证明。如果货损货差是由于承运人、受托人或其他有关方面的责任所造成的，应以书面方式向其提出索赔，必要时还须取得延长时效的认证。

（2）对遭受承保责任内危险的货物，应迅速采取合理的抢救措施，防止或减少货物的损失，被保险人采取此项措施，不应视为放弃委付的表示，保险人采取此项措施，也不得视为接受委付的表示。

（3）如遇航程变更或发现保险单所载明的货物、船名或航程有遗漏或错误时，被保险人应在获悉后立即通知保险人并在必要时加缴保险费，本保险才继续有效。

（4）在向保险人索赔时，必须提供下列单证：

保险单正本、提单、发票、装箱单、磅码单、货损货差证明、检验报告及索赔清单。如涉及第三者责任，还须提供向责任方追偿的有关函电及其他必要单证或文件。

（5）在获悉有关运输契约中"船舶互撞责任"条款的实际责任后，应及时通知保险人。

（五）赔款的处理

（1）本保险对同一标记和同一价值的或不同标记但是同一价值的各种包、件、扎、块，除非另有规定，均视为同一重量和同一保险价值计算处理赔偿。

（2）本保险的索赔时效，从被保险货物在最后卸载港全部卸离海轮后起计算，最多不超过两年。

二、海洋运输散装桐油保险条款

散装桐油因自身特性，在运输途中非常容易发生污染、变质等损失，因此该条款是专门为散装桐油的海洋运输设计制定的。海洋运输散装桐油保险只有一个险别，负责不论任何原因所致的桐油超过保险单规定的短少、渗漏损失和不论任何原因所致的桐油污染或变质损失，可单独投保。

（一）责任范围

本保险负责赔偿：

（1）不论任何原因所致被保险桐油短少、渗漏损失而超过本保险单规定的免赔率时（以每个油仓作为计算单位）。

（2）不论任何原因所致被保险桐油的沾污或变质损坏。

（3）被保险人对遭受承保责任范围内危险的桐油采取抢救、防止或减少货损的措施而支付的合理费用，但以不超过该批被救桐油的保险额为限。

（4）共同海损的牺牲、分摊和救助费用。

（5）运输契约订有"船舶互撞责任"条款，根据该条款规定应由货方偿还船方的损失。

（二）除外责任

本保险对下列损失不负赔偿责任：

（1）被保险人的故意行为或过失所造成的损失。

（2）属于发货人责任所引起的损失。

（3）在保险责任开始前，被保险桐油已存在的品质不良或数量短差所造成的损失。

（4）被保险桐油的市价跌落或运输延迟所引起的损失或费用。

（5）保险人海洋运输货物战争险和货物运输罢工险条款规定的责任范围和除外责任。

（三）责任起讫

（1）本保险责任自被保险桐油运离保险单所载明的起运港的岸上油库或盛装容器开始运输时生效，在整个运输过程中，包括油管唧油，继续有效，直至安全交至保险单所载明的目的地的岸上油库时为止。但如桐油未及时卸离海轮或未交至岸上油库，则最长保险期限以海轮到达目的港后15天为限。

（2）由于被保险人无法控制的运输延迟、绕道、被迫卸货、重行装载、转载或承运人运用运输契约赋予的权限所作的任何航海上的变更或终止运输契约，致使被保险桐油运到非保险单所载明目的港时，在被保险人及时将获知的情况通知保险人，并在必要时加缴保险费的情况下，本保险继续有效，保险责任按下列规定终止：

①被保险桐油应在到达该港口15天内卸离海轮，在卸离海轮后满15天责任终止，如在前述期限内货物在该地出售，则在交货时终止。

②被保险桐油如在上述15天内继续运往保险单所载原目的地或其他目的地时，保险责任仍按上述第（1）款的规定终止。

（四）特别约定

（1）被保险人在起运港必须取得下列检验保证书，如不按照执行，则本保险不负责赔偿桐油品质上的损失。

①船上油仓在装油前必须清洁并经在场的商品检验局代表检验出具合格的证书。

②桐油装船后的容量或重量和温度必须由商品检验局详细检验并出具证书，装船重量即作为桐油保险负责的装运量。

③装船桐油的品质还须由商品检验局抽样化验并出具合格证书，证明在装运时确无沾污、变质或"培他"（桐油损失专门名词）迹象。

（2）如遇必须卸货的情况时，在卸货前须进行品质鉴定并取得证书，对接受所卸桐油的油驳、岸上油库其他容器以及重新装载桐油的船舶油轮均须申请当地合格检验人进行检验，并取得证书。

（3）被保险桐油在运抵本保险单所载目的港后，被保险人必须在卸货前通知本保险单所指定的检验、理赔代理人，由其指定的检验人进行检验。确定卸货时油仓中的温度、容量、重量或量尺，并应由代理人指定的合格化验师一次或数次抽样化验，出具确定当时品质状况的证书。如到货后由油驳驳运，则油驳在装油前须经检验人检验出证。

（五）被保险人的义务

被保险人应按照以下规定的应尽义务办理有关事项，如因未履行规定的义务而影响保险人利益时，保险人有权拒绝赔偿有关损失。

（1）当被保险桐油运抵保险单所载目的港以后，被保险人应及时提货，发现被保险桐油遭受任何损失时，应立即向保险单上所载明的检验、理赔代理人申请检验。如发现被保险桐油的短少和损失是由于承运人、受托人或其他有关方面的责任所造成的，应以书面方式向其提出索赔，必要时还须取得延长时效的认证。

（2）对遭受承保责任内危险的桐油，应采取合理的抢救措施，防止或减少桐油损失，被保险人采取此项措施，不应视为放弃委付的表示，保险人采取此项措施，也不得视为接受委付的表示。

（3）如遇航程变更或发现保险单所载明的货物、船名或航程有遗漏或错误时，被保险人应在获悉后立即通知保险人，并在必要时加缴保险费，本保险才继续有效。

（4）在向保险人索赔时，必须提供下列单证：

保险单正本、提单、发票、货损货差证明、检验报告、索赔清单以及上述第（四）条（1）~（3）款所列的各项检验证书。如涉及第三者责任还须提供向责任方追偿的有关函电及其他必要单证或文件。

（5）在获悉有关运输契约中"船舶互撞责任"条款的实际责任后，应及时通知保险人。

（六）赔款的处理

（1）如被保险桐油经检验和化验证明已发生短少或损失时，必须与装船时的检验和化验报告相比较，估定损失数额。如发生全损，以上述特别约定的装运量作为计算的标准。

（2）如根据化验报告中的鉴定被保险桐油品质上有变异时，本保险按实际所需的提炼费用（包括提炼后的短量、贬值、运输、人工、存仓、保险等各项费用）减去通常所需的提炼费用后差额赔付。

（3）一切检验和化验费用均由被保险人负担，但为了确定赔款数额而支付的必要检验和化验费用，可由保险人负担。

（4）本保险索赔时效，从被保险货物在最后卸载港全部卸离海轮后起计算，最多不超过两年。

本章小结

本章内容可概括为表9-1。

表9-1 　　　　　　　　　　　我国海洋运输货物保险条款

基本险	承保责任	平安险	对于自然灾害引起的单独海损不负赔偿责任
		水渍险	平安险+自然灾害引起的部分损失
		一切险	水渍险+外来原因引起的损失
	除外责任	1.被保险人的故意行为或过失所造成的损失	
		2.发货人责任所引起的损失	
		3.货物原已存在品质不良或数量短差所造成的损失	
		4.货物的自然损耗、本质缺陷等引起的损失	
	保险期限	正常运输	
		非正常运输	
	被保险人义务	1.及时提货，尽快报损，保留追偿权	
		2.合理施救，减少损失，不作为放弃委付的表示	
		3.内容变更，通知加费，让保险单继续有效	
		4.船舶互撞，通报责任，协助保险人抗辩	
		5.备齐单证，办妥手续，便于保险人定损结案	
	索赔期限	两年	
附加险	一般附加险	偷窃提货不着险、淡水雨淋险、短量险、混杂沾污险、渗漏险、碰损破碎险、串味险、受热受潮险、钩损险、包装破裂险、锈损险	
	特殊附加险	战争险、罢工险、交货不到险、进口关税险、舱面险、拒收险、黄曲霉素险、出口货物到香港（包括九龙在内）或澳门存仓火险责任扩展条款	
专门险		海洋运输冷藏货物保险条款	
		海洋运输散装桐油保险条款	

关键词汇

平安险（Free From Particular Average，F.P.A.）

水渍险（With Particular Average，W.P.A.）

一切险（All Risks，A.R.）

一般附加险（General Additional Risk）

"仓至仓"条款（Warehouse to Warehouse，W/W）

复习思考

一、简答题

1. 为什么说"平安险"或"单独海损不赔"的叫法不准确？

2. 简述水渍险与一切险的承保责任范围。

3. 简述"仓至仓"条款的基本内容。

4. 简述海洋运输冷藏货物保险与海洋运输散装桐油保险的承保责任范围。

5. 简述海洋运输货物战争险与罢工险的承保责任范围与除外责任。

二、案例分析题

1. 我国某纺织进出口公司与大连某海运公司签订了运输一批服装到马赛的协议。合同签订后，进出口公司又向保险公司就该批货物的运输投保了平安险。该批货物装船完毕后起航，在海上航行中，装载该批货物的轮船在海上突遇罕见大风暴，船体严重受损后沉没。纺织品进出口公司闻讯后，凭有关单据就该批货物向保险公司索赔，保险公司以该批货物属自然灾害造成损失为由拒绝赔偿。于是，进出口公司向法院起诉，要求保险公司偿付保险金。

请回答：本案中的保险公司是否应负赔偿责任？为什么？

2. 我国A公司与某国B公司于某年5月20日签订购买50 000吨化肥的CFR合同。A公司开出信用证规定，装船期限为10月1日至10日，由于B公司租来运货的"雄狮号"在开往某外国港口运货途中遇到飓风，结果装货至10月20日才完成。承运人在取得B公司出具的保函的情况下，签发了与信用证一致的提单。"雄狮号"于10月21日驶离装运港。A公司为这批货物投保了水渍险。但不幸的是，10月30日"雄狮号"途经达达尼尔海峡时起火，造成部分化肥烧毁。船长在命令救火过程中又造成部分化肥湿毁。由于船在装货港口的延迟，使该船到达目的地时赶上了化肥价格下跌，A公司在出售余下的化肥时，价格不得不大幅度下降，从而给A公司造成很大损失。

请对以下问题进行分析：

（1）途中烧毁的化肥损失属于什么损失？应由谁承担？为什么？

（2）途中湿毁的化肥损失属于什么损失？应由谁承担？为什么？

（3）A公司是否向承运人追偿由于化肥价格下跌造成的损失？为什么？

（4）承运人可否向托运人B公司追偿责任？为什么？

3. 中国某进出口公司于某年与美国商人签订一份出口玉米合同，由中方负责货物运输和保险事宜。为此，中方与上海某轮船公司A签订运输合同租用"扬武"号班轮的一个舱位。该年7月26日，中方在张家港将货物装船。随后，中方向中国某保险公司B投保海上运输货物保险。货轮在海上航行途中遭遇风险，使货物受损。

请对以下问题进行分析：

（1）如果卖方公司投保的是平安险，而货物遭受部分损失是由于轮船在海上遭遇台风所致，那么卖方公司是否可从B处取得赔偿？为什么？

（2）如果卖方公司投保的是一切险，而货物受损是由于货轮船员罢工，货轮滞留中途港，致使玉米变质，那么卖方能否从B处取得赔偿？为什么？

（3）如果发生的风险是由于承运人的过错引起的并且属于承保范围的风险，B赔偿了损失后，卖方公司能否再向A公司索赔？为什么？

4.我国金风号货轮在装载货物启程前与我国某保险公司就货轮签订了碰撞险保险合同。双方在合同中约定：①该保险合同适用于我国的法律；②该货轮的保险价值为1亿元，保险金额为5 000万元。金风号货轮在公海上，由于巴拿马籍货轮驾驶不当而遭到碰撞，受到损失。

请对以下问题进行分析：

（1）如果金风号货轮受到的损失为5 000万元，保险公司应向金风号货轮支付的保险金为多少？

（2）金风号货轮发生碰撞后失火，金风号货轮及巴拿马籍货轮上的工作人员对此进行扑救。扑救费用金风号货轮花费了100万元，巴拿马籍货轮也花费了100万元。此费用应该由哪方承担？承担的金额是多少？

（3）保险公司在向金风号货轮支付保险金后，可以向巴拿马籍货轮行使何种权利？

5.我国某公司以CIF术语出口一批化肥，装运前按合同规定已向保险公司投保水渍险，货物装妥后顺利开航。载货船舶起航后不久在海上遭遇暴风雨，海水涌入舱内，致使部分化肥遭到水渍，损失价值达1 000美元，数日后，又发现部分化肥袋包装破裂，估计损失达1 500美元，则该损失应由谁承担？

6.1月31日，我国A公司与泰国B公司签订了一份化工原料进口合同，合同约定货物买卖数量为10 000吨，单价为CFR中国上海港200美元/吨，支付方式为100%不可撤销即期信用证。合同第11条"桶装要求"中约定，到达目的地的破桶率不得超过0.5%，桶壁厚度必须大于0.85毫米。

8月7日，承运人在泰国曼谷签发清洁已装船不可转让的记名提单，提单上载明发货人为B公司，收货人为某银行，通知人为A公司，装货港为泰国曼谷港，卸货港为中国上海港。

8月1日，A公司向某保险公司投保该批货物的货运险，保险公司出具保单，被保险人为A公司，承保条件为《海洋运输货物保险条款》的一切险，保险金额为220万美元。8月15日，货物抵达上海港，A公司发现货物受损严重。随后，A公司与保险人分别委托商检公司和检验检疫局进行残损检验。商检公司认为货损是由于包装桶不适合长途运输引起的；检验检疫局出具的检验报告也认定本案中灌装化工原料的桶身厚度只有0.6毫米，不符合国际贸易合同的要求。

次年1月14日，被保险人A公司正式向保险人发出书面索赔函，认为货损属于保险责任，保险公司应向其赔付保险金。而保险公司则认为，本案中记名提单项下的收货人为某银行，且记名提单不可转让，而提单是物权凭证，因此该批货物属于某银行所有，A公司不具有保险利益，无索赔权；而且，货损原因属于保单除外责任，因此保险人不应承担保险责任。

问题：保险公司的抗辩理由是否成立？为什么？

7.5月31日，我国某保险公司承保了一批自韩国进口的钢带，共计238卷，自韩国仁川运往中国上海，险别为我国海洋运输一切险，保险金额为771 479.17美元，被保险人为上海某进出口公司，由天津某航运公司的J轮承运。

6月4日，在航行途中，J轮与韩国U轮在韩国水域发生碰撞，造成J轮2号舱二层柜中部破口，大量海水涌入，致使堆放于该舱底部的227件钢带被淹受损。

6月9日，在J轮修复离港前，根据保险公司的请求，上海海事法院对J轮实施了证据保全。经调查，初步认定本次事故的主要原因是J轮与韩国U轮在船舶驾驶过程中均存在过失。

6月10日，被保险人向保险公司提出索赔。6月18日，J轮经临时修理后抵达上海军工路码头卸货，保险公司根据我国《海洋运输货物保险条款》的规定认为此次货损属于保险事故责任，而且存在追偿的可能性，于是聘请律师提前介入案件的处理工作。

8月28日，保险公司与货主达成协议，赔付人民币3 246 281.4元，同时，取得权益转让书。

11月4日，保险公司获知与J轮碰撞的韩国U轮正在辽宁某码头装货，即申请将其扣留，从而获得了中国再保险公司代替U轮所在保险公司出具的总额为40万美元的担保函，在担保函中明确约定由大连海事法院对本案实施管辖权。保险公司还通过证据保全措施获得了航海日志等多项文件资料，为最终认定U轮在碰撞事故中的责任提供了证据支持。

11月30日，保险公司正式向大连海事法院提出追偿诉讼，要求U轮船东根据其在碰清事故中的责任，赔偿保险公司的损失。最终，双方达成民事调解，U轮向保险公司赔偿损失218 625.78美元，本案追偿获得成功。

问题：根据本章所学知识，对案例进行分析。

8.中国装外贸公司以FOB价格术语出口棉纱2 000包，每包净重200千克。装船时已经双方认可的检验机构检验，货物符合合同规定的品质条件。该外贸公司装船后因疏忽未及时通知买方，直至3天后才给予装船通知。但在起航18小时后，船只遇风浪致使棉纱全部浸湿，买方因接到装船通知晚，未能及时办理保险手续，无法向保险公司索赔。买方要求卖方赔偿损失，卖方拒绝，双方发生争议。

问题：在该合同中，货物风险是否已转移给买方？应该如何处理？

▶ 章后阅读

海上货物运输保险代位求偿纠纷

某年10月16日，某保险公司（以下称保险公司）承保自鹿特丹运往上海的29卷装饰纸。投保人为某木业公司（以下称木业公司），收货人是某装饰耐火板公司（以下称收货人），保险条款为一切险附加战争险。该批货物10月6日装船，某外运公司（以下称外运公司）的德国代理人签发了以外运公司为承运人的已装船清洁提单，承运船舶为某船公司的 HANJINSAVANNAH 轮。该轮于 11 月 6 日抵达上海，11 月 16 日收货人开箱后发现货物有水湿现象，遂由理货公司出具了发现货物水湿的报告。11 月 23 日，保险公司委托某公估行对受损货物进行检验并出具了检验报告，认定货损原因系运输过程中淡水进入集装箱所致，货物实际损失为 23 521.96 美元。保险公司依保险条款向收货人赔偿后，取得代位求偿权益转让书，并据此向外运公司和承运人某船公司提起诉讼，请求判处两被告赔偿损失。

资料来源　佚名. 海上保险代位求偿该找谁〔EB/OL〕.〔2015-07-08〕. http：//www.wangxiao.cn/hd/7504758660.html.

座浅还是搁浅

某年 5 月 3 日，某进出口公司为其远洋货轮 M 号在某保险公司投保了船舶一切险，保险金额为 982 万元人民币，保险期限为 1 年。保险合同签订后，被保险人及时缴付了保险费。8 月 21 日，M 号货轮在韩国仁川港一码头装载一批货物共 840 吨，未超过核定载重量范围。8 月 23 日 14 时 30 分，当引航员开始欲将该轮引离码头，行驶 200 米左右，发现船底破损进水。船长随即提出海事声明，并申请当地公证机关予以证实，是因船闸意外漏水造成的。事故发生后，被保险人请当地一家船舶修理厂在锚地对该轮进行抢修，支出修理和检验费用共计 40 874 美元，重新加油 1 240 美元，合计 42 114 美元。被保险人就此项费用向保险人索赔。保险人则认为造成这次保险船舶损失的事故不是搁浅，而是座浅，保险公司不应该承担赔偿责任，因而拒绝赔偿。被保险人在多次索赔未果的情况下，向某海事法院起诉，请求法院判决被告保险公司赔偿原告全部损失 42 114 美元，折合人民币 350 042.6 元及赔偿延迟的利息。原告进出口公司诉称，M 号货轮船底破损进水属搁浅所致，而船舶因搁浅所造成的损失在保险责任范围内。因此，保险公司应对由此产生的修理费用、检验费用等负赔偿责任。同时，由于保险人在保险事故发生后未能及时赔偿，造成被保险人的利息损失，保险人对于延迟赔偿造成的利息损失也应赔偿。而被保险公司辩称，搁浅是指船舶在航行中船底意外地与浅滩、礁石等接触，本次事故则是被保险船舶在静止中发生的，因而属于座浅而不是搁浅。按照船舶保险条款的规定，座浅不在保险责任范围内，所以保险人对本次事故中的损失不应当承担赔偿责任。你认为保险人拒赔是否有理？为什么？

资料来源　Rynn. 意外事故引起的座浅应按搁浅赔偿〔EB/OL〕.〔2008-02-14〕. http：//www.chinarm.cn/Insurance/show.php？itemid=6.

"仓至仓"条款风险识别

"仓至仓"（warehouse to warehouse）是海洋货运保险中的常见条款。该条款表明保险人保险责任的起讫，指保险人的承保责任从被保险货物运离保险单所载明的起运地发货人仓库开始，直至该货物被运抵保险单所载明的目的地收货人仓库，保障区间贯穿于货物运输全过程，涵盖各种运输方式，对保险标的提供全程运输险保障。

然而，本条款的字面意思很容易让人产生一种误解：只要保单载明了"仓至仓"条款，则货物在运输过程的任何阶段发生的保险风险，其损失都可由保险公司赔偿。那么，实际上是否如此呢？且看法院的分析与判决。

案情简介

本案例有两个原告，一个是印度买方尤迪特公司，另一个是上海卖方耀科公司，被告则是大众保险股份有限公司。

2010年4月，耀科公司与尤迪特公司签订销售合同，约定以"成本、保险费加运费（CIF）"贸易价格向后者出售一台自动模切机。

随后，耀科公司向被告投保，投保单显示货物由中国上海港运至印度那瓦什瓦港，投保险别为一切险。

投保单记载了货物的唛头、保险金额等，但未填写最终目的地。被告向投保人耀科公司出具保险单，主要内容与投保单相同。根据保险单背面"责任起讫"条款的约定，保险责任期间为"仓至仓"。

货物在印度那瓦什瓦港卸载后，尤迪特公司将涉案货物经陆路运往其位于印度浦那的仓库，但途中发生翻车事故致涉案货物受损。原告随即向被告报案。

但被告主张，耀科公司未在投保单填写最终目的地一栏，因此目的港即为最终目的地，事故发生地点已超过保险单约定的范围，故涉案保险事故不在被告的责任之内，因此保险公司拒绝理赔。原告遂将该保险公司诉至海事法院。

法院判决

海事法院经审理认为：虽然保险单背面"责任起讫"条款的约定为"仓至仓"，但由于原告投保时未填写"最终目的地"，因此，被告的保险责任自货物提离目的港任一仓库开始运输时终止。由于事故发生时已超出目的港范围，明显超出被告保险责任区间，法院据此判决驳回两原告的诉讼请求。

启示

本案例中，涉案货物是在目的港转运至买方仓库过程中发生的损失，争议焦点在于"仓至仓"条款的保险责任何时终止。

根据"仓至仓"的责任约定，货物运至目的地收货人的最后仓库或存储处，但如果仅载明目的港而未载明目的地，那么货物实际运至收货人在港区内的任一仓库均可视为"最后仓库或存储处"。

如被保险货物未抵达指定仓库或储存处所，则保险责任自被保险货物在最后卸货港全部卸离海轮后满60天为止。

如在上述60天内被保险货物需转运到非保险单所载明的目的地时，则以该项货物开始转运时终止。

可见，虽然"仓至仓"条款本质上是将保险人的保险责任期间由"目的港"扩展到"收货人仓库"，但是这种扩展并非无限延伸，而是需要满足特定的时间及地点的要求。只有在满足条件的情况下，"仓至仓"条款才会起到其应有的作用。

因此，投保时了解并正确理解保单条款的含义十分重要。以本案为例，如投保人知悉保单中"仓至仓"条款的范围，在投保单上正确填写最终目的地，便可避免保险责任因目的地缺失而丧失后续保障的无奈。

同样地，对于"仓至仓"条款的起始地点，保险条款的解释也是"自保险单上列明的装货港发货人仓库时开始"，投保人如果需要对从离开自身仓库的运输风险进行保障的话，应于投保单上注明正确的起始地，否则将面临与缺乏最终目的地同样的窘境。

无独有偶，与《UCP600》匹配的《ISBP》，对保单的"仓至仓"条款也有相关论述：即使保单标明"仓至仓"条款，其出具日期也不得晚于装运日期。

据此可知，"仓至仓"仅仅指保险公司承担责任的空间范围，如果保险单据的出具日期晚于运输单据的装运日期，而保单又未标明保险于装运日期前生效，则意味着货物装运时保险并未生效，从而导致保险公司对货物在卖方仓库至装货港之间发生的风险并不承担责任。

结合上述法院案例可以看出，"仓至仓"条款不仅与买卖双方的"仓"是否标明起始地与目的地有关，而且与该保险是否在保险合同的有效期间有关，相关方如因保单中载有"仓至仓"条款而认为一切均在保险之中，将会给相关进出口贸易遇险后的索赔带来严重影响。

加深对这一条款的认识，有利于各方降低分歧，减少纠纷，也有利于维护自身利益。

通过对上述案例的解析，我们不难看出，保险权益错综复杂，保险法律内容广泛，保险条款灵活多变，仅凭臆想很难窥其全貌，还可能给自己带来不必要的损失。

鉴于运输保险在国际商贸活动中的突出作用，保险当事各方若想保护自身合法权益，须更加深入了解保险相关知识，不断研习相关司法判例和国际惯例，如此才能正确发挥保险的应有作用。

资料来源　阎之大，伍海波，赵贺．"仓至仓"条款风险识别〔J〕．贸易金融，2019（7）.

第十章

伦敦保险协会海运货物保险条款

学习目标

✓ 了解伦敦保险协会海运货物保险条款等海运保险的基础知识；

✓ 熟悉 ICC（A）、ICC（B）与 ICC（C）的承保风险与除外责任；

✓ 掌握协会海运货物保险条款中有关保险期间和索赔的规定；

✓ 理解中英两国海运货物保险条款的异同。

导读材料

武装劫持属于哪种险的责任范围

某外贸公司出口意大利的箱包以集装箱方式运输，出运前投保 CIC 海运一切险（未加保战争险）。该集装箱于某日凌晨 5 时运达保单列明的目的港收货人仓库，因仓库 7 点上班，驾驶员于是在驾驶室打盹等待卸车。在此过程中，集装箱车被 3 名武装分子劫持。驾驶员和汽车未受大的损害，但车上货物全部被劫，损失金额为 4 万多美元。上述事实已经得到当地警察部门和保险检验人的证实。

在此案的讨论过程中，出现了三种处理意见。一种意见认为：此案不属于 CIC 海运一切险的责任范围，而属于战争险责任范围，此批货未保战争险，故不该赔。第二种意见认为：CIC 一切险承保责任中的"外来原因"部分仅负责 11 个一般附加险的责任，而"武装劫持"不属于一般附加险的责任范围，此案不能赔。第三种意见认为：此案属于 CIC 海运一切险的责任范围，应该赔付。

请就上述处理意见进行讨论：

（1）"陆上武装劫持"是否属于 CIC 海运战争险责任范围？

（2）"武装劫持"是否属于一般附加险的责任范围？

资料来源 佚名. 陆上武装劫持不属人保海运一切险责任范围吗 [EB/OL]. [2013-06-18]. http://www.qzr.cn/bbs/TopicOther.asp? BoardID=6&id=625&t=5.

在国际货物保险市场上，尽管各国保险组织都分别有自己的保险条款，但在各种保险条款中具有较大影响的是英国伦敦保险协会所制定的《协会货物条款》（Institute Cargo Clauses，ICC），该项条款最早制定于 1912 年，现行的是 2009 年 1 月 1 日起生效的新协会货物保险条款。从英国持续使用了几百年的劳合社 S.G.保险单到1982年的协会货物保险条款 A、B、C 的改变，可谓是海上保险史上的一次重大变革。26年后即2008年，1982年协会货物保险条款得到了再次修订。目前，世界上有很多国家在海上保险业务中直接采用 ICC 条款，或者在制定本国保险条款时参考或者部分采用该条款。由于在我国出口业务中采用 CIF 贸易术语时，有时国外客户要求按 ICC 条款进行投保，因此，了解和掌握有关《协会货物条款》方面的知识是十分必要的。

第一节　协会海运货物保险条款的承保风险与除外责任

一、ICC 海运货物保险条款的种类

伦敦保险协会的海运货物保险条款主要有以下6种：

（1）协会货物条款（A）（Institute Cargo Clauses（A），ICC（A））。

（2）协会货物条款（B）（Institute Cargo Clauses（B），ICC（B））。

（3）协会货物条款（C）（Institute Cargo Clauses（C），ICC（C））。

（4）协会战争险条款（货物）（Institute War Clauses（Cargo））。

（5）协会罢工险条款（货物）（Institute Strikes Clauses（Cargo））。

（6）协会恶意损害险条款（Institute Malicious Damage Clauses）。

其中前3种为主险，可以单独投保；战争险和罢工险也可以单独投保，只有恶意损害险不能单独投保。

二、ICC 主要险别的承保风险与除外责任

ICC 主要险别是 ICC（A）、ICC（B）与 ICC（C）。其中，ICC（A）条款的承保风险类似于我国的一切险；ICC（B）条款的承保风险类似于我国的水渍险；ICC（C）条款的承保风险类似于我国的平安险，但比我国的平安险的责任范围要小一些。下面分别介绍这三种险别。

（一）ICC（A）险

1.承保风险

这是基本险中承保责任范围最大的险别。根据伦敦保险协会新条款的规定，对 ICC（A）是采用"一切风险减除外责任"的办法，即除"除外责任"项下所列风险保险人不予赔偿外，其他风险均予以赔偿。

2.除外责任

（1）一般除外责任。因被保险人故意的不法行为造成的损失或费用；自然渗漏、自然损耗、自然磨损、包装不足或不当所造成的损失或费用；保险标的内在缺陷或特性所造成的损失或费用；直接由于延迟所引起的损失或费用；由于船舶所有人、租船人经营破产或不履行债务所造成的损失或费用；由于使用任何原子弹或核武器所造成的损失或费用。

（2）不适航、不适货除外责任。所谓不适航、不适货除外责任是指保险标的在装船时，如被保险人或其受雇人已经知道船舶不适航，以及船舶、装运工具、集装箱等不适货，保险人不负赔偿责任，但保险人放弃载运保险标的到目的港的船舶不得违反默示适航保证或适运保证。

（3）战争除外责任。如由于战争、内战、敌对行为等造成的损失或费用；由于捕获、拘留、扣留等（海监行为除外）所造成的损失或费用；由于漂流水雷、鱼雷等造成的损失或费用。

（4）罢工除外责任。由于罢工者、被迫停工工人造成的损失或费用，由于罢工被迫停工所造成的损失或费用；任何恐怖主义者或者任何人出于政治目的采取的行动所造成的损失或费用。

从承保范围看，ICC（A）条款主要承保海上风险和一般外来风险，同时，条款还承保共同海损和救助费用，对根据运输合同中"船舶互撞责任"条款规定的由被保险人承担比例责任的部分，保险人也予以负责。

（二）ICC（B）险

ICC（B）条款承保的责任范围比ICC（A）条款小，它采用列明风险的方式将所保的风险逐一罗列。凡列出的即可承保，凡承保风险范围内的损失（不分全损、分损），保险人按损失程度给予赔偿；凡没有列出的均不负责赔偿。

1.承保风险

ICC（B）险的承保风险包括：① 火灾、爆炸；②船舶或驳船触礁、搁浅、沉没或倾覆；③陆上运输工具倾覆或出轨；④船舶、驳船或运输工具与水以外的外界物体碰撞；⑤在避难港卸货；⑥地震、火山爆发、雷电；⑦共同海损牺牲；⑧抛货；⑨浪击落海；⑩海水、湖水或河水进入船舶、驳船、运输工具、集装箱、大型海运箱或储存处所；货物在装卸时落海或跌落造成整件的全损。

2.除外责任

ICC（B）险与ICC（A）险的除外责任基本相同，但有下列两点区别：

（1）ICC（A）险只对被保险人的故意不法行为所造成的损失、费用不负赔偿责任外，对于被保险人之外的任何个人或数人故意损害和破坏标的物或其他任何部分的损害都要负赔偿责任。但在ICC（B）险中，保险人对此不负赔偿责任。

（2）ICC（A）险将海盗行为列入保险范围，ICC（B）险则对海盗行为不负保险责任。

概括来看，ICC（B）险主要承保自然灾害和意外事故所致的损失，同时还承保共同海损的牺牲、分摊和救助费用。与我国《海洋运输货物保险条款》的水渍险相比，ICC（B）险明确将承保危险扩大到陆上，对发生在保险期内的陆上运输工具的意外倾覆、出轨予以负责。另外，根据条款，货物在运输途中或陆上储存期间若被海水、湖水或河水浸湿，只要发生在保险期内，均可获赔，而不必具体确定由于何种风险所致。

（三）ICC（C）险

ICC（C）条款同样以列明风险的方式规定承保的责任范围。

1.承保风险

ICC（C）条款的承保风险比ICC（A）、ICC（B）要小得多，它只承保"重大意外事故"，而不承保"自然灾害及非重大意外事故"。其具体的承保风险是：①火灾、爆炸；②船舶或驳船触礁、搁浅、沉没或倾覆；③陆上运输工具倾覆或出轨；④船舶、驳船或运输工具与水以外的外界物体碰撞；⑤在避难港卸货；⑥共同海损牺牲；⑦抛货。

2.除外责任

ICC（C）险的除外责任与ICC（B）完全相同。但需要说明的是，由于在ICC（B）和ICC（C）中将被保险人以外的其他人（如船长、船员）的故意破坏行为所造成的被保险货物的灭失或损坏均列为除外责任，因此，在投保ICC（B）和ICC（C）时，如需取得这种风险的保障，应另行加保恶意损害险。恶意损害险承保除被保险人以外的其他人的故意破坏行为所造成的被保险货物的灭失或损坏，但出于政治动机的人的行为除外。概括起来看，ICC（C）险主要承保意外事故所致的损失以及共同海损和救助费用，对于自然灾害造成的损失，全部不予负责。

◈资料卡

1.海运战争险的责任期限与海上货运险不同，海上货运险是"仓至仓"责任，海运战争险的责任期限则必须以货物存放于海轮为要件。

2.如果从"海盗"的角度看，"海盗"不包括发生在陆地的攻击目标以及与运输船舶无关的行为主体。

3.CIC海运一切险的责任范围除包括平安险和水渍险的各项责任外，还负责被保险货物在运输途中由于外来原因所致的全部或部分损失。将CIC条款与ICC条款综合起来考虑"武装劫持"是否属于一般附加险的责任范围。

（四）协会战争险条款（货物）

《协会战争险条款（货物）》具有完整的结构体系，故可以单独投保。其承保由于下列原因造成的保险标的的损失或损害：

（1）战争、内战、革命、造反、叛乱或由此引起的内乱或任何交战方之间的敌对行为。

（2）由上述承保风险引起的捕获、拘留、扣留、禁制或扣押，以及这些行动的后果或任何进行这种行为的企图。

（3）被遗弃的水雷、鱼雷、炸弹或其他被遗弃的战争武器。

此外，协会战争险还承保为避免承保风险所造成的共同海损和救助费用。

（五）协会罢工险条款（货物）

《协会罢工险条款（货物）》结构完整，可以单独投保。罢工险对下列原因造成的保险标的的损失或损害负责：

（1）罢工者、被迫停工工人或参与工潮、暴动或民变的人员所致。

（2）任何恐怖分子或任何出于政治目的采取行动的人所致。此外，协会罢工险条款也承保为避免承保风险所致的共同海损和救助费用。

（六）协会恶意损害险条款

《协会恶意损害险条款》没有完整的结构，不能单独投保，而只能在投保其他险别的基础上加保。

恶意损害险主要承保被保险人以外的其他人的故意损害、故意破坏、恶意行为所致保险标的的损失或损害。如果恶意行为是出于政治动机，则不属于本条款的承保范围，但可以在罢工险条款中得到保障。

实际上，在ICC（A）条款中，除了对被保险人的恶意行为不承保以外，将其他恶意损害险的内容包括在 ICC（A）的承保范围之内；但是在 ICC（B）和 ICC（C）中，被保险人以外的任何他人的恶意行为所致的损失均被列入除外责任。因此，在投保 ICC（B）或 ICC（C）条款时，若想转嫁恶意损害风险，须加保恶意损害险。

ICC（A）、ICC（B）、ICC（C）险的承保风险比较见表 10-1。

表 10-1　　　　　　　　协会货物 A、B、C 险条款承保风险的比较

承保风险	A	B	C
1.火灾、爆炸	√	√	√
2.船舶或驳船触礁、搁浅、沉没或倾覆	√	√	√
3.陆上运输工具倾覆或出轨	√	√	√
4.船舶、驳船或运输工具与水以外的外界物体碰撞	√	√	√
5.在避难港卸货	√	√	√
6.共同海损牺牲	√	√	√
7.抛货	√	√	√
8.共同海损的牺牲、分摊和救助费用	√	√	√
9.运输合同中"船舶互撞责任"条款规定的由被保险人承担比例责任的部分	√	√	√
10.续运费用	√	√	√
11.合理的施救费用	√	√	√
12.地震、火山爆发、雷电	√	√	×
13.浪击落海	√	√	×
14.海水、湖水或河水进入船舶、驳船、运输工具、集装箱、大型海运箱或储存处所	√	√	×
15.货物在装卸时落海或跌落造成整件的全损	√	√	×
16.由于被保险人以外的其他人的故意不法行为所造成的损失或费用	√	×	×
17.海盗行为	√	×	×
18.一般外来风险所造成的损失或费用	√	×	×

◈ **讨论题**

载货轮船"路易斯"号抵达天津新港集装箱码头，某装卸公司承担了20个集装箱的卸货任务。在最后一个集装箱被吊钩钩起后向岸上移动的过程中，突然吊杆折断，集装箱重重地坠落在地。后经查验，发现箱中有三个进口商的货物遭受了不同程度的损毁。这些货物均按伦敦协会货物条款在某保险公司投保了海运货物保险，但保险条件并不相同，分别是 ICC（A）、ICC（B）和 ICC（C）条款。保险公司对这三个进口商应如何赔偿？

第二节　协会海运货物保险条款的其他内容

一、保险期间

ICC（A）、ICC（B）与 ICC（C）三个条款有关保险期限的规定是完全相同的，主要包括运输条款、运输合同终止条款和航程变更条款。

（一）运输条款（Transit Clause）

协会货物条款中的"运输条款"规定保险责任的开始、持续和终止的条件，由"仓至仓条款"和"扩展责任条款"构成。

1. 仓至仓条款

在正常运输情况下，保险责任期限采用仓至仓条款。它的基本内容是：保险人对被保险货物所承担的保险责任，是从货物运离保险单所载明的起运地发货人仓库或储存处所开始运输时生效，包括正常运输过程中的海上、陆上、内河和驳船运输在内，直至该项货物运到保险单所载明的目的港（地）收货人的最后仓库或储存处所，或被保险人用做分配、分派或非正常运输的其他储存处所，则以被保险货物在最后的卸载港全部卸离海轮后满60天为止；如在上述60天内将被保险货物转运到非保险单所载明的目的地时，则于货物开始转运时终止。

2. 扩展责任条款

这一条款规定在被保险人无法控制的情况下发生船舶绕航、运输迟延、被迫卸货、重新装载、转运或由于承运人行使运输契约所赋予的自由处置权而发生变更航程等情况，保险人扩展了保险的责任。

在海上运输过程中，如果出现被保险人所不能控制的意外情况，保险期间将按下列规定确定：当出现由于被保险人无法控制的运输延迟、绕道、被迫卸货、重行装载、转载或承运人运用运输契约赋予的权限作任何航海上的变更时，在被保险人及时将获知的情况通知保险人并加付保险费的情况下，保险人可继续承担责任。

（二）运输合同终止条款（Termination of Contract of Carriage Clause）

运输合同终止条款主要规定：由于被保险人无法控制的原因，被保险货物在运抵保险单载明的目的地之前，运输契约即在其他港口或处所终止时，在被保险人立即通知保险人并在必要时加付一定保险费的条件下，保险继续有效，直到货物在这个卸载港口或处所卖出和送交之时为止，但最长时间以不超过货到达该港口或处所满60天为止。

航程终止是非正常运输的一种特殊情况。根据很多国家的海运提单的规定，如果目的地发生战争、瘟疫、冰冻、罢工、港口拥挤等情况，承运人有权将货物卸于他认为安全、方便的任何其他港口或地点，这种情况下运输契约可视为履行。

（三）航程变更条款（Change of Voyage Clause）

航程变更条款主要规定：在保险责任开始之后，如果被保险人要求变更保险单所载明的目的地，则在立即通知保险人并另行确定保险费及保险条件的情况下，保险继续有效。

本条款允许被保险人在及时通知保险人并另行缴费的前提下变更目的地。货物保险均为航程保险单，如前所述，保险人承担仓至仓责任，目的地变更，也就是承保航程的变更，在发生承保航程变更时，只有被保险人及时通知保险人并另行加费的情况下，保险才能继续有效。

二、索赔

索赔部分包括4个条款，即可保利益条款、续运费用条款、推定全损条款与增值条款。

（一）可保利益条款（Insurable Interest Clause）

这一条款规定了被保险人索赔必备的条件，即发生损失时，被保险人对保险标的必须具有保险利益，否则不能获得保险赔偿。也就是说，可保利益是保险人对被保险人进行赔偿的基础。

该条款还规定，除另有规定外，被保险人有权获得在保险期间发生的承保损失的赔偿，尽管该损失发生在本保险合同订立之前，除非当时被保险人知道该项损失而保险人不知道。

（二）续运费用条款（Forwarding Charges Clause）

该条款规定，由于承保责任范围内的风险导致运输在非保险单载明的港口或处所终止时，保险人应赔偿由此产生的卸货、存仓以及续运保险标的至保险单载明目的地而产生的合理的额外费用，但不包括由被保险人或其雇员的错误、疏忽、破产或经济困境而引起的费用。本条款的规定也不适用于共同海损或救助费用，并应受前述除外责任的限制。

对于续运引起的额外费用，必须符合下列条件才可获得补偿：

（1）航程终止的原因必须属于承保危险。

（2）发生的费用必须正当和合理。

（3）这些费用必须不是被保险人或其雇员的过失等原因引起的。

（三）推定全损条款（Constructive Total Loss Clause）

推定全损条款重申了推定全损的概念，即规定如果由于实际全损看来不可避免，或因为恢复、整理和续运保险标的到保险目的地的费用会超过其抵达目的地的价值，经过委付，被保险人可得到推定全损赔偿。

按本条的规定，货物构成推定全损必须符合两个条件：保险标的的实际全损已经不可避免，或由于恢复、整理以及续运保险标的到保单目的地的费用超过其本身的价值。

（四）增值条款（Increased Value Clause）

增值条款是货物在投保增值保险的情况下对有关赔偿问题的规定。由于货物的价值会随着市场行情的变化而发生变化，因此，在投保货运保险后，卖方按保险价值投保的金额可能低于买方期望在出售后的金额。在这种情况下，买方往往希望另行购买保险，对此差额予以保险。增值保险正是指买方估计所买进的货物在到达目的地时的完好价值将比卖方投保原始保险的保险金额要高而将两者之间的估计差额另行投保（一般在原保险单基础上按原保险条件投保）的保险。

本条款规定：如果被保险人为本保险项下的承保货物投保了增值保险，则该货物的约定价值将被视为增至本保险与其他全部增值保险的保险金额的总和；而本保险项下的责任将按其保险金额占全部保险金额的比例确定。被保险人在索赔时必须提供所有其他保险的保险金额的证明给保险人。

三、其他规定

（一）不得受益条款（Not to Insure Clause）

本条款规定："本保险的利益，承运人或其他受托人不得享受。"这是针对某些提单中规定的承运人受益条款而设立的。

此条款规定是为了避免承运人或其他受托人因有保险存在而享有保险利益，并因此来摆脱货损、货差或迟延交货造成的损失的赔偿责任，从而使保险人丧失代位求偿权。如果货物的损失是由承运人或其受托人的责任造成的，保险人有权向承运人等进行损失追偿，承运人不能享有货主对保险货物所具有的利益。

（二）减少损失条款（Minimising Losses Clause）

首先，本条款明确了被保险人应负的义务（Duty of Asses Clause）。根据本条款的规定，被保险人及其雇员和代理人对于保险项下的索赔应负以下义务：①为避免或减轻损失而采取合理措施；②保证保留及行使对承运人、受托人或其他第三者的权利，即保护保险人的代位追偿权。保险人除赔偿保险项下的各项损失外，还补偿为履行这些义务而支付的适当及合理的开支，并且保险人对施救费用的赔偿独立于对保险标的的赔偿。

其次，本条款规定了放弃条款（Waiver Clause），以便更好地减少损失。被保险人或保险人为施救、保护或恢复保险标的所采取的措施，不应视为放弃或接受委付的表示，或视为影响任何一方的权益。

（三）防止延迟条款（Reasonable Despatch Clause）

本条款是指被保险人有责任在其所能控制的、任何力所能及的情况下，迅速、合理地处置保险货物所发生的情况，以免造成损失或扩大损失。避免有的被保险人认为已经投保就可以忽略保管和照顾的责任。

（四）法律和惯例条款（Law and Practice Clause）

当保险双方协议采用协会保险条款并且事后发生诉讼，而英国以外的其他国家对该诉讼没有管辖权时，法庭应采用英国的法律和惯例作为准据法。

第三节　中英两国海运货物保险条款对比

一、两国海运货物保险条款的共同点

我国海洋货物运输保险条款的一切险、水渍险和平安险与协会货物 ICC（A）、ICC（B）、ICC（C）一一对应，可以看出有以下相同之处。

（一）承保责任范围相当

一切险与 ICC（A）险的承保责任虽然在文字表达上有所区别，但都是对海上自然灾害、意外事故和一般外来风险承担保险责任，内容比较接近；水渍险和 ICC（B）险的承

保责任主要是对海上自然灾害和意外事故的保障，内容也基本相当；平安险和ICC（C）险所承保的风险虽然有所区别，但从保障的范围来看，两者也较为接近。

（二）除外责任基本相同

我国海洋货物运输保险条款只有5条除外责任，协会货物保险条款的除外责任则包括4条共15款，但从具体内容来看，基本上都是把非意外的、间接的以及特殊原因和认为故意行为所导致的损失作为除外责任。

（三）保险期限基本一致

我国海洋货物运输保险的保险期限采取"仓至仓"的责任起讫，协会条款则包括运输条款、运输合同终止条款和航程变更条款，共同组成保险人的责任期限，实际上也是以"仓至仓"为责任起讫。

（四）被保险人义务大致相同

两国条款均规定，货物遭受承保责任范围内的危险时，被保险人应迅速采取合理措施，防止或减少货物的损失；航程发生变更时，被保险人应立即通知保险人；货物发生损失时，被保险人应保护保险人向第三方索偿的权利等。

二、两国海运货物保险条款的区别

（一）保险条款的名称不同

我国海洋货物运输保险条款（PICC）的基本险别命名为：一切险、水渍险、平安险，但实际承保的责任和名称并不符合，容易让人误解。

协会货物保险条款的主险分别命名为ICC（A）险、ICC（B）险、ICC（C）险，可避免因名称而产生歧义，同时又非常简单，方便称呼。

（二）保险条款的结构不同

我国海洋货物运输保险条款只有一套总的条款，共分为5条，其中包括3个基本险别，文字比较简明扼要。但由于各个主险没有完整、独立的结构，不利于被保险人区分各险别的内容差异。

协会货物保险条款中，ICC（A）、ICC（B）、ICC（C）三条款均自成体系，包括结构完整的19条内容。各主险结构独立，便于被保险人确定各险别的具体内容，区分它们之间的差异。

（三）承保责任和除外责任有所不同

1.一切险与ICC（A）的比较

ICC（A）险对应于CIC的一切险，其承保范围采用"承保除规定的除外责任以外的一切风险所造成保险标的的损失"。看起来承保范围很广，但通过仔细分析其所列的除外责任后，便会发现其实ICC（A）的承保范围与一切险几乎等同。但ICC（A）险的有些规定还是值得注意。

（1）PICC条款第二条第一、第二款的规定与ICC（A）条款第四条第一款的规定极其类似，但不同的是ICC（A）条款只规定被保险人的故意行为属于除外责任，而PICC中规定被保险人的故意和过失行为都属于除外责任，且规定了属于发货人责任所引起的损失也属于除外责任条款。这就扩大了保险人的除外责任范围，缩小了其承保范围。

（2）在ICC（A）险的战争除外责任的规定中，将"海盗行为"排除在除外责任之外，说明 ICC（A）险对"海盗行为"的损失是负赔偿责任的，这一点比我国一切险的范围大，因为在 PICC 中只有加保战争险时才对"海盗行为"的损失予以负责，如未加保战争险是不负责的。

（3）在 ICC（A）条款中第四条第三款规定的除外责任——包装不足或不当引起的损失、损害或费用，在 PICC 条款中没有提到。这一规定有助于对实践中发生的争议予以明确，可以使保险争议得到更好的解决。

（4）在 ICC（A）条款中第四条第六款规定的除外责任——因船舶的所有人、经理人、承租人或经营人的破产或经济困境所产生的损失、损害或费用，在 PICC 条款中也没有被提到。在实践中，托运人为了节省运费，经常会委托资信很差的租船人，这样货物常常会因船舶所有人、经理人、承租人或经营人的破产或经济困难而遭受损失。此时，货主就会想方设法在保险条款中寻求救济——钻保险条款的漏洞，这对保险人是很不公平的。而 ICC（A）条款中的这一规定给保险人的利益提供了很大的保障，但 PICC 一切险条款中对这一问题的解决还是空白。

（5）在 ICC（A）条款中第五条规定的是船舶和运输工具不适航和不适运条款，这一条款与英国《1906 年海上保险法》中的默示适航保证义务紧密相连，体现了法律的一致性。但 PICC 一切险条款中没有此规定。因此，在我国对于除外责任的规定应采取列明式和意定式，首先，应该明确规定基本的除外责任，无论是条款还是词语都应明确、具体化，这些除外责任是当事人双方必须遵守的。其次，应允许当事人自由约定除外责任，即以意定的方式加以规定，这样会使当事人的合意在法律范围内得到最大的保护。

（6）ICC（A）险承保陆上运输工具的倾覆或出轨，而 CIC 一切险没有此规定。

（7）ICC（A）险将抛弃分为"共同海损"的抛弃和"非共同海损"的抛弃；而 CIC 一切险仅包括共同海损的抛弃。

2.水渍险与 ICC（B）的比较

ICC（B）险对应于 CIC 的水渍险，其承保范围采用"列明风险"的方式。从总体上来看，ICC（B）险承保的风险与水渍险并无实质性差别，但就其列出的承保风险责任来说，有两点是必须注意的：

（1）在 ICC（B）险的承保范围中规定："货物在船舶或驳船装卸时落海或跌落造成任何整件的全损"，说明它对装卸时落海或跌落造成的整件全损负责赔偿，对部分损失是不予负责的。我国水渍险的责任范围规定："在装卸或转运时，由于一件或数件整件货物落海造成的全部或部分损失"，说明水渍险对这种全损和部分损失都负赔偿责任，但对货物跌落岸口造成的损失不予负责。

（2）在 ICC（B）险的除外责任中规定：对"由任何个人或数人非法行动故意损坏或故意破坏保险标的或其他任何部分"不负赔偿责任，对"任何人"可理解为包括被保险人及其他一切人的故意行为所造成的损失都是不负赔偿责任的。被保险人如要获得此保障，需加保新附加险"恶意损害条款"。而我国 CIC 的除外责任中规定，对"被保险人的故意行为或过失所造成的损失"是不负赔偿责任的，说明我国条款仅限于对被保险人（包括被保险人的代理人）的故意行为或过失造成的损失不予负责，而对其他人的故意行为造成的损失是负责赔偿的。

（3）在自然灾害和意外事故的认定上两者不尽一致。自然灾害的认定上，水渍险仅承保恶劣气候、雷电、海啸、地震和洪水造成的损失；而ICC（B）险除了承保地震、雷电所造成的各种损失外，还对火山爆发、浪击落水以及江、河、湖、海水浸染货物等造成的损失负责赔偿，但又不包括类似于海啸、恶劣气候和洪水等范畴。对于意外事故，ICC（B）险除了包含CIC水渍险范围外，还新规定了一项内容，即陆上运输工具倾覆或出轨。

3.平安险与ICC（C）的比较

ICC（C）险对应于CIC的平安险，其承保范围也采用"列明风险"的方式，就两者承保的责任范围来看差别也不大，但ICC（C）险的实际保障范围明显小于平安险，这可从以下三方面加以说明：

（1）平安险承保自然灾害所导致的货物的全部损失，虽已明确指出自然灾害造成的部分损失不负赔偿责任，但对在运输工具已经发生意外事故的情况下，货物在此前后又在海上遭受自然灾害所造成的部分损失则予以赔偿。在ICC（C）险中对自然灾害和一般性的意外事故均列入责任范围，如"地震、火山爆发、雷电"以及"海水、湖水或河水进入船舶、驳船、运输工具、集装箱、大型海运箱或储存处所"所致的损失都是不予赔偿的。

（2）在ICC（C）险中对装卸或转运时由于一件或数件整件货物落海造成的损失没有列入责任范围，是不负赔偿责任的。但平安险负责承保装卸时所造成的一件或数件或整件货物落海而致的全部或部分损失。

（3）ICC（C）险的除外责任与ICC（B）险规定相同，"由任何个人或数人非法行为故意损坏或故意破坏保险标的或其他任何部分"不负责赔偿。如要获得这些保障，同样需加保新附加险"恶意损害条款"。而CIC的除外责任中规定，对"被保险人的故意行为或过失所造成的损失"是不负赔偿责任的，说明我国条款仅限于对被保险人（包括被保险人的代理人）的故意行为或过失造成的损失不予负责，而对其他人的故意行为造成的损失是负责赔偿的。

4.附加险的比较

ICC附加险只有三种，即协会战争险、协会罢工险和恶意损害险。而我国CIC的附加险则分为一般附加险（11种）、特别附加险（6种）和特殊附加险（3种）。就承保责任范围来看，两者无实质性差别，但需注意的是：

（1）协会战争险在除外责任中对敌对行为使用原子武器造成货物的损失的规定是：对由于敌对行为使用原子武器等所致的灭失或损害不负赔偿责任，但对由于非敌对行为使用原子武器等造成的灭失或损失必须负责赔偿。所谓"非敌对行为"，主要指敌对双方以外的海轮遭受它们使用原子武器所造成的灭失或损害，保险人负赔偿责任。

（2）协会罢工险只是在除外责任中增加了一条"航程挫折"条款。该条款规定，由于战争或罢工原因而使航程受挫折导致货物未能运达保险单所载明的目的地而引起的间接损失，保险人不负赔偿责任，主要对由于罢工而使航程受挫折所造成的额外费用不予负责。

（3）协会恶意损害险是ICC新增加的附加险，其承保范围主要是对被保险人以外的其他人（如船长、船员等人）的故意行为所致保险标的的灭失或损害负赔偿责任。但如果恶意损害是出于有政治动机的人的行为所致保险标的的损失，不属于本险别的保险责任，该项损失应属于协会罢工险的承保范围，协会恶意损害险的承保范围在ICC（A）的责任中已经包括。其只适用于在 ICC（B）和 ICC（C）的基础上加保。

（四）其他内容的不同

在保险期限的规定上，ICC（A）、ICC（B）、ICC（C）均采用"仓至仓"条款。与我国海洋货物运输保险中的"仓至仓"条款相比，略有差别，如在《协会货物条款》中规定，如果出现被保险人无法控制的延迟、绕航、强制卸货、重新装载或转载，以及船东或承租人行使运输合同赋予的权限而进行任何航海上的变更，在此期间，保险继续有效，被保险人无须通知保险人，也无须另行缴付保险费。而我国《海洋运输货物保险条款》中规定，如果出现上述情况，被保险人应该立即通知保险人，并在必要时加缴保险费。

与我国《海洋运输货物保险条款》相比，《协会货物条款》新增加了"保险利益条款"、"增值条款"、"不得受益条款"以及"法律和惯例条款"等内容，有利于避免保险合同双方之间发生不必要的纠纷，也有利于指导保险纠纷的解决。我国《海洋运输货物保险条款》虽然文字简练，但有些内容没有包括在内，在具体实践中一般参照以往的习惯做法和国际惯例，容易引发保险合同双方的纠纷。

◈讨论题

某年，我国 WK 外贸公司向香港特别行政区出口一批罐头共 500 箱，按照 CIF Hong Kong 向保险公司投保一切险。但是因为海运提单上只写明进口商的名称，没有详细注明其地址，货物抵达香港后，船公司无法通知进口商来货场提货，又未与 WK 公司的货运代理联系，自行决定将该批货物运回起运港天津新港。在运回途中因为轮船渗水，有 229 箱罐头受到海水浸泡。货物运回新港后，WK 公司没有将货物卸下，只是在海运提单上补写进口商详细地址后，又运回香港。进口商提货后发现罐头已经生锈，所以只提取了未生锈的 271 箱罐头，其余的罐头又运回新港。WK 外贸公司发现货物有锈蚀后，凭保险单向保险公司提起索赔，要求保险公司赔偿 229 箱货物的锈损。保险公司经过调查发现，生锈发生在第二航次，而不是第一航次。投保人未对第二航次投保，不属于承保范围，于是保险公司拒绝赔偿。请问：保险公司是否有理？为什么？

本章小结

本章首先介绍了伦敦保险协会的海运货物保险条款的主要内容：ICC（A）、ICC（B）、ICC（C）、协会战争险条款、协会罢工险条款、协会恶意损害险条款、保险期间和索赔的规定等，然后从保险条款的名称、结构、承保责任和除外责任等方面分析中英两国海运货物保险条款的异同。

关键词汇

协会货物条款（A）（Institute Cargo Clauses（A））

运输条款（Transit Clause）

协会恶意损害险条款（Institute Malicious Damage Clauses）

可保利益条款（Insurable Interest Clause）

不得受益条款（Not to Insure Clause）

复习思考

一、简答题

1.2009年英国协会货物条款新在何处?

2.试比较CIC与ICC有关基本险的不同之处。

3.试比较CIC与ICC对于"海盗风险"承保方式的不同。

4.中英两国海运货物保险条款在承保风险和除外责任等方面存在哪些区别?

二、计算题

某轮从上海驶往伦敦,在途中意外搁浅,雇用拖轮协助并采取加足马力倒车脱浅的措施,使轮机受损。到达目的港后,经过核查,在此次事故中,船舶的实际价值为500万元,到岸后轮机修理费用为20万元;货物价值为100万元,中途发生霉变损失价值为20万元;到付运费为20万元;花费救助费用为10万元。

请计算:

(1) 各项海损牺牲和海损费用是多少?

(2) 共同海损的牺牲和费用是多少?

(3) 各方(船舶、货物、运费)的共同海损分摊额是多少?

三、案例分析题

应进口商的要求,我国某外贸公司为10箱装有木雕工艺品的集装箱货向保险公司投保伦敦保险协会货物条款(A)险,保险期限自上海外贸运输仓库到英国利物浦,再转运到目的地收货人仓库。保险单采用的是1982年1月1日的ICC(A),该10个集装箱由乙轮承运。

在这些集装箱通过卡车运到船舷旁时,其中一个集装箱因为两辆卡车碰撞而不慎跌落海全损;另外一个集装箱突然内部起火,使箱内货物全损,经检验是由于箱内货物本身的性质和箱内温度过高而引起的;当其他集装箱在利物浦卸船时,又发现其中两个集装箱外部已被暴力击坏,箱内货物已完全失踪,估计是船舶在中途港停靠加油时被窃。

在目的地收货人的仓库,又发现两个集装箱内货物有严重的化学品污染的气味,使这批工艺品削价出售,据了解,这两个集装箱在上航次中装过某种气味很强的化学品,在此次装货前经过清洗,由装货港货主的代理人外贸运输公司负责装箱铅封。现货主对上述工艺品的损失向保险公司提出索赔。

请对以上各项损失进行分析:

(1) 请指出各项损失的性质。

(2) 各项损失应该分别由谁承担风险责任?

章后阅读

协会货运保险条款2009年版与1982年版的比较分析

随着航运业和国际贸易的快速发展,《协会货运险条款》(Institute Cargo Clause) 1982年版经历了近30年的变迁,部分内容已渐渐不合时宜。从2007年开始,货运险联合委员会(Joint Cargo Committee)开展条款修订工作,使之更适应现代物流业的操作模式。经过各方一年多的努力，新的货运险条款已于2009年1月1日起正式启动，称之为2009年版货运险条款。由于1982年版条款在客户心中已根深蒂固，2009年版条款在市场推广方面遇到了阻力。即便已推行了两年有余，但实际市场使用率仍低于40%。然而，若仔细将1982年版与2009年版作比较，会发现2009年版条款在条款格式、保障范围、条款措辞上均有所改变，总体更适应现代物流业操作模式，也更有利于投保人利益。所以，从长远来看，2009年版条款将逐渐成为市场的主流条款。在此将就两版条款的主要差别作详细梳理，以便物流客户更加了解2009年版条款，从而更加保护自身利益。从风险角度看，两个版本在包装条款、恐怖主义风险、运输条款、改变行程条款四方面对风险本质的影响较大。

1.包装条款

1982年版：4.In no case shall this insurance cover

4.3 …loss damage or expense caused by insufficiency or unsuitability of packing or preparation of the subject matter insured（for the purpose of this clause 4.3 "packing" shall be deemed to include stowage in a container or liftvan but only when such stowage is carried out prior to attachment of this insurance or by the Assured or their servants）

2009年版：loss damage or expense caused by insufficiency or unsuitability of packing or preparation of the subject matter insured to withstand the ordinary incidents of the insured transit where such packing or preparation is carried out by the assured or their employees or prior to the attachment of this insurance（for the purpose of these clauses "packing" shall be deemed to include stowage in a container and "employees" shall not include independent contractors）

从1982年版条款的内容看，原针对包装不当的除外条款，在被保险人控制之外以及在保险起期后意外受损的风险均被除外，这显然对被保险人是不恰当的。2009年版条款修改后，现在的除外条款仅限于两种情况：①被保险人或其雇员本身对不当包装负责，而不论何时执行；②包装或相关准备是在保险起期之前执行的。

经过修改后，不当包装的除外责任范围较以前变窄了，因此也就更有利于被保险人。例如，若生产机器设备的生产商向全球出口设备，生产商的机器存放在另一法人所有的仓库中，设备准备从仓库送去码头，并在码头装箱。在出口行程中，遭遇罕见的、不可预料的恶劣天气，包装破裂。在新条款中，这种情况就属于保障范围。即使包装是第三方所为，比如货装船后若整舱环节不当，从新条款来看也属于保障范围了，原因在于包装不当风险也被认为是偶然的（Fortuitous）和意外（Accidental）的。

从文字表述看，2009年版条款删除了1982版中Liftvan的说法，因为这本身在法律和商业上就没有清晰的界定。另外，旧条款中Servants均改成了Employees，这也更符合现代商业社会的称谓，这一改动贯穿了整个条款内容。

2.恐怖主义条款

1982年版：7.In no case shall this insurance cover loss damage or expense

7.3 caused by any terrorist or any person acting from a political motive

2009年版：7.3 caused by any act of terrorism being an act of any person acting on behalf of, or in connection with, any organization which carries out activities directed towards the overthrowing or influencing， by force or violence， of any government whether or not legally constituted person acting from a political

7.4　caused by any person acting from a political，ideological，or religious motive

恐怖主义已成为威胁当今国际物流业的重大风险。从条款内容可以看出，原有的 Terrorist（恐怖主义者）的表述已被删除，取而代之的是 Any Act of Terrorism（恐怖主义行为），因为本身对于什么是恐怖主义者就没有世界认可的定义，所以无法认定哪个具体的人是"恐怖主义者"，所以新条款是从行为角度去界定，显得更为客观，适用性也更大。

此外，原条款只提及了政治动机（Political Motive），而新条款更为扩展，包括了意识形态（Ideological）及宗教（Religious）动机，这在当前复杂的国际背景下显得尤为重要。修订完后，措辞也就更为清晰，有助于减少争端。

3.运输条款

（1）风险起期

1982 年版：This insurance attaches from the time the goods leave the warehouse or place of storage at the place named herein for the commencement of the transit， continues during the ordinary course of transit and terminates either…

2009 年版：…this insurance attaches from the time the subject matter insured is first moved in the warehouse or at the place of storage（named in the contact of insurance）for the purpose of the immediate loading into or onto the carrying vehicle or other conveyance for the commencement of the transit…

从措辞看，此条款变化是此次修订中较为核心的一条，对风险的起始点作了重大改变。原条款风险是从离开仓库开始，也就是我们熟知的"仓至仓"。但新条款，风险起期从仓库里的第一次移动就开始了，当然对移动也进行了界定，必须是为了马上进行的装载（Immediate Loading），这样也就排除了仓储的风险。所以，在新条款中，若是在仓库中发生搬动掉落的风险，就将可能成为可保风险。

（2）风险止期

1982 年版：…terminates either

8.1.1　on delivery to the consignees' or other final warehouse or place of storage at the destination named herein

8.1.2　on delivery to any other warehouse or place of storage， whether prior to or at the destination named herein

…

2009 年版：…terminates either on completion of unloading from the carrying vehicle or other conveyance in or at the final warehouse or place of storage at the destination named herein

on completion of unloading from the carrying vehicle or other conveyance in or at any other warehouse or any other place of storage， whether prior to or at the destination named herein， which the Assured or their employees elect to use either for storage other than in the ordinary course of transit of for allocation or distribution， or…

与风险起期类似，风险止期也做了相应调整，将原条款风险到仓库即止，延伸至入库之后的卸载风险,保险范围更宽,对被保险人更有利,但也更符合货运险全程的理解。此外第(2)点,对指令的发出人也作了更为清晰的规定,必须是被保险人或其雇员。事实上,从实践角度看,这种指令不可能由一个公司的高层发出,一般都是在现场的被保险人的雇员掌握,所以这个清晰的界定十分重要。

4.改变行程

1982年版:Where, after attachment of this insurance, the destination is changed by the Assured, held covered at a premium and on conditions to be arranged subject to prompt notice being given to the underwriters.

2009年版:Where, after attachment of this insurance, the destination is changed by the Assured, this must be notified promptly to insurers for rates and terms to be agreed.Should a loss occur prior to such agreement being obtained cover may be provided but only if cover would have been available at a reasonable commercial market rate, on reasonable market terms.

Where the subject matter insured commences the transit contemplated by this insurance…, but, without the knowledge of the Assured or their employees the ship sails for another destination, this insurance will nevertheless be deemed to have attached at commencement of such transit.

比较以上内容可以发现,对改变行程的风险,新条款比原条款的规定更为严格。除了及时通知外,还要求新行程的风险必须是市场的可保风险并加收保费,否则即使及时通知了,也无法获得保障。此外,若是在被保险人或其雇员不知情的情况下,运输船舶驶向了另一目的地,该保险也不保障。相比原条款,加入了"雇员",也显得更实际一些,理由同上。

综上所述,新条款根据多年来的市场经验,对风险的表述作了更清晰的界定,有助于避免理赔争议的发生。新条款的修改内容大部分是有利于被保险人的,有助于增强被保险人投保的积极性,也更有利于保险人清楚了解自己的风险保障范围,这两方面都将十分有利于物流业务的发展。当然,由于1982年版条款被视为经典之作,所以客户适应2009年版条款可能还需要一段时间。但我们相信随着时间推移,加之保险经纪人的广泛介绍,2009年版条款必将成为主流。

资料来源 孙华.协会货运保险条款2009年版与1982年版的比较分析[J].中国水运,2011(9).

第十一章

国际运输货物保险实务

学习目标

✓ 掌握保险险别的选择、保险金额与保险费的计算、办理投保手续、保险单的种类与填制、保险索赔与理赔；

✓ 灵活运用所学知识分析国际运输货物保险实务问题。

导读材料

如何选择保险公司

保险往往是一辈子的事，选择哪家公司做"靠山"，自然不容马虎。目前中外保险公司有很多，选择保险公司可以从以下几个方面考虑：

第一，险种与价格。投保人在选择保险公司时，首先要选择那些能为自己提供适当的、切实可行的保障的保险公司。从长远来看，经济效益较好的保险公司，往往价格合适，服务也相对较好。

第二，偿付能力和经营状况。比如查看保险监管机构或评级机构对保险公司的评定结果，如惠誉国际、标准普尔等。

第三，服务。各家公司的保单很相似，但服务不尽相同。往往保险费较低的公司所提供的服务会与期望的不相符，因为便宜的价格往往是以降低服务标准作为代价的。投保选择保险公司时，要注意两方面的问题：一是从代理人那里获得的服务；二是该公司对代理人的培训和管理水平。后者对于投保人来说更为重要。

另外，对保险公司的保险代理人也要进行考察。一是从业资格，从事保险代理必须考取"保险代理人从业资格证书"，并获得所属保险公司的"展业证"。二是专业水平，主要是看代理人对保险知识和保险产品的熟悉程度。三是真诚和责任感，这主要表现代理人的人性一面，真正为客户着想的代理人会从客户的利益和需要出发，不会因为自己利益而隐瞒事实或欺骗客户。四是从业时间的长短，保险代理人是一个流动性很大的职业，如果因为代理人离职而成为"孤儿保单"，虽然保障利益不会受损，但服务可能会受影响。一般从业时间较长的代理人，稳定性较好，从他那里得到的服务也较有保障。

资料来源　佚名. 投保马虎不得 [EB/OL]. [2013-08-22]. http://www.baoyuntong.com/datum/show-30236.html.

第一节　国际运输货物投保与承保实务

一、保险险别的选择

在国际货物运输保险中，保险人承担的保险责任是以险别为依据的，不同的险别所承保的责任范围不同，其保险费率也不相同；选择何种投保险别，需综合考虑各种因素。在中国海运货物保险条款三种基本险中，平安险的责任范围最小，水渍险次之，一切险最大。与此相对应，平安险的费率最低，水渍险次之，一切险最高。因此，被保险人在选择保险险别时，应该根据货物运输的实际情况予以全面衡量，既要考虑使货物得到充分保障，又要尽量节约保险费的支出，降低贸易成本，提高经济效益。在国际贸易中，被保险人或投保人应依据以下各种因素，选择适当的险别：

（一）货物的性质和特点

不同性质和特点的货物，在运输途中可能遭遇的风险和发生的损失往往有很大的差别。因此，在投保时必须充分考虑货物的性质和特点，据以确定适当的险别。例如，粮谷类商品（如粮食、花生、豆类、饲料等）的特点是含有水分，经过长途运输，水分蒸发，可能造成短量；在运输途中如果通风设备不良，还易潮湿、发热而致发霉。对于此类商品，一般可以在投保水渍险的基础上加保短量险和受热受潮险，或者投保一切险或ICC（A）。又如，油脂类商品（食用动植物油等）在运输途中常因容器破裂而致渗漏或沾污杂质而致损失；如果是散装，会因油脂本身沾在舱壁或在装卸过程中消耗而致短量。因此，对此类商品，可以在水渍险的基础上加保短量险和沾污险。再如，麻类商品（黄麻、亚麻等）受潮发热会引起变质、自燃，一般可在水渍险或平安险的基础上加保受热受潮险。对于家用电器等商品，由于在运输途中易受碰损或被盗，一般应在水渍险或平安险的基础上加保碰损险或偷窃、提货不着险。服装等纺织品，容易受到水湿及沾污损失，所以海运需投保一切险，或在水渍险的基础上加保淡水雨淋险和混杂、沾污险，陆运同样应投保与海运相当责任的险别。玻璃器皿、家具、大理石、水磨石的特点是比较容易碰损、破碎，因而可在投保平安险的基础上加保碰损、破碎险。此外，对某些大宗货物（如散装桐油、原煤、天然橡胶）以及某些特殊的货物（如冷藏货物），需按不同货物的特点选择保险人提供的特定的或专门的保险条款进行投保，以求能得到充分的保障。

（二）货物的用途与价值

货物的用途与货物投保的险别也有关系。一般而言，食品、化妆品及药品等与人的身体、生命息息相关的商品，由于其用途的特殊性，一旦发生污染或变质损失，就会全部丧失使用价值。因此，在投保时应尽量考虑能得到充分全面的保障。例如，茶叶在运输途中一旦被海水浸湿或吸收异味即无法饮用，失去使用价值，故应当投保一切险。价值的高低对投保险别的选择也有影响。对于古玩、古画、金银、珠宝及贵重工艺品之类的商品，由于其价值昂贵，而且一旦损坏对其价值影响很大，所以应投保一切险，以获得全面保障。

此外，货物价值的高低对投保险别的选择也有影响。对于一些贵重工艺品类的商品，由于其价值昂贵，又比较容易遭受损失，所以应投保一切险。而对于矿石、矿砂等建材类商品，价值低廉也不易受损，只需在平安险的基础上加保短量险即可。

（三）货物的包装

货物包装的方式不同，在运输途中可能遭遇的风险也各有不同。散装货物，如大宗的矿石、矿砂，在装卸时容易发生短量损失，散装的豆类等还可能因混入杂质而受损；裸装货物，如卡车等，一般装载于甲板上并采取固定、防滑措施后进行运输，容易因碰撞或挤擦而出现表面凹瘪、油漆掉落等损失；包装货物可能会因包装材料的不同而产生不同的损失，例如谷物，如果是散装运输，容易在装卸时发生短量和混杂损失；如果是袋装运输，则可能因装卸过程中使用吊钩或手钩钩破外包装而使谷物洒漏出来，也可能在搬运时出现外包装破裂的现象。因此，包装方式不同，投保人应选择的保险险别也不相同。有些裸装的货物容易因碰撞或挤擦而出现表面损坏、凹瘪等情况，一些贵重零部件等也容易遭受偷窃损失，因此，需在投保平安险或水渍险的基础上加保碰损破碎险和偷窃、提货不着险。

如果采用集装箱运输，箱中的货物在运输途中遭受风险损失的可能性相对较小。但如果集装箱本身不干净，可能会使货物因沾污而受损，箱内货物也可能因堆放不妥而在运输途中出现碰损或混杂等损失。因此，应视实际情况在平安险的基础上加保混杂、沾污险或碰损、破碎险。

（四）运输路线及船舶停靠港口（车站）

就运输路线而言，一般情况下，运输路线越长，所需的运输时间越长，货物在运输途中可能遭遇的风险就越多；反之，运输路线越短，货物可能遭受的风险就越少。另外，运输途中经过的区域的地理位置、气候状况及政治军事形势等也会对货物的安全运输产生影响。运输路线和停靠港口不同，货物可能遭受的风险和损失也有所不同。某些航线途经气候炎热的地区，如果载货船舶通风不良，就会增大货损。而在政局动荡不定的海域内航行，货物遭受意外损失的可能性自然增大，尤其是在局部地区发生战争或出现形势紧张的情况下，运往该地区的货物应考虑加保战争险。同时，由于不同停靠港口在设备、装卸能力以及安全等方面有很大差异，进出口货物在港口装卸时发生货损货差的情况也就不同。所以，投保前要进行适当的调查，考虑到可能发生什么样的损失，以便选择适当的险别予以保障。

（五）运输方式与运输工具

货物通过不同的运输方式、采用不同的运输工具进行运输，途中可能遭遇的风险并不相同，可供选择的险别也因运输方式而各异。海运货物应投保海运险别；陆运货物、空运货物则应分别投保陆运或空运险别。

根据中国运输货物保险条款，货物采用的运输方式不同，其适用的保险险别也不同。例如，海运货物保险的基本险包括一切险、水渍险和平安险，陆运保险的基本险则包括陆运一切险和陆运险，此外还有航空和邮包运输货物保险的险别。所以，投保人或被保险人应根据不同的运输方式和运输工具选择适当的保险险别。随着运输技术的发展，多式联运方式越来越多地被采用，由于它利用现代化的组织手段，将海运、陆运、空运等单一的运输方式有机地结合起来，因此货主在投保时应全面考虑整个运输过程中分别采用的运输工具的具体特点，分段选择相应的保险险别。

二、投保手续

（一）进口货物的投保手续

进口货物一般按FOB或CFR条件成交，由买方办理保险。在我国保险实际业务中，为简化投保手续和防止漏保或来不及投保等情况的出现，一般采取预约保险的做法，即进出口公司根据自己的进口计划，与中国人民保险公司签订预约保险合同，待获悉每批进口货物起运的消息后，再将船名、开航日期、航线、货物品名、数量等内容以书面形式通知保险公司即完成了投保手续。

（二）出口货物的投保手续

按 CIF 和 CIP 条件成交的出口货物，由出口企业向当地保险公司办理投保手续。在办理投保手续时，投保人（出口公司）备齐提单、发票等复印件，填制投保单一式两份，并在投保单上加盖公章。其中一份由保险公司签署后交投保人作为接受投保的凭证；另一份由保险公司留存作为缮制保险单的依据。如果采用信用证付款，最好将信用证中对保险单有特殊要求的部分复印一份作为投保单的附件。

按 FOB 或 CFR 条件成交的出口货物，由买方承担运输途中的风险，并由买方自行办理保险，一般情况下卖方无须办理投保。但卖方在履行交货之前（即货物在装运港装船之前）一段时间内，仍承担货物可能遭受意外损失的风险，需要自行安排这段时间内的保险事宜，投保相应险别。

三、保险金额与保险费的计算

保险金额（Insured Amount）是指保险人承担赔偿或给付保险金责任的最高限额，也是保险人计算保险费的基础。保险费是被保险人从保险人那里获得货物损失赔偿的代价，也是保险人经营业务的基本收入。保险费的多少受保险金额与保险费率的影响，因此，在办理保险时，首先要确定保险金额，然后再根据相应的保险费率计算保险费。

（一）出口货物保险金额的确定

国际货物运输保险金额可由买卖双方经过协商确定。按照国际保险市场的习惯，出口货物按 CIF 或 CIP 条件达成的合同，一般均规定保险金额为发票金额的 110%，即在发票金额基础上增加 10%（实际业务中也称"加一成"）计算。增加的比例（如 10%）称为保险加成率，是作为出现风险后对买方的经营管理费用和预期利润的弥补。如买方投保时要求按较高的加成率计算保险金额，在保险公司同意承保的情况下，卖方亦可接受，但由此而增加的保险费原则上应由买方承担。

根据国际保险业的习惯，出口货物保险金额的计算公式为：

保险金额=CIF（或 CIP）价×（1+投保加成率）

出口贸易中，如果是以其他贸易术语（如 FOB 和 CFR）成交，则应先折算为 CIF（或 CIP）价，再按加成率计算保险金额，计算公式为：

CIF=CFR（或 FOB+运费）÷［1-（1+保险加成率）×保险费率］

为了简化上述计算程序，保险公司常制定"费率常数表"，常数表分为费率栏和常数栏两项，前者代表各档保险费率，后者代表计算价时的常数。使用常数表时，要先求出某一保险合同中投保的各险别的费率总和，然后在常数表中查出所对应的常数，用该常数直接乘以 CFR 价，便可算出加成率为 10% 时的 CIF 价。需要注意的是，"费率常数表"是按10% 的加成率制定的，如果加成率不是 10%，则不能运用此表计算金额，仍需按上述计算公式逐笔计算。

❖ **计算题**

某公司出口一批商品到欧洲某港口，原报CFR欧洲某港口，总金额为100 000美元，投保一切险（保险费率为0.9%）及战争险（保险费率为0.06%），保险加成率为10%，则改报CIF价格应该是多少？保险金额又是多少？

（二）进口业务中保险金额的确定

在进口业务中，如果以FOB和CFR条件成交，则需由买方自行投保，此时保险金额同样以CIF价为基础，即进口货物的保险金额原则上也按进口货物的CIF或CIF价计算，但不另加成。如果客户要求按CIF价计算，则方法有两种：一种是逐笔计算，即以FOB和CFR货价加上实际运费和保险费；另一种适用于与保险公司订有预约保险合同、享有优惠的保险费率的外贸公司，为简化手续，方便计算，一些外贸企业与保险公司签订预约保险合同，共同议定平均运费率（也可按实际运费计算）和特约保险费率。这种计算方法在实际业务中并不需要逐笔计算保险金额，而是定期确定总的保险金额，这里的保险金额即估算的CIF（或CIP）价而不另加成。如投保人要求在CIF（或CIP）价的基础上加成投保，保险公司也可接受。

其计算保险金额的公式如下：

按FOB进口时：保险金额=FOB价×（1+平均运费率+特约保险费率）

按CFR进口时：保险金额=CFR价×（1+特约保险费率）

（三）保险费的计算

我国进出口货物保险费率是按照不同货物、不同目的地、不同运输工具和投保险别，由保险公司以货物损失率和赔付率为基础，参照国际保险费率水平，结合我国国情而制定的。

保险费的计算公式为：

保险费=保险金额×保险费率

第二节　保险单证的填制与英文表达

一、投保单

（一）投保方式

我国的出口货物，如果是我方投保，则根据合同或信用证的规定，在备齐货物确定装船出运后，向保险公司填制一份"运输险投保申请单"。

我国的进口货物，除CIF合同应由卖方办理保险外，FOB和CFR合同项下的进口货物，均须由国内买方办理投保，投保的方式有预约投保和逐笔投保两种。

进出口企业投保通常有以下三种情况：出口企业为其自身利益而投保，比如D组术语，此时保险金额、险别等问题均由出口企业自行确定；出口企业为进口企业代办保险，比如CIF/CIP，则涉及加成投保、最低险别等问题；进口企业为其自身利益而投保，比如FCA、FOB、CFR等术语，此时保险金额、险别等问题亦由进口企业自行确定。《UCP600》规则仅针对信用证项下CIF/CIP交易中的保单要求，而不能扩展至其他术语及场合。

（二）投保单的内容

各个保险公司均有自己固定格式的投保单，投保单的内容包括投保人名称、货物名称、唛头、运输路线、船名或装运工具、开航日期、航程、投保险别、保险金额、投保日期、赔款地点等，保险公司据此考虑接受承保并缮制保险单据。填报投保单时，应详细列明以下项目：

1.被保险人名称

要按照保险利益的实际有关人填写，如属买方或卖方投保的，则分别写上买（或卖）方的名称。因为保险是否有效，同被保险人的保险利益直接有关。买卖双方的风险转移，从货物装上船开始，买方为被保险人，则保险责任从货物装上船时才开始；反之，卖方为被保险人，则自货物从保单载明起运地运出国开始负责。

2.货物标记

应该和提单上所载的标记符号相一致，特别是同刷在货物外包装上的实际标记符号一样，以免发生索赔案时，引起检验、核赔、确定责任的混乱。

3.包装及数量

要将包装的性质，如箱、包、件、捆以及数量写清楚。

4.货物名称

要写得切实具体，如棉布、袜子、玻璃器皿等，一般不要笼统地写纺织品、百货、杂货等。

5.保险金额

要按照发票的 CIF 价值加上一定的加成，如果发票价为 FOB 或 CFR 价，应将运费、保险费加上去，再另行加成。

6.船名或装运工具

如果是用轮船装运的应写明船名，需转运的也要写明；如是火车或航空运输的，写明火车、空运即可；联运的，写明联运方式，如空陆联运、海空联运等。

7.开航日期

有确切开航日期，则填写具体的××××年××月××日；无确切开航日期，则填上约于××××年××月××日。

8.提单或运单号码

写上提单或运单的号码以备保险公司核对。

9.航程或路程

写明自港（地）到港（地）的航程或路程。写明自装运港（地）到目的港（地），如果到目的地的航线有两条，则要写上自××经××到××。

10.承保险别

需要投保哪种险要写明确，不能含糊，如果对保险条款有特别要求的，也要在这一栏内注明。

11.赔款地点

一般都是在保险目的地支付赔款，如果要求在保险目的地以外的地点给付赔款应该申明。

12.投保日期

投保日期应在船舶开航或运输工具出行之前。

二、保险单证的填制

实际业务中使用的保险合同的主要种类有保险单、保险凭证、暂保单以及批单，此外，还有预约保险单。保险单是保险公司根据投保人提供的投保单内容而制作的，因此保险人在接受投保后，所缮制的保险单内容应与投保单一致，以满足投保人对保险的要求。

（一）保险公司名称

保险单最上方均事先印就保险公司的名称，如"中国人民保险公司"（The People's Insurance Company of China）。

（二）保险单名称及编号

如海运货物保险单的名称为"海洋货物运输保险单"（Marine Cargo Transportation Insurance of Policy）。保险单号（Policy No.）是保险公司按出单顺序对每张保险单进行的编号。

（三）被保险人名称

俗称"抬头"，按投保单中的内容填写。比如信用证规定被保险人为某银行或某公司，保险单的抬头应直接打上该银行或该公司的名称。要按照保险利益的实际有关人填写，如属买方或卖方投保的，则分别写上买（或卖）方的名称。因为保险是否有效，同被保险人的保险利益直接有关。买卖双方的风险转移，从货物装上船开始，买方为被保险人，则保险责任从货物装上船时才开始；反之，卖方为被保险人，则自货物从保单载明起运地运出国开始负责。货运保险单可由被保险人背书转让。

（四）发票号与唛头（Invoice Nos.& Marks）

填写发票号码，一般还应将发票上所标的唛头打上。如果唛头比较复杂，可只填写发票号码。这是因为保险索赔时必须提供发票，保险单和发票可以相互参照。

（五）货物标记

应该和提单上所载的标记符号相一致，特别是同刷在货物外包装上的实际标记符号一样，以免发生索赔案时，对检验、核赔、确定责任引起误解。

（六）包装及数量

要将包装的性质，如箱、包、件、捆以及数量写清楚。

（七）货物名称

要写得切实具体，如棉布、袜子、玻璃器皿等。一般不要笼统地写纺织品、百货、杂货等。

（八）保险金额

要按照发票的CIF价值加上一定的加成，如果发票价为FOB或CFR价，应将运费、保险费加上去，再另行加成。

（九）保费

本栏一般已由保险公司在保险单印刷时填入"As Arranged"字样，制单时无须填写。

（十）费率

此栏一般由保险公司印有"As Arranged"字样，不需填写。

（十一）船名或装运工具

如果是用轮船装运，该栏填写装载货物的船名及航次号。当转船运输时，应分别填写第一程船船名和第二程船船名，如：S.S.×× to be Transhipped at Hong Kong on S.S.××（S.S. 即 Steamship 的缩写）。若采用铁路运输，则该栏填写"By Railway"或加注车号，如"Wagon No.1234"；若采用航空运输，则该栏填写"By Air"；若采用邮包运输，则该栏填写"By Parcel Post"。联运的写明联运方式，如空陆联运、海空联运等。

（十二）开航日期

有确切开航日期，则填写具体的××××年××月××日；无确切开航日期，则填上约于××××年××月××日。此栏根据提单中的装船日填写，也可以填写"As per B / L"。

（十三）提单或运单号码

写上提单或运单的号码以备保险公司核对。

（十四）航程或路程

填写装运港至目的港名称。写明自装运港（地）到目的港（地），起讫地点（from…to…）。如果转船运输时，要按提单中相应栏目的内容填写，如"From 装运港 To 目的港 W / T（VIA）转运港"。

（十五）承保险别

需要投保哪种险要写明确，不要含糊，如果对保险条款有特别要求的，也要在这一栏内注明。承保险别按合同、信用证规定的承保险别，包括险别和相应的保险条款等。

实际投保时，出口公司只需在副本上填写这一栏的内容。当全套保险单填好交给保险公司审核、确认时，才由保险公司把承保险别的详细内容加注在正本保险单上。

（十六）赔款地点

一般都是在保险目的地支付赔款，如果要求在保险目的地以外的地点给付赔款应该申明。通常将目的地名称填入，表示将目的地作为赔付地点。

（十七）投保日期

此栏是指保单的签发日期。投保日期应在船舶开航或运输工具出行之前。注意该日期要早于提单签发日的日期，以表明是在货物离开出口方仓库前办理保险的。

（十八）保险查勘代理人

保险查勘代理人由保险公司选定，此栏要填写代理人的名称及地址。

（十九）保险公司签章

保险单只有经保险公司授权的人签章后才生效。

三、保险单证的英文表达

（一）国际贸易合同中的保险条款英文表达

（1）贸易合同中约定投保平安险（F.P.A.）。

如要求"卖方按发票金额加成10%投保平安险"，其英文表达是：

"Insurance to be effected by the Sellers for 10% of invoice value against F.P.A."

（2）贸易合同中约定投保水渍险（W.A.）。

如要求"卖方按发票金额加成 10%投保水渍险"，其英文表达是：

"Insurance to be effected by the Sellers for 10% of invoice value against W.A."

（3）贸易合同中约定投保一切险（All Risks）。

如要求"卖方按发票金额加成10%投保一切险"，其英文表达是：

"Insurance to be effected by the Sellers for 10% of invoice value against All Risks."

（4）贸易合同中约定投保附加险。

如要求"卖方按发票金额加成10%投保平安险或（水渍险）加保特别附加险"，其英文表达是：

"Insurance to be effected by the Sellers for 10% of invoice value against F.P.A or （W.A.） including Special Additional Risk."

（5）贸易合同中双方约定投保平安险或（水渍险）加保进口关税险。

如要求"卖方按发票金额加成10%投保平安险或（水渍险）加保进口关税险"，其英文表达是：

"Insurance to be effected by the Sellers for 10% of invoice value against F.P.A. or （W.A.） including Risk of Import Duty."

（6）贸易合同中约定投保平安险或（水渍险）加保罢工险。

如要求"卖方按发票金额加成10%投保平安险或（水渍险）加保罢工险"，其英文表达是：

"Insurance to be effected by the Sellers for 10% of invoice value against F.P.A. or （W.A.） and Strike Risks."

（7）如要求"卖方按发票金额加成10%投保平安险，包括目的港60天期限"，其英文表达是：

"Insurance to be effected by the Sellers for 10% of invoice value against F.P.A. including 60 days at port of destination."

（8）如要求"卖方按发票金额加成10%投保水渍险，保险责任延至湖南长沙市"，其英文表达是：

"Insurance to be effected by the Sellers for 10% of invoice value against W. A. up to Changsha，Hunan，China."

（9）如要求"保险由买方委托卖方按发票金额加成10%代为投保一切险，保险费由买方承担"，其英文表达是：

"Insurance to be effected by the Sellers on behalf of buyers for 10% of invoice value against All Risks，premium to be paid by Buyers."

（二）保险单条款的英文表达

首先，列举海洋运输货物保险的英文表达：

Ocean Marine Cargo Insurance includes Basic Cover（F.P.A.，W.A. and All Risks）and three Additional Covers. Besides there are two other technical insurances，including Ocean Marine Insurance "Frozen Products" and "Wood Oil in Bulk."

（1）"承保中国人民保险公司海洋运输货物平安险和战争险"的英语表达：

Covering F.P.A. and War Risks as per Ocean Marine Cargo Clauses and Ocean Marine Cargo War Risk Clauses of the People's Insurance Company of China dated 1/1/1980.

（2）"承保中国人民保险公司海洋运输货物水渍险和战争险"的英文表达：

Covering W.A. and War Risks as per Ocean Marine Cargo Clauses and Ocean Marine Cargo War Risk Clauses of the People's Insurance Company of China dated 1/1/1980.

（3）"承保中国人民保险公司海洋运输货物一切险和罢工险"的英文表达：

Covering All Risks and War Risks as per Ocean Marine Cargo Clauses and Ocean Marine Cargo Clauses of Strikes Risk of the People's Insurance Company of China dated 1/1/1980.

（4）"承保中国人民保险公司海洋运输货物冷藏水渍险和战争险"的英文表达：

Covering W.A. and Including damage arising from the breakdown of refrigerating machinery as per Clauses for Frozen Products （W.A.） dated May 6th, 2014 attached, including War Risks as per Ocean Marine Cargo War Risk Clauses of the People's Insurance Company of China dated 1/1/1980.

（5）"承保中国人民保险公司海洋运输货物散装桐油水渍险和罢工险"的英文表达：

Covering loss or damage arising from shortage, leakage, contamination and isomerization as per Clauses for Wood Oil in Bulk dated June 8th, 2014 attached, including Strikes Risks as per Ocean Marine Cargo Clauses of the People's Insurance Company of China dated 1/1/1980.

此外，国外开来的信用证，或外国商人要求使用伦敦协会条款（Institute Cargo Clause）

I.C.C.条款，国内许多保险公司一般都同意承保。保险单承保条件的英文表达同国内保险公司条款基本上是一样的，只是在使用条款的词句上写明"按照协会某年某月某日货物某某险条款负责"（as per Institute Cargo Clauses × dated× / × / ×）。

（6）"承保伦敦协会货物条款（C）险"的英文表达：

Covering I.C.C.（C）as per Insttute Cargo Clauses （C） dated 1 / 1 / 2009 .

（7）"承保伦敦协会货物条款（B）险"的英文表达：

Covering I.C.C.（B）as per Insttute Cargo Clauses （B） dated 1 / 1 / 2009.

（8）"承保伦敦协会货物条款（A）险"的英文表达：

Covering I.C.C.（A）as per Insttute Cargo Clauses （A） dated 1 / 1 / 2009.

（9）"承保伦敦协会货物条款（C）险和战争险"的英文表达：

Covering I.C.C.（C）as per Insttute Cargo Clauses （C） including the Risk of War as per Institute War Clauses dated 1 / 1 / 2009.

（10）"承保伦敦协会货物条款（B）险和罢工险"的英文表达：

Covering I.C.C.（B）as per Insttute Cargo Clauses （B） including Risks of S.R.C.C. as per Institute S.R.C. Clauses dated 1 / 1 / 2009.

◇讨论题

我方进口的一批货物投保了一切险，该货物到达目的港天津新港后进入1号码头仓库，进口方从该仓库提货。进口方提走部分货物并分发到全国各地，这时由于台风袭击，仓库内余下的尚未提取的部分货物受损。请问保险公司对该损失是否应作出赔偿？

第三节　保险索赔与理赔

一、保险索赔

保险索赔（Insurance Claim）是指保险标的遭受保险事故，发生损失后被保险人向保险人提出给予经济补偿的请求，并在规定的期限内提交损失证据。保险索赔是基于被保险人在保险合同中拥有的保险金请求权而产生的。被保险人的保险金请求权有时效限制，《中华人民共和国保险法》和《海商法》规定一般为两年，法律有特殊规定的除外。索赔是保险合同履行的一个重要环节，必须遵循一定的程序，办理一定的手续，具体程序如下：

（一）损失通知

损失通知，又叫"索赔通知"或"出险通知"，是指保险标的发生保险事故后，被保险人根据保险合同的规定向保险人报告损失情况，提出索赔请求。被保险人一旦获悉保险货物受损，应立即向保险人或其代理人发出损失通知。一般来讲，在保险条款中通常都要求被保险人尽快通报保险事故，以利于保险人在保险事故发生后及时赶到现场进行损失检验，调查取证，确定损失责任，从而使损失尽快得到赔偿；还可以使保险人及时协助被保险人采取合理的施救措施，避免损失继续扩大。

关于损失通知的方式，法律未作明确规定，通常有电话、电报、传真或电子邮件等方式。究竟采取哪一种方式，则应由被保险人根据事故发生时的通信条件来确定。至于危险事故通知迟延的法律后果，国际上有两种做法：第一，保险人只能对被保险人因出险通知延迟而扩大的损失拒绝赔偿，不能解除保险合同；第二，出险通知不在规定期限内进行，保险人可以免责。

（二）接受检验

保险事故发生后，被保险人有义务保护好现场，接受保险人或有关部门的检验，并为之提供方便条件，以保证及时查明和确认事故原因、损害程度、损失数额等。有关部门出具的检验报告是索赔的重要依据和证明材料。

（三）提交索赔单证

被保险人收到上述检验报告后，可连同有关单据向保险公司索赔。按照我国货运保险条款的规定，被保险人在索赔时应提供如下单证：①保险单或保险凭证正本；②运输单据；③发票；④装箱单或磅码单；⑤到货通知单；⑥涉及承运人等第三方责任时，需提供向责任方请求赔偿的函电及其他必要的单证或文件；⑦货损货差证明；⑧海事报告摘录；⑨索赔金额及计算依据；⑩有关费用的项目和用途的索赔清单。

（四）领取保险赔偿金

当保险人核实损失并确定应付赔款后，被保险人应及时领取。超过规定期限不领取保险赔款的，则作为自愿放弃索赔权处理，保险人有权拒付赔款。

（五）被保险人在索赔时应履行的其他义务

根据保险条款的规定，施救、整理是被保险人的义务。被保险货物受损后，被保险人应尽可能采取各种施救、整理的措施来减少损失和避免损失的扩大。被保险人收到保险公司发出的有关采取防止或者减少损失合理措施的特别通知的，应当按照保险公司通知的要求处理。因抢救、阻止或减少货损的措施而支付的合理费用，可由保险公司负责，但以不超过该批被救货物的保险金额为限。

◈思考题

我国某公司与韩国某公司签订了一份CIF合同，进口电子零部件。合同订立后，韩国公司按时发货。我国公司收到货物后，经检验发现，货物外包装破裂，货物严重受损。韩国公司出具离岸证明，证明货物损失发生在运输途中。对于该批货物的运输风险双方均未投保。问题：上述风险损失由谁承担？

二、保险理赔

保险理赔（Claim Settling of Insurance）是指保险公司受理投保人提出的索赔要求，并对保险索赔案进行处理的整个过程。理赔是保险人履行保险合同义务的一个关键环节，不仅关系着被保险人的切身利益，影响到被保险人的损失是否能得到合理的补偿，同时也关系到保险人的信誉。

保险人在收到被保险人的索赔通知后，不是立即按被保险人提供的索赔清单给予赔偿，而是要对以下几个方面予以审定：索赔的被保险人是否具有可保利益，损失是否是由于保险人承保责任范围内的风险引起的直接损失，货损的确定，赔款的计算，代位追偿。

在保险业务中，为了防止被保险人双重获益，保险公司在履行全损赔偿或部分损失赔偿后，在其赔付金额内，要求被保险人转让其对造成损失的第三责任方要求赔偿的权利，即代位追偿权（Right of Subrogation）。在实际业务中，保险人首先向被保险人进行赔付，才能取得代位追偿权。其具体做法是，被保险人在获得赔偿的同时签署一份权益转让书，作为保险人取得代位追偿权的证明。保险人便可凭此向第三责任方进行追偿。

◈资料卡

进出口货运保险索赔指南

当被保险人保险的货物遭受损失后，向保险公司的索赔问题就产生了。被保险人应按照保单的规定向保险公司办理索赔手续，同时还应以收货人的身份向承运人办妥必要的手续，以维护自己的索赔权利。

1.损失通知：当被保险人获悉或发现保险货物遭损，应马上通知保险人，以便保险人检验损失，提出施救意见，明确保险责任，查核发货人或承运人责任。延迟通知，会耽误保险人进行有关工作，引起异议，影响索赔。

2.向承运人等有关方提出索赔：被保险人或其代理人在提货时发现货物明显受损或整件短少，除向保险公司报损外，还应立即向承运人、受托人以及海关、港务局等索取货损货差证明。当这些损失涉及承运人、受托人或其他有关方面如码头、装卸公司的责任时，应立即以书面方式向有关方提出索赔，并保留追偿权利，必要时还要申请延长索赔期。

3.采取合理的施救、整理措施：保险货物受损后，作为货方的被保险人应该对受损货物采取措施，防止损失扩大。特别是对受损货物，被保险人仍须协助保险人进行转售、修理和改变用途等工作。因为相对于保险人而言，被保险人对于货物的性能、用途更加熟悉，因此，原则上残货应由货方处理。

4.备全必要的索赔单证：

（1）保单或保险凭证正本；

（2）运输契约，如提单、运单和邮单等；

（3）发票；

（4）装箱单、磅码单；

（5）向承运人或有责任方请求赔偿的书面文件；

（6）检验报告；

（7）海事报告摘录或海事声明书；

（8）货损货差证明；

（9）索赔清单。

资料来源　佚名. 进出口货物保险索赔注意事项［EB/OL］.［2012-02-24］. http://wenku.baidu. com/view/bfb70a0b52ea551810a687ab.html.

◈ 思考题

国内某公司向银行申请开立信用证，以 CIF 条件向法国采购奶酪 3 公吨，价值 3 万美元，提单已经收到，但货轮到达目的港后却无货可提。经查，该轮在航行中因遇暴风雨袭击，奶酪被水浸泡，船方将其弃于海中。于是我方凭保险单向保险公司索赔，保险公司拒赔。请问：保险公司能否拒赔？我方应向何方索赔？

本章小结

在选择保险险别时要考虑货物的种类、性质、包装、运输工具、运输航线及港口以及采用的贸易术语等情况。在办理保险时，首先要确定保险金额，然后再根据相应的保险费率计算保险费。保险合同的主要种类有保险单、保险凭证、暂保单以及批单、预约保险单。保险索赔是指保险标的遭受保险事故，发生损失后被保险人向保险人提出给予经济补偿的请求，并在规定的期限内提交损失证据。保险理赔是保险公司受理投保人提出的索赔要求，并对保险理赔案进行处理的整个过程。

关键词汇

保险单（Insurance Policy）   保险凭证（Insurance Certificate）

保险金额（Insured Amount）   代位追偿权（Right of Subrogation）

保险索赔（Insurance Claim）   保险理赔（Claim Settling of Insurance）

复习思考

一、简答题

1.影响海上运输货物保险的因素有哪些？

2.向保险人提出索赔时通常要提供哪些单证？

3.海上运输货物保险理赔应遵循什么原则？

二、计算题

1. 一批出口货物 CFR 价格为 1 980 美元，现客户来电要求按 CIF 价加 20% 投保一切险，如保险费率为 1%，请计算保险费。

2. 一批货物共计 100 箱，保险金额为 100 000 美元，共有 20 箱受损，按当地完好价值每箱 1 200 美元的 6 折出售，计算保险人应该支付的赔偿金额。

3. 某公司对外报价每箱 330 美元 FOB 天津新港，后外商来电要求改报 CIF 伦敦价，假设运费为每箱 40 美元，保险费率为 0.6%，试计算我方应报的 CIF 价。

4. 一批出口货物 CFR 价格为 9 890 美元，买方要求卖方代为在中国投保，卖方委托 A 货代公司按 CIF 价加一成投保，保险费率为 1%，请 A 货代公司代卖方来计算，该批货物的保险金额是多少？应缴付的保险费是多少？

三、案例分析题

1. 某年 5 月 21 日，天津某外贸公司与保险公司订立海运进口货物运输预约保险协议，承保险别为人保公司平安险，并特别约定，如因特殊原因漏保的货物发生损失，保险人也按上述规定在补缴保费后予以赔偿。

次年 2 月 8 日，外贸公司进口 10 000 吨钢材，海运途中未发生自然灾害和意外事故，4 月 20 日到货。4 月 22 日，外贸公司发现货物严重锈蚀，部分因空气致锈，部分因海水致锈。当天将投保单传真给保险公司，并要求保险公司注明保险单日期提前到 3 月 12 日，承保风险为一切险。此后，外贸公司于 4 月 23 日和 24 日又向保险公司递交了两份投保单，所投保的货物开航日期分别为 3 月 31 日和 3 月 16 日，保险公司均接受并出具了保险单。双方在实际业务中，进口货物均在开航后较长时间才办理投保手续，部分货物在货物到达目的港后才办理手续。

4 月 27 日，外贸公司向保险公司索赔钢材锈蚀的损失，保险公司经调查后认为被保险人在装运货物发生损失后才投保一切险，合同无效，拒赔货损。

请问：保险公司是否有理？为什么？

2. 某年 11 月 2 日，宝通公司向保险人投保货运险，货名为仪器，保险金额为 28 万美元，承保条件为 1982 年 1 月 1 日修订的 ICC（A）条款，航程为中国香港至泉州。1 月 15 日，货物在目的港泉州卸下后堆放在港内一集装箱场地，宝通公司在集装箱场地拆箱用卡车转运货物至其他城市。因叉车司机操作不当，一件货物在叉出集装箱过程中倾倒，并遭受严重损坏，经公证机构鉴定认为确已无法使用，宝通公司按投保金额索赔。

保险人拒赔，理由是本案集装箱运输的方式是"场到场"，不是"站到站"，提货与拆箱是两个不同概念，货损发生在提货后，按 ICC（A）条款有关保险期限的规定和国际海事法律实践，保险人对保险责任终止后发生的货损不负责任。

请分析：保险人拒赔的理由成立吗？

3. 某公司以 FOB 上海合同进口食品 1 000 箱，即期信用证付款。卖方装运货物后，凭已装船清洁提单和已投保一切险的保险单向银行收受货款。货到上海进口复验时，发现下列情况：（1）200 箱食品内含某种细菌超过我国的标准；（2）只收到 998 箱，短少 2 箱；（3）有 15 箱货物外表状况良好，但箱内货物短少 60 千克。对于上述情况，进口方应向谁索赔？为什么？

4.有一份CIF合同，卖方投保了一切险，自法国内陆仓库起，直到美国纽约的买方仓库为止。合同中规定，投保金额是"按发票金额点值另加10%"。卖方在货物装船后，已凭提单、保险单、发票、品质检验证书等单证向买方银行收取了货款。后来，货物在运到纽约港前遇险而全部损失。当买方凭保险单要求保值的10%部分时，卖方认为这部分应该属于他，要求保险公司支付。

问题：卖方有无权利要求保险公司支付发票总值10%的这部分金额？为什么？

5.某年8月21日，我国北方某地辉煌有限责任公司向英国BTG有限责任公司提出建议：愿以每台700英镑的价格按照CIF大连购买笔记本电脑500台。8月22日，BTG有限责任公司接到辉煌有限责任公司的发盘后，立即电告接受这一报价。8月31日，BTC有限责任公司将500台笔记本电脑交给英国FARRY运输公司装船运输。FARRY运输公司发现其中有80台笔记本电脑包装破损，准备签发不清洁提单。但BTG有限责任公司为从FARRY运输公司处拿到清洁提单，以便结汇，于是向FARRY运输公司出具了承担赔偿责任的保函。承运人FARRY运输公司遂给BTG有限责任公司签发了清洁提单。BTG有限责任公司持清洁提单顺利结汇。辉煌有限责任公司于11月1日收到货物，发现80台笔记本电脑有严重质量问题，于是向承运人FARRY运输公司索赔。

问题：

①承运人FARRY运输公司应否承担责任？

②如果辉煌有限责任公司向BTG有限责任公司索赔，能否成立？

6.某货代公司接受货主委托，安排一批茶叶海运出口。货代公司在提取了船公司提供的集装箱并装箱后，将整箱货交给船公司。同时，货主自行办理了货运保险。收货人在目的港拆箱提货时发现集装箱内异味浓重，经查明，该集装箱前一航次所载货物为精茶，致使茶叶受精茶污染。

问题：

①收货人可以向谁索赔？为什么？

②最终应由谁对茶叶受污染事故承担赔偿责任？

四、综合实训

1.C公司以CIF价格条件引进一套英国产的检测仪器，因合同金额不大，交易合同采用简式的购货确认书，其中在保险条款一项中只简单地填写了"保险由卖方负责"。

到货后C公司经过检查，发现其中的一个部件已经变形，并影响其正常使用。C公司向外商反映要求索赔，外商答复仪器出厂经严格检验，有质量合格证书，非其责任。后经商检机构检验认为是运输途中部件受到振动、挤压造成的。

C公司于是向保险代理索赔，保险公司认为此情况属于"碰损、破碎险"承保范围，但C公司提供的保单上只保了"协会货物条款（C）"，没保"碰损、破碎险"，所以无法索赔。C公司无奈只好重新购买此部件，既浪费了金钱，又耽误了时间。

如果你是该公司的业务员，对此有何评价？你认为在这个贸易中，C公司应该如何办理保险才能够保护公司的利益？

2.根据下列所提供的信用证条款的主要内容及有关制单资料，填制《海洋运输货物保险单》中（1）—（5）项内容。

Irrevocable Documentary Credit

Number：LC123 — 258866

Date：August 24，20××

Date and place of expiry：October 30，20××，Qingdao，China

Advising bank：Bank of China

Beneficiary：China XYZ import and export corp.

Applicant：UVW corporation.

Total amount：USD9 000（SAY US DOLLARS NINE THOUSAND ONLY）

Shipment from：Qingdao China

To：Osaka Japan

At the latest：October 15，20××

Description of goods：100 % Cotton Towel as per S/ C No.CH2OO

Total quantity：8 000 pieces packing ；800 Cartons

Total gross weight：20 000 KGS

Total measurement：30CBM

Price term：CIF Osaka

Following documents required：

+ Signed commercial invoice in three copies.

+ Full set of clean on board ocean bill of lading made out to order and endorsed in blank arid marked "freight prepaid" and notify applicant.

+ Insurance policy for 110 PCT of the invoice value covering the Institute Cargo Clauses（A），the Institute War Clauses.

Ocean Vessel："Golden Star" Voy.No.：018E

Container No.GSTU3156712 / 20'

Marks & Nos：ITOCHU OSAKA NO.1—800

Laden on board the vessel：October 14，20××

B / L date：October 14，20××

B / L signed by BBB shipping agency

Carrier：AAA Shipping Co.

章后阅读

进出口货运保险投保指南

一个贸易商需要对一笔货物进行保险时，首先要跟保险公司联系，通常是填制一张投保单，经保险公司接受后就开始生效。保险公司出立保险单以投保人的填报内容为准。填报时要明确以下内容：

1.被保险人名称：要按照保险利益的实际有关人填写。

2.标记：应该和提单上所载的标记符号相一致，特别要同刷在货物外包装上的实际标记符号一样，以免发生赔案时，引起检验、核赔、确定责任的混乱。

3.包装数量：要将包装的性质如箱、包、件、捆以及数量都写清楚。

4.货物名称：要具体填写，一般不要笼统地写纺织品、百货、杂货等。

5.保险金额：通常按照发票CIF价加成10%~20%计算，如发票价为FOB价带保险或CFR价，应将运费、保费相应加上去，再另行加成。需要指出的是，保险合同是补偿性合同，被保险人不能从保险赔偿获得超过实际损失的赔付，因此溢额投保（如过高的加成、明显偏离市场价格的投保金额等）是不能得到全部赔付的。

6.船名或装运工具：海运需写明船名，转运也需注明；联运需注明联运方式。

7.航程或路线：如到目的地的路线有两条，要写上自××经××至××。

8.承保险别：必须注明，如有特别要求也在这一栏填写。

9.赔款地点：除特别声明外，一般在保险目的地支付赔款。

10.投保日期：应在开航前或运输工具开行前。

注意事项：

1.投保申报情况必须属实。

2.投保险别、币种与其他条件必须和信用证上所列保险条件的要求相一致。

3.投保险别和条件要和买卖合同上所列保险条件相符合。

4.投保后发现投保项目有错漏，要及时向保险公司申请批改，如保险目的地变动、船名错误以及保险金额增减等。

资料来源　佚名.进出口货运保险投保指南〔EB/OL〕.〔2010-10-22〕.http://www.docin.com/p-90392876.html.

投保人如实告知义务何在

诚实信用是社会交往的基本守则，也是经济社会活动的基础。在保险合同的订立过程中，诚信主要体现在投保人须按照保险合同的要求进行如实告知。

《中华人民共和国保险法》第五条规定：保险活动当事人行使权利、履行义务应当遵循诚实信用原则。同时，《中华人民共和国保险法》第十六条则明确规定了投保人的告知义务：订立保险合同，保险人应当向投保人说明保险合同的条款内容，并可就保险标的或者被保险人的有关情况提出询问，投保人应当如实告知。

可见，如实告知义务是构成保险合同有效成立的基本条件，是诚信原则的具体体现。投保人须切实履行如实告知义务，确保符合投保要求标准，以保障自身权益。

如下案例了充分显示未履行如实告知义务对当事人的权益造成的严重影响。

案情简介

本案的原告为P公司，被告为I保险公司。

2012年2月5日，原告向船运公司鑫鼎公司订舱，取得鑫鼎公司签发的提单，船名航次为SEA PALACE V.SP1203，装船日期为2月5日。

2月8日，SEA PALACE轮船长出具海事声明，称船舶在2月7日凌晨开航后遭遇强风和巨浪，船舶抛锚，货物捆扎绳断裂而遇险。货物虽有损坏，原告仍委托鑫鼎公司继续承运，而后者于2月9日重新签发提单，编号和记载内容未变，但运输工具改为CSAV RANCO 1152S。

尽管货物已经发生了运输风险，原告仍委托鑫鼎公司向被告I保险公司投保货物运输险，投保单记载：投保人鑫鼎公司，被保险人P公司，投保一切险和战争险。I保险公司根据投保单记载签发保险单。

基于美国船级社对SEA PALACE货轮的受损货物出具的检验报告，原告凭借保险单据向被告索赔，但被拒绝赔付，于是原告向法院提起诉讼。

法院判决

法院分析认为，根据投保单上船舶信息错误等情况，可以认定鑫鼎公司在投保时违反了法律规定的如实告知义务。

而鑫鼎公司作为原告代理人，其未如实填写投保单的行为结果应归于原告P公司。

证据表明原告和鑫鼎公司均已在2012年2月7日得知涉案货物发生保险事故并遭受损失，却依然于次日向I保险公司投保运输保险，违反了法律规定的如实告知义务，故判决保险人对涉案货物损失不负保险赔偿责任。

启示

这是一起投保人违反如实告知义务而导致保险合同无效的案例。投保人在明知保险事故已发生情况下，故意隐瞒事实，违反了《中华人民共和国保险法》第十六条的下列规定：

投保人故意或者因重大过失未履行如实告知义务，足以影响保险人决定是否同意承保或者提高保险费率的，保险人有权解除保险合同。投保人故意不履行如实告知义务的，保险人对于保险合同解除前发生的保险事故，不承担赔偿或者给付保险金的责任，并不退还保险费。

投保人故意隐瞒相关信息而恶意投保的行为，损害了保险合同的订立基础，导致保险合同无效，从而使得保险公司免除保险责任，情节恶劣时，甚至会被追究刑事责任。

进出口企业因国际贸易而进行国际货物运输，为防范可能出现的风险提前购买保险姑且十分必要，但切不可抱有侥幸心理，事前不保，在出险后才通过弄虚造假、篡改单据进行投保。如此不仅不能得到赔偿，还会额外损失保费，并对投保人信用造成影响。

与之类似，进出口企业为了满足信用证或合同关于装运期和保单出具日的要求，指示船公司或保险公司倒签运输或保险单据，也是一种不诚信甚至构成欺诈的行为，同样会因此产生相应的法律后果。

而保险代理在销售保险的过程中，不可一味吹嘘公司的实力，忽略对投保人的风险提示和告知义务，否则，一旦发生保险事故，保险公司也容易因此陷入法律纠纷。

资料来源 阎之大，伍海波，赵贺. 投保人如实告知义务何在 [J]. 贸易金融，2019（7）.

保险价值依保险合同的约定
还是依保险事故发生时保险标的的实际价值来认定？

2006年，武汉海事法院曾审理一起内河船舶保险合同纠纷案：原告某旅游船公司于2003年向被告某保险公司就其一船舶投保"沿海内河一切险"。约定的保险价值和保险金额均为2 200万元。后来船舶发生保险事故造成全损。原告要求被告依照约定支付2 200万元保险金，但被告只同意按事故发生时船舶的实际价值1 308.8万元进行赔付。

本案中，原告认为，双方是基于自愿、公平合理且协商一致的原则签订的保险合同，所以保单中船舶的保险价值应该受到合同双方当事人的认可以及法律上的保护。在被告与原告签订合同时及合同生效后，被告从未对当时参考评估的船舶保险价值2 200万元提出任何异议，并且以当时的保险金额作为收取保费的依据。而该合同作为一份足额的定值保险合同，一旦保险标的发生全损，被告方应该按照约定的保险价值2 200万元进行赔偿。

被告认为，虽然保险合同中的保险价值是参考了合法的评估报告，但是该保险价值已经远超过保险标的的实际价值，所以按照法律规定，该案中双方签订的是一份超额保险合同。根据超额保险合同的概念，远超保险标的价值的部分无效，保险金额只能以出险时的实际价值为依据，而不能以签订合同时的保险价值为依据。所以被告认为，应赔付的金额也只能以船舶出险时的实际价值为限。

本案的判决结果，法院根据保险法关于保险损失补偿原则和超额保险的规定认为应赔付实际价值1 308.8万元。

这是一个与"超额保险"相关的典型案例：在2003年进行投保的时候，保险合同中约定保险金额和保险价值都是2 200万元，保险金额=保险价值；而在2006年发生保险事故的时候，保险标的实际价值仅为1 308.8万元，因此保险金额＞保险价值。

依据保险学基本原理，财产保险可以分为"定值保险"和"不定值保险"，二者的区别在于保险合同中是否明确约定了保险标的的价值。一般而言，约定保险价值的目的在于作为赔偿标的损失的计算依据。这就要求保险人在承保时对保险标的的价值进行合理评估。而一旦选择了"定值"保险的方式，在保险事故发生时就应该按照保险合同的约定进行赔偿，否则将违背"契约正义"，构成违约。也就是说，在保险金额、保险价值和实际价值三者的关系中，一旦约定了"保险价值"，保险标的在保险事故发生时的"实际价值"就失去了作为"定损"依据的作用。《中华人民共和国保险法》的第五十五条规定：保险合同中约定了保险标的的保险价值的，应以约定的保险价值作为赔偿计算标准；如果合同中未明确约定保险价值，以保险事故发生时保险标的的实际价值作为赔偿计算标准。

但是，《中华人民共和国保险法》第五十五条同时规定："保险金额不得超过保险价值。超过保险价值的，超过部分无效，保险人应当退还相应的保险费。"因此，如果被告保险公司能够举证证明当时约定的"保险价值"超出了"实际价值"，对于超出的部分应当不予赔偿。

本案的最终审理结果是：法院依据发生保险事故时保险标的的"实际价值"，判决保险公司赔偿1 308.8万元。

笔者认为，该案件的判决存在明显错误：一是计算的逻辑错误。赔偿金额A应该等于约定的"保险价值"B减去实际价值D的超出部分C，即采取A=B-C，而不是直接确定A=D，否则与现有法律规定相违背；二是"实际价值"D的计算时间应该是签订保险合同之时，而不是保险事故发生之时。因为约定"保险价值"也是在投保签订保险合同之时。

资料来源　刘卫红. 保险价值依保险合同的约定 还是依保险事故发生时保险标的的实际价值来认定？[J]. 法律适用，2019（10）.

样式 11-1　　　　　　　　　　　货物运输保险投保单

兹将我公司运输货物向你处投保货物运输保险计开：

被保险人 Name of Assured					
发票号码				合同号	
结算方式	非信用证 □		信用证 □	信用证号	

投保险别（Terms & Conditions）

起运地		目的地		转运地	
标记 Marks		包装和数量 Packing & Quantity		货物名称 Description of Goods	
发票金额		加成		保险金额	
运输工具		航次		开航日期	
赔付地点		正本份数		费率	
保险公司（单选）	中国人保 □	平安保险 □	太平洋保险 □	华泰保险 □	太平保险 □
	美国美亚 □	瑞士丰泰 □	中银保险 □	香港民安 □	

续表

特别约定：投保人或被保险人于投保日之前发生的货物损失与保险公司无关，即保险公司对于投保日之前发生的货物损失不承担保险责任

投保人兹声明：上述所填各项内容均属事实，同意按本投保单所列内容和货物运输保险条款及其附加险条款以及特别约定向贵公司投保货物运输保险。投保人在填写本投保单时，保险人对货物运输保险条款及其附加险条款的内容，特别是其中责任免除条款和被保险人义务条款的内容已向投保人作出了明确说明，投保人确认对上述所有条款内容及特别约定已完全了解，同意以此订立保险合同

投保单位				投保人签章
地址				
联系人		电话		
E-mail		传真		

样式 11-2 　　　　　　　　中保财产保险有限公司

The People's Insurance（Property）Company of China，Ltd.

发票号码　　　　　保险单号次

Invoice No. 　　　　Policy No.

海洋运输货物保险单

MARINE CARGO TRANSPORTATION INSURANCE POLICY

被保险人：（1）

Insured：

中保财产保险有限公司（以下简称本公司）根据被保险人的要求，及其所缴付约定的保险费，按照本保险单承担险别和背面所载条款与下列特别条款承保下列货物运输保险，特签发本保险单。

This policy of Insurance witness that The People's Insurance（Property）Company of China，Ltd.（hereinafter called "The Company"），at the request of the Insured and in consideration of the agreed premium paid by the Insured，undertakes to insure the undermentioned goods in transportation subject to the conditions of this Policy as per the Clauses printed overleaf and other special clauses attached hereon.

保险货物项目 Description of Goods	包装　　单位　　数量 Packing　Unit　Quantity	保险金额 Amount Insured
（2）		（3）

承保险别　　　　　货物标记

Conditions 　　　　Marks of Goods

第十二章

其他国际货物运输方式保险

导读材料

电子保单说明

1.什么是电子保单？

电子保单是指保险公司借助遵循PKI体系的数字签名软件和企业数字证书为客户签发的具有保险公司电子签名的电子化保单。

2.为什么电子保单不容篡改？

电子保单是经过数字签名的一组数据块，该数据块中包含了原始保单，即用户可以通过浏览器看到保单的内容，签发方的电子签名和签发时所使用的数字证书，这些内容通过符合PKI体系的数学算法计算后组合在一起。因此，对该数据块进行任何修改都会在验证的时候被发现，被篡改的电子保单是不可能通过验证的。

3.为什么有时候不能正常显示电子保单？

（1）可能是安装了拦截弹出广告的软件，屏蔽了安装根证书的对话窗口。请在下载和安装根证书时，关闭该软件或者把根证书下载到本地后再安装。

（2）可能是浏览器安全级别设置过高，导致浏览器无法运行电子保单客户端脚本，不能正常显示电子保单。请手工修改浏览器的安全级别以便能正常显示电子保单。

4.如何获得电子保单？

投保成功后会将电子保单发送到你的电子邮箱中，你也可以通过网站上的"我的保单"很方便地查询及下载您的电子保单。电子保单是具有和纸质保单一样的法律效力的。

资料来源 佚名. 网上投保说明大全［EB/OL］.［2013-02-08］. http://www.xiangrikui.com/shouxian/zhuanjia/20130208/295360.html.

进出口货物运输保险是以进出口货物运输过程中的各种货物作为保险标的的保险。根据保险标的的运输工具种类的不同，运输保险的种类相应分为四类：海洋运输货物保险、陆上货物运输保险、航空货物运输保险、邮包货物运输保险。在学习海洋货物运输保险的基础上，我们继续了解其他运输保险知识。

第一节　陆上运输货物保险

在陆运过程中，被保险货物在运输途中可能遭受暴风、雷电、洪水、地震等自然灾害，或由于运输工具遭受碰撞、倾覆、出轨或在驳运过程中因驳运工具遭受搁浅、触礁、沉没、碰撞，或由于遭受隧道坍塌、崖崩或失火、爆炸意外事故，使得运输途中的货物遭受损失。货主为了转嫁风险损失，就需要办理陆运货物保险。

陆上运输主要采用铁路运输和公路运输这两种方式，运输工具主要是火车和汽车。在国际货运保险业务中，承保陆上运输货物，运输工具一般仅限于火车和汽车，对人力车和牲口驮运等落后工具运输货物的风险往往不予承保。

根据中国人民财产保险公司制定的《陆上运输货物保险条款》的规定，陆运货物保险的基本险别有陆运险和陆运一切险两种。此外，还有陆上运输冷藏货物险，它也具有基本险的性质。陆运货物在投保上述基本险之一的基础上，可以加保一般附加险和特殊附加险。

一、陆运基本险

（一）陆运险

陆运险（Overland Transportation Risks）的承保责任范围与海洋运输货物保险条款中的水渍险相似，保险公司负责赔偿以下损失：

（1）被保险货物在运输途中遭受暴风、雷电、地震、洪水等自然灾害，或由于陆上运输工具遭受碰撞、倾覆或出轨所造成的全部或部分损失。如有驳运过程，则包括驳运工具碰撞、搁浅、触礁、沉没或由于遭受隧道坍塌、崖崩或失火、爆炸等意外事故所造成的全部或部分损失。

（2）被保险人对遭受承保责任内危险的货物采取抢救、防止或减少货损的措施而支付的合理费用，但以不超过该批被救货物的保险金额为限。

（二）陆运一切险

陆运一切险（Overland Transportation All Risks）的承保责任范围与海洋运输货物保险条款中的一切险相似。除负责赔偿陆运险所列举的各项损失外，保险公司对被保险货物在运输途中由于外来原因造成的短少、短量、偷窃、渗漏、碰碎、钩损、雨淋、生锈、受潮、受热、发霉、串味、沾污等全部或部分损失，也负赔偿责任。

陆运险、陆运一切险的除外责任与海洋运输货物险的除外责任相同，主要包括以下5项：

（1）被保险人的故意行为或过失所造成的损失。

（2）属于发货人责任所引起的损失。

（3）在保险责任开始前，被保险货物已存在的品质不良或数量短差所造成的损失。

（4）被保险货物的自然损耗、本质缺陷、特性以及市价跌落、运输延迟所引起的损失或费用。

（5）陆上运输货物战争险条款和货物运输罢工险条款规定的责任范围和除外责任。

陆上货物运输保险责任起讫也采用"仓至仓"条款原则。保险人负责自被保险货物运离保单所载明的起运地仓库或储存处所开始运输时生效，包括正常陆运和与其有关的水上驳运在内，直至该项货物运达保险单所载目的地收货人的最后仓库或储存处所或被保险人用作分配、分派的其他储存处所为止。如未运抵上述仓库或储存处所，则以被保险货物运抵最后卸载的车站满60天为止。

陆运险和陆运一切险的索赔期限是从被保险货物至最后目的地车站全部卸离车辆后起算，最多不超过两年。

◈ 讨论题

上海某公司出口货物到美国，应外商要求投保ICC（A）。保险单载明航程为"上海—纽约"。海运船舶在墨西哥湾遭受恶劣气候，船体严重受损，被迫靠近附近港口进行修理，船方宣布运输合同终止，货物在中途港被迫卸下。出口公司与进口商商议以铁路运输将货物运达纽约。在陆运期间货物遭受淡水雨淋损失。保险公司是否应当对这种淡水雨淋损失承担赔偿责任？

二、陆上运输冷藏货物险

陆上运输冷藏货物险（Overland Transportation Insurance Frozen Products）是陆上货物险中适用于冷藏货物的一种专门险。除负责赔偿陆运险所列举的各项损失外，还负责赔偿被保险货物在运输途中由于冷藏机器或隔温设备的损坏或车厢内储存冰块融化所造成的解冻溶化以致腐败的损失。但对由于战争、罢工或运输延迟而造成的被保险冷藏货物的腐败或损失，以及被保险货物开始时因未保持良好状态，包括整理加工和包扎不妥、冷冻上的不合规定造成的损失不负赔偿责任，至于一般的除外责任条款，也适用本险别。

陆上运输冷藏货物的责任自被保险货物远离保险单所载明起送地点的冷藏仓库装入运送工具开始运输时生效，包括正常陆运和与其有关的水上驳运在内，直至该项货物到达保险单所载明的目的地收货人仓库为止，但最长保险责任以被保险货物到达目的地车站后10天为限。中国人民保险公司的该项条款还规定：装货的任何运输工具，都必须有相应的冷藏设备或隔离温度的设备；或供应和储存足够的冰块使车厢内始终保持适当的温度，保证被保险冷藏货物不致因溶化而腐败，直至到达目的地收货人仓库为止。

三、陆上货物运输附加险

（一）陆上运输货物战争险（火车）

陆上运输货物战争险（火车）（Overland Transportation Cargo War Risks —By Train）是陆上运输货物险的特殊附加险，在投保陆运险和陆运一切险的基础上可加保。

在国外，私营保险公司大都不承保陆运战争险。为了适应我国外贸发展的需要，我国保险公司开设了陆运战争险，投保人须与保险人协商方可投保，目前仅限于火车运输。

陆上运输货物战争险承保在火车运输途中由于战争、类似战争行为和敌对行为、武装冲突所造成的损失，以及各种常规武器，包括地雷、炸弹所致的损失。但由于敌对行为使用原子弹或热核武器所致的损失和费用，以及根据执政者、当权者或其他武装集团的扣押、拘留引起的承保运程的丧失和挫折而造成的损失，保险公司不予赔偿。陆上运输货物战争险的除外责任与海上运输战争险的除外责任相同。保险期限与海运战争险的保险期限相似，以货物置于运输工具时为限，即自被保险货物装上保险单所载起运地的火车时开始到卸离保险单所载目的地火车时为止。如果被保险货物不卸离火车，则以火车到达目的地的当日午夜起计算，满 48 小时为止；如在运输中途转车，则不论货物在当地卸载与否，保险责任以火车到达该中途站的当日午夜起计算满 10 天为止。如货物在此期限内重新装车续运，仍恢复有效；如运输契约在保险单所载目的地以外的地点终止时，该地即视为本保险单所载目的地，保险责任到货物卸离火车时为止。如果被保险货物不卸离火车，则以火车到达该地的当日午夜起算满 48 小时为止。

（二）陆上货物运输罢工险

陆上货物运输罢工险（Overland Transportation Cargo Strikes Risks）的承保责任范围与海洋运输货物罢工险的责任范围相同，其保险手续的办理也与海运货物罢工险相同，即在投保战争险的前提下加保罢工险，不另收费。若仅要求加保罢工险，则按战争险费率收费。在我国，不论是海运、陆运还是空运，投保罢工险都采用同一种保险条款，所以不同运输方式下罢工险的承保范围是完全一致的。

❖ 资料卡

如果货物在运输过程中发生损失，如何使货主的经济利益得到保障？凡在国内铁路、公路、水路以及以联合运输方式被承运的货物，都可以投保国内水路、陆路货物运输保险，这样，货物在运输过程中如果发生损失，可以得到中国人民财产保险股份有限公司的经济补偿。

第二节　航空运输货物保险

航空运输货物保险业务的历史较短，直到20世纪60年代中期，英国伦敦保险协会才制定出《协会航空运输货物一切险条款》、《协会航空运输货物战争险条款》以及《协会航空运输货物罢工险条款》等条款。我国现行的航空运输货物保险条款是由原中国人民保险公司在参照国际市场上的通行做法，特别是参照伦敦保险协会的上述条款内容的基础上制定的。根据我国《航空运输货物保险条款》规定，航空运输货物保险（Air Transportation Cargo Insurance）是保险公司承保被保险货物在运输途中遭受雷电、火灾或爆炸或由于飞机遭受恶劣气候或其他危难事故而被抛弃，或由于飞机遭受碰撞、倾覆、坠落或失踪等意外事故所造成的全部或部分损失。航空运输货物保险包括航空运输险和航空运输一切险两种基本险，此外还有航空运输货物战争险等附加险。

一、航空运输货物基本险

（一）航空运输险

航空运输险（Air Transportation Risks）的承保责任范围为保险公司负责赔偿被保险货物在运输途中遭受雷电、火灾、爆炸或由于飞机遭受恶劣气候或其他危难事故而被抛弃，或由于飞机遭遇碰撞、倾覆、坠落或失踪等自然灾害和意外事故所造成的全部或部分损失，此外，还负责赔偿被保险人对遭受承保责任范围内危险的货物采取抢救、防止或减少货损的措施而支付的合理费用，但以不超过该批被救货物的保险金额为限。

航空运输险的承保责任范围和海洋运输货物保险条款中的水渍险大致相同。

（二）航空运输一切险

航空运输一切险（Air Transportation All Risks）的承保责任范围除上述航空运输险的各项责任外，保险公司还负责赔偿被保险货物由于被偷窃、短少等外来原因所造成的全部或部分损失。

航空运输一切险的责任范围与海洋运输货物保险中的一切险的责任范围基本相同。

航空运输险、航空运输一切险的除外责任与海洋运输货物保险条款基本险的除外责任基本相同。保险责任起讫期限也采用"仓至仓"条款原则，其具体规定是：

（1）保险人的责任从被保险货物运离保险单所载明的起运地仓库或储存处所开始运输时生效，包括正常运输过程中的运输工具在内，直至该货物运达保险单所载明目的地收货人的最后仓库或储存处所或被保险人用作分配、分派或非正常运输的其他储存处所为止。如未运抵上述仓库或储存处所，则以被保险货物在最后卸载地卸离飞机后满30天为止。如在上述期限内被保险的货物需转送到非保险单所载明的目的地时，则以该项货物开始转运时终止。

（2）由于被保险人无法控制的运输延迟、绕道、被迫卸货、重装、转运或承运人运用运输契约赋予的权限所做的任何航行上的变更或终止运输契约，致使被保险货物运到非保险单所载目的地时，在被保险人及时将获知的情况通知保险人，并在必要时加缴保险费的情况下，本保险继续有效，直到货物在目的地被出售、交货时为止。但不论任何情况，保险责任以被保险货物在卸载地卸离飞机后满30天为止。如果货物在上述30天期限内继续运往保险单所载原目的地或其他目的地时，则保险责任仍按"仓至仓"条款的规定办理。

除此之外，航空运输货物保险条款所规定的除外责任、被保险人的义务、索赔期限等，也与海洋运输货物保险条款的规定基本相同。

二、航空运输货物战争险与罢工险

航空运输货物战争险（Air Transportation Cargo War Risks）是航空运输货物保险的附加险，只有在投保航空运输险或航空运输一切险的基础上，通过和保险公司协商才能予以加保。

航空运输货物战争险与海洋运输货物战争险的有关规定基本相同。保险责任范围是：对于直接由于战争、类似战争行为和敌对行为、武装冲突所致的损失，以及由上述原因所引起的捕获、拘留、扣留、禁制、扣押所造成的损失和各种常规武器，包括炸弹所造成的损失，保险公司负赔偿责任。

航空运输货物战争险的除外责任与海洋运输货物战争险的除外责任相同。保险期限是：自被保险货物装上保险单所载起运地的飞机时开始，到卸离保险单所载目的地的飞机为止。如果被保险货物不卸离飞机，则以飞机到达目的地的当日午夜起算满15天为止。如被保险货物在中途港转运，保险责任以飞机到达转运地的当日午夜起算满15天为止。待装上续运的飞机时，保险责任再恢复有效。

此外，航空货物运输险还可以加保罢工险，其责任范围与海洋运输货物罢工险相同；其保险手续的办理也与海洋运输货物罢工险相同。在投保战争险的前提下，加保罢工险不另收费，如仅加保罢工险，则按战争险收费。

⊗ 思考题
马航事件引发"飞行"担忧，航空意外险如何选择

对于马航的关注仍在持续，我们在为机上人员祈祷和祝福的同时，更应敲响安全警钟。对于航空意外，意外险是不是都给赔？如何根据自身需求选择适合的意外险？

第三节 邮包运输货物保险

邮包运输货物保险主要承保通过邮局以邮包递运的货物在运输途中遭到自然灾害、意外事故或因外来原因造成的货物的损失。

由于邮包运输要经过海上、陆上和航空运输等一种或多种运输方式才能实现，货物在运输途中也会遇到各种自然灾害、意外事故而损毁，使寄件人遭受经济损失，因此需要通过投保邮包运输货物保险获得保障。邮包运输货物保险的保险人承保邮政包裹在运送过程中由于自然灾害、意外事故或外来风险所造成的包裹内物品的损失。由于邮包运送可能同时涉及海、陆、空三种运输方式，故保险人在确定承保责任范围时，须综合考虑这三种运输方式各自可能遭遇的风险，给予全面的保险保障。

国际保险市场上，对邮包运输所采用的保险条款及保险险别并无统一规定，英国伦敦保险协会迄今为止仅对邮包运输制定了《协会战争险条款（邮包）》，而未制定邮包货物运输的基本险别条款。目前，我国邮包货物保险采用的是《中国人民保险公司邮包保险条款》，根据《中国人民保险公司邮包保险条款》的规定，邮包运输货物保险分为邮包险和邮包一切险两种基本险，此外还有邮包战争险等附加险。

一、邮包运输货物基本险

（一）邮包险

邮包险（Parcel Post Risks）承保被保险邮包在运输中由于恶劣气候、雷电、海啸、地震、洪水等自然灾害或由于运输工具遭受搁浅、触礁、沉没、碰撞、倾覆、出轨、坠落、失踪或由于失火、爆炸等意外事故所造成的全部或部分损失。此外，还承保被保险人对遭受承保责任范围内危险的货物采取抢救、防止或减少货损的措施而支付的合理费用，但以不超过该批被救货物的保险金额为限。

（二）邮包一切险

邮包一切险（Parcel Post All Risks）除承保上述邮包险的各项责任外，还负责承保被保险邮包在运输途中由于外来原因所致的全部或部分损失。

上述邮包险的责任范围类似水渍险、陆运险、空运险的责任范围，而邮包一切险类似海运一切险、陆运一切险、空运一切险的责任范围。

邮包运输货物保险的保险责任自被保险邮包运离保险单所载明的起运地点寄件人的处所运往邮局时开始生效，直至被保险邮包运达保险单所载明的目的地邮局，自邮局签发到货通知书给收件人当日午夜起算满15天为止。但在此期限内邮包一经递交至收件人的处所时，保险责任即告终止。

除上述外，邮包运输货物保险条款规定的除外责任、被保险人的义务、索赔期限等，与海洋运输货物保险条款基本相同。

二、邮包战争险与罢工险

邮包战争险（Parcel Post War Risks）的责任范围和除外责任与海运战争险的责任范围和除外责任相同。邮包战争险的保险期限是：自被保险邮包经邮局收讫后自储存处所开始运送时生效，直至该邮包运达本保险单所载目的地邮局送交收件人为止。

邮包战争险作为附加险，只能在投保邮包险或邮包一切险的基础上加保。邮包运输险还可以加保罢工险，其责任范围与海洋运输货物罢工险相同；其保险手续的办理也与海洋运输货物罢工险相同。

近年来，随着我国经济持续稳定快速增长，电子商务逐渐兴起，同时由于我国实行对外开放政策和加入世贸组织，国内物流业的发展掀起高潮。为了满足现代物流业的发展对保险的更高需求，除海洋运输货物保险、陆上运输货物保险、航空运输货物保险、邮包运输货物保险外，一些保险公司还推出了针对第一方和第二方物流方式的物流货物保险及其附加险。

2019年以来，面对国际经贸摩擦升级、新兴市场风险加大等严峻形势，我国外经贸发展面临诸多新挑战，需要政策性金融工具发挥更大的支持保障作用。中国出口信用保险公司自2001年成立至今累计支持国内外贸易和投资规模已超过4.5万亿美元，为16万多家企业提供了信用保险及相关服务；服务小微企业近14万家，支持小微企业出口近3 870亿美元；累计支持对"一带一路"沿线国家的出口和投资约为8 133亿美元；累计承保自主品牌出口1.2万亿美元。与此同时，作为政策性金融机构，中国信保还为企业提供资信调查服务，帮助企业识别风险；截至目前，中国信保资信数据库已覆盖超过2亿家海外企业数据、7 000万家中国企业数据、4.5万家银行数据，拥有海内外资信信息渠道超过400家，资信调查业务覆盖全球所有国别、地区及主要行业。中国信保业务范围包括：短期出口信用保险业务、中长期出口信用保险业务、海外投资保险业务、出口特险以及其他业务。根据国际伯尔尼协会统计，2015年以来，中国信保业务总规模连续在全球同业机构中排名第一。

本章小结

陆上运输货物保险的基本险别分为陆运险和陆运一切险两种，陆运险的承保责任范围与海洋运输货物保险条款中的水渍险相似，陆运一切险的承保责任范围与海洋运输货物保险条款中的一切险相似。航空运输货物保险分为航空运输险和航空运输一切险两种基本险别，航空运输险的承保责任范围和海洋运输货物保险条款中的水渍险大致相同，航空运输一切险的责任范围与海洋运输货物保险条款中的一切险基本相同。航空运输险还有航空运输货物战争险、罢工险等附加险。邮包运输货物保险主要承保通过邮局以邮包递运的货物在运输途中遭到自然灾害、意外事故或外来原因造成的货物的损失。我国邮包运输货物保险分为邮包险和邮包一切险两种基本险。此外，还有邮包战争险等附加险。

关键词汇

陆上运输货物保险（Overland Transportation Cargo Insurance）
航空运输险（Air Transportation Risks）

邮包险（Parcel Post Risks）

复习思考

一、简答题

1.我国陆上运输货物保险包括哪些基本险别？

2.航空运输货物保险有哪些险别？

3.简述我国邮包险和邮包一切险的责任范围和责任起讫。

二、案例分析题

我国某外贸进出口公司向国内某保险公司为从天津运往中国香港的1 500吨鸭梨投保了海运冷藏货物一切险，采用的是我国海洋运输冷藏货物保险条款（1981年1月1日）。该货物由甲轮承运，在航行途中，船上二舱的冷藏机器突然发生故障，舱内1 000吨鸭梨面临变质的危险，正在船长设法解决此问题时，得知前方有12级台风，于是，船长决定把船开往附近港口避难，顺便又请人修理了二舱的冷藏机，共花费了10万美元修理费。甲轮在港内共停了5天，船期损失2万美元，港口费用3万美元，共计15万美元，船方要求作为共同海损费用进行分摊，由货主承担5万美元的共同海损分摊费。甲轮复航后不久，又因当班驾驶员不熟悉沿途航道使船舱发生搁浅漏水，三舱内的300吨鸭梨被海水浸坏而被抛弃，为了抢救船舶和货物，船长同意救助人把三舱内其余200吨鸭梨抛入大海。由于上述两次事故，1 000吨完好的鸭梨运抵中国香港时，因过了上市好季节，鸭梨市价下跌一半。收货人向货物保险人索赔鸭梨的损失及由其承担的共同海损分摊费。

请就上述案例进行分析：

（1）对于300吨鸭梨因为船舶搁浅漏水而被浸坏、为抢救船货而被抛入大海的200吨鸭梨、1 000吨完好鸭梨由于运输延迟所致的市价下跌的损失，分析这些损失的性质。

（2）以上各项损失是否属于海运冷藏货物一切险的保险责任，保险人是否应该给予赔偿？

（3）船方要求由货主承担5万美元的共同海损分摊费是否合理？

章后阅读

国内外货物保险的区别

首先，货物运输保险索赔时效不同。国内保险公司以中保财产公司为例，索赔时效为保单承保起两年。而国外保险公司的索赔时效一般为一年，一年的时间对于那些地处偏远山区且设备量大、超限货物多的用户是十分紧张的。一旦超过索赔期，即使文件齐备、理由充足，保险公司也不再受理。

其次，国外保险公司联系不便。再以中保公司为例，一旦用户发现货损，即可通知当地分公司理赔。而国外保险公司承保的货物一旦发生货损，则需由用户通知买方，再由买方通知外商，由外商通知保险公司，保险公司再通知其保险单上指明的国内检验代理人。

如果由用户直接通知保险单上的检验代理人检验，那么用户还要为该代理人支付一定的费用，否则这些检验代理人是不会向用户理赔的。

最后，国外保险公司对提赔文件的要求极为严格，缺一不可，手续也相对复杂。提赔文件除包括正本报单、提单、发票、装箱单外，还包括理货单、向船方或运输公司的提赔声明函、检验代理人出具的检验报告、报单受益人提出的索赔申请等，这些文件应在规定时间内寄达国外保险公司。一旦保险公司受理，还应按其要求填写其需要的其他文件并及时寄回，否则国外保险公司仍可以各种理由拒赔。

通过几年来的实践和总结，运输保险由买方国家的保险公司承保有着诸多优势。

仍以中保公司为例，有以下几点优势：

第一，可以避免海运及内陆运输二段投保而易造成的责任不清、索赔扯皮的现象。

第二，保险范围可以从终止目的港延伸至合同现场，不另加收保险费。

第三，索赔检验赔付较为方便，用户可以在当地保险分公司办理及申报。如需卖方补供货物的，当地保险公司也可以直接将赔款费用汇至外商账户。

第四，索赔时效为两年。

在使用CIF、CIP条款签订进口合同时，买方可以用如下几点说服卖方，要求在买方国内投保：

第一，CIF、CIP合同条款下，合同价中已包含保险费用，故外商在发货时必须按每批货物发运情况办理投保手续。

此条理由是反对有些外商因为自己是大公司，本公司与保险公司有年度协议，不再每批投保，故不按合同规定每批办理投保手续，出具正式保单，而只提供保险证明书的做法。

第二，CIF、CIP合同条款下，卖方是代买方投保，保险受益人为买方，风险在货物装上船后转移。如有货损发生，由买方自行负责索赔，卖方只是有义务协助买方，故卖方应尊重买方的意见。

第三，合同的买方为中国用户，由中国保险公司承保运输险是合情合理的，且更能方便最终用户。

第四，中国的保险公司目前无论在资信上还是在实力上都可以与其他国家的保险公司相比，甚至更胜一筹。

资料来源　佚名. 国内外货物保险有哪些差别［EB/OL］.［2012-01-04］. http://www.yesinfo.com.cn/news/detail.action？id=847094430.

因美国"加征关税"遭拒付货款怎么办？

中美经贸摩擦不断升级，已经实实在在地影响了中美两国间的进出口贸易，成本的提升也让美国的许多中小型海产进口企业面临巨大困境，中国信保近期处理的一宗案件显示，"加征关税"已经成为中美贸易摩擦背景下美国部分进口商拒付货款的新理由。

背景回顾

2018年9月，美国开始对中国2 000亿美元出口商品加征10%关税，目标产品清单中包括了中国生产或加工的几乎所有类别的海产品。

2019年5月，美国对中国2 000亿美元出口商品加征的关税又从10%提高至25%。6月18日，在美国"3 000亿美元关税"听证会上，其中一个听证版块均由美国水产商出席，后者警告：若对华设立关税，"大家可能都不吃鱼了"。

中国多年来一直是美国重要的水产加工国之一，作为对8月15日美方加征3 000亿美元商品10%关税的回应，中方分两批自2019年9月1日、12月15日起，也将对大部分美国进口的海产品加征10%关税。

美方态度回避，后以关税发难

福建省重点水产出口企业Y公司于2018年11月向美国水产商D公司出运1柜黄鱼，货值约8.9万美元，出运前Y公司已收取2万美元预付款，尾款金额约6.9万美元，双方约定支付方式为OA90天。因买方收货后拖欠尾款，Y公司于2019年3月向中国信保报损。中国信保接到报损后立即委托海外渠道介入追偿，D公司一开始不予配合，态度消极回避，但经过渠道多次施压，D公司迫于压力承认了贸易及债务金额，并先支付了2.8万美元。本以为买方会继续还款，岂料之后D公司突然主张Y公司应承担美国政府加征的10%进口关税，还提出鱼肚鼓胀的质量问题，并声称Y公司少运了2箱货物，试图逃避付款责任。

中方不甘示弱，逐一据理力争

针对D公司的突然发难，Y公司不甘示弱，逐点予以据理力争：

1.合同约定贸易术语为CFR，美国政府征收的10%关税双方未约定分摊，应由进口方D公司承担；

2.产品不存在质量问题，合同约定验收标准以中国出入境检验检疫局检验合格为准，产品在出口时已通过了中国出入境检验检疫；

3.Y公司已按照合同足量发运产品1 580箱，未少运货物，且D公司提供的进口关税资料也显示进口的箱数为1 580箱。

我方持续施压，及时足额赔付

D公司至此无力反驳，在中国信保海外渠道的持续施压下，D公司又于7月16日支付了1.6万美元。考虑到D公司付款进度缓慢，为缓解Y公司的资金压力，中国信保对Y公司保险责任内的损失及时予以足额赔付。

中美贸易缩影，折射风险高发

本案只是中美贸易摩擦愈演愈烈的背景下，美国进口商艰难生存局面的一个缩影。自美方单方面挑起贸易摩擦以来，美国买方风险逐步增加，不仅水产行业的进出口贸易受到影响，纺织、鞋服等行业也面临同样的局面。

为了进一步防范应收账款风险，中国信保建议出口企业主动与美国买方保持联系，通过以下4种方式应对新增或突发的关税问题：

1.对于已出运待清关的货物，建议出口企业尽快联系买方确认收货意愿及可能的关税承担等问题；

2.对于尚未出运的订单，建议企业尽快与买方协商未来关税成本分担事宜，并将有关条款纳入正式贸易合同，或补充签订相关书面协议，明确双方责任，最大限度保障自身合法权益；

3.若已发生美国买方因关税问题拖欠或拒收到港货物的情形，建议企业及时向中国信保报损，第一时间委托海外渠道介入与买方协商或施压，尽早采取减损措施，避免损失扩大；

4.如企业的出口市场高度集中于美国，建议积极开拓其他国别市场，以分散国别集中的风险。中国信保将继续加大对新兴市场，特别是"一带一路"共建国家出口的支持力度。

资料来源　中国信保福建分公司网站资料整理而成.

英国企业破产激增，贸易保险收拾残局

近年来，英国企业经历了一个水深火热的时期，导致贸易信用保险公司的赔付额创下纪录。鉴于没有迹象表明严峻的贸易环境短期内会有所改变，保险公司会撤出还是会铤而走险？

英国"脱欧"的投票结果是最明显的致因，随之而来的英镑贬值推高了已经以微薄利润经营的企业的进口价格——尽管英国"脱欧"事务大臣多米尼克·拉布（Dominic Raab）迅速淡化了"英国决定退出欧盟完全应该为英国企业的困境负责"的说法。

由于英国退出欧盟的关键问题仍未解决，企业对于自己继续经营的能力越来越感到不安。英国特许采购与供应研究所最近的一项调查显示，如果"脱欧"导致海关延误10～30分钟，每10家企业中就有一家的高管担心破产。鉴于这种前景，英国企业开始为最糟糕的情况做准备，贸易信用保险业浮现增长机会。

"英国'脱欧'有什么影响？对我们来说，因为开展了许多新的业务，我们正在度过美好的时光。"全球贸易信贷联盟董事总经理普莱斯补充道，虽然市场容量的寿命不太确定，但是目前市场需求确实很大。

普莱斯继续说："这从来都是很难保证的。如果承销商做了它们需要做的事情，也就是当商品变得更有价值时抬高价格，那么它们应该能够承受更多的损失。我们需要持一种积极的心态，当市场需求增加时，我们必须想办法满足它。"

资料来源　雷格. 英国企业破产激增，贸易保险收拾残局［J］. 李前，译. 进出口经理人，2019（1）.

中国版"泰坦尼克"号"江亚轮"之迷

在世界航海史上，泰坦尼克号也许是最著名的海难，却不是遇难人数最多的。泰坦尼克沉没夺去了1 500多人的生命，而最大的一次海难，死难人数远远超过泰坦尼克。很不幸，这次惨痛的海难发生在60多年前的中国。

1948年12月3日下午4时整，担负沪甬线航行任务的"江亚号"客轮（以下简称"江亚轮"），自上海十六铺3号码头启碇，驶往宁波。

江亚轮是上海招商局六大新型客轮之一，与江静轮等为姊妹船，船龄未及10年，总吨数为3 365吨，马力为2 500匹，航速为每小时12海里，无论外观、设备，在当时均堪称精良。

按国民党交通部航政局规定，江亚轮额定的最大承载容量为2 250人。是日，据出口报告单所示，船上有乘客2 607人，船长沈达才并船员179人，载货175吨。仅凭这些记录在案、可资查证的数据，它已大大超出了额定的最大运载能力。事后，据宁波人旅沪同乡会江亚轮惨案善委会调查统计，当时船上无票乘客及儿童甚众，实际载客超过4 000人。

驶出吴淞口后，客轮出现了较明显的摇晃。6时45分，在吴淞口外横沙西南白龙港海面水道，江亚轮右舷后部，骤然传出炸雷似的一声巨响，船体随之发生剧烈震动，所有灯火顷刻熄灭。与爆炸处紧挨着的电报房瞬时坍塌，报务员被炸得尸肉横飞，收发报机损毁，与外界联络中断。船头驾驶舱内，求援汽笛也仅象征性地鸣响一声，就再也发不出声

来。由于爆炸发生在船体后部，船尾迅速下沉，冰凉的海水涌入。男女老幼纷纷向船顶甲板夺路奔命……

据统计，失事后仅900余人得以生还，估计罹难者在3 000人以上，死亡人数远远超过"泰坦尼克号"海难。

但"江亚轮"海难原因一直真相未明，造成如此悲剧的原因至今仍然众说纷纭，可能因为当时动荡的时局和国民党政府的刻意隐瞒。在后人的追访研究中，"江亚轮"的救生措施不力，被视为导致这次海难丧生人数众多的一大原因。在海难发生时，本该承担组织救生责任的船长沈达才和船员们却和惊恐失措的乘客一样自救措施几乎为零。在当时媒体对"江亚轮"海难的报道中，很多都提到了一个细节：没有人想到去释放"江亚轮"上的救生艇，船长和船员自然难辞其咎。然而时至今日，依然没有一个最终的答案。

但"江亚轮"灾难警醒世人：如何保证人、船和货物的安全？运输与保险该有何作为呢？

资料来源　网上资料整理而成．

附　录

中华人民共和国海商法

中华人民共和国主席令〔1992〕第 64 号

1992 年 11 月 7 日

（一九九二年十一月七日第七届全国人民代表大会常务委员会第二十八次会议通过）

第一章　总　则

第一条　为了调整海上运输关系、船舶关系，维护当事人各方的合法权益，促进海上运输和经济贸易的发展，制定本法。

第二条　本法所称海上运输，是指海上货物运输和海上旅客运输，包括海江之间、江海之间的直达运输。

本法第四章海上货物运输合同的规定，不适用于中华人民共和国港口之间的海上货物运输。

第三条　本法所称船舶，是指海船和其他海上移动式装置，但是用于军事的、政府公务的船舶和 20 总吨以下的小型船艇除外。

前款所称船舶，包括船舶属具。

第四条　中华人民共和国港口之间的海上运输和拖航，由悬挂中华人民共和国国旗的船舶经营。但是，法律、行政法规另有规定的除外。

非经国务院交通主管部门批准，外国籍船舶不得经营中华人民共和国港口之间的海上运输和拖航。

第五条　船舶经依法登记取得中华人民共和国国籍，有权悬挂中华人民共和国国旗航行。

船舶非法悬挂中华人民共和国国旗航行的，由有关机关予以制止，处以罚款。

第六条　海上运输由国务院交通主管部门统一管理，具体办法由国务院交通主管部门制定，报国务院批准后施行。

第二章　船　舶

第一节　船舶所有权

第七条　船舶所有权，是指船舶所有人依法对其船舶享有占有、使用、收益和处分的权力。

第八条 国家所有的船舶由国家授予具有法人资格的全民所有制企业经营管理的，本法有关船舶所有人的规定适用于该法人。

第九条 船舶所有权的取得、转让和消灭，应当向船舶登记机关登记；未经登记的，不得对抗第三人。

船舶所有权的转让，应当签订书面合同。

第十条 船舶由两个以上的法人或者个人共有的，应当向船舶登记机关登记；未经登记的，不得对抗第三人。

第二节　船舶抵押权

第十一条 船舶抵押权，是指抵押人权对于抵押人提供的作为债务担保的船舶，在抵押人不履行债务时，可以依法拍卖，从卖得的价款中优先受偿的权利。

第十二条 船舶所有人或者船舶所有人授权的人可以设定船舶抵押权。

船舶抵押权的设定，应当签订书面合同。

第十三条 设定船舶抵押权，由抵押权人和抵押人共同向船舶登记机关办理抵押权登记；未经登记的，不得对抗第三人。

船舶抵押权登记，包括下列主要项目：

（一）船舶抵押权人和抵押人的姓名或者名称、地址；

（二）被抵押船舶的名称、国籍、船舶所有权证书的颁发机关和证书号码；

（三）所担保的债权数额、利息率、受偿期限。

船舶抵押权的登记状况，允许公众查询。

第十四条 建造中的船舶可以设定船舶抵押权。

建造中的船舶办理抵押权登记，还应当向船舶登记机关提交船舶建造合同。

第十五条 除合同另有约定外，抵押人应当对被抵押船舶进行保险；未保险的，抵押权人有权对该船舶进行保险，保险费由抵押人负担。

第十六条 船舶共有人就共有船舶设定抵押权，应当取得持有三分之二以上份额的共有人的同意，共有人之间另有约定的除外。

船舶共有人设定的抵押权，不因船舶的共有权的分割而受影响。

第十七条 船舶抵押权设定后，未经抵押权人同意，抵押人不得将被抵押船舶转让给他人。

第十八条 抵押权人将被抵押船舶所担保的债权全部或者部分转让他人的，抵押权随之转移。

第十九条 同一船舶可以设定两个以上抵押权，其顺序以登记的先后为准。

同一船舶设定两个以上抵押权的，抵押权人按照抵押权登记的先后顺序，从船舶拍卖所得价款中依次受偿。同日登记的抵押权，按照同一顺序受偿。

第二十条 被抵押船舶灭失，抵押权随之消灭。由于船舶灭失得到的保险赔偿，抵押权人有权优先于其他债权人受偿。

第三节　船舶优先权

第二十一条　船舶优先权，是指海事请求人依照本法第二十二条的规定，向船舶所有人、光船承租人、船舶经营人提出海事请求，对产生该海事请求的船舶具有优先受偿的权利。

第二十二条　下列各项海事请求具有船舶优先权：

（一）船长、船员和在船上工作的其他在编人员根据劳动法律、行政法规或者劳动合同所产生的工资、其他劳动报酬、船员遣返费用和社会保险费用的给付请求；

（二）在船舶营运中发生的人身伤亡的赔偿请求；

（三）船舶吨税、引航费、港务费和其他港口规费的缴付请求；

（四）海难救助的救助款项的给付请求；

（五）船舶在营运中因侵权行为产生的财产赔偿请求。

载运 2 000 吨以上的散装货油的船舶，持有有效的证书，证明已经进行油污损害民事责任保险或者具有相应的财务保证的，对其造成的油污损害的赔偿请求，不属于前款第（五）项规定的范围。

第二十三条　本法第二十二条第一款所列各项海事请求，依照顺序受偿。但是，第（四）项海事请求，后于第（一）项至第（三）项发生的，应当先于第（一）项至第（三）项受偿。

本法第二十二条第一款第（一）、（二）、（三）、（五）项中有两个以上海事请求的，不分先后，同时受偿；不足受偿的，按照比例受偿。第（四）项中有两个以上海事请求的，后发生的先受偿。

第二十四条　因行使船舶优先权产生的诉讼费用，保存、拍卖船舶和分配船舶价款产生的费用，以及为海事请求人的共同利益而支付的其他费用，应当从船舶拍卖所得价款中先行拨付。

第二十五条　船舶优先权先于船舶留置权受偿，船舶抵押权后于船舶留置权受偿。

前款所称船舶留置权，是指造船人、修船人在合同另一方未履行合同时，可以留置所占有的船舶，以保证造船费用或者修船费用得以偿还的权利。船舶留置权在造船人、修船人不再占有所造或者所修的船舶时消灭。

第二十六条　船舶优先权不因船舶所有权的转让而消灭。但是，船舶转让时，船舶优先权自法院应受让人申请予以公告之日起满六十日不行使的除外。

第二十七条　本法第二十二条规定的海事请求权转移的，其船舶优先权随之转移。

第二十八条　船舶优先权应当通过法院扣押产生优先权的船舶行使。

第二十九条　船舶优先权，除本法第二十六条规定的外，因下列原因之一而消灭：

（一）具有船舶优先权的海事请求，自优先权产生之日起满一年不行使；

（二）船舶经法院强制出售；

（三）船舶灭失。

前款第（一）项的一年期限，不得中止或者中断。

第三十条　本节规定不影响本法第十一章关于海事赔偿责任限制规定的实施。

第三章　船　员
第一节　一般规定

第三十一条　船员，是指包括船长在内的船上一切任职人员。

第三十二条　船长、驾驶员、轮机长、轮机员、电机员、报务员，必须由持有相应适任证书的人担任。

第三十三条　从事国际航行的船舶的中国籍船员，必须持有中华人民共和国港务监督机构颁发的海员证和有关证书。

第三十四条　船员的任用和劳动方面的权利、义务，本法没有规定的，适用有关法律、行政法规的规定。

第二节　船　长

第三十五条　船长负责船舶的管理和驾驶。

船长在其职权范围内发布的命令，船员、旅客和其他在船人员都必须执行。

船长应当采取必要的措施，保护船舶和在船人员、文件、邮件、货物以及其他财产。

第三十六条　为保障在船人员和船舶的安全，船长有权对在船上进行违法、犯罪活动的人采取禁闭或者其他必要措施，并防止其隐匿、毁灭、伪造证据。

船长采取前款措施，应当制作案情报告书，由船长和两名以上在船人员签字，连同人犯送交有关当局处理。

第三十七条　船长应当将船上发生的出生或者死亡事件记入航海日志，并在两名证人的参加下制作证明书。死亡证明书应当附有死者遗物清单。死者有遗嘱的，船长应当予以证明。死亡证明书和遗嘱由船长负责保管，并送交家属或者有关方面。

第三十八条　船舶发生海上事故，危及在船人员和财产的安全时，船长应当组织船员和其他在船人员尽力施救。在船舶的沉没、毁灭不可避免的情况下，船长可以作出弃船决定；但是，除紧急情况外，应当报经船舶所有人同意。

弃船时，船长必须采取一切措施，首先组织旅客安全离船，然后安排船员离船，船长应当最后离船。在离船前，船长应当指挥船员尽力抢救航海日志、机舱日志、油类记录簿、无线电台日志、本航次使用过的海图和文件，以及贵重物品、邮件和现金。

第三十九条　船长管理船舶和驾驶船舶的责任，不因引航员引领船舶而解除。

第四十条　船长在航行中死亡或者因故不能执行职务时，应当由驾驶员中职务最高的人代理船长职务；在下一个港口开航前，船舶所有人应当指派新船长接任。

第四章　海上货物运输合同
第一节　一般规定

第四十一条　海上货物运输合同，是指承运人收取运费，负责将托运人托运的货物经海路由一港运至另一港的合同。

第四十二条　本章下列用语的含义：

（一）"承运人"是指本人或者委托他人以本人名义与托运人订立海上货物运输合同的人。

（二）"实际承运人"，是指接受承运人委托，从事货物运输或者部分运输的人，包括接受转委托从事此项运输的其他人。

（三）"托运人"是指：

1.本人或者委托他人以本人名义或者委托他人为本人与承运人订立海上货物运输合同的人；

2.本人或者委托他人以本人名义或者委托他人为本人将货物交给与海上货物运输合同有关的承运人的人。

（四）"收货人"，是指有权提取货物的人。

（五）"货物"，包括活动物和由托运人提供的用于集装货物的集装箱、货盘或者类似的装运器具。

第四十三条　承运人或者托运人可以要求书面确认海上货物运输合同的成立。但是，航次租船合同应当书面订立。电报、电传和传真具有书面效力。

第四十四条　海上货物运输合同和作为合同凭证的提单或者其他运输单证中的条款，违反本章规定的，无效。此类条款的无效，不影响该合同和提单或者其他运输单证中其他条款的效力。将货物的保险利益转让给承运人的条款或者类似条款，无效。

第四十五条　本法第四十四条的规定不影响承运人在本章规定的承运人责任和义务之外，增加其责任和义务。

第二节　承运人的责任

第四十六条　承运人对集装箱装运的货物的责任期间，是指从装货港接收货物时起至卸货港交付货物时止，货物处于承运人掌管之下的全部期间。承运人对非集装箱装运的货物的责任期间，是指从货物装上船时起至卸下船时止，货物处于承运人掌管之下的全部期间。在承运人的责任期间，货物发生灭失或者损坏，除本节另有规定外，承运人应当负赔偿责任。

前款规定，不影响承运人就非集装箱装运的货物，在装船前和卸船后所承担的责任，达成任何协议。

第四十七条　承运人在船舶开航前和开航当时，应当谨慎处理，使船舶处于适航状态，妥善配备船员、装备船舶和配备供应品，并使货舱、冷藏舱、冷气舱和其他载货处所适于并能安全收受、载运和保管货物。

第四十八条　承运人应当妥善地、谨慎地装载、搬移、积载、运输、保管、照料和卸载所运货物。

第四十九条　承运人应当按照约定的或者习惯的或者地理上的航线将货物运往卸货港。

船舶在海上为救助或者企图救助人命或者财产而发生的绕航或者其他合理绕航，不属于违反前款的规定的行为。

第五十条 货物未能在明确约定的时间内，在约定的卸货港交付的，为迟延交付。

除依照本章规定承运人不负赔偿责任的情形外，由于承运人的过失，致使货物因迟延交付而灭失或者损坏的，承运人应当负赔偿责任。

除依照本章规定承运人不负赔偿责任的情形外，由于承运人的过失，致使货物因迟延交付而遭受经济损失的，即使货物没有灭失或者损坏，承运人仍然应当负赔偿责任。

承运人未能在本条第一款规定的时间届满六十日内交付货物，有权对货物灭失提出赔偿请求的人可以认为货物已经灭失。

第五十一条 在责任期间货物发生的灭失或者损坏是由于下列原因之一造成的，承运人不负赔偿责任：

（一）船长、船员、引航员或者承运人的其他受雇人在驾驶船舶或者管理船舶中的过失：

（二）火灾，但是由于承运人本人的过失所造成的除外；

（三）天灾，海上或者其他可航水域的危险或者意外事故；

（四）战争或者武装冲突；

（五）政府或者主管部门的行为、检疫限制或者司法扣押；

（六）罢工、停工或者劳动受到限制；

（七）在海上救助或者企图救助人命或者财产；

（八）托运人、货物所有人或者他们的代理人的行为；

（九）货物的自然特性或者固有缺陷；

（十）货物包装不良或者标志欠缺、不清；

（十一）经谨慎处理仍未发现的船舶潜在缺陷；

（十二）非由于承运人或者承运人的受雇人、代理人的过失造成的其他原因。

承运人依照前款规定免除赔偿责任的，除第（二）项规定的原因外，应当负举证责任。

第五十二条 因运输活动物的固有的特殊风险造成活动物灭失或者损害的，承运人不负赔偿责任。但是，承运人应当证明业已履行托运人关于运输活动物的特别要求，并证明根据实际情况，灭失或者损害是由于此种固有的特殊风险造成的。

第五十三条 承运人在舱面上装载货物，应当同托运人达成协议，或者符合航运惯例，或者符合有关法律、行政法规的规定。

承运人依照前款规定将货物装载在舱面上，对由于此种装载的特殊风险造成的货物灭失或者损坏，不负赔偿责任。

承运人违反本条第一款规定将货物装载在舱面上，致使货物遭受灭失或者损坏的，应当负赔偿责任。

第五十四条 货物的灭失、损坏或者迟延交付是由于承运人或者承运人的受雇人、代理人的不能免除赔偿责任的原因和其他原因共同造成的，承运人仅在其不能免除赔偿责任的范围内负赔偿责任；但是，承运人对其他原因造成的灭失、损坏或者迟延交付应当负举证责任。

第五十五条　货物灭失的赔偿额，按照货物的实际价值计算；货物损坏的赔偿额，按照货物受损前后实际价值的差额或者货物的修复费用计算。

货物的实际价值，按照货物装船时的价值加保险费加运费计算。

前款规定的货物实际价值，赔偿时应当减去因货物灭失或者损坏而少付或者免付的有关费用。

第五十六条　承运人对货物的灭失或者损坏的赔偿限额，按照货物件数或者其他货运单位数计算，每件或者每个其他货运单位为666.67计算单位，或者按照货物毛重计算，每千克为2计算单位，以二者中赔偿限额较高的为准。但是，托运人在货物装运前已经申报其性质和价值，并在提单中载明的，或者承运人与托运人已经另行约定高于本条规定的赔偿限额的除外。

货物用集装箱、货盘或者类似装运器具集装的，提单中载明装在此类装运器具中的货物件数或者其他货运单位数，视为前款所指的货物件数或者其他货运单位数；未载明的，每一装运器具视为一件或者一个单位。

装运器具不属于承运人所有或者非由承运人提供的，装运器具本身应当视为一件或者一个单位。

第五十七条　承运人对货物因迟延交付造成经济损失的赔偿限额，为所迟延交付的货物的运费数额。货物的灭失或者损坏和迟延交付同时发生的，承运人的赔偿责任限额适用本法第五十六条第一款规定的限额。

第五十八条　就海上货物运输合同所涉及的货物灭失、损坏或者迟延交付对承运人提起的任何诉讼，不论海事请求人是否合同的一方，也不论是根据合同或者是根据侵权行为提起的，均适用本章关于承运人的抗辩理由和限制赔偿责任的规定。

前款诉讼是对承运人的受雇人或者代理人提起的，经承运人的受雇人或者代理人证明，其行为是在受雇或者委托的范围之内的，适用前款规定。

第五十九条　经证明，货物的灭失、损坏或者迟延交付是由于承运人的故意或者明知可能造成损失而轻率地作为或者不作为造成的，承运人不得援用本法第五十六条或者第五十七条限制赔偿责任的规定。

经证明，货物的灭失、损坏或者迟延交付是由于承运人的受雇人、代理人的故意或者明知可能造成损失而轻率地作为或者不作为造成的，承运人的受雇人或者代理人不得援用本法第五十六条或者第五十七条限制赔偿责任的规定。

第六十条　承运人将货物运输或者部分运输委托给实际承运人履行的，承运人仍然应当依照本章规定对全部运输负责。对实际承运人承担的运输，承运人应当对实际承运人的行为或者实际承运人的受雇人、代理人在受雇或者受委托的范围内的行为负责。

虽有前款规定，在海上运输合同中明确约定合同所包括的特定的部分运输由承运人以外的指定的实际承运人履行的，合同可以同时约定，货物在指定的实际承运人掌管期间发生的灭失、损坏或者迟延交付，承运人不负赔偿责任。

第六十一条　本章对承运人责任的规定，适用于实际承运人。对实际承运人的受雇人、代理人提起诉讼的，适用本法第五十八条第二款和第五十九条第二款的规定。

第六十二条　承运人承担本章未规定的义务或者放弃本章赋予的权利的任何特别协议，经实际承运人书面明确同意的，对实际承运人发生效力；实际承运人是否同意，不影响此项特别协议对承运人的效力。

第六十三条　承运人与实际承运人都负有赔偿责任的，应当在此项责任范围内负连带责任。

第六十四条　就货物的灭失或者损坏分别向承运人、实际承运人以及他们的受雇人、代理人提出赔偿请求的，赔偿总额不超过本法第五十六条规定的限额。

第六十五条　本法第六十条至第六十四条的规定，不影响承运人和实际承运人之间相互追偿。

第三节　托运人的责任

第六十六条　托运人托运货物，应当妥善包装，并向承运人保证，货物装船时所提供的货物的品名、标志、包数或者件数、重量或者体积的正确性；由于包装不良或者上述资料不正确，对承运人造成损失的，托运人应当负赔偿责任。

承运人依照前款规定享有的受偿权利，不影响其根据货物运输合同对托运人以外的人所承担的责任。

第六十七条　托运人应当及时向港口、海关、检疫、检验和其他主管机关办理货物运输所需要的各项手续，并将已办理各项手续的单证送交承运人；因办理各项手续的有关单证送交不及时、不完备或者不正确，使承运人的利益受到损害的，托运人应当负赔偿责任。

第六十八条　托运人托运危险货物，应当依照有关海上危险货物运输的规定，妥善包装，作出危险品标志和标签，并将其正式名称和性质以及应当采取的预防危害措施书面通知承运人；托运人未通知或者通知有误的，承运人可以在任何时间、任何地点根据情况需要将货物卸下、销毁或者使之不能为害，而不负赔偿责任。托运人对承运人因运输此类货物所受到的损害，应当负赔偿责任。

承运人知道危险货物的性质并已同意装运的，仍然可以在该项货物对于船舶、人员或者其他货物构成实际危险时，将货物卸下、销毁或者使之不能为害，而不负赔偿责任。但是，本款规定不影响共同海损的分摊。

第六十九条　托运人应当按照约定向承运人支付运费。

托运人与承运人可以约定运费由收货人支付；但是，此项约定应当在运输单证中载明。

第七十条　托运人对承运人、实际承运人所遭受的损失或者船舶所遭受的损坏，不负赔偿责任；但是，此种损失或者损坏是由于托运人或者托运人的受雇人、代理人的过失造成的除外。

托运人的受雇人、代理人对承运人、实际承运人所遭受的损失或者船舶所遭受的损坏，不负赔偿责任；但是，这种损失或者损坏是由于托运人的受雇人、代理人的过失造成的除外。

第四节　运输单证

第七十一条　提单，是指用以证明海上货物运输合同和货物已经由承运人接收或者装船，以及承运人保证据以交付货物的单证。提单中载明的向记名人交付货物，或者按照指示人的指示交付货物，或者向提单持有人交付货物的条款，构成承运人据以交付货物的保证。

第七十二条　货物由承运人接收或者装船后，应托运人的要求，承运人应当签发提单。

提单可以由承运人授权的人签发，提单由载货船船舶的船长签发的，视为代表承运人签发。

第七十三条　提单内容，包括下列各项：

（一）货物的品名、标志、包数或者件数、重量或者体积，以及运输危险货物时对危险性质的说明；

（二）承运人的名称和主营业所；

（三）船舶名称；

（四）托运人的名称；

（五）收货人的名称；

（六）装货港和在装货港接收货物的日期；

（七）卸货港；

（八）多式联运提单增列接收货物地点和交付货物地点；

（九）提单的签发日期、地点和份数；

（十）运费的支付；

（十一）承运人或者其代表的签字。

提单缺少前款规定的一项或者几项的，不影响提单的性质；但是，提单应当符合本法第七十一条的规定。

第七十四条　货物装船前，承运人已经应托运人的要求签发收货待运提单或者其他单证的，货物装船完毕，托运人可以将收货待运提单或者其他单证退还承运人，以换取已装船提单；承运人也可以在收货待运提单上加注承运船舶的船名和装船日期，加注后的收货待运提单视为已装船提单。

第七十五条　承运人或者代其签发提单的人，知道或者有合理的根据怀疑提单记载的货物的品名、标志、包数或者件数、重量或者体积与实际接收的货物不符，在签发已装船提单的情况下怀疑与已装船的货物不符，或者没有适当的方法核对提单记载的，可以在提单上批注，说明不符之处、怀疑的根据或者说明无法核对。

第七十六条　承运人或者代其签发提单的人未在提单上批注货物表面状况的，视为货物的表面状况良好。

第七十七条　除依照本法第七十五条的规定作出保留外，承运人或者代其签发提单的人签发的提单，是承运人已经按照提单所载状况收到货物或者货物已经装船的初步证据；承运人向善意受让提单的包括收货人在内的第三人提出的与提单所载状况不同的证据，不予承认。

第七十八条　承运人同收货人、提单持有人之间的权利、义务关系，依据提单的规定确定。

收货人、提单持有人不承担在装货港发生的滞期费、亏舱费和其他与装货有关的费用，但是提单中明确载明上述费用由收货人、提单持有人承担的除外。

第七十九条　提单的转让，依照下列规定执行：

（一）记名提单：不得转让；

（二）指示提单：经过记名背书或者空白背书转让；

（三）不记名提单：无需背书，即可转让。

第八十条　承运人签发提单以外的单证用以证明收到待运货物的，此项单证即为订立海上货物运输合同和承运人接收该单证中所列货物的初步证据。

承运人签发的此类单证不得转让。

第五节　货物交付

第八十一条　承运人向收货人交付货物时，收货人未将货物灭失或者损坏的情况书面通知承运人的，此项交付视为承运人已经按照运输单证的记载交付以及货物状况良好的初步证据。

货物灭失或者损坏的情况非显而易见的，在货物交付的次日起连续七日内，集装箱货物交付的次日起连续十五日内，收货人未提交书面通知的，适用前款规定。

货物交付时，收货人已经会同承运人对货物进行联合检查或者检验的，无需就所查明的灭失或者损坏的情况提交书面通知。

第八十二条　承运人自向收货人交付货物的次日起连续六十日内，未收到收货人就货物因迟延交付造成经济损失而提交的书面通知的，不负赔偿责任。

第八十三条　收货人在目的港提取货物前或者承运人在目的港交付货物前，可以要求检验机构对货物状况进行检验；要求检验的一方应当支付检验费用，但是有权向造成货物损失的责任方追偿。

第八十四条　承运人和收货人对本法第八十一条和第八十三条规定的检验，应当相互提供合理的便利条件。

第八十五条　货物由实际承运人交付的，收货人依照本法第八十一条的规定向实际承运人提交的书面通知，与向承运人提交书面通知具有同等效力；向承运人提交的书面通知，与向实际承运人提交书面通知具有同等效力。

第八十六条　在卸货港无人提取货物或者收货人迟延、拒绝提取货物的，船长可以将货物卸在仓库或者其他适当场所，由此产生的费用和风险由收货人承担。

第八十七条　应当向承运人支付的运费、共同海损分摊、滞期费和承运人为货物垫付的必要费用以及应当向承运人支付的其他费用没有付清，又没有提供适当担保的，承运人可以在合理的限度内留置其货物。

第八十八条 承运人根据本法第八十七条规定留置的货物，自船舶抵达卸货港的次日起满六十日无人提取的，承运人可以申请法院裁定拍卖；货物易腐烂变质或者货物的保管费用可能超过其价值的，可以申请提前拍卖。

拍卖所得价款，用于清偿保管、拍卖货物的费用和运费以及应当向承运人支付的其他有关费用；不足的金额，承运人有权向托运人追偿；剩余的金额，退还托运人；无法退还、自拍卖之日起满一年又无人领取的，上缴国库。

第六节 合同的解除

第八十九条 船舶在装货港开航前，托运人可以要求解除合同。但是，除合同另有约定外，托运人应当向承运人支付约定运费的一半；货物已经装船的，并应当负担装货、卸货和其他与此有关的费用。

第九十条 船舶在装货港开航前，因不可抗力或者其他不能归责于承运人和托运人的原因致使合同不能履行的，双方均可以解除合同，并互相不负赔偿责任。除合同另有约定外，运费已经支付的，承运人应当将运费退还给托运人；货物已经装船的，托运人应当承担装卸费用；已经签发提单的，托运人应当将提单退还承运人。

第九十一条 因不可抗力或者其他不能归责于承运人和托运人的原因致使船舶不能在合同约定的目的港卸货的，除合同另有约定外，船长有权将货物在目的港邻近的安全港口或者地点卸载，视为已经履行合同。

船长决定将货物卸载的，应当及时通知托运人或者收货人，并考虑托运人或者收货人的利益。

第七节 航次租船合同的特别规定

第九十二条 航次租船合同，是指船舶出租人向承租人提供船舶或者船舶的部分舱位，装运约定的货物，从一港运至另一港，由承租人支付约定运费的合同。

第九十三条 航次租船合同的内容，主要包括出租人和承租人的名称、船名、船籍、载货重量、容积、货名、装货港和目的港、受载期限、装卸期限、运费、滞期费、速遣费以及其他有关事项。

第九十四条 本法第四十七条和第四十九条的规定，适用于航次租船合同的出租人。

本章其他有关合同当事人之间的权利、义务的规定，仅在航次租船合同没有约定或者没有不同约定时，适用于航次租船合同的出租人和承租人。

第九十五条 对按照航次租船合同运输的货物签发的提单，提单持有人不是承租人的，承运人与该提单持有人之间的权利、义务关系适用提单的约定。但是，提单中载明适用航次租船合同条款的，适用该航次租船合同的条款。

第九十六条 出租人应当提供约定的船舶；经承租人同意，可以更换船舶。但是，提供的船舶或者更换的船舶不符合合同约定的，承租人有权拒绝或者解除合同。

因出租人过失未提供约定的船舶致使承租人遭受损失的，出租人应当负赔偿责任。

第九十七条 出租人在约定的受载期限内未能提供船舶的，承租人有权解除合同。但是，出租人将船舶延误情况和船舶预期抵达装货港的日期通知承租人的，承租人应当自收到通知时起四十八小时内，将是否解除合同的决定通知出租人。

因出租人过失延误提供船舶致使承租人遭受损失的，出租人应当负赔偿责任。

第九十八条 航次租船合同的装货、卸货期限及其计算办法，超过装货、卸货期限后的滞期费和提前完成装货、卸货的速遣费，由双方约定。

第九十九条 承租人可以将其租用的船舶转租；转租后，原合同约定的权利和义务不受影响。

第一百条 承租人应当提供约定的货物；经出租人同意，可以更换货物，但是，更换的货物对出租人不利的，出租人有权拒绝或者解除合同。

因未提供约定的货物致使出租人遭受损失的，承租人应当负赔偿责任。

第一百零一条 出租人应当在合同约定的卸货港卸货。合同订有承租人选择卸货港条款的，在承租人未按照合同约定及时通知确定的卸货港时，船长可以从约定的选卸港中自行选定一港卸货。承租人未按照合同约定及时通知确定的卸货港，致使出租人遭受损失的，应当负赔偿责任。出租人未按照合同约定，擅自选定港口卸货致使承租人遭受损失的，应当负赔偿责任。

第八节 多式联运合同的特别规定

第一百零二条 本法所称多式联运合同，是指多式联运经营人以两种以上的不同运输方式，其中一种是海上运输方式，负责将货物从接收地运至目的地交付收货人，并收取全程运费的合同。

前款所称多式联运经营人，是指本人或者委托他人以本人名义与托运人订立多式联运合同的人。

第一百零三条 多式联运经营人对多式联运货物的责任期间，自接收货物时起至交付货物时止。

第一百零四条 多式联运经营人负责履行或者组织履行多式联运合同，并对全程运输负责。

多式联运经营人与参加多式联运的各区段承运人，可以就多式联运合同的各区段运输，另以合同约定相互之间的责任。但是，此项合同不得影响多式联运经营人对全程运输所承担的责任。

第一百零五条 货物的灭失或者损坏发生于多式联运的某一运输区段的，多式联运经营人的赔偿责任和责任限额，适用调整该区段运输方式的有关法律规定。

第一百零六条 货物的灭失或者损坏发生的运输区段不能确定的，多式联运经营人应当依照本章关于承运人赔偿责任和责任限额的规定负赔偿责任。

第五章 海上旅客运输合同

第一百零七条 海上旅客运输合同，是指承运人以适合运送旅客的船舶经海路将旅客及其行李从一港运送至另一港，由旅客支付票款的合同。

第一百零八条　本章下列用语的含义：

（一）"承运人"，是指本人或者委托他人以本人名义与旅客订立海上旅客运输合同的人。

（二）"实际承运人"，是指接受承运人委托，从事旅客运送或者部分运送的人，包括接受转委托从事此项运送的其他人。

（三）"旅客"，是指根据海上旅客运输合同运送的人；经承运人同意，根据海上货物运输合同，随船护送货物的人，视为旅客。

（四）"行李"，是指根据海上旅客运输合同由承运人载运的任何物品和车辆，但是活动物除外。

（五）"自带行李"，是指旅客自行携带、保管或者放置在客舱中的行李。

第一百零九条　本章关于承运人责任的规定，适用于实际承运人。本章关于承运人的受雇人、代理人责任的规定，适用于实际承运人的受雇人、代理人。

第一百一十条　旅客客票是海上旅客运输合同成立的凭证。

第一百一十一条　海上旅客运输的运送期间，自旅客登船时起至旅客离船时止，客票票价含接送费用的，运送期间并包括承运人经水路将旅客从岸上接到船上和从船上送到岸上的时间，但是不包括旅客在港站内、码头上或者在港口其他设施内的时间。

旅客的自带行李，运送期间同前款规定，旅客自带行李以外的其他行李，运送期间自旅客将行李交付承运人或者承运人的受雇人、代理人时起至承运人或者承运人的受雇人、代理人交还旅客时止。

第一百一十二条　旅客无票乘船、越级乘船或者超程乘船，应当按照规定补足票款，承运人可以按照规定加收票款；拒不交付的，船长有权在适当地点令其离船，承运人有权向其追偿。

第一百一十三条　旅客不得随身携带或者在行李中夹带违禁品或者易燃、易爆、有毒、有腐蚀性、有放射性以及有可能危及船上人身和财产安全的其他危险品。

承运人可以在任何时间、任何地点将旅客违反前款规定随身携带或者在行李中夹带的违禁品、危险品卸下、销毁或者使之不能为害，或者送交有关部门，而不负赔偿责任。

旅客违反本条第一款规定，造成损害的，应当负赔偿责任。

第一百一十四条　在本法第一百一十一条规定的旅客及其行李的运送期间，因承运人或者承运人的受雇人、代理人在受雇或者受委托的范围内过失引起事故，造成旅客人身伤亡或者行李灭失、损坏的，承运人应当负赔偿责任。

请求人对承运人或者承运人的受雇人、代理人的过失应当负举证责任；但是，本条第三款和第四款规定的情形除外。

旅客的人身伤亡或者自带行李的灭失、损坏，是由于船舶的沉没、碰撞、搁浅、爆炸、火灾所引起或者是由于船舶的缺陷所引起的，承运人或者承运人的受雇人、代理人除非提出反证，应当视为其有过失。

旅客自带行李以外的其他行李的灭失或者损坏，不论由于何种事故所引起，承运人或者承运人的受雇人、代理人除非提出反证，应当视为其有过失。

第一百一十五条　经承运人证明，旅客的人身伤亡或者行李的灭失、损坏，是由于旅客本人的过失或者旅客和承运人的共同过失造成的，可以免除或者相应减轻承运人的赔偿责任。

经承运人证明，旅客的人身伤亡或者行李的灭失、损坏是由于旅客本人的故意造成的，或者旅客的人身伤亡是由于旅客本人健康状况造成的，承运人不负赔偿责任。

第一百一十六条　承运人对旅客的货币、金银、珠宝、有价证券或者其他贵重物品所发生的灭失、损坏，不负赔偿责任。

旅客与承运人约定将前款规定的物品交由承运人保管的，承运人应当依照本法第一百一十七条的规定负赔偿责任；双方以书面约定的赔偿限额高于本法第一百一十七条的规定的，承运人应当按照约定的数额负赔偿责任。

第一百一十七条　除本条第四款规定的情形外，承运人在每次海上旅客运输中的赔偿责任限额，依照下列规定执行：

（一）旅客人身伤亡的，每名旅客不超过46 666计算单位；

（二）旅客自带行李灭失或者损坏的，每名旅客不超过833计算单位；

（三）旅客车辆包括该车辆所载行李灭失或者损坏的，每一车辆不超过3 333计算单位；

（四）本款第（二）、（三）项以外的旅客其他行李灭失或者损坏的，每名旅客不超过1200计算单位。

承运人和旅客可以约定，承运人对旅客车辆和旅客车辆以外的其他行李损失的免赔额。但是，对每一车辆损失的免赔额不得超过117计算单位，对每名旅客的车辆以外的其他行李损失的免赔额不得超过13计算单位。在计算每一车辆或者每名旅客的车辆以外的其他行李的损失赔偿数额时，应当扣除约定的承运人免赔额。

承运人和旅客可以书面约定高于本条第一款规定的赔偿责任限额。

中华人民共和国港口之间的海上旅客运输，承运人的赔偿责任限额，由国务院交通主管部门制订，报国务院批准后施行。

第一百一十八条　经证明，旅客的人身伤亡或者行李的灭失、损坏，是由于承运人的故意或者明知可能造成损坏而轻率地作为或者不作为造成的，承运人不得援用本法第一百一十六条和第一百一十七条限制赔偿责任的规定。

经证明，旅客的人身伤亡或者行李的灭失、损坏，是由于承运人的受雇人、代理人的故意或者明知可能造成损害而轻率地作为或者不作为造成的，承运人的受雇人、代理人不得援用本法第一百一十六条和第一百一十七条限制赔偿责任的规定。

第一百一十九条　行李发生明显损坏的，旅客应当依照下列规定向承运人或者承运人的受雇人、代理人提交书面通知：

（一）自带行李，应当在旅客离船前或者离船时提交；

（二）其他行李，应当在行李交还前或者交还时提交。

行李的损坏不明显，旅客在离船时或者行李交还时难以发现的，以及行李发生灭失的，旅客应当在离船或者行李交还或者应当交还之日起十五内，向承运人或者承运人的受雇人、代理人提交书面通知。

旅客未依照本条第一、二款规定及时提交书面通知的，除非提出反证，视为已经完整无损地收到行李。

行李交还时，旅客已经会同承运人对行李进行联合检查或者检验的，无需提交书面通知。

第一百二十条　向承运人的受雇人、代理人提出的赔偿请求，受雇人或者代理人证明其行为是在受雇或者受委托的范围内的，有权援用本法第一百一十五条、第一百一十六条和第一百一十七条的抗辩理由和赔偿责任限制的规定。

第一百二十一条　承运人将旅客运送或者部分运送委托给实际承运人履行的，仍然应当依照本章规定，对全程运送负责。实际承运人履行运送的，承运人应当对实际承运人的行为或者实际承运人的受雇人、代理人在受雇或者受委托的范围内的行为负责。

第一百二十二条　承运人承担本章未规定的义务或者放弃本章赋予的权利的任何特别协议，经实际承运人书面明确同意的，对实际承运人发生效力；实际承运人是否同意，不影响此项特别协议对承运人的效力。

第一百二十三条　承运人与实际承运人均负有赔偿责任的，应当在此项责任限度内负连带责任。

第一百二十四条　就旅客的人身伤亡或者行李的灭失、损坏，分别向承运人、实际承运人以及他们的受雇人、代理人提出赔偿请求，赔偿总额不得超过本法第一百一十七条规定的限额。

第一百二十五条　本法第一百二十一条至第一百二十四条的规定，不影响承运人和实际承运人之间相互追偿。

第一百二十六条　海上旅客运输合同中含有下列内容之一的条款无效：

（一）免除承运人对旅客应当承担的法定责任；

（二）降低本章规定的承运人责任限额；

（三）对本章规定的举证责任作出相反的约定；

（四）限制旅客提出赔偿请求的权利。

前款规定的合同条款的无效，不影响合同其他条款的效力。

第六章　船舶租用合同
第一节　一般规定

第一百二十七条　本章关于出租人和承租人之间权利、义务的规定，仅在船舶租用合同没有约定或者没有不同约定时适用。

第一百二十八条　船舶租用合同，包括定期租船合同和光船租赁合同，均应当书面订立。

第二节　定期租船合同

第一百二十九条　定期租船合同，是指船舶出租人向承租人提供约定的由出租人配备船员的船舶，由承租人在约定的期间内按照约定的用途使用，并支付租金的合同。

第一百三十条　定期租船合同的内容，主要包括出租人和承租人的名称、船名、船籍、船级、吨位、容积、船速、燃料消耗、航区、用途、租船期间、交船和还船的时间和地点以及条件、租金及其支付，以及其他有关事项。

第一百三十一条　出租人应当按照合同约定的时间交付船舶。

出租人违反前款规定的，承租人有权解除合同，出租人将船舶延误情况和船舶预期抵达交船港的日期通知承租人的，承租人应当自接到通知时起四十八小时内，将解除合同或者继续租用船舶的决定通知出租人。

因出租人过失延误提供船舶致使承租人遭受损失的，出租人应当负赔偿责任。

第一百三十二条　出租人交付船舶时，应当做到谨慎处理，使船舶适航。交付的船舶应当适于约定的用途。

出租人违反前款规定的，承租人有权解除合同，并有权要求赔偿因此遭受的损失。

第一百三十三条　船舶在租期内不符合约定的适航状态或者其他状态，出租人应当采取可能采取的合理措施，使之尽快恢复。

船舶不符合约定的适航状态或者其他状态而不能正常营运连续满二十四小时的，对因此而损失的营运时间，承租人不付租金，但是上述状态是由承租人造成的除外。

第一百三十四条　承租人应当保证船舶在约定航区内的安全港口或者地点之间从事约定的海上运输。

承租人违反前款规定的，出租人有权解除合同，并有权要求赔偿因此遭受的损失。

第一百三十五条　承租人应当保证船舶用于运输约定的合法的货物。

承租人将船舶用于运输活动物或者危险货物的，应当事先征得出租人的同意。

承租人违反本条第一款或者第二款的规定致使出租人遭受损失的，应当负赔偿责任。

第一百三十六条　承租人有权就船舶的营运向船长发出指示，但是不得违反定期租船合同的约定。

第一百三十七条　承租人可以将租用的船舶转租，但是应当将转租的情况及时通知出租人。租用的船舶转租后，原租船合同约定的权利和义务不受影响。

第一百三十八条　船舶所有人转让以及租出的船舶的所有权，定期租船合同约定的当事人的权利和义务不受影响，但是应当及时通知承租人。船舶所有权转让后，原租船合同由受让人和承租人继续履行。

第一百三十九条　在合同期间，船舶进行海难救助的，承租人有权获得扣除救助费用、损失赔偿、船员应得部分以及其他费用后的救助款项的一半。

第一百四十条　承租人应当按照合同约定支付租金。承租人未按照合同约定支付租金的，出租人有权解除合同，并有权要求赔偿因此遭受的损失。

第一百四十一条　承租人未向出租人支付租金或者合同约定的其他款项的，出租人对船上属于承租人的货物和财产以及转租船舶的收入有留置权。

第一百四十二条　承租人向出租人交还船舶时，该船舶当具有与出租人交船时相同的良好状态，但是船舶本身的自然磨损除外。

船舶未能保持与交船时相同的良好状态的，承租人应当负责修复或者给予赔偿。

第一百四十三条　经合理计算，完成最后航次的日期约为合同约定的还船日期，但可能超过合同约定的还船日期的，承租人有权超期用船以完成该航次。超期期间，承租人应当按照合同约定的租金率支付租金；市场的租金率高于合同约定的租金率的，承租人应当按照市场租金率支付租金。

第三节　光船租赁合同

第一百四十四条　光船租赁合同，是指船舶出租人向承租人提供不配备船员的船舶，在约定的期间内由承租人占有、使用和营运，并向出租人支付租金的合同。

第一百四十五条　光船租赁合同的内容，主要包括出租人和承租人的名称、船名、船籍、船级、吨位、容积、航区、用途、租船期间、交船和还船的时间和地点以及条件、船舶检验、船舶的保养维修、租金及其支付、船舶保险、合同解除的时间和条件，以及其他有关事项。

第一百四十六条　出租人应当在合同约定的港口或者地点，按照合同约定的时间，向承租人交付船舶以及船舶证书。交船时，出租人应当做到谨慎处理，使船舶适航。交付的船舶应当适于合同约定的用途。

出租人违反前款规定的，承租人有权解除合同，并有权要求赔偿因此遭受的损失。

第一百四十七条　在光船租赁期间，承租人负责船舶的保养、维修。

第一百四十八条　在光船租赁期间，承租人应当按照合同约定的船舶价值，以出租人同意的保险方式为船舶进行保险，并负担保险费用。

第一百四十九条　在光船租赁期间，因承租人对船舶占有、使用和营运的原因使出租人的利益受到影响或者遭受损失的，承租人应当负责消除影响或者赔偿损失。

因船舶所有权争议或者出租人所负的债务致使船舶被扣押的，出租人应当保证承租人的利益不受影响；致使承租人遭受损失的，出租人应当负赔偿责任。

第一百五十条　在光船租赁期间，未经出租人书面同意，承租人不得转让合同的权利和义务或者以光船租赁的方式将船舶进行转租。

第一百五十一条　未经承租人事先书面同意，出租人不得在光船租赁期间对船舶设定抵押权。

出租人违反前款规定，致使承租人遭受损失的，应当负赔偿责任。

第一百五十二条　承租人应当按照合同约定支付租金。承租人未按照合同约定的时间支付租金连续超过七日的，出租人有权解除合同，并有权要求赔偿因此遭受的损失。

船舶发生灭失或者失踪的，租金应当自船舶灭失或者得知其最后消息之日起停止支付，预付租金应当按照比例退还。

第一百五十三条　本法第一百三十四条、第一百三十五条、第一百四十二条和第一百四十三条的规定，适用于光船租赁合同。

第一百五十四条　订有租购条款的光船租赁合同，承租人按照合同约定向出租人付清租购费时，船舶所有权即归于承租人。

第七章　海上拖航合同

第一百五十五条　海上拖航合同，是指承拖方用拖轮将被拖物经海路从一地拖至另一地，而由被拖方支付拖航费的合同。

本章规定不适用于在港区内对船舶提供的拖轮服务。

第一百五十六条　海上拖航合同应当书面订立。海上拖航合同的内容，主要包括承拖方和被拖方的名称和住所、拖轮和被拖物的名称和主要尺度、拖轮马力、起拖地和目的地、起拖日期、拖航费及其支付方式，以及其他有关事项。

第一百五十七条　承拖方在起拖前和起拖当时，应当谨慎处理，使拖轮处于适航、适拖状态，妥善配备船员，配置拖航索具和配备供应品以及该航次必备的其他装置、设备。

被拖方在起拖前和起拖当时，应当做好被拖物的拖航准备，谨慎处理，使被拖物处于适拖状态，并向承拖方如实说明被拖物的情况，提供有关检验机构签发的被拖物适合拖航的证书和有关文件。

第一百五十八条　起拖前，因不可抗力或者其他不能归责于双方的原因致使合同不能履行的，双方均可以解除合同，并互相不负赔偿责任。除合同另有约定外，拖航费已经支付的，承拖方应当退还给被拖方。

第一百五十九条　起拖后，因不可抗力或者其他不能归责于双方的原因致使合同不能继续履行的，双方均可以解除合同，并互相不负赔偿责任。

第一百六十条　因不可抗力或者其他不能归责于双方的原因致使被拖物不能拖至目的地的，除合同另有约定外，承拖方可以在目的地的邻近地点或者拖轮船长选定的安全的港口或者锚泊地，将被拖物移交给被拖方或者其代理人，视为已经履行合同。

第一百六十一条　被拖方未按照约定支付拖航费和其他合理费用的，承拖方对被拖物有留置权。

第一百六十二条　在海上拖航过程中，承拖方或者被拖方遭受的损失，由一方的过失造成的，有过失的一方应当负赔偿责任；由双方过失造成的，各方按照过失程度的比例负赔偿责任。

虽有前款规定，经承拖方证明，被拖方的损失是由于下列原因之一造成的，承拖方不负赔偿责任：

（一）拖轮船长、船员、引航员或者承拖方的其他受雇人、代理人在驾驶拖轮或者管理拖轮中的过失；

（二）拖轮在海上救助或者企图救助人命或者财产时的过失。

本条规定仅在海上拖航合同没有约定或者没有不同约定时适用。

　　第一百六十三条　在海上拖航过程中，由于承拖方或者被拖方的过失，造成第三人人身伤亡或者财产损失的，承拖方和被拖方对第三人负连带赔偿责任。除合同另有约定外，一方连带支付的赔偿超过其应当承担的比例的，对另一方有追偿权。

　　第一百六十四条　拖轮所有人拖带其所有的或者经营的驳船载运货物，经海路由一港运至另一港的，视为海上货物运输。

第八章　船舶碰撞

　　第一百六十五条　船舶碰撞，是指船舶在海上或者与海相通的可航水域发生接触造成损害的事故。

　　前款所称船舶，包括与本法第三条所指船舶碰撞的任何其他非用于军事的或者政府公务的船艇。

　　第一百六十六条　船舶发生碰撞，当事船舶的船长在不严重危及本船和船上人员安全的情况下，对于相碰的船舶和船上人员必须尽力施救。

　　碰撞船舶的船长应当尽可能将其船舶名称、船籍港、出发港和目的港通知对方。

　　第一百六十七条　船舶发生碰撞，是由于不可抗力或者其他不能归责于任何一方的原因或者无法查明的原因造成的，碰撞各方互相不负赔偿责任。

　　第一百六十八条　船舶发生碰撞，是由于一船的过失造成的，由有过失的船舶负赔偿责任。

　　第一百六十九条　船舶发生碰撞，碰撞的船舶互有过失的，各船按照过失程度的比例负赔偿责任；过失程度相当或者过失程度的比例无法判定的，平均负赔偿责任。

　　互有过失的船舶，对碰撞造成的船舶以及船上货物和其他财产的损失，依照前款规定的比例负赔偿责任。碰撞造成第三人财产损失的，各船的赔偿责任均不超过其应当承担的比例。

　　互有过失的船舶，对造成的第三人的人身伤亡，负连带赔偿责任。一船连带支付的赔偿超过本条第一款规定的比例的，有权向其他有过失的船舶追偿。

　　第一百七十条　船舶因操纵不当或者不遵守航行规章，虽然实际上没有同其他船舶发生碰撞，但是使其他船舶以及船上的人员、货物或者其他财产遭受损失的，适用本章的规定。

第九章　海难救助

　　第一百七十一条　本章规定适用于在海上或者与海相通的可航水域，对遇险的船舶和其他财产进行的救助。

　　第一百七十二条　本章下列用语的含义：

　　（一）"船舶"，是指本法第三条所称的船舶和与其发生救助关系的任何其他非用于军事的或者政府公务的船艇。

　　（二）"财产"，是指非永久地和非有意地依附于岸线的任何财产，包括有风险的运费。

　　（三）"救助款项"，是指依照本章规定，被救助方应当向救助方支付的任何救助报酬、酬金或者补偿。

第一百七十三条 本章规定，不适用于海上已经就位的从事海底矿物资源的勘探、开发或者生产的固定式、浮动式平台和移动式近海钻井装置。

第一百七十四条 船长在不严重危及本船和船上人员安全的情况下，有义务尽力救助海上人命。

第一百七十五条 救助方与被救助方就海难救助达成协议，救助合同成立。

遇险船舶的船长有权代表船舶所有人订立救助合同。遇险船舶的船长或者船舶所有人有权代表船上财产所有人订立救助合同。

第一百七十六条 有下列情形之一，经一方当事人起诉或者双方当事人协议仲裁的，受理争议的法院或者仲裁机构可以判决或者裁决变更救助合同：

（一）合同在不正当的或者危险情况的影响下订立，合同条款显失公平的；

（二）根据合同支付的救助款项明显过高或者过低于实际提供的救助服务的。

第一百七十七条 在救助作业过程中，救助方对被救助方负有下列义务：

（一）以应有的谨慎进行救助；

（二）以应有的谨慎防止或者减少环境污染损害；

（三）在合理需要的情况下，寻求其他救助方援助；

（四）当被救助方合理地要求其他救助方参与救助作业时，接受此种要求，但是要求不合理的，原救助方的救助报酬金额不受影响。

第一百七十八条 在救助作业过程中，被救助方对救助方负有下列义务：

（一）与救助方通力合作；

（二）以应有的谨慎防止或者减少环境污染损害；

（三）当获救的船舶或者其他财产已经被送至安全地点时，及时接受救助方提出的合理的移交要求。

第一百七十九条 救助方对遇险的船舶和其他财产的救助，取得效果的，有权获得救助报酬；救助未取得效果的，除本法第一百八十二条或者其他法律另有规定或者合同另有约定外，无权获得救助款项。

第一百八十条 确定救助报酬，应当体现对救助作业的鼓励，并综合考虑下列各项因素：

（一）船舶和其他财产的获救的价值；

（二）救助方在防止或者减少环境污染损害方面的技能和努力；

（三）救助方的救助成效；

（四）危险的性质和程度；

（五）救助方在救助船舶、其他财产和人命方面的技能和努力；

（六）救助方所用的时间、支出的费用和遭受的损失；

（七）救助方或者救助设备所冒的责任风险和其他风险；

（八）救助方提供救助服务的及时性；

（九）用于救助作业的船舶和其他设备的可用性和使用情况；

（十）救助设备的备用状况、效能和设备的价值。

救助报酬不得超过船舶和其他财产的获救价值。

第一百八十一条　船舶和其他财产的获救价值，是指船舶和其他财产获救后的估计价值或者实际出卖的收入，扣除有关税款和海关、检疫、检验费用以及进行卸载、保管、估价、出卖而产生的费用后的价值。

前款规定的价值不包括船员的获救的私人物品和旅客的获救的自带行李的价值。

第一百八十二条　对构成环境污染损害危险的船舶或者船上货物进行的救助，救助方依照本法第一百八十条规定获得的救助报酬，少于依照本条规定可以得到的特别补偿的，救助方有权依照本条规定，从船舶所有人处获得相当于救助费用的特别补偿。

救助人进行前款规定的救助作业，取得防止或者减少环境污染损害效果的，船舶所有人依照前款规定应当向救助方支付的特别补偿可以另行增加，增加的数额可以达到救助费用的百分之三十。受理争议的法院或者仲裁机构认为适当，并且考虑到本法第一百八十条第一款的规定，可以判决或者裁决进一步增加特别补偿数额；但是，在任何情况下，增加部分不得超过救助费用的百分之一百。

本条所称救助费用，是指救助方在救助作业中直接支付的合理费用以及实际适用救助设备、投入救助人员的合理费用。确定救助费用应当考虑本法第一百八十条第一款第（八）、（九）、（十）项的规定。

在任何情况下，本条规定的全部特别补偿，只有在超过救助方依照本法第一百八十条规定能够获得的救助报酬时，方可支付，支付金额为特别补偿超过救助报酬的差额部分。

由于救助方的过失未能防止或者减少环境污染损害的，可以全部或者部分地剥夺救助方获得特别补偿的权利。

本条规定不影响船舶所有人对其他被救助方的追偿权。

第一百八十三条　救助报酬的金额，应当由获救的船舶和其他财产的各所有人，按照船舶和其他各项财产各自的获救价值占全部获救价值的比例承担。

第一百八十四条　参加同一救助作业的各救助方的救助报酬，应当根据本法第一百八十条规定的标准，由各方协商确定；协商不成的，可以提请受理争议的法院判决或者经各方协议提请仲裁机构裁决。

第一百八十五条　在救助作业中救助人命的救助方，对获救人员不得请求酬金，但是有权从救助船舶或者其他财产、防止或者减少环境污染损害的救助方获得的救助款项中，获得合理份额。

第一百八十六条　下列救助行为无权获得救助款项：

（一）正常履行拖航合同或者其他服务合同的义务进行救助的，但是提供不属于履行上述义务的特殊劳务除外；

（二）不顾遇险的船舶的船长、船舶所有人或者其他财产所有人明确的和合理的拒绝，仍然进行救助的。

第一百八十七条　由于救助方的过失致使救助作业成为必需或者更加困难的，或者救助方有欺诈或者其他不诚实行为的，应当取消或者减少向救助方支付的救助款项。

第一百八十八条 被救助方在救助作业结束后，应当根据救助方的要求，对救助款项提供满意的担保。

在不影响前款规定的情况下，获救船舶的船舶所有人应当在获救的货物交还前，尽力使货物的所有人对其应当承担的救助款项提供满意的担保。

在未根据救助人的要求对获救的船舶或者其他财产提供满意的担保以前，未经救助方同意，不得将获救的船舶和其他财产从救助作业完成后最初到达的港口或者地点移走。

第一百八十九条 受理救助款项请求的法院或者仲裁机构，根据具体情况，在合理的条件下，可以裁定或者裁决被救助方向救助方先行支付适当的金额。

被救助方根据前款规定先行支付金额后，其根据本法第一百八十八条规定提供的担保金额应当相应扣减。

第一百九十条 对于获救满九十日的船舶和其他财产，如果被救助方不支付救助款项也不提供满意的担保，救助方可以申请法院裁定强制拍卖；对于无法保管、不易保管或者保管费用可能超过其价值的获救的船舶和其他财产，可以申请提前拍卖。

拍卖所得价款，在扣除保管和拍卖过程中的一切费用后，依照本法规定支付救助款项；剩余的金额，退还被救助方；无法退还、自拍卖之日起满一年又无人认领的，上缴国库；不足的金额，救助方有权向被救助方追偿。

第一百九十一条 同一船舶所有人的船舶之间进行的救助，救助方获得救助款项的权利适用本章规定。

第一百九十二条 国家有关主管机关从事或者控制的救助作业，救助方有权享受本章规定的关于救助作业的权利和补偿。

第十章 共同海损

第一百九十三条 共同海损，是指在同一海上航程中，船舶、货物和其他财产遭遇共同危险，为了共同安全，有意地合理地采取措施所直接造成的特殊牺牲、支付的特殊费用。

无论在航程中或者在航程结束后发生的船舶或者货物因迟延所造成的损失，包括船期损失和行市损失以及其他间接损失，均不得列入共同海损。

第一百九十四条 船舶因发生意外、牺牲或者其他特殊情况而损坏时，为了安全完成本航程，驶入避难港口、避难地点或者驶回装货港口、装货地点进行必要的修理，在该港口或者地点额外停留期间所支付的港口费，船员工资、给养，船舶所消耗的燃料、物料，为修理而卸载、贮存、重装或者搬移船上货物、燃料、物料以及其他财产所造成的损失、支付的费用，应当列入共同海损。

第一百九十五条 为代替可以列为共同海损的特殊费用而支付的额外费用，可以作为代替费用列入共同海损；但是，列入共同海损的代替费用的金额，不得超过被代替的共同海损的特殊费用。

第一百九十六条 提出共同海损分摊请求的一方应当负举证责任，证明其损失应当列入共同海损。

第一百九十七条 引起共同海损特殊牺牲、特殊费用的事故，可能是由航程中一方的过失造成的，不影响该方要求分摊共同海损的权利；但是，非过失方或者过失方可以就此项过失提出赔偿请求或者进行抗辩。

第一百九十八条 船舶、货物和运费的共同海损牺牲的金额，依照下列规定确定：

（一）船舶共同海损牺牲的金额，按照实际支付的修理费，减除合理的以新换旧的扣减额计算。船舶尚未修理的，按照牺牲造成的合理贬值计算，但是不得超过估计的修理费。

船舶发生实际全损或者修理费用超过修复后的船舶价值的，共同海损牺牲金额按照该船舶在完好状态下的估计价值，减除不属于共同海损损坏的估计的修理费和该船舶受损后的价值余额计算。

（二）货物共同海损牺牲的金额，货物灭失的，按照货物在装船时的价值加保险费加运费，减除由于牺牲无需支付的运费计算。货物损坏，在就损坏程度达成协议前售出的，按照货物在装船时的价值加保险费加运费，与出售货物净得的差额计算。

（三）运费共同海损牺牲的金额，按照货物遭受牺牲造成的运费的损失金额，减除为取得这笔运费本应支付，但是由于牺牲无需支付的营运费用计算。

第一百九十九条 共同海损应当由受益方按照各自的分摊价值的比例分摊。

船舶、货物和运费的共同海损分摊价值，分别依照下列规定确定：

（一）船舶共同海损分摊价值，按照船舶在航程终止是的完好价值，减除不属于共同海损的损失金额计算，或者按照船舶在航程终止时的实际价值，加上共同海损牺牲的金额计算。

（二）货物共同海损分摊价值，按照货物在装船时的价值加保险费加运费，减除不属于共同海损的损失金额和承运人承担风险的运费计算。货物在抵达目的港以前售出的，按照出售净得金额，加上共同海损牺牲的金额计算。

旅客的行李和私人物品，不分摊共同海损。

（三）运费分摊价值，按照承运人承担风险并于航程终止时有权收取的运费，减除为取得该项运费而在共同海损事故发生后，为完成本航程所支付的营运费用，加上共同海损牺牲的金额计算。

第二百条 未申报的货物或者谎报的货物，应当参加共同海损分摊；其遭受的特殊牺牲，不得列入共同海损。

不正当地以低于货物实际价值作为申报价值的，按照实际价值分摊共同海损；在发生共同海损牺牲时，按照申报价值计算牺牲金额。

第二百零一条 对共同海损特殊牺牲和垫付的共同海损特殊费用，应当计算利息。对垫付的共同海损特殊费用，除船员工资、给养和船舶消耗的燃料、物料外，应当计算手续费。

第二百零二条 经利益关系人要求，各分摊方应当提供共同海损担保。

以提供保证金方式进行共同海损担保的，保证金应当交由海损理算师以保管人名义存入银行。

保证金的提供、使用或者退还，不影响各方最终的分摊责任。

第二百零三条　共同海损理算，适用合同约定的理算规则；合同未约定的，适用本章的规定。

第十一章　海事赔偿责任限制

第二百零四条　船舶所有人、救助人，对本法第二百零七条所列海事赔偿请求，可以依照本章规定限制赔偿责任。

前款所称的船舶所有人，包括船舶承租人和船舶经营人。

第二百零五条　本法第二百零七条所列海事赔偿请求，不是向船舶所有人、救助人本人提出，而是向他们对其行为、过失负有责任的人员提出的，这些人员可以依照本章规定限制赔偿责任。

第二百零六条　被保险人依照本章规定可以限制赔偿责任的，对该海事赔偿请求承担责任的保险人，有权依照本章规定享受相同的赔偿责任限制。

第二百零七条　下列海事赔偿请求，除本法第二百零八条和第二百零九条另有规定外，无论赔偿责任的基础有何不同，责任人均可以依照本章规定限制赔偿责任：

（一）在船上发生的或者与船舶营运、救助作业直接相关的人身伤亡或者财产的灭失、损坏，包括对港口工程、港池、航道和助航设施造成的损坏，以及由此引起的相应损失的赔偿请求；

（二）海上货物运输因迟延交付或者旅客及其行李运输因迟延到达造成损失的赔偿请求；

（三）与船舶营运或者救助作业直接相关的，侵犯非合同权利的行为造成其他损失的赔偿请求；

（四）责任人以外的其他人，为避免或者减少责任人依照本章规定可以限制赔偿责任的损失而采取措施的赔偿请求，以及因此项措施造成进一步损失的赔偿请求。

前款所列赔偿请求，无论提出的方式有何不同，均可以限制赔偿责任。但是，第（四）项涉及责任人以合同约定支付的报酬，责任人的支付责任不得援用本条赔偿责任限制的规定。

第二百零八条　本章规定不适用于下列各项：

（一）对救助款项或者共同海损分摊的请求；

（二）中华人民共和国参加的国际油污损害民事责任公约规定的油污损害的赔偿请求；

（三）中华人民共和国参加的国际核能损害责任限制公约规定的核能损害的赔偿请求；

（四）核动力船舶造成的核能损害的赔偿请求；

（五）船舶所有人或者救助人的受雇人提出的赔偿请求，根据调整劳务合同的法律，船舶所有人或者救助人对该类赔偿请求无权限制赔偿责任，或者该项法律作了高于本章规定的赔偿限额的规定。

第二百零九条　经证明，引起赔偿请求的损失是由于责任人的故意或者明知可能造成损失而轻率地作为或者不作为造成的，责任人无权依照本章规定限制赔偿责任。

第二百一十条　除本法第二百一十一条另有规定外，海事赔偿责任限制，依照下列规定计算赔偿限额：

（一）关于人身伤亡的赔偿请求

1.总吨位300吨至500吨的船舶，赔偿限额为333 000计算单位；

2.总吨位超过500吨的船舶，500吨以下部分适用本项第1目的规定，500吨以上的部分，应当增加下列数额：

501吨至3 000吨的部分，每吨增加500计算单位；

3 001吨至30 000吨的部分，每吨增加333计算单位；

30 001吨至70 000吨的部分，每吨增加250计算单位；

超过70 000吨的部分，每吨增加167计算单位。

（二）关于非人身伤亡的赔偿请求

1.总吨位300吨至500吨的船舶，赔偿限额为167 000计算单位；

2.总吨位超过500吨的船舶，500吨以下部分适用本项第1目的规定，500吨以上的部分，应当增加下列数额：

501吨至30 000吨的部分，每吨增加167计算单位；

30 001吨至70 000吨的部分，每吨增加125计算单位；

超过70 000吨的部分，每吨增加83计算单位。

（三）依照第（一）项规定的限额，不足以支付全部人身伤亡的赔偿请求的，其差额应当与非人身伤亡的赔偿请求并列，从第（二）项数额中按照比例受偿。

（四）在不影响第（三）项关于人身伤亡赔偿请求的情况下，就港口工程、港池、航道和助航设施的损害提出的赔偿请求，应当较第（二）项中的其他赔偿请求优先受偿。

（五）不以船舶进行救助作业或者在被救船舶上进行救助作业的救助人，其责任限额按照总吨位为1 500吨的船舶计算。

总吨位不满300吨的船舶，从事中华人民共和国港口之间的运输的船舶，以及从事沿海作业的船舶，其赔偿限额由国务院交通主管部门制定，报国务院批准后施行。

第二百一十一条　海上旅客运输的旅客人身伤亡赔偿责任限制，按照46 666计算单位乘以船舶证书规定的载客定额计算赔偿限额，但是最高不超过25 000 000计算单位。

中华人民共和国港口之间海上旅客运输的旅客人身伤亡，赔偿限额由国务院交通主管部门制定，报国务院批准后施行。

第二百一十二条　本法第二百一十条和第二百一十一条规定的赔偿限额，适用于特定场合发生的事故引起的，向船舶所有人、救助人本人和他们对其行为、过失负有责任的人员提出的请求的总额。

第二百一十三条　责任人要求依照本法规定限制赔偿责任的，可以在有管辖权的法院设立责任限制基金。基金数额分别为本法第二百一十条、第二百一十一条规定的限额，加上自责任产生之日起至基金设立之日止的相应利息。

第二百一十四条　责任人设立责任限制基金后，向责任人提出请求的任何人，不得对责任人的任何财产行使任何权利；已设立责任限制基金的责任人的船舶或者其他财产已经被扣押，或者基金设立人已经提交抵押物的，法院应当及时下令释放或者责令退还。

第二百一十五条　享受本章规定的责任限制的人，就同一事故向请求人提出反请求的，双方的请求金额应当相互抵销，本章规定的赔偿限额仅适用于两个请求金额之间的差额。

第十二章　海上保险合同
第一节　一般规定

第二百一十六条　海上保险合同，是指保险人按照约定，对被保险人遭受保险事故造成保险标的的损失和产生的责任负责赔偿，而由被保险人支付保险费的合同。

前款所称保险事故，是指保险人与被保险人约定的任何海上事故，包括与海上航行有关的发生于内河或者陆上的事故。

第二百一十七条　海上保险合同的内容，主要包括下列各项：

（一）保险人名称；

（二）被保险人名称；

（三）保险标的；

（四）保险价值；

（五）保险金额；

（六）保险责任和除外责任；

（七）保险期间；

（八）保险费。

第二百一十八条　下列各项可以作为保险标的：

（一）船舶；

（二）货物；

（三）船舶营运收入，包括运费、租金、旅客票款；

（四）货物预期利润；

（五）船员工资和其他报酬；

（六）对第三人的责任；

（七）由于发生保险事故可能受到损失的其他财产和产生的责任、费用。

保险人可以将对前款保险标的的保险进行再保险。除合同另有约定外，原被保险人不得享有再保险的利益。

第二百一十九条　保险标的的保险价值由保险人与被保险人约定。

保险人与被保险人未约定保险价值的，保险价值依照下列规定计算：

（一）船舶的保险价值，是保险责任开始时船舶的价值，包括船壳、机器、设备的价值，以及船上燃料、物料、索具、给养、淡水的价值和保险费的总和；

（二）货物的保险价值，是保险责任开始时货物在起运地的发票价格或者非贸易商品在起运地的实际价值以及运费和保险费的总和；

（三）运费的保险价值，是保险责任开始时承运人应收运费总额和保险费的总和；

（四）其他保险标的的保险价值，是保险责任开始时保险标的的实际价值和报名费的总和。

第二百二十条　保险金额由保险人与被保险人约定。保险金额不得超过保险价值；超过保险价值的，超过部分无效。

第二节　合同的订立、解除和转让

第二百二十一条　被保险人提出保险要求，经保险人同意承保，并就海上保险合同的条款达成协议后，合同成立。保险人应当及时向被保险人签发保险单或者其他保险单证，并在保险单或者其他单证中载明当事人双方约定的合同内容。

第二百二十二条　合同订立前，被保险人应当将其知道的或者在通常业务中应当知道的有关影响保险人据以确定保险费率或者确定是否同意承担的重要情况，如实告知保险人。

保险人知道或者在通常业务中应当知道的情况，保险人没有询问的，被保险人无需告知。

第二百二十三条　由于被保险人的故意，未将本法第二百二十二条第一款规定的重要情况如实告知保险人的，保险人有权解除合同，并不退还保险费。合同解除前发生保险事故造成损失的，保险人不负赔偿责任。

不是由于被保险人的故意，未将本法第二百二十二条第一款规定的重要情况如实告知保险人的，保险人有权解除合同或者要求相应增加保险费。保险人解除合同的，对于合同解除前发生保险事故造成的损失，保险人应当负赔偿责任；但是，未告知或者错误告知的重要情况对保险事故的发生有影响的除外。

第二百二十四条　订立合同时，被保险人已经知道或者应当知道保险标的已经因发生保险事故而遭受损失的，保险人不负赔偿责任，但是有权收取保险费；保险人已经知道或者应当知道保险标的已经不可能因发生保险事故而遭受损失的，被保险人有权收回已经支付的保险单。

第二百二十五条　被保险人对同一保险标的就同一保险事故向几个保险人重复订立合同，而使该保险标的的保险金额总和超过保险标的的价值的，除合同另有约定外，被保险人可以向任何保险人提出赔偿请求。被保险人获得的赔偿金额总和不得超过保险标的的受损价值。各保险人按照其承保的保险金额同保险金额总和的比例承担赔偿责任，任何一个保险人支付的赔偿金额超过其应当承担的赔偿责任的，有权向未按照其应当承担赔偿责任支付赔偿金额的保险人追偿。

第二百二十六条　保险责任开始前，被保险人可以要求解除合同。但是应当向保险人支付手续费，保险人应当退还保险费。

第二百二十七条　除合同另有约定外，保险责任开始后，被保险人和保险人均不得解除合同。

根据合同约定在保险责任开始后可以解除合同的，被保险人要求解除合同，保险人有权收取自保险责任开始之日起至合同解除之日止的保险费，剩余部分予以退还；保险人要求解除合同，应当将自合同解除之日起至保险期间届满之日止的保险费退还被保险人。

第二百二十八条　虽有本法第二百二十七条规定，货物运输和船舶的航次保险，保险责任开始后，被保险人不得要求解除合同。

第二百二十九条　海上货物运输保险合同可以由被保险人背书或者以其他方式转让，合同的权利、义务随之转移。合同转让时尚未支付保险费的，被保险人和合同受让人负连带支付责任。

第二百三十条　因船舶转让而转让船舶保险合同的，应当取得保险人同意。未经保险人同意，船舶保险合同从船舶转让时起解除；船舶转让发生在航次之中的，船舶保险合同至航次终了时解除。

合同解除后，保险人应当将自合同解除之日起至保险期间届满之日止的保险费退还被保险人。

第二百三十一条　被保险人在一定期间分批装运或者接受货物的，可以与保险人订立预约保险合同。预约保险合同应当由保险人签发预约保险单证加以确认。

第二百三十二条　应被保险人要求，保险人应当对依据预约保险合同分批装运的货物分别签发保险单证。

保险人分别签发的保险单证的内容与预约保险单证的内容不一致的，以分别签发的保险单证为准。

第二百三十三条　被保险人知道经预约保险合同保险的货物已经装运或者到达的情况时，应当立即通知保险人。通知的内容包括装运货物的船名、航线、货物价值和保险金额。

第三节　被保险人的义务

第二百三十四条　除合同另有约定外，被保险人应当在合同订立后立即支付保险费；被保险人支付保险费前，保险人可以拒绝签发保险单证。

第二百三十五条　被保险人违反合同约定的保证条款时，应当立即书面通知保险人。保险人收到通知后，可以解除合同，也可以要求修改承保条件、增加保险费。

第二百三十六条　一旦保险事故发生，被保险人应当立即通知保险人，并采取必要的合理措施，防止或者减少损失。被保险人收到保险人发出的有关采取防止或者减少损失的合理措施的特别通知的，应当按照保险人通知的要求处理。

对于被保险人违反前款规定所造成的扩大的损失，保险人不负赔偿责任。

第四节　保险人的责任

第二百三十七条　发生保险事故造成损失后，保险人应当及时向被保险人支付保险赔偿。

第二百三十八条　保险人赔偿保险事故造成的损失，以保险金额为限。保险金额低于保险价值的，在保险标的发生部分损失时，保险人按照保险金额与保险价值的比例负赔偿责任。

　　第二百三十九条　保险标的在保险期间发生几次保险事故所造成的损失，即使损失金额的总和超过保险金额，保险人也应当赔偿。但是，对发生部分损失后未经修复又发生全部损失的，保险人按照全部损失赔偿。

　　第二百四十条　被保险人为防止或者减少根据合同可以得到赔偿的损失而支出的必要的合理费用，为确定保险事故的性质、程度而支出的检验、估价的合理费用，以及为执行保险人的特别通知而支出的费用，应当由保险人在保险标的损失赔偿之外另行支付。

　　保险人对前款规定的费用的支付，以相当于保险金额的数额为限。

　　保险金额低于保险价值的，除合同另有约定外，保险人应当按照保险金额与保险价值的比例，支付本条规定的费用。

　　第二百四十一条　保险金额低于共同海损分摊价值的，保险人按照保险金额同分摊价值的比例赔偿共同海损分摊。

　　第二百四十二条　对于被保险人故意造成的损失，保险人不负赔偿责任。

　　第二百四十三条　除合同另有约定外，因下列原因之一造成货物损失的，保险人不负赔偿责任：

　　（一）航行迟延、交货迟延或者行市变化；

　　（二）货物的自然损耗、本身的缺陷和自然特性；

　　（三）包装不当。

　　第二百四十四条　除合同另有约定外，因下列原因之一造成保险船舶损失的，保险人不负赔偿责任：

　　（一）船舶开航时不适航，但是在船舶定期保险中被保险人不知道的除外；

　　（二）船舶自然磨损或者锈蚀。

　　运费保险比照适用本条的规定。

第五节　保险标的的损失和委付

　　第二百四十五条　保险标的发生保险事故后灭失，或者受到严重损坏完全失去原有形体、效用，或者不能再归被保险人所拥有的，为实际全损。

　　第二百四十六条　船舶发生保险事故后，认为实际全损已经不可避免，或者为避免发生实际全损所需支付的费用超过保险价值的，为推定全损。

　　货物发生保险事故后，认为实际全损已经不可避免，或者为避免发生实际全损所需支付的费用与继续将货物运抵目的地的费用之和超过保险价值的，为推定全损。

　　第二百四十七条　不属于实际全损和推定全损的损失，为部分损失。

　　第二百四十八条　船舶在合理时间内未从被获知最后消息的地点抵达目的地，除合同另有约定外，满两个月后仍没有获知其消息的，为船舶失踪。船舶失踪视为实际全损。

　　第二百四十九条　保险标的发生推定全损，被保险人要求保险人按照全部损失赔偿的，应当向保险人委付保险标的。保险人可以接受委付，也可以不接受委付，但是应当在合理的时间内将接受委付或者不接受委付的决定通知被保险人。

委付不得附带任何条件。委付一经保险人接受，不得撤回。

第二百五十条 保险人接受委付的，被保险人对委付财产的全部权利和义务转移给保险人。

第六节 保险赔偿的支付

第二百五十一条 保险事故发生后，保险人向被保险人支付保险赔偿前，可以要求被保险人提供与确认保险事故性质和损失程度有关的证明和资料。

第二百五十二条 保险标的发生保险责任范围内的损失是由第三人造成的，被保险人向第三人要求赔偿的权利，自保险人支付赔偿之日起，相应转移给保险人。

被保险人应当向保险人提供必要的文件和其所需要知道的情况，并尽力协助保险人向第三人追偿。

第二百五十三条 被保险人未经保险人同意放弃向第三人要求赔偿的权利，或者由于过失致使保险人不能行使追偿权利的，保险人可以相应扣减保险赔偿。

第二百五十四条 保险人支付保险赔偿时，可以从应支付的赔偿额中相应扣减被保险人已经从第三人取得的赔偿。

保险人从第三人取得的赔偿，超过其支付的保险赔偿的，超过部分应当退还给被保险人。

第二百五十五条 发生保险事故后，保险人有权放弃对保险标的的权利，全额支付合同约定的保险赔偿，以解除对保险标的的义务。

保险人行使前款规定的权利，应当自收到被保险人有关赔偿损失的通知之日起的七日内通知被保险人；被保险人在收到通知前，为避免或者减少损失而支付的必要的合理费用，仍然应当由保险人偿还。

第二百五十六条 除本法第二百五十五条的规定外，保险标的发生全损，保险人支付全部保险金额的，取得对保险标的的全部权利；但是，在不足额保险的情况下，保险人按照保险金额与保险价值的比例取得对保险标的的部分权利。

第十三章 时 效

第二百五十七条 就海上货物运输向承运人要求赔偿的请求权，时效期间为一年，自承运人交付或者应当交付货物之日起计算；在时效期间内或者时效期间届满后，被认定为负有责任的人向第三人提起追偿请求的，时效期间为九十日，自追偿请求人解决原赔偿请求之日起或者收到受理对其本人提起诉讼的法院的起诉状副本之日起计算。

有关航次租船合同的请求权，时效期间为两年，自知道或者应当知道权利被侵害之日起计算。

第二百五十八条 就海上旅客运输向承运人要求赔偿的请求权，时效期间为两年，分别依照下列规定计算：

（一）有关旅客人身伤害的请求权，自旅客离船或者应当离船之日起计算；

（二）有关旅客死亡的请求权，发生在运送期间的，自旅客应当离船之日起计算；因运送期间内的伤害而导致旅客离船后死亡的，自旅客死亡之日起计算，但是此期限自离船之日起不得超过三年；

（三）有关行李灭失或者损坏的请求权，自旅客离船或者应当离船之日起计算。

第二百五十九条　有关船舶租用合同的请求权，时效期间为两年，自知道或者应当知道权利被侵害之日起计算。

第二百六十条　有关海上拖航合同的请求权，时效期间为一年，自知道或者应当知道权利被侵害之日起计算。

第二百六十一条　有关船舶碰撞的请求权，时效期间为两年，自碰撞事故发生之日起计算；本法第一百六十九条第三款规定的追偿请求权，时效期间为一年，自当事人连带支付损害赔偿之日起计算。

第二百六十二条　有关海难救助的请求权，时效期间为两年，自救助作业终止之日起计算。

第二百六十三条　有关共同海损分摊的请求权，时效期间为一年，自理算结束之日起计算。

第二百六十四条　根据海上保险合同向保险人要求保险赔偿的请求权，时效期间为两年，自保险事故发生之日起计算。

第二百六十五条　有关船舶发生油污损害的请求权，时效期间为三年，自损害发生之日起计算；但是，在任何情况下时效期间不得超过从造成损害的事故发生之日起六年。

第二百六十六条　在时效期间的最后六个月内，因不可抗力或者其他障碍不能行使请求权的，时效中止。自中止时效的原因消除之日起，时效期间继续计算。

第二百六十七条　时效因请求人提起诉讼、提交仲裁或者被请求人同意履行义务而中断。但是，请求人撤回起诉、撤回仲裁或者起诉被裁定驳回的，时效不中断。

请求人申请扣船的，时效自申请扣船之日起中断。

自中断时起，时效期间重新计算。

第十四章　涉外关系的法律适用

第二百六十八条　中华人民共和国缔结或者参加的国际条约同本法有不同规定的，适用国际条约的规定；但是，中华人民共和国声明保留的条款除外。

中华人民共和国法律和中华人民共和国缔结或者参加的国际条约没有规定的，可以适用国际惯例。

第二百六十九条　合同当事人可以选择合同适用的法律，法律另有规定的除外。合同当事人没有选择的，适用与合同有最密切联系的国家的法律。

第二百七十条　船舶所有权的取得、转让和消灭，适用船旗国法律。

第二百七十一条　船舶抵押权适用船旗国法律。

船舶在光船租赁以前或者光船租赁期间，设立船舶抵押权的，适用原船舶登记国的法律。

第二百七十二条　船舶优先权，适用受理案件的法院所在地法律。

第二百七十三条 船舶碰撞的损害赔偿，适用侵权行为地法律。

船舶在公海上发生碰撞的损害赔偿，适用受理案件的法院所在地法律。

同一国籍的船舶，不论碰撞发生于何地，碰撞船舶之间的损害赔偿适用船旗国法律。

第二百七十四条 共同海损理算，适用理算地法律。

第二百七十五条 海事赔偿责任限制，适用受理案件的法院所在地法律。

第二百七十六条 依照本章规定适用外国法律或者国际惯例，不得违背中华人民共和国的社会公共利益。

第十五章　附　则

第二百七十七条 本法所称计算单位，是指国际货币基金组织规定的特别提款权；其人民币数额为法院判决之日、仲裁机构裁决之日或者当事人协议之日，按照国家外汇主管机关规定的国际货币基金组织的特别提款权对人民币的换算办法计算得出的人民币数额。

第二百七十八条 本法自1993年7月1日起施行。

推荐阅读及参考文献

［1］潘永，李宝奕，廖佳. 国际贸易运输与保险［M］. 2版. 大连：东北财经大学出版社，2015.

［2］姚新超. 国际贸易运输与保险［M］. 4版. 北京：对外经济贸易大学出版社，2016.

［3］杨海芳，李哲. 国际货物运输与保险［M］. 3版. 北京：清华大学出版社，北京交通大学出版社，2018.

［4］国际商会. Incoterms®2020［S］. 2019.

［5］邱力强. 全球集装箱港口发展的六大趋势［J］. 中国远洋海运，2019（9）.

［6］酆思国. 中国港口企业在全球变局中的应变之道［J］. 中国港口，2019（6）.

［7］陈英明. 中国港口现状及未来走势［J］. 中国远洋海运，2019（6）.

［8］陈岩，于承志. 国际货运与保险实训［M］. 北京：对外经济贸易大学出版社，2015.

［9］张永锋，邵斐，高允飞，等. 国际航运市场分析快报（2018年回顾与2019年展望）［EB/OL］.［2018-12-24］. https：//www.sohu.com/a/284190355_673751.

［10］王子涛. 2019新华·波罗的海国际航运中心发展指数发布［EB/OL］.［2019-07-11］. http：//www.chinanews.com/cj/2019/07-11/8891782.shtml.

［11］齐军领，范爱军. 国际贸易运输方式选择的影响因素分析［J］. 统计与决策，2015（9）.

［12］李贺. 国际货物运输与保险［M］. 3版. 北京：上海财经大学出版社，2019.

［13］王玉春，谢恽，李洪福. 国际货物运输与保险 理论、实务、案例、实训［M］. 大连：东北财经大学出版社，2019.

［14］保险法律实务研讨 http：//mp.sohu.com/profile.

［15］DHL-中国，http：//www.cn.dhl.com/zh.html.

［16］FedEx-中国，www.fedex.com/cn/.

［17］UPS-中国，http：//www.ups.com/cn.

［18］TNT-中国，http：//www.tnt.com/express/zh_cn/site/home.html.

［19］国际民用航空组织官网，http：//www.icao.int/Pages/default.aspx.

［20］国际航空运输协会官网，http：//www.iata.org/Pages/default.aspx.

［21］国际货运代理协会联合会官网，http：//fiata.com/.

［22］中华人民共和国交通运输部统计公报，http：//www.moc.gov.cn/zhuzhan/tongjigongbao/.

［23］中国船级社官网，http：//www.ccs.org.cn/ccswz/.

［24］江西财经大学国际经贸学院王善论微信公号——国贸人的小菜园
（guomao_ren）.